JN308484

ムガル皇帝歴代誌

インド，イラン，中央アジアのイスラーム諸王国の興亡
(1206－1925年)

CHRONICLE OF THE MUGHAL EMPERORS

インド、イラン、中央アジアのイスラーム諸王国の興亡（1206－1925年）
ムガル皇帝歴代誌

小名康之[監修] フランシス・ロビンソン[著]

創元社

CONTENTS

Page 6 ……… はじめに：ムガル皇帝とは何者か？
Page 10 ……… 序章：チンギス・ハーンとモンゴル帝国の拡大
Page 16 ……… 文献資料と主な歴史家たち

Page 20 ………
第1章
イル・ハーン国，ムザッファル朝，ティムール朝
1256～1506年

　13世紀半ば，モンゴル人が建てたイル・ハーン国がイランで支配権を確立する／13世紀末，イル・ハーン国がイスラーム教へ改宗する／イル・ハーン国の衰退と，ティムール朝によるサマルカンドを首都とする大帝国の再建

イル・ハーン国　フラグ　22／アバカ　28／テグデル（即位後はアフマド）　32／アルグン　33／ガイハトゥ　35／バイドゥ　36／ムハンマド・ガザン　38／オルジェイトゥ　43／アブー・サイード　48／イル・ハーン国末期の君主たち　52／

ムザッファル朝　ムバーリズッディーン・ムハンマド　54／シャーヒ・シュジャー　58／ムザッファル朝末期の君主たち　60／

ティムール朝　ティムール　61／ハリール・スルタン　76／シャー・ルフ　77／ウルグ・ベグ　85／アブドゥル・ラティーフ　90／アブドゥッラー・ミールザー　91／アブー・サイード　91／スルタン・フサイン・バイカラ　96／

Page 106 ………
第2章
デリー・スルタン朝
1206～1526年

　13世紀，中央アジアのトルコ系遊牧民族がインドのデリーを都としてイスラーム帝国を樹立する／14世紀半ばにインド亜大陸のほぼ全域を支配する／15世紀にイスラーム帝国が対立する複数のスルタン朝へと分裂する

最初の「奴隷」王朝　クトゥブッディーン・アイバク　108／アーラーム・シャー　110／シャムスッディーン・イルトゥトゥミシュ　111／ルクヌッディーン・フィールーズ・シャー　114／スルタン・ラズィーヤ　115／ムイズッディーン・バヘラム・シャー　116／アラー・ウッディーン　117／ナースィルッディーン　118／ギヤースッディーン・バルバン　120／カイクバード　123／

ハルジー朝　ジャラールッディーン・フィールーズ　125／アラー・ウッディーン・ムハンマド　128／クトゥブッディーン・ムバーラク・シャー　131／

トゥグルク朝　ギヤースッディーン・トゥグルク　133／ムハンマド・ビン・トゥグルク　136／フィールーズ・シャー・トゥグルク　142／トゥグルク朝末期の君主たち　148／

サイイド朝　ヒズル・ハーン　150／ムバーラク・シャー　151／ムハンマド・ビン・ファリード　151／アラー・ウッディーン　152／

ローディー朝　バフロール・ローディー　153／シカンダル・ローディー　155／イブラーヒーム・ローディー　161／

4

第3章
ムガル帝国
1526～1858年

バーブルが先祖ティムールの樹立した帝国の再建をめざし，それがインドにムガル支配の確立をもたらす／一時，アフガン系スール朝に支配権を奪われたのちに，アクバル，ジャハーンギール，シャー・ジャハーン，アウラングゼーブとつづくムガル皇帝たちが，世界最大の帝国のひとつを築く／18世紀はじめから19世紀中ごろまで，長期にわたって苦難の衰退期が続く

ザーヒルッディーン・ムハンマド・バーブル　166／フマーユーン　178／アクバル　184／ジャハーンギール　203／シャー・ジャハーン　217／アウラングゼーブ（アーラムギール1世）　231／バハードゥル・シャー1世　247／ジャハーンダール・シャー　248／ファッルフ・シヤル　250／ムハンマド・シャー　252／アフマド・シャー　255／アーラムギール2世　257／シャー・アーラム　259／アクバル2世　265／バハードゥル・シャー2世　267／

第4章
サファヴィー朝，アフシャール朝
ザンド朝，カージャール朝
1501～1925年

かつてイル・ハーン国が支配した地域に，サファヴィー朝が近代イラン国家の基盤を築く／その基盤をアフシャール朝とザンド朝が18世紀を通じて維持する／19世紀に入ると，カージャール朝がその基盤を発展させ，イギリス・ロシアの帝国主義に翻弄されながらも，イラン人国家の基盤を守る

サファヴィー朝　シャー・イスマーイール1世　272／シャー・タフマースブ　277／シャー・イスマーイール2世　280／ムハンマド・ホダーバンデ　281／シャー・アッバース1世　284／シャー・サフィー1世　298／シャー・アッバース2世　300／シャー・スレイマーン　304／シャー・スルタン・フサイン　306／ギルザイ族支配とサファヴィー朝末期の君主たち　309／

アフシャール朝　ナーディル・シャー　311／シャー・ルフ　317／

ザンド朝　カリーム・ハーン・ザンド　320／ザンド朝末期の君主たち　324／

カージャール朝　アーガー・ムハンマド・カージャール　326／ファトフ・アリー・シャー　328／ムハンマド・シャー　332／ナースィルッディーン・シャー　334／ムザッファルッディーン・シャー　342／ムハンマド・アリー・シャー　344／アフマド・シャー　345／

■コラム

ナースィルッディーン・トゥースィー　25／複合弓　30／スルターニーヤのオルジェイトゥ廟　46／ラシード・ウッディーン　49／バグダードのジャラーイル朝55／イスラーム建築のタイル装飾　56／ハーフィズ　59／サマルカンド　74／芸術の保護者：ガウハール・シャド妃とバイスンクル王子　78／天文学者ウルグ・ベグ　88／ウルグ・ベグの科学上の論争　89／カラ・コユンル（黒羊朝）とアク・コユンル（白羊朝）　92／ミール・アリー・シール・ナヴァーイー　99／イスラーム絵画の巨匠ビヒザード　100／スルタン・フサインの妃に関するバーブルの見解　104／バルバンの訓戒　121／地方の6大スルタン朝　158／カビール　163／バーブルと火器　169／バーブルの庭園　171／バーブルの回想録　176／デリーのスール朝　181／ハミーダ・ベーグム　182／ファテプル・シークリー　188／アクバルと科学技術　197／アクバルとムガル絵画　198／アクバルとその母　200／トーマス・ロー　206／ジャハーンギールと絵画　208／ヌール・ジャハーン　213／デリーのシャージャハーナーバード　221／タージ・マハル　222／ジャハーナーラー・ベーグム　235／アウラングゼーブ宛てのシヴァージーの手紙　241／1761年のパーニーパットの戦い　264／アクバルシャーのやさしい態度　266／初期のサファヴィー朝絵画　264／シーア派　285／芸術家レザー・アッバースィー　289／奴隷　290／イスファハーン　293／王の広場　294／マリク・ジャハーン（マフディ・ウリヤ）336／1911年に起こった女性による議会襲撃事件　346／

Page 348 ……………………… 監修者あとがき
Page 349 ……………………… INDEX
Page 358 ……………………… 参考文献

■はじめに
ムガル皇帝とは何者か？

⇩イラン南部の町ヴァラミンのイマーム・ヤフヤー廟にあるミフラーブ（聖地メッカの方向にあたる壁がんで，祈りを捧げる方向を示す）。このラスター彩タイルのミフラーブは，1305年にヤースフ・ビン・アリー・ビン・ムハンマドが制作した。彼はラスター陶器で有名なアブー・ターヒル一族の出身である。イル・ハーン国の時代には，建物に装飾タイルで外装をほどこす様式が急速な広まりを見せた〔ラスター彩タイルとは，釉薬をほどこして焼成し，エナメルその他で着彩した後に，低温度でふたたび焼成して，釉薬中の金属性の光沢をひきだしたタイルのこと〕。

　西欧では「ムガル」とは，大きな権力や影響力をもった人物のことを意味する。もともとこの言葉は，ペルシア語の「ムグル（Mughel）」もしくは「モグル（Mogul）」から派生した言葉で，「モンゴル人」という意味である。つまり，チンギス・ハーンのもとで世界征服に乗りだし，アジアから東ヨーロッパにおよぶ空前の大帝国を樹立した民族を意味する言葉なのである。

　本書は13世紀から20世紀にかけて，そのムガル（モンゴル人）の影響をうけて成立したイスラーム諸王朝の興亡についてまとめたものである。それらの王朝はいずれも，イランおよび中央アジアからアフガニスタンをへてインド北部・中部までの地域で開花した，高度なペルシア文明を継承していた。そのなかのおもな王朝の名をあげると，イランではイル・ハーン国，ティムール朝，サファヴィー朝，カージャール朝。インドではデリー・スルタン朝（デリー諸王朝ともいう）と，ムガル帝国ということになる。

　こうした王朝の支配者たちを，本書ではすべて「ムガル皇帝」と呼ぶことにする。彼らのなかには，非常に有名な人物もいた。たとえばチンギス・ハーンの孫で，1258年に強大なイスラーム帝国だったアッバース朝を滅ぼしてイル・ハーン国を創始したフラグや，無慈悲な征服者としてその名をいまにとどめるティムールなど。またサファヴィー朝のシャー・アッバース1世は，首都イスファハーンに近代イランのさきがけとなる繁栄をもたらし，ムガル帝国の第3代皇帝アクバルは，多民族・多宗教を許容する理想的な政治を実現した。同じくムガル帝国の第5代皇帝シャー・ジャハーンは，世界でも最も優美な建造物のひとつであるタージ・マハルを建設している。

　さいわいにも，当時の歴史家（年代記作者）たちは，こうした有名な支配者だけでなく，本書で扱うほとんどすべての支配者の事跡を書き残してくれている。そのような歴史家の目を通して，わたしたちは彼ら「ムガル皇帝」たちの実像にふれることができるのである。彼らの軍事指導者・統治者・芸術の後援者としての姿はもちろん，彼らが困難に立ち向かう様子や，ときには彼らの私的な姿である恋人や夫，父親，息子，兄弟としての生活すらかいま見ることもできる。

はじめに

⇧ムガル帝国の皇帝たちは，自分たちが，かつて世界を支配したモンゴル人の大いなる伝統を受け継いでいることを，強く意識していた。そこで，アブル・ファズルは『アクバル・ナーマ』のなかで，ムガルの先祖をティムールおよびチンギス・ハーンから神話上のモンゴル王妃アランゴア（⇨p73，p.177）までさかのぼっている。そのことが，この絵のような王朝の系譜を描いた絵画の伝統を生みだした。

この絵ではティムールが中央に座り，その左右にムガル帝国第6代皇帝アウラングゼーブへといたる後継者たちが座っている。

13世紀のイル・ハーン国およびデリー・スルタン朝から19世紀のカージャール朝イランにいたるまで，支配者たちは同じような問題に直面し続けた。つまり，産業革命以前の社会において，いかにして強力な中央権力を樹立し，それを維持していくかという問題である。その問題を解決するために必要な，第一の条件は富だった。本書で扱う諸王朝の支配者たちは，ほぼ例外なく，外征によって富を手に入れ，山積みの宝物を乗せた隊列を組んで本拠地に帰還している。それは18世紀の中ごろ，アフシャール朝のナーディル・シャーやドゥッラーニー朝のアフマド・アブダーリーが，インドを侵略した時期まで変わりがなかった。しかし，サファヴィー朝（1501〜1773年）やムガル帝国（1526〜1858年）の統治時代には徐々に，征服よりも農業や交易の振興，さらには公平な税制のほうが，中央権力の維持に有効であることが認識されるようになっていった。

権力の維持に欠かせない第二の条件は，貴族や大臣の忠誠心を保つことだった。その役割をはたしたのは，どんな組織にも

存在する「アメとムチ」だったが，そうした褒美と処罰の露骨な使い分け以外にも，忠誠心をもたらすさまざまな要素が存在した。たとえばごく初期のサファヴィー朝では，指導層のあいだに広まったスーフィズム（イスラーム神秘主義）が，強固な忠誠心をもたらしていた。同じサファヴィー朝でも後期になると，奴隷の重用が同様の効果をあげるようになった。一方，ムガル帝国では宮廷の機能が強化され，あらゆる貴族が宮廷に属するようになった。

　サファヴィー朝およびムガル帝国の支配者たちは，名目上，自分たちの王権は「神から授けられた権利」であるとする立場をとったが，それがサファヴィー朝の場合は，君主はイスラーム教シーア派（その一派である十二イマーム派）の信奉する「隠れイマーム」の再臨もしくは代理であるとする考えにつながっていった〔訳注：隠れイマームとは，預言者ムハンマドの正統な後継者のことで，イマームは12代目にいたって姿を消したが，終末の日に再臨すると信じられている〕。そしてムガル帝国の場合は，王が神から授けられた支配権は，モンゴル神話に登場するアランゴア妃から，チンギス・ハーンの血統をへて受け継がれたものとする考えが生まれた。

　こうした権力者たちの姿を見ていくと，3つの意外な事実が浮かびあがってくる。まず第一に，イスラーム教とその教義はつねに，王朝支配者たちの権力欲の前に軽視されていたという事実である。イル・ハーン国のガザンがイスラーム教に改宗したのは，政治的な判断からだった。サファヴィー朝の創始者シャー・イスマーイールがイスラーム教シーア派の教えをイランの国教としたのは，体制を支える強固な思想を必要としたからだった。インドのムガル帝国が，宗教に対して寛容政策をとっていた時代は強大な権力を誇り，ヒンドゥー教をはじめとするイスラーム教以外の宗教を弾圧するにつれて衰退していったことも，ほぼまちがいない。

　二番目は，彼らイスラーム王朝の支配者たちは，ほぼ例外なく「薬物（ドラッグ）」におぼれていたということである。阿片（アヘン）も好まれていたが，何より愛好されていたのは酒だった。男女を問わず，酒におぼれる支配者はめずらしくなかったし，酒がもとで命を

縮める者もいた。一方，そうした飲酒癖に罪悪感を覚える支配者もいたようで，歴史家のアフィーフによると，デリー・スルタン朝のフィールーズ・シャーは廷臣が謁見にくると，酒をのせたトレーを恥ずかしそうにベッドの下に隠したという。

　三番目は，女性が国政において重要な役割をはたしていたということだ。彼女たちは建築事業に援助をあたえ，産業に投資し，宮廷政治において中心的な役割をはたしていた。君主の後継者争いにも関与し，ときにはデリー・スルタン朝のラズィーヤやムガル帝国のヌール・ジャハーンのように，男たちの承認を得て，最高権力を握って国を統治した女性もいた。ムガル皇帝とその一族に関する記録を読んでも，この王朝の男性たちが女性を尊重していたことは確かである。たとえばバーブルは，アーグラの宮城にいるときには，金曜日の午後の時間を叔母たちのご機嫌うかがいにあてていた。アクバルが母親にそそいだ愛情，そしてまた母親がアクバルにそそいだ愛情は，アブル・ファズルが著した『アクバル・ナーマ（アクバル年代記）』のさまざまなページからうかがうことができる。ジャハーンギールは自身の回想録のなかで，妃であったヌール・ジャハーンの豊かな才能を褒めたたえる言葉を書き記している。そして，アウラングゼーブは，シャー・ジャハーンの後継者をめぐる流血の争いが起こったときに彼の即位に反対した姉のジャハーナーラーに対してさえ，敬意を表していたのである。

　こうした数々の意外な事実は，多くの読者にとって，イスラーム国家の歴史に対する先入観を，少なからずつがえすことになるだろう。

■序章
チンギス・ハーンとモンゴル帝国の拡大

「男として充実した年ごろになると，チンギス・ハーンは一斉攻撃にあっては咆哮する獅子と化し，接近戦にあっては鋭利な剣と化した。敵を服従させるとき，彼の過酷さ，厳しさは，毒のごとき味がした。また，力をつけた諸侯の自尊心をくじくとき，彼の無慈悲さと狂暴性は運命の鉄槌のごとくであった」

ジュワイニー（イル・ハーン国の歴史家）

13世紀，モンゴル人は史上最大の帝国を支配していた。その版図は，東は朝鮮半島から西はポーランドまで，北は北極圏から南はトルコおよびイランまで広がっていた。これは人類の歴史上，中央アジアの遊牧民が周囲の農耕民に対して行なった，最大にして最後の侵略となった。

モンゴル人は文字通り，世界の地図をぬりかえた人びとだった。たとえば繁栄を謳歌していたイラクを破壊して近代イランの基礎を築き，中央アジアおよび西アジアのトルコ系民族が広く周囲へ拡散していく条件を生みだした。モンゴル人は宗教面では，アジアにおいてイスラーム教の勢力を増大させ，キリスト教の勢いを衰えさせたといえるだろう。だが，そうして生まれた広大なイスラーム教圏では，しだいに新しい知識を求める自由な気風が失われ，西欧に遅れをとっていくことになった。

このように，巨大な足跡を歴史に刻みつけたモンゴル族を率いたのは，テムジンという男だった。テムジンが生まれたのは1167年ごろ〔訳注：1155年説，1162年説など，諸説ある〕，草原の民のあいだでは弱小部族の出身だった。彼の父親のイェスゲイは，モンゴル部キヤト氏族に属する傍系の族長だったが，幼いころ殺されてしまったため，テムジンはきびしく困難な境遇のなかで大人になった。けれども，勇気，カリスマ性，統率力という生まれもった資質のおかげで，若い戦士たちが多数，彼のもとへ集まるようになり，やがてテムジンはモンゴル族の「ハーン（王）」の称号をあたえられた。「大洋の」を意味するチンギスを名のるようになったのも，この時期のことだろう。

こうしてチンギス・ハーンとなったテムジンは，中央アジアの諸部族を次々に制圧し，1206年には大ハーンであることを宣言した。そして次に彼が着手したのは，草原を越え，肥沃な

⇩チンギス・ハーンは，まちがいなく人類の歴史上，最大最強の征服者だった。初期のデリー・スルタン朝の支配者をのぞいて，本書でとり扱う支配者たちはみな，チンギス・ハーンの影響をまぬがれることはできなかった。晩年のチンギス・ハーンを描いたこの絵は，中国歴代皇帝の肖像画のうちの1点で，モンゴル人皇帝たちはこのように理想化された姿で描かれた。

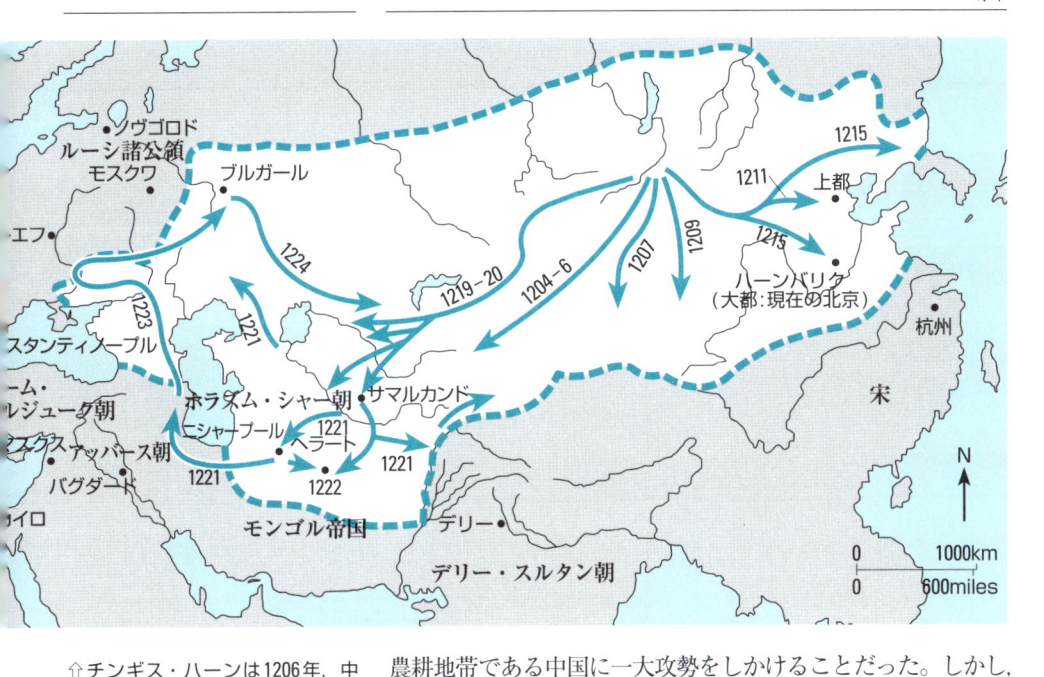

⇧チンギス・ハーンは1206年、中央アジアの全モンゴル人の大ハーンであることを宣言した。それ以後、彼は1227年に死期を迎えるまでに、中国から南ロシアをへてメソポタミアへいたる広大な帝国を築きあげた。

農耕地帯である中国に一大攻勢をしかけることだった。しかし、チンギス・ハーンは1211年、中国遠征を開始したものの、モンゴル帝国が完全に中国を支配下においたのは、チンギスの死から7年後のことだった。1218年にチンギスはイスラーム世界を攻撃し、中央アジアからイランにいたる広大な土地を支配していたホラズム・シャー朝を滅ぼした。チンギス・ハーンは中国遠征の途中、落馬がもとで病を得て、1227年に没したが、彼が興した帝国は拡大をつづけ、ようやく国境線が定まったのは、西アジアでは1260年、東アジアでは1279年のことだった。

モンゴル人が成功をおさめた最大の要因は、強大なモンゴル軍の存在にあった。モンゴルでは、60歳以下の成人男子は全員、軍務を義務づけられており、トルコ・モンゴル系遊牧民の諸部族はすべて、統一された軍組織に編成されていた。モンゴル軍の動員規模についてはさまざまな記録があるが、10万人以上の時期があったのはまちがいないだろう（その7〜8倍の規模だったとする記録もある）。

モンゴル軍は、十人隊・百人隊・千人隊というぐあいに、十進法にもとづいて高度に組織化された軍隊だった。その基本単位は千人隊で、たとえば遠征時に供出する兵数なども、千人

11

隊単位で割り当てられていた。モンゴル陣営で主力を担ったのは,「複合弓」(⇨p30) を武器とする軽騎兵だった。複合弓は,百年戦争でその威力を発揮したイギリス式の「長弓(ロングボウ)」よりもはるかに強力な武器だった。

モンゴル軍は高度な訓練をうけた,きわめて機動力のある軍隊で,足並みを乱すことなく包囲戦や急襲など,多様な作戦行動をとることができた。とくに有名なのは,彼らが作戦の中心に「恐怖」をおいたことである。抵抗した都市の住民は大量に虐殺され,ほかの都市の住民に見せつけ,その士気をくじいて降伏させるために利用された。一方,広大な領土を獲得したあとは,モンゴル人は「恐怖」よりも「実利」を優先する政策をとった。彼らの目的は,もちろんただ恐怖をあたえることではなく,自分たちが豊かになること,そして権力の座を維持することだったからである。

モンゴル人はモンゴル帝国の時代はもちろん,それを継承したイスラーム諸王朝の時代にも,大きな影響力をおよぼしている。そもそもチンギス・ハーンの死後,帝国は彼の息子たちによって分割されたが,その結果,イスラーム教徒の居住地域だったイラン,トランスオクシアナ,インドなどは,どのような影響を受けたのか。これらの土地はすべて,エリート層がペル

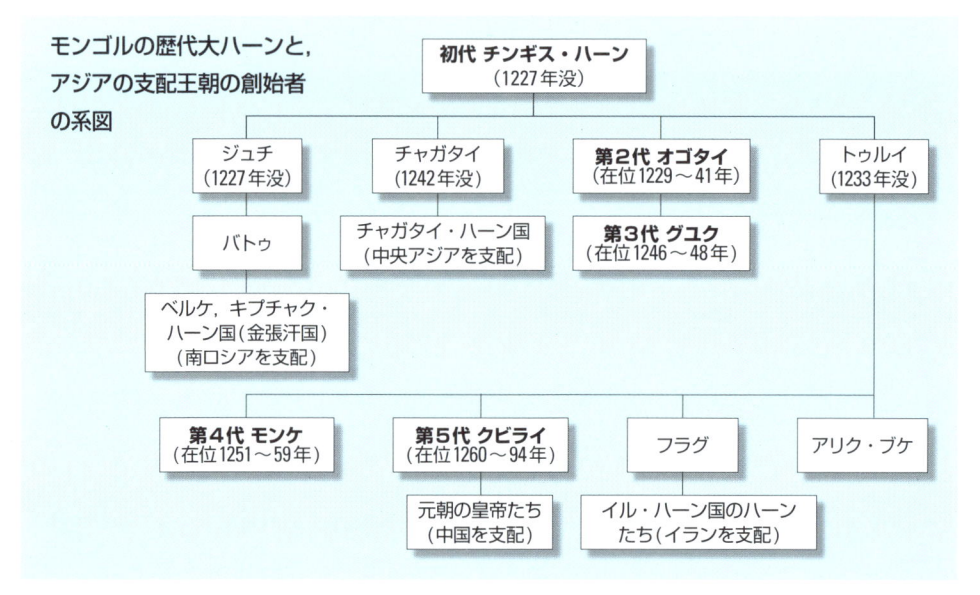

モンゴルの歴代大ハーンと,アジアの支配王朝の創始者の系図

- 初代 チンギス・ハーン (1227年没)
  - ジュチ (1227年没)
    - バトゥ
      - ベルケ,キプチャク・ハーン国(金張汗国)(南ロシアを支配)
  - チャガタイ (1242年没)
    - チャガタイ・ハーン国(中央アジアを支配)
  - **第2代 オゴタイ** (在位1229~41年)
    - **第3代 グユク** (在位1246~48年)
  - トゥルイ (1233年没)
    - **第4代 モンケ** (在位1251~59年)
    - **第5代 クビライ** (在位1260~94年)
      - 元朝の皇帝たち(中国を支配)
    - フラグ
      - イル・ハーン国のハーンたち(イランを支配)
    - アリク・ブケ

〔次頁・次々頁〕ムガル帝国第5代皇帝シャー・ジャハーン（在位1628〜58年）の長男ダーラー・シュコーの婚礼の行列。このシャー・ジャハーン時代の公式記録『パードシャー・ナーマ（大王の年代記）』を見ると，モンゴル人の子孫が興したムガル帝国がいかに豊かで，壮麗であったかがよくわかる。

シア語を話し，モンゴル人のことをムガル人と呼んでいた地域だった。

　たとえば強大なモンゴル軍の記憶は，インドのデリー・スルタン朝の住民や支配者にとって，いつまでも消えることのない恐怖として残された。またモンゴル人の権力への意志と彼らの血統がもつ魔力は，イランを統治したイル・ハーン国の歴代君主や，イラン・トランスオクシアナ・アフガニスタンを支配したティムールとその後継者たち，さらにはインドのムガル帝国（1526〜1858年）の皇帝たちに勇気と力をあたえた。1501年にイランを支配下におき，イスラーム教シーア派の教えを統治体制の基礎においたサファヴィー朝は，トルコ・モンゴル系遊牧民が過去に達成した業績に対し，ほとんど注意を払わなかったが，その一方でサファヴィー朝が奨励した芸術は，ティムール朝の宮廷の輝かしい成果から大きな影響を受けたものだった。そしてサファヴィー朝はイランの芸術・文化に新たな最盛期をもたらし，その残照は20世紀にいたるまで失われることはなかったのである。

14

15

文献資料と主な歴史家たち

この時代の文献資料は相当な数にのぼり，その種類も多様性にとんでいる。そこでまず，どのような種類の資料が存在するかをあらかじめ説明しておこう。重要な資料の筆頭にあげられるのは，学識のある文官が，その当時の歴史や，自分が実際に知っている人びとについて書き記したものである。こうした資料の著者としては，イル・ハーン国に仕えたジュワイニーや，ラシード・ウッディーン，ハルジー朝およびトゥグルク朝に仕えたバラニー，初期のムガル帝国に仕えたアブル・ファズル，18～19世紀のイラン（カージャール朝）に関する史書を残したジョン・マルコムなどがあげられる。

また王朝の支配者本人，とくにムガル帝国の皇帝たちは，みずから回想録を著したことで知られており，そうした回想録の存在が，ムガル帝国の初代皇帝バーブルやその娘のグルバダン・ベーグム，そして第4代皇帝ジャハーンギールなどの人間性を知る有力な手がかりとなっている。第6代皇帝アウラングゼーブの書簡もまた，彼の気質や人となりをうかがい知る大きな助けとなった。

イスラーム教徒が残した旅行記は数少ないが，特筆すべきは14世紀の大旅行家イブン・バットゥータの著作である。逆に数が多いのは，ムガル帝国時代の西欧からの旅行者による旅行記で，それらの著者には，トーマス・ローやシャーリー兄弟のように西欧の列強諸国から派遣された人物や，インドに赴いたイエズス修道会士やイランで活動したカルメル修道会士のようなキリスト教の伝道師たち，ニコラオ・マヌッチやジャン・シャルダンのような一攫千金をねらう野心家たちがあげられる。また，19世紀のエミリー・イーデンやハリエット・ティトラーのように，同胞の男たちの行動に批判的な目を向けた西欧の女性も旅行記を残している。

それでは，主要な文献資料を著した人びとのごく一部を，以下に紹介しておこう。

☆　　　☆

■アブル・ファズル

高名な学者の家系に生まれた歴史家であり，進歩的な思想の持ち主だったアブル・ファズル（1551～1602年）は，ムガル帝国の第3代皇帝アクバルの書記官として，順調にキャリアを積んでいった。1574年に宮廷に出仕したアブル・ファズルは，ギリシア思想やイスラーム神秘主義（スーフィズム）に傾倒し，頑迷な考えを固持するウラマー（イスラーム学者）に批判的だったことで，アクバルに重用された。

彼の代表作の『アクバル・ナーマ（アクバル年代記）』は，ムガル人およびアクバルの治世について叙述した大部の歴史書で，アクバルの王権が神から授けられたものであることを力説している。同じく，アブル・ファズルが著した『アーイーニ・アクバリー（アクバル法典・規則集）』は，帝国の法令について詳細にのべたもので，地誌や宗教や社会生活に関する情報もかなり記されている。

アブル・ファズルはまた，聖書やインドの叙事詩『マハーバーラタ』をペルシア語に翻訳するなど，傑出した業績を残している。だが彼は最期には，アクバルの息子サリーム（後のジャハーンギール帝）から妬まれ，謀殺されてしまった。

■ズィヤー・ウッディーン・バラニー

バラニー（1285年頃～1357年頃）は，デリー諸王朝のなかの奴隷王朝とハルジー朝において行政手腕を発揮した名門の家系に属していた。彼自身も17年3カ月という長きにわたり，トゥグルク朝の君主ムハンマド・ビン・トゥグルクの側近を務めている。

だが，ムハンマドの従兄弟のフィールーズ・シャー・トゥグルクが君主の座を継承してまもなく，バラニーは宮廷から追放されてしまった。おそらく，ムハンマド・ビン・トゥグルクの未成年の息子を君主の座につ

けようとする，ホージャ・ジャハーンの陰謀に加担したためと思われる。

職を退いたバラニーは執筆に専念し，すぐれた作品を2点残した。ひとつは，君主に対し，聖なる法を執行するよう助言した『ファターワーイェ・ジャハーンダーリー（統治の教令集）』と，もうひとつは，奴隷王朝のバルバンから，フィールーズ・シャーの治世6年までの歴史を記した『ターリーヒ・フィールーズ・シャーヒー（フィールーズ・シャー年代記）』である。後者は権力者が『統治の教令集』の助言に従わなかった場合，どういう末路をたどるかを実証した教訓的な書となっている。

■カルメル修道会士

カルメル修道会は1209年ごろ，パレスティナのカルメル山で修行していたキリスト教隠修士が結成した修道会である。この修道会の第1の目的は，愛と黙想によって魂を高め，神との霊的合一を成就すること。第2の目的は社会に貢献することだった。

16世紀後期にカルメル会の一派である跣足カルメル会の修道士（サンダル以外の靴をはかず，靴下もはかないところから，はだしを意味する跣足と呼ばれる）は，伝道活動に関心があることを表明した。1604年にローマ教皇クレメンス8世は，彼らをイスファハーンのシャー・アッバースの宮廷へ伝道に向かわせた。これはローマ教皇がサファヴィー朝の君主に派遣した一連の伝道団の一環だった。

『カルメル会年代記』は，彼ら伝道師がイランやイラク，ゴア（インド）の伝道所からローマに送った18世紀後期までの書簡を，まとめたものである。

■グルバダン・ベーグム

初代ムガル皇帝バーブルの娘グルバダンは，1523年ごろカーブルで生まれ，バーブルがインドを制圧したのち都としたアーグラへと移り住んだ。彼女はこのアーグラで1603年に息をひきとっている。グルバダンは第2代ムガル皇帝となる異母兄弟のフマーユーンの年代記を著しているが，フマーユーンがスール朝の侵攻をうけてシンドおよびイランで亡命生活を余儀なくされていた時期のことも，みごとな筆致で描いている。その時期（1540～1555年）は，グルバダンはカーブルで過ごしていたと思われるので，この時期のことはフマーユーン妃のハミーダから情報をえたのだろう。

1573年から82年にかけて，グルバダンは，フマーユーンの長子で，第3代ムガル皇帝となったアクバルの皇室の女性たちをメッカ巡礼に連れていっている。彼女が『フマーユーン・ナーマ（フマーユーン年代記）』を書いたのは，甥のアクバル帝の命令によるものだった。グルバダンが死去したとき，アクバル帝は彼女の棺台の運び手のひとりとなった。

■イブン・バットゥータ

この有名な大旅行家は1304年2月25日，モロッコのタンジールで生まれ，1368/69年，あるいは1377年に没したとされる。1325年から1353年にかけて，彼は西アフリカから中国へといたるイスラーム世界を旅行している。その間，1326年にはイル・ハーン国の宮廷に，1333～42年にはムハンマド・ビン・トゥグルクの宮廷に滞在した。モロッコに帰国すると，マリーン朝のスルタン，アブー・イナーンの命をうけた学者イブン・ジュザイイに対し口述し，これをジュザイイが筆記・編纂して『大旅行記（リフラ）』が完成した。これは世界でもっとも有名な旅行記のひとつである。

■アラー・ウッディーン・ジュワイニー

アラー・ウッディーン・ジュワイニー（1226～83年）は，イランのシーラーズに近いジュワインの町の出身で，ジュワイニー家は学者・官僚を輩出した名家だった。イル・ハーン国のフラグがホラーサーン地方に進出したとき，ジュワイニーはイル・ハーン国の宮廷に仕

えている。このとき，彼はホラーサーンを拠点とする過激シーアのイスマーイール派（暗殺教団）教主ルクン・アッディーンに提示する降伏条件を起草している。1258年にフラグがバグダードを制圧したあと，ジュワイニーはイラクおよびイラン南西部のフージスターンの知事に任命されたが，晩年には公金横領の責任を問われることになった。

ジュワイニーの著作『世界征服者の歴史』は，イラン文学の古典であり，モンゴル史に関する重要文献にもなっている。

■ジョン・マルコム

ジョン・マルコム（1769～1833年）は13歳のときに，イギリス東インド会社に入った。彼はその早咲きの才能によって，「マルコムぼうや（ボーイ・マルコム）」というあだ名をつけられることになった。1800年から翌年にかけてと，1808年，1810年の3度，東インド会社の代表団を率いてカージャール朝の宮廷を訪れ，はじめてのイギリス・イラン条約を成立させている。

1815年に出版した『ペルシア史』は好評を博し，その後も歴史関係の著作を発表している。マルコムが東インド会社を退職したときの役職は，ベンガル総督だった。イランでは彼の名はさまざまな活動で知られているが，ジャガイモをイランに紹介したのもそのひとつで，ジャガイモはイランでは「マルコムのプラム」と呼ばれている。

■ニコラオ・マヌッチ

イタリア人のニコラオ・マヌッチ（1639～1717年）は1653年，幸運を求めてヴェネツィアを出発し，アジアへ向かった。1654～55年はイスファハーンに滞在し，1656年1月にムガル帝国時代のインドに到着した。彼はシャー・ジャハーン帝の長男ダーラー・シュコーの軍に砲兵として入隊し，のちに継承権争いに破れたダーラー・シュコーの非運を目撃することになる。マヌッチは，シャー・ジャハーンの跡を継いだアウラングゼーブ帝を嫌っていたため，この皇帝に仕えることは断った。

1660年代，医師として身を立てることにしたマヌッチは，さまざまな浮き沈みを経験したあと，のちにシャー・アーラム帝となるムアッザム皇子に仕えることになったという。1681年からはマドラスのイギリス人のもとで働き，そこで土地も所有している。マヌッチが書いた『ムガル帝国史』の英訳本がはじめて出版されたのは1907年のことで，これはイタリア語・フランス語・ポルトガル語の写本からウィリアム・アーヴィンが英語に翻訳したものである。

⇦アクバル帝に『アクバル・ナーマ（アクバル年代記）』を差しだすアブル・ファズル。アブル・ファズルはアクバルの書記官で，才能のある作家でもあった。彼が書いた『アクバル・ナーマ』は，アクバルの治世や宮廷生活，その時代のインドについて非常に多くの情報をあたえてくれる。

イル・ハーン国 1256〜1340年	ムザッファル朝 1314〜93年	ティムール朝 1370〜1506年
イスラーム改宗以前（1256〜95年）	ムバーリズッディーン・ムハンマド（在位1314〜58年）	ティムール（在位1370〜1405年）
フラグ（在位1256〜65年）	シャーヒ・シュジャー（在位1358〜84年）	ハリール・スルタン（在位1405〜09年）
アバカ（在位1265〜82年）	ムザッファル朝末期の君主たち（1384〜93年）	シャー・ルフ（在位1409〜47年）
テグデル（即位後はアフマド）（在位1282〜84年）		ウルグ・ベグ（在位1447〜49年）
アルグン（在位1284〜91年）		アブドゥル・ラティーフ（在位1449〜50年）
ガイハトゥ（在位1291〜95年）		アブドゥッラー・ミールザー（在位1450〜51年）
バイドゥ（在位1295年）		アブー・サイード（在位1451〜69年）
イスラーム改宗以後（1295〜1340年）		スルタン・フサイン・バイカラ（在位1469〜1506年）
ムハンマド・ガザン（在位1295〜1304年）		
オルジェイトゥ（在位1304〜16年）		
アブー・サイード（在位1316〜35年）		
イル・ハーン国末期の君主たち（1335〜40年）		

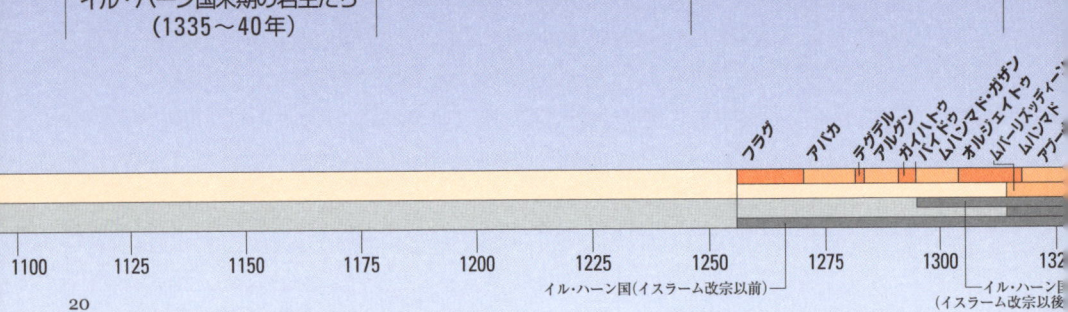

フラグ　　ティムール 　　ウルグ・ベグ 　　スルタン・フサイン・バイカラ

第1章
イル・ハーン国, ムザッファル朝, ティムール朝
1256〜1506年

　「イル・ハーン」とはもともと,チンギス・ハーンの孫のフラグの称号で,「属領の君主」を意味していた。彼がバグダードのアッバース朝をやぶり,現在のイラン,イラクを中心とする広大な地域に樹立した国を「イル・ハーン国」という。

　このイル・ハーン国の建国当初,モンゴル人は現地の民衆に甚大な被害をもたらした。征服した土地からできるだけ多くの富をしぼりとるため,大虐殺を行ない,灌漑設備を破壊して,農民を圧迫したからである。しかし第7代ハーンのガザンの治世になると,モンゴル人はイスラーム教に改宗し,この地域に繁栄をとり戻す作業にとりかかった。イル・ハーン国はこの時期を通じて,広大なアジアにひろがる,ゆるやかな連邦と化したモンゴル帝国の一部として存在した。国家や地域間の政治,宗教,文化面での垣根は低くなり,ヨーロッパや中国の影響を受けやすい状況にあった。

　イル・ハーン国が1330年に崩壊すると,地方領主のムバーリズッディーン・ムハンマドが,シーラーズを拠点に独立王朝を樹立した。創始者の父親ムザッファルの名にちなんで,ムザッファル朝と呼ばれるこの王朝は,その支配地域をイラン中央部のほぼ全域へと拡大した。だが1384年に最後の強力なモンゴル人征服者となるティムールが,バグダードからデリー,アラル海からインド洋へとまたがる帝国を築きあげたとき,ムザッファル朝は掃討された。

　世界の歴史上,最強の武将のひとりにあげられるティムールの戦歴は,勝利につぐ勝利だった。そしてティムールの後継者の時代になると,帝国の版図は縮小し,領土がトランスオクシアナとホラーサーンを残すのみになった時代もあった。だがティムール朝の華やかな宮廷では,つねに芸術と科学が隆盛をきわめていたのである。

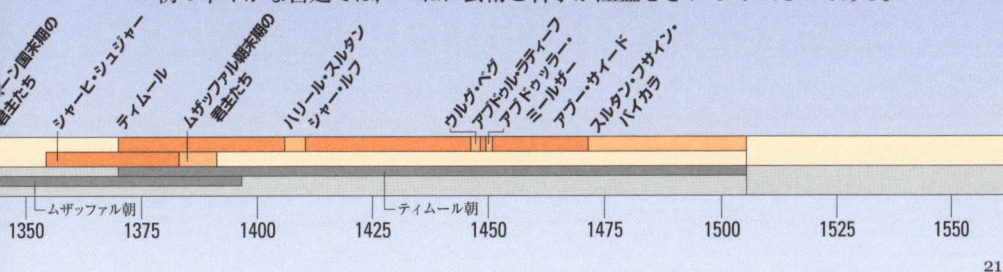

第1章 イル・ハーン国，ムザッファル朝，ティムール朝

イル・ハーン国（イスラーム改宗以前）
1256〜95年

⇨チンギス・ハーンの孫のフラグは，イランにイル・ハーン国を興した。死後，何百年もたってから描かれたこの肖像画では，フラグは座って酒を飲んでいる。手に水煙管をもち，わきには複合弓と矢じりの太い矢をかかえている。

フラグ
在位1256〜65年

アバカ
在位1265〜82年

フラグ	
生年	1217年ごろ
父	トゥルイ（チンギス・ハーンの末子）
母	ソルカクタニ・ベキ（キリスト教徒）
妻	ドクズ・ハトゥン，グユク・ハトゥン，オルジェイ・ハトゥン，クトゥイ・ハトゥン，メルタイ・ハトゥン，イスト・ハトゥン，ほかに12人の側室〔ハトゥンは后妃の称号〕
息子	アバカ，ジュムクル，テクシン，タラカイ，トゥジン，テグデル（アフマド），アジャイ，クイクルタイ，イェスダル，マング・ティムール，ヤシュムト，フラジュ，シャルバウェジ，タガイ・ティムール
娘	ブルガン・アカ，ジャマイ，マングルカン，トゥトゥカジ，タラカイ，クトルカン，バーバ
没年	1265年2月8日
埋葬地	ウルーミーエ湖に浮かぶシャーフー島。モンゴルの慣習にしたがって，フラグとともに若く美しい宮廷の女性が数人，生きたまま埋葬された。

フラグ

「地上の王たるモンケ・ハーンは，弟のフラグが君主の資質を有することを見てとり，みずからの大事業における征服の訓練になることを察知して，（略）フラグに西方の遠征をまかせた」

ジュワイニー

　フラグは祖父のチンギス・ハーンによく似た，強力かつ無慈悲な戦士だった。生まれたのは1217年ごろで，「度を越した者」を意味するフラグと名づけられた。それが彼にふさわしい名前であることは，幼いころから，だれの目にもあきらかだった。チンギス・ハーンがはじめて，フラグとその兄のクビライ（のちの元朝皇帝）を狩りに連れていったとき，11歳のクビ

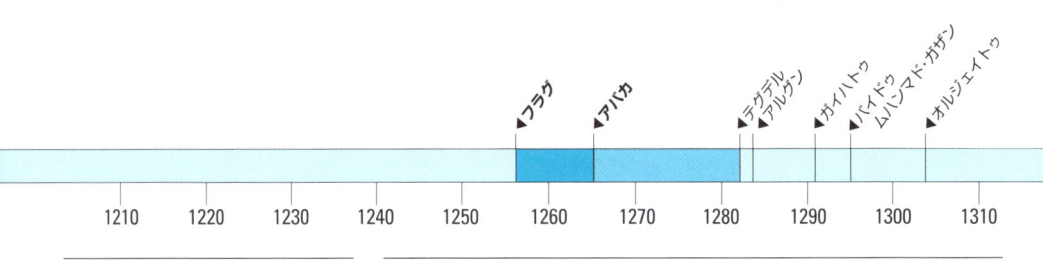

ライが弓で野ウサギをしとめたのに、9歳のフラグがしとめたのはヤギだったという。この出来事が、フラグの「度を越しがち」な性格を物語っている。もっとも、彼はモンゴル帝国の皇子としてはなかなか教養のある人物で、後年、偉大なイスラーム科学者のナースィルッディーン・トゥースィーに対し、多大な援助を行なったこともあった。

1251年の「クリルタイ」〔訳注：王族・有力な族長・重臣による会議で、モンゴル人の最高意思決定機関〕において、フラグのもうひとりの兄であるモンゴル帝国大ハーンのモンケは、「アム・ダリア川の河岸からエジプトの領土の境界まで」、モンゴルの勢力圏を拡大せよと弟に命じた。チンギス・ハーンがその地域を征服してからすでに数十年がたっていたが、当時もまだモンゴルの支配体制が完全に確立されていたわけではなかった。たとえば、ヘラートのようにモンゴルの宗主権を認める地域もあれば、モンゴル支配に抵抗する地域もあった。暗殺教団の異称をもつイスマーイール派は、カスピ海の南のエルブルズ山脈に築かれた多くの城砦を占拠し、またバグダードを都としてイラクのほぼ全域を支配していたアッバース朝のカリフも、モンゴル勢力に抵抗していた。それより西方では、アイユーブ朝を創始したサラディン〔サラーフッディーン〕(1138～1193年)の子孫がシリアを統治し、地中海東岸のレヴァント地方には十字軍国家〔訳注：12～13世紀に西欧のカトリック教国が聖地エルサレム奪還をめざして派遣した十字軍が建てた封建国家〕が依然として存在し、エジプトでは軍人奴隷(マムルーク)が権力を掌握して、マムルーク朝を建国したばかりだった。

フラグの遠征

フラグの一番の狙いは、イスマーイール派を滅ぼすことだった。フランス王ルイ9世の使節としてモンケ・ハーンと会見したフランチェスコ会修道士のウィリアム〔ギョーム〕・ルブルックによると、イスマーイール派は愚かにも、大ハーンの命をとろうと、400人もの変装した刺客を送りこんだという。

フラグの二番目の狙いは、アッバース朝のカリフに降伏をう

イル・ハーン国の軍隊

だれに言わせても、イル・ハーン国の軍隊はとてつもない規模で、強烈な印象をあたえたという。歴史家のジュワイニーは、イスマーイール派の城砦に攻めこむイル・ハーン国の軍隊が「鉄の山」のように見えたとのべている。

「山にも谷にも、おびただしい数の戦士が大波のように押し寄せていった。あれほど高くそびえ、揺らぐことのないように見えた丘が、いまはウマやラクダのひづめに踏みつぶされ、首の根を折られたその身を横たえている。やかましいラクダの鳴き声、騒々しい笛や太鼓の音は耳を聾するばかり。馬のいななきと槍の閃光は、敵兵の目をくらませ、心を見失わせた」

ジュワイニー

第1章 イル・ハーン国,ムザッファル朝,ティムール朝

⇧1258年のバグダード略奪について,同時代の歴史家は次のように語っている。「彼らは空を飛ぶ鳩の群れに襲いかかる飢えた隼のように,はたまた,羊を襲う怒り狂った狼のように,破廉恥な顔をして野放図な殺戮を行ない,恐怖を振りまきながら街を駆け抜けた。(略) 金糸と宝石で飾りつけた寝台やクッションは,短剣ですたずたに切り裂かれ,(略) 広大な後宮(ハーレム)の垂れ幕の後ろに隠れていた女たちは,(略) 偶像のように髪をつかまれ,街の通りや路地を引きずられ,ひとり残らず極悪なタタール人の慰みものにされた」
イブン・ワッサーフ (14世紀イランの宮廷詩人・歴史家)

ながすことだった。そして,もしもカリフが降伏を拒めば,アッバース朝を滅ぼすことを決めていた。大ハーンの宴席で盛大な饗応をうけ,大量の下賜品をあたえられたフラグは,1253年にモンゴルを出発した。その途上,イル・ハーン国軍に抵抗した者たちは,彼が祖父のチンギス・ハーンと同じように情け容赦のない人物であることを思い知らされることになる。ジュワイニーはこう記している。

「ある土地の暴徒が抗戦したが,7日間もちこたえるのがやっとだった。それからモンゴル軍は市中に入り,城壁を打ち壊した。男も女もひとり残らず,街の外へ追い払われた。若い娘をのぞくと,見逃してもらえたのは10歳以下の子どもだけだった」

1256年にフラグはイスマーイール派と対決した。イスマーイール派の教主だったルクヌッディーン・フルシャーは,イル・ハーン国軍の規模の大きさと,包囲攻撃に使われる高性能の兵器に恐れをなして降伏し,教団の他の城砦にも降伏するようにと命じた。ルクヌッディーンはモンゴル帝国の大ハーンを訪問する許可を得たものの,大ハーンに軽くあしらわれた。モンゴ

ルからの帰途,「教主はひどく蹴りつけられたあげく,護衛兵の刃にかかって死んだ」という。その後,イスマーイール派の残党はほとんどがインドへ逃れ,19世紀にイランからインドへ移ってきたアーガー・ハーン1世を,教主およびイマームとして仰ぐようになる。

1258年,フラグはアッバース朝の都バグダードに関心を移したが,アッバース朝第37代カリフのムスタースィムは降伏を拒んだ。これをうけてフラグはバグダードを包囲し,ムスタースィムは結局,投降した。後世のあるイランの歴史家は,このときモンゴル軍に殺された人びとの数を80万人と推測しているが,フラグ自身は死者の数を20万人とのべている。

このとき処刑されたムスタースィムの最期については,さまざまな話が伝えられているが,もっとも信頼のおける話では,彼は絨毯(じゅうたん)で巻かれたあと,軍馬に踏みつぶされ,殺されたという。モンゴル人は伝統的に,貴人の血を流すことを嫌うため,こうした方法で処刑したものと思われる。ほとんど名目上の地位だったとはいえ,500年近く,預言者ムハンマドの後継者と

ナースィルッディーン・トゥースィー

1201年にホラーサーン地方のトゥースに生まれ,1275年にバグダードで没したトゥースィーは,多くの学問分野(数学・幾何学・天文学・哲学・神学)で第一人者と目されたシーア派イスラーム教徒を代表する学者である。

若いころの彼は,アラムート城のイスマーイール派教主に20年間仕えるなど,各地のイスマーイール派(シーア派の一派)の指導者に仕えて過ごした。イスマーイール派の代表としてフラグとの交渉に派遣されたこともあったが,この交渉は失敗に終わった。

その後,トゥースィーはアッバース朝討伐をめざしたフラグの遠征に加わった。1259年には,タブリーズに近いマラーガで,イスラーム世界では初となる天文台の建設を始めた。マラーガは学問の一大中心地となり,その図書館にはフラグの征服によって,豊富な書物が集められた。

トゥースィーはさまざまな分野の著書を発表しており,そのなかには現在でも読まれている著書がいくつかある。彼の作品のうち,とくに有名なものに,『イル・ハーン天文表』と『ナースィルの倫理学』がある。

後者はイスマーイール派の教えとプラトンおよび新プラトン主義の哲学,さらにはアリストテレスの『ニコマコス倫理学』の影響をうけた著書で,彼はそのなかで政治問題をもふくめた倫理について論じている。トゥースィーおよび彼に傾倒する学者たちの業績のなかで,とくに評価に値するのは,「トゥースィーの対円」という惑星運行モデルを考え,実質的に天動説の根拠をくつがえす方向へと踏みだしたことである。

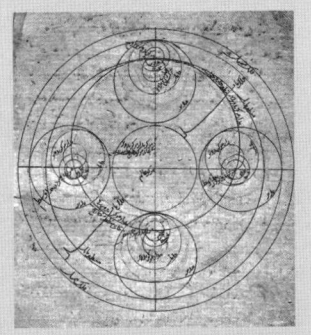

↑「トゥースィーの対円」(部分)。トゥースィーが考えたこの惑星運行モデルは,天動説から地動説への大きな一歩をしるした。

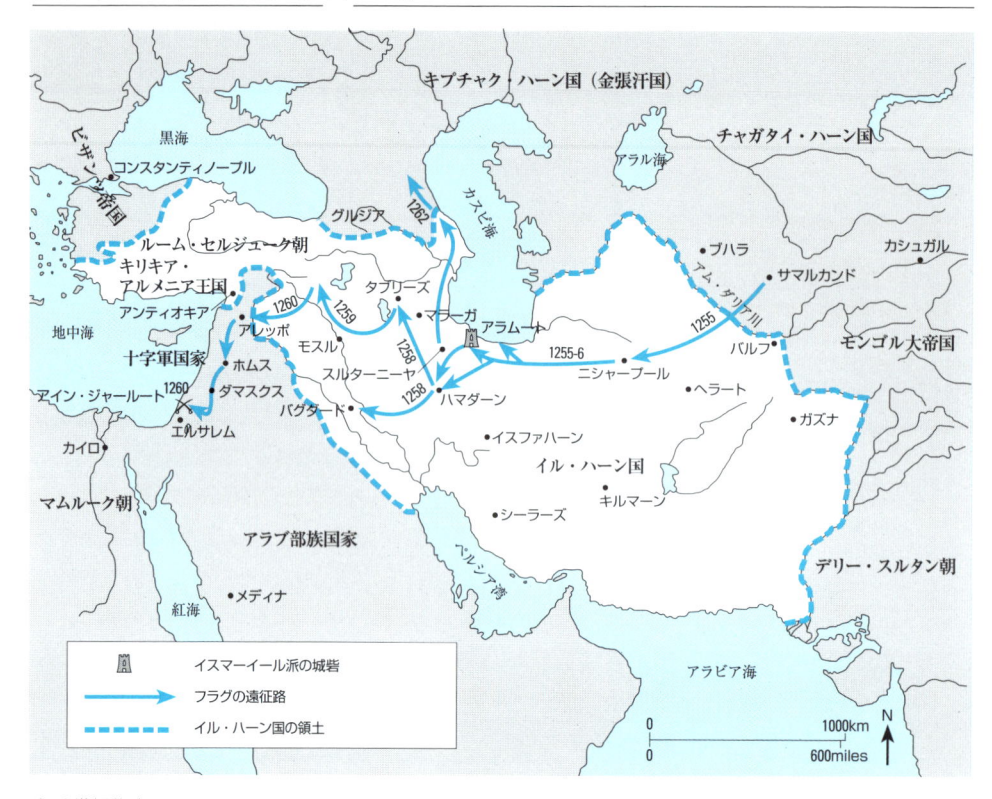

↑13世紀後半のイル・ハーン国。この国はフラグの遠征によって形成された。

してイスラーム社会の指導者とされてきたアッバース朝カリフの系譜は、こうして途絶えたのだった。

　この残虐な行為は、スンナ派のアッバース朝カリフと敵対していたシーア派や十字軍からは、好意的に受けとめられた。しかし、スンナ派の人びとには衝撃をもたらし、フラグの従兄弟にあたるキプチャク・ハーン国（金張汗国）のベルケ・ハーンにもよく思われなかった。

「フラグはイスラームの町をことごとく略奪した」と、ベルケはのべている。「しかも血縁の者たちに相談することなく、カリフを死なせてしまった。神のご加護を得て、余はあれほど無辜の血を流したことに対し、フラグの釈明を求めたい」

　1260年にフラグはシリアへ進軍し、シリア北部のアレッポを攻略した。さらに十字軍国家のアンティオキア公領とトリポリ伯国の君主が、フラグの軍門に下った。ついで、フラグ率いるモンゴル軍はダマスクスへ入城した。このとき、3人のキリ

スト教徒が先導した。その3人とは、アンティオキア大公ボヘマンド一世、キリキア・アルメニア王国（11世紀にアナトリア南東部のキリキアに移住したアルメニア人が建国した国）のハイトン一世、ネストリウス派のキリスト教徒で、フラグ配下の将軍キトブカ・ノヤンだった。

この出来事を、以後の世界史を決定づけるような大事件と考える者もいた。もしもキリスト教徒とモンゴル人が協力すれば、レヴァントからイスラーム勢力を駆逐し、エジプトのマムルーク朝（1250～1517年。アイユーブ朝の軍人奴隷だったアイバクが興したイスラーム王朝）を打倒できる可能性があった。しかし、その重大な局面で、大ハーンのモンケが中国遠征中に崩御し、フラグの兄弟たち（クビライとアリク・ブケ）のあいだで大ハーン位をめぐる継承争いが起こった。フラグは敵対するキプチャク・ハーン国のベルケを監視するために、シリアからアゼルバイジャンへと移動した。

このときフラグが自軍の主力を北東へ移動させたのは、シリアにおける深刻な牧草不足という理由もあったものと思われるが、いずれにせよ残されたキトブカ将軍は、ごく少数の部隊だ

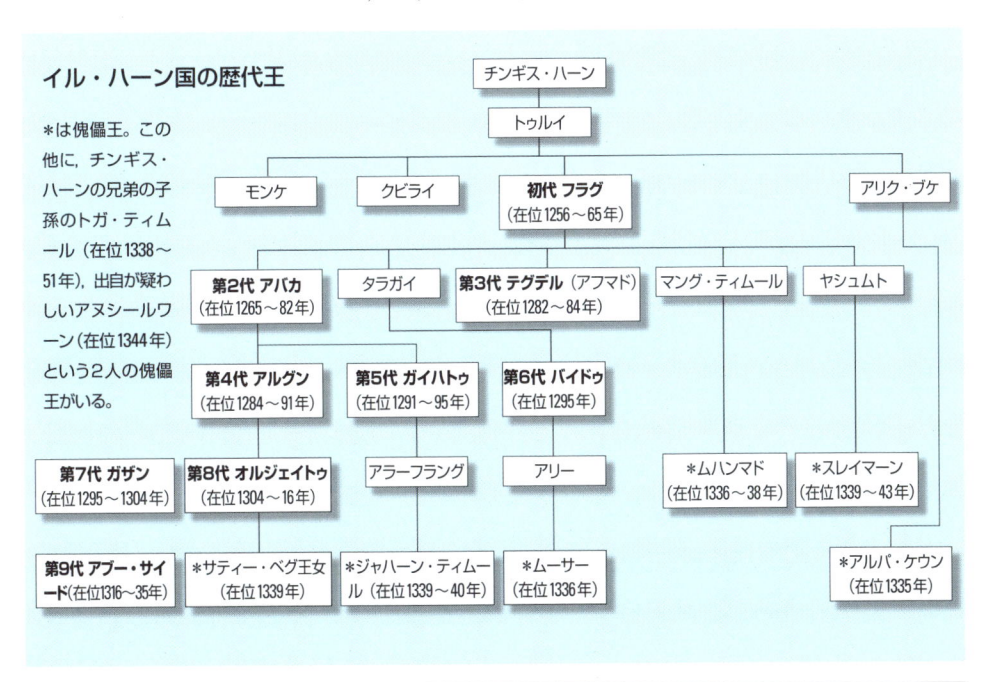

イル・ハーン国の歴代王

＊は傀儡王。この他に、チンギス・ハーンの兄弟の子孫のトガ・ティムール（在位1338～51年）、出自が疑わしいアヌシールワーン（在位1344年）という2人の傀儡王がいる。

- チンギス・ハーン
  - トゥルイ
    - モンケ
    - クビライ
    - 初代 フラグ（在位1256～65年）
      - 第2代 アバカ（在位1265～82年）
        - 第4代 アルグン（在位1284～91年）
          - 第7代 ガザン（在位1295～1304年）
          - 第8代 オルジェイトゥ（在位1304～16年）
            - 第9代 アブー・サイード（在位1316～35年）
            - ＊サティー・ベグ王女（在位1339年）
            - ＊ジャハーン・ティムール（在位1339～40年）
            - ＊ムーサー（在位1336年）
        - 第5代 ガイハトゥ（在位1291～95年）
          - アラーフラング
        - 第6代 バイドゥ（在位1295年）
          - アリー
      - タラガイ
      - 第3代 テグデル（アフマド）（在位1282～84年）
    - マング・ティムール
      - ＊ムハンマド（在位1336～38年）
    - ヤシュムト
      - ＊スレイマーン（在位1339～43年）
      - ＊アルパ・ケウン（在位1335年）
    - アリク・ブケ

けでマムルーク軍に立ち向かわねばならず、結局、パレスティナ北部のアイン・ジャールート（「ゴリアテの泉」を意味する）の戦いで、キトブカは敗死した。この戦い以後、13世紀を通じて、イル・ハーン国はシリア以西に勢力を拡大することができなかった。

その後のフラグの生涯は、カスピ海西岸におけるベルケおよびキプチャク・ハーン国との果てしない争いに費やされることになった。1264年にはイル・ハーン国の領土は、東はアム・ダリア川、西はシリアとアナトリア（小アジア・現在のトルコ）の半分までをふくむ地域へと広がっていた。

フラグは死期を迎える半年前に、ビザンツ帝国皇帝ミカエル8世パレオロゴス（在位1262～82年）の非嫡出の娘との結婚の交渉を行なっていたという。だが1265年にフラグはマラーガで死去し、イラン北部のウルーミーエ湖に浮かぶシャーフー島に埋葬された。モンゴルの慣習に従って、若く美しい宮廷の女性が数人、フラグとともに埋葬された。同じ年に、熱心なキリスト教徒だった妻のドクズ・ハトゥンも夫の墓所に葬られた。彼女はフラグの治世を通じて、東方キリスト教徒の支援を行なった女性だった。こうしてイル・ハーン国の基礎を固めることで、フラグはのちのサファヴィー朝、ひいては近代国家イランへの道を切り開いたのだった。

アバカ

アバカ	
生年	1234年
父	フラグ
母	イェスート
妻	オルジェイ・ハトゥン（父の元妃）、ドルジ・ハトゥン、トキニ、ヌクダイ、ルティルミシュ、パディーシャー・ハトゥン、メルタイ（父の元妃）、トゥダイ、ブルガン、マリア・デスピナ（ビザンツ皇帝ミカエル8世パレオロゴスの娘。フラグと結婚することになっていたが、結婚が成立するまえにフラグが死亡）、ほかに3人の側室。
息子	アルグン、ガイハトゥ、
即位	1265年6月19日
没年	1282年4月1日。振顫譫妄症により死亡。
埋葬地	ウルーミーエ湖のシャーフー島。父のとなりに埋葬された。

「彼は善良かつ寛容で温和、やさしく控えめな、正義を愛する人物である。貧しい者には惜しみなく施しをあたえ、また広い心をもっていたので、過ちを犯した者に対しても、それがどのような過ちであれ、命を奪うようなことはなかった」

『グルジア年代記』（ヘンリー・H・ハワースによる要約）

フラグの死後、重臣たちが長子のアバカをイル・ハーン国の君主に推戴したとき、アバカ本人は慎重な態度をとった。亡父の地位を継ぐ条件として、大ハーンの承認を得ることを求めたのだった。大ハーンである伯父のクビライは、中国征服に成

イル・ハーン国（イスラーム改宗以前）

功したことで，ますます強大になっていたからである。そのクビライの承認を得たのち，アバカは大ハーンの名のもとにイル・ハーン国を統治し，宮廷にはクビライから派遣されたモンゴル帝国の大使が常駐することになった。

アバカにとって，大ハーンからの承認は，重要な意味をもっていた。西方のマムルーク朝と北方のキプチャク・ハーン国が同盟して，イル・ハーン国を挟撃してくる恐れがあったからである。アバカは自分の立場をさらに強化するために，父のフラグが関心を示していたビザンツ皇帝ミカエル8世パレオロゴスの非嫡出の娘との縁談を進めた。さらに父の政策を引き継いでネストリウス派のキリスト教徒を保護し，仏教徒に対しても保護策をとった。

⇧高座に座っている2人の人物のうち，向かって右がアバカで，左が息子のアルグン。アバカの治世には，元朝のモンゴル人皇帝たちやビザンツ帝国皇帝，ローマ教皇と外交関係が結ばれていた。

だがアバカはまもなく，自分がキプチャク・ハーン国のベルケとの戦いも父から引き継いだことを知る。1265年の夏，30万の騎馬兵を率いたアバカは，コーカサス地方南部のクラ川をはさんで，やはり大軍を率いたベルケと対峙したが，両軍の激突はベルケの死によって，かろうじて回避されることになった。その後，トランスオクシアナの東方を支配地域とするチャガタイ・ハーン国第7代ハーンのバラクが，イル・ハーン国の領土に食指をのばし，ついには大ハーンのクビライと対立していたカイドゥ（チンギス・ハーンの3男オゴデイの孫）と手を結んだ。1269年にバラクはホラーサーンとアフガニスタンのそれぞれ

複合弓

モンゴル帝国およびイル・ハーン国の騎馬兵の武器は、中央アジアの遊牧民に普及していた「複合弓」(合成弓ともいう) だった。イギリスで用いられていた「長弓(ロングボウ)」よりも格段に短いため、騎上からの攻撃に適していた。また射程は長弓の2倍あり、矢が長弓よりも水平に飛ぶので精度が高く、はるかに威力があった。複合弓は木製の弓に動物の角や腱、魚性の膠を張り合わせて作る。常時、弦(つる)を張っているほうがその能力を最大限に発揮できるため、独特の弓袋が生まれた。矢の放ち方も、3本の指を使う「地中海式」とはちがって、裁縫で使う指貫のような指輪を親指にはめる「モンゴル式」は、弦を強くひきしぼることができた。

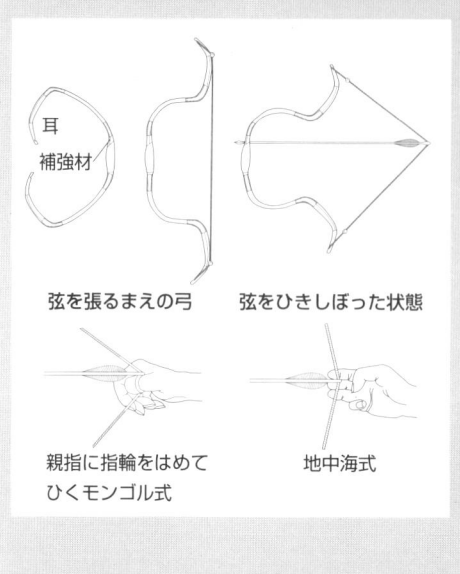

耳
補強材

弦を張るまえの弓　　弦をひきしぼった状態

親指に指輪をはめて　　地中海式
ひくモンゴル式

⇧複合弓を使って竜を退治するバフラム・グール王子。シーラーズで1371年に制作された『シャー・ナーマ(王書)』の挿絵〔訳注:『シャー・ナーマ』はイランの詩人フィルドゥスィー (934〜1025年) がガズナ朝のスルタン・マフムードに捧げた民族叙事詩〕。

一部地域を奪取し、アバカと大ハーンとの連絡線を切断した。

1270年7月、バラクの密偵に偽の情報をつかませることで、アバカはヘラート近郊という自分のホームグラウンドでバラク軍を打ち破った。その後もチャガタイ・ハーン国の士官が抵抗したため、アバカは1272〜73年にもう一度遠征を行ない、この討伐戦によってブハラは略奪され、焼き尽くされることになった。これ以後は、第8代ハーンのオルジェイトゥの統治時代に小規模な領土侵入が起こったのを除くと、イランの東部国境はティムール朝の始祖ティムールの侵入までは、おおむね安泰だったといえる。

しかし、アバカがイランの北東方面にかまけている隙に、マ

ムルーク朝がモンゴルの利権をねらって,西方へ移動してきた。マムルーク朝第5代スルタンのバイバルス(在位1260～77年)は,1268年に十字軍国家であるアンティオキア公国を奪い,キリキア・アルメニア王国を破壊すると,1277年にはアナトリア中部のエルビスタンにおいて,モンゴル軍を完膚なきまでに打ち破った。のちにこの戦場を見たアバカは,累々たるモンゴル兵士の死体に涙を流したという。

　アバカは地盤を強化するために,ヨーロッパに同盟者を求めることも行なっている。たとえば1274年には2人のモンゴル使節が第2リヨン公会議の場で,ローマ教皇グレゴリウス10世(在位1271～76年)と面会している。しかし,アバカが本当に重大な局面に立たされたとき,援助をあてにできたのはキリキア・アルメニア王国だけしかなかった。1281年9月,アバカの弟のマング・ティムール率いるモンゴル軍は,シリア西部の都市ホムスでマムルーク軍に大敗を喫した。

　不思議にもアバカはこのとき,みずから遠征軍の指揮をとろうとはせず,大がかりな狩猟に全力をそそいでいた。アバカがようやく敗北した弟の敵討ちにとりかかったのは,1282年の春になってからのことだった。ところが,その年の4月1日にアバカは病没してしまう。したたかに飲んだあげく,振顫譫妄症(アルコール依存症者の禁断症状の一種で,手足の震え,舌のもつれ,幻覚や意識障害がみられる)に陥ったのである。彼の遺体はウルーミーエ湖のシャーフー島に眠る亡父のとなりに埋葬された。

テグデル（即位後はアフマド）

在位1282〜84年

アルグン

在位1284〜91年

ガイハトゥ

在位1291〜95年

バイドゥ

在位1295年

⇧アルグン：彼が内政の諸問題に成果をあげることができたのは，ユダヤ人の宰相の力が大きかった。

テグデル（アフマド）	
生年	不明
洗礼名	ニコラス・テグデル・ハーン（ネストリウス派キリスト教徒）
父	フラグ
母	クトゥイ・ハトゥン
妻	ドクズ・ハトゥン，エルメニ，トゥカクン・ハトゥン，バイテギン，イルクトルグ，トゥダイ・ハトゥン
息子	カブランシィ，アルスランシィ，ヌカージーイェフ
娘	6人
即位	1282年6月21日
没年	1284年8月10日。甥のアルグンの命令で処刑された。背骨を折られて死亡。
埋葬地	カラ・カプチルガイ

テグデル（アフマド）

「もっとも寛容で，憐れみ深い，神の名のもとに。（略）エジプトのスルタン宛てのアフマドの勅令。あらゆる賛美に値する神は我々に，長いあいだ，また我々が幼いころから，その恩寵と導きの光によって，神の力を知らしめ，統一を表明すること，ムハンマドを賞賛することを教えられている」

マムルーク朝のスルタン，マンスール・カラウーンに宛てたテグデルの勅令

　アバカの死後，モンゴルの王族および族長は，テグデルをイル・ハーンの地位につけることを決めた。彼は存命しているフラグの子どものなかでは最年長の男子で，母はネストリウス派キリスト教徒のクトゥイ・ハトゥンだった。テグデルはキリスト教の洗礼をうけており，洗礼名をニコラスといった。

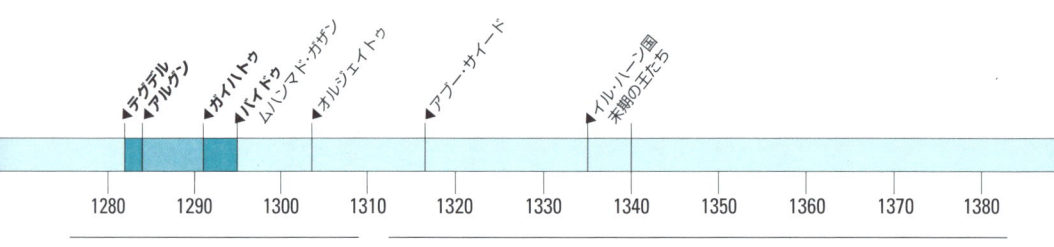

だがこの選択は，アバカの遺志にそむくものだった。アバカは自分の長子であるアルグンを後継者に望んでいたからである。そしてイル・ハーン国の宮廷もまもなく，その決定を悔やむことになる。テグデルの統治に問題があったのは，彼がイスラーム教に改宗し，アフマドと名前を改め，さらにはイル・ハーンの称号に代えてイスラーム系のスルタンの称号を採用したからだとする意見がある。だが，それが正しいとは思えない。なぜなら，モンゴル人は宗教にそれほど重きをおいていなかったからである。もっと重大な問題は，テグデルの失政と，彼が権力志向の乏しい君主だったことにある。

王族からの反対をものともせず，テグデルはマムルーク朝と友好関係を築くために，使節団を2度，エジプトに派遣している。いずれも屈辱的な扱いをうけて，使節の派遣は失敗に終わった。1284年の春，ホラーサーン総督の任についていたアルグンが，軍を率いて反乱を起こした。アルグンは捕らえられ，反乱は鎮圧されたが，このときテグデルは2つの過ちを犯した。ひとつは，アルグンの命をとらなかったこと。そしてもうひとつは，自分の部下のなかに，かなりの数のアルグン支持者がいることに気づかなかったことである。

アルグンは逃走し，すばやくテグデル側への攻撃を開始した。「夜には囚われの身だったアルグンは，朝になると君主になっていた」と，歴史家のラシード・ウッディーンは書いている。テグデルは捕らわれ，背骨を折られて死んだ。これも絨毯を巻きつけ，軍馬に蹴り殺させる方法と同じく，貴人の血を流すことを避けるモンゴル特有の処刑法だった。

アルグン

「アルグンが伝え聞いているとおりのことを実行し，王宮を掌握すると，アルグンの父アバカの臣下だった領主がさまざまな地方から集まってきて，アルグンに臣従を誓い，当然のごとく彼の支配を受け入れた」

マルコ・ポーロ『東方見聞録』

アルグン	
生年	1258年ごろ
父	アバカ
母	カトミシュ・イカジ（側室）
妻	クトルグ，オルジェタイ，ウルク，セルジューク，ブルガン（アバカの元妃），ブルガン2世（コンギラト部出身），メルタイ（フラグおよびアバカの元妃），トゥダイ（テグデルの元妃），クルトゥク・イカジ
息子	ガザン，オルジェイトゥ，ハタイ・オグル
娘	オルジェタイ，オルジェ・ティムール，クトルブ・ティムール
即位	1284年8月11日
没年	1291年3月10日。不老不死の効能があるとされる薬を飲んだために死亡したと思われる。
埋葬地	隠密裏に埋葬された最後のイル・ハーン。場所はアゼルバイジャンのスィジャース山付近。

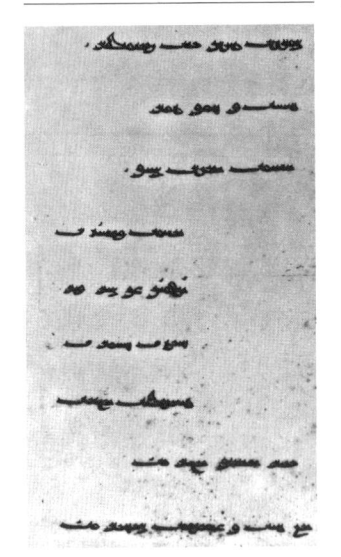

⇧ウィグル文字で書かれた書簡（部分）。これは1289年に，アルグンがフランス王フィリップ4世に宛てた書簡で，その一部は以下のとおり。

☆　　☆

「永遠なる天の力によって！　皇帝の庇護のもとに！　[以下は]我が皇帝，アルグンの言葉なり。フランス国王よ。（略）余は貴下が昨年，バール・サウマ［大都生まれのネストリウス派キリスト教の僧侶］を長とする使節を通じて伝えられた申し出，すなわち『イル・ハーン国がエジプトとの戦いに出陣するのであれば，我が国も当地より出陣し，共同作戦を立て，[敵軍の後方に]攻撃をしかける』との申し出に賛意を表する」

アルグンは1284年8月11日にイル・ハーンの位についた。それは叔父のテグデルを処刑した翌日のことである。だがアルグンの即位に対して，大ハーンのクビライが正式な承認をあたえたのは，それから1年8カ月後のことだった。

アルグンの治世では，ユダヤ人医師のサァドゥッダウラー（「国に幸福をもたらすもの」を意味する）を宰相に登用したことが目をひく。サァドゥッダウラーはバグダードの経済を回復したことでアルグンの信頼を勝ちとり，1289年6月に宰相に任命された。彼はきわめて有能な人物で，国家財政を立て直し，法を擁護し，不当な権力の行使を控えた。さらに，メッカへの巡礼の促進なども行なっている。

その一方，性格的には傲慢なところがあり，縁故者びいきの人事を行なったうえ，モンゴル人とイスラーム教徒の両方から恨みをかっていた。モンゴル人は収入を削減されたことに対し，イスラーム教徒はユダヤ人が上席を占めていることに対し，腹を立てていたのである。こういう状況では，イル・ハーンの保護がなくなったが最後，サァドゥッダウラーの命運が尽きるのは，わかりきったことだった。彼はアルグンがまだ臨終の床にいるときに捕らえられ，処刑された。それからすぐに，バグダートとタブリーズでユダヤ住民の大虐殺が始まった。

アルグンはマムルーク朝と戦うにあたって，亡父と同じようにキリスト教圏からの支援を得ようとした。そしてローマ教皇，イングランド王エドワード1世（在位1272～1307年），フランス王フィリップ4世（端麗王：在位1285～1314年）に宛てて，書簡が送られた。ローマ教皇ホノリウス4世（在位1285～87年）宛ての1285年の書簡には，アルグンの目的が率直に記してある。

「我が国は，使節を送り，エジプト国に遠征軍を差し向けるよう，貴国に[要請する]。我が国がこちらから，貴国がそちらから，名誉ある戦士を送りこみ，あの国を挟撃する（略）」

しかしながら，アルグンがマムルーク朝討伐の共同作戦に成功することはなかった。

アルグンはその当時の科学に，強い興味をもっていた。ある日，彼はすぐれた科学者であるクトゥブッディーン・シーラーズィと錬金術について議論し，別の日には地理について議論し

たと記録されている。1289年にはインドのヨーガ行者が発見した不老不死の霊薬だと言いくるめられて，水銀と硫黄の合成物を習慣的に服用するようになった。だから彼が深刻な病気になったのも，まったく不思議ではない。アルグン側近のシャーマン（巫女）は，彼の病因を呪術によるものだと診断した。拷問に耐えきれず，後宮（ハーレム）の女性のひとりがアルグンに媚薬を飲ませたことを白状し，この女性は侍女とともに溺死させられた。

1291年5月10日，アルグンは息をひきとった。30代前半という早すぎる死だった。アルグンは「草原の民」に伝わるシャーマニズムの慣習にしたがって，ひそかに埋葬された最後のイル・ハーンだった。

ガイハトゥ

ガイハトゥ	
生年	1271年。チベット仏教徒の名前であるリンチェン・ドルジ（「貴重な宝石」の意）を名のる。
父	アバカ
母	ヌクダイ
妻	アーイシャー，ドゥンディ，イルティルミシュ，パードシャー・ハトゥン，ブルガン2世（コンギラト部出身，アルグンの元妃），ウルク
息子	アラーフラング，イーラーンシャー，ジウク・ブーラード
娘	4人
即位	1291年7月23日
没年	1295年3月26日。バイドゥの支持者に弓の弦で絞殺された。
埋葬地	カラバーグ

「王が興味をひかれるのは，放埓（ほうらつ）な暮らしと娯楽と肉欲にふけることだけだった。考えることといえば（略）いかにして貴族の息子や娘をわがものにするかということ，そして手に入れた子女たちと性的な交わりをもつこと以外，ほかに何もなかった。（略）妃や貴婦人のうち，貞淑な女たちが大勢，この王のもとから逃げだした。また，息子や娘を連れだして，遠い地方へ移住させる人びともいた。だが，王の手から逃れることも，王が耽溺した恥ずべき行為から逃れることもできなかった」

エブラーヤー編纂『年代記』より

アルグンが没したあと，イル・ハーン位を継ぐ資格のある候補者は次の3人だった。アナトリアにいたアルグンの弟ガイハトゥ，バグダードにいたアルグンの従弟のバイドゥ，ホラーサーンにいたアルグンの嫡子ガザンである。彼らがクリルタイに招集された結果，アミール（軍司令官）の一群とアルグンの正妃ウルクをはじめとする王家の女性たちの支持を得て，ガイハトゥがハーンに選定された。

ガイハトゥは即位すると，最初は亡父に仕えた宰相を殺害した者たちに対して慈悲をほどこし，ついで彼自身の体制に謀反を企てた一味にも，慈悲深い対応をみせた。実際に，謀反を企

ガイハトゥの紙幣発行

ガイハトゥは宮廷でクビライが派遣した元朝の代理と相談したのちに、イル・ハーン国の賢明な貴族の批判を退けて、1294年9月、「交鈔」という中国の呼称にちなんで「チャーオ」と呼ばれる紙幣の発行を始めた。紙幣には漢字で次のような文言が記されていた。イスラーム教の信条、ガイハトゥの名前、紙幣の価値、そして「世界の帝王が693年に、この縁起のよいチャーオを発行された。何人であれ、これを損なった者は妻子もろとも死刑に処し、財産を没収する」という文章である。

各地域に印造庫が設置され、硬貨の使用は禁じられた。紙幣はごく短い期間だけ使われたが、通貨が信用を失ったことで、急速に交易が停滞してしまった。混乱が起こり、発行から2カ月とたたないうちに、紙幣の発行は停止された。このガイハトゥの試みは、40年あまりのちに、金や銀と、名ばかりの銅貨や青銅貨とを交換しようとしたデリー・スルタン朝のムハンマド・ビン・トゥグルクの試みと、基本的に同じようなものだったといえる。

てた一味のひとりだったサドルッディーン・ザンジャーニーは、牢獄から釈放されると同時に宰相に任命されている。

ガイハトゥの治世は、イル・ハーン国が休みなくマムルーク朝との戦いに追われた時期だった。一時はマムルーク朝軍にユーフラテス川まで侵攻され、バグダードがふたたびイスラーム世界の中心になるのではないかと懸念される状況まで追いこまれた。他方、1294年にはキプチャク・ハーン国第8代ハーンのトクタ(在位1290〜1312年)と和平を結び、この友好関係は数十年続いた。

とはいえ、ガイハトゥの治世で特筆すべきなのは、紙幣の発行である。この紙幣発行の背景には、宰相とハーンの浪費癖に加え、疫病によってモンゴル人の飼っていたヒツジの群れが全滅したこともあったのだろう。そもそもの発想は、元朝の「交鈔」にならって、イル・ハーン国に紙幣を導入することにあり、この紙幣にはイスラーム教の信条とともに漢字が印刷されていた。だがこの新紙幣の発行はたちまち混乱をもたらし、宰相のサドルッディーンは2カ月後に廃止せざるをえなくなった。これは、中国以外の国で最初の木版印刷の事例でもある。

ガイハトゥは遅かれ早かれ、放蕩と乱費のせいで、その治世を短命に終わらせたことだろう。だが、実際に彼を死に追いやったのは、あまりにも軽率な行為だった。したたかに酔っ払ったガイハトゥは、従兄弟のバイドゥに侮辱されて激怒し、召使に命じて彼をなぐらせたのである。1294〜95年の冬、バイドゥは反乱を起こし、ガイハトゥの捕縛に成功した有力なアミールたちがバイドゥ側にまわった。彼らは1295年3月26日、かつての主君を弓の弦で絞め殺した。このときガイハトゥは、まだ24歳の若さだった。

バイドゥ	
生年	?
父	タラガイ(フラグの5男)
母	養母はマリア・デスピナ(アバカの妃)
妻	?
息子	キプチャク・オグール、イルダル、トゥガル、アリー
即位	1295年春
没年	1295年10月4日。ガザンの命令によって処刑された。

バイドゥ

1295年の春、バイドゥはイラン中西部のハマダーン近郊で、祖父のアバカ以来のハーンたちが即位した偉大な玉座にのぼり、正式にイル・ハーンとなった。

だがそのバイドゥに戦いを挑んできたのが、アルグンの息子

イル・ハーン国（イスラーム改宗以前）

⇧玉座に座り、判決を言い渡そうとしているガイハトゥ。このハーンの治世でもっとも有名な出来事は、元朝を見習って紙幣を発行したものの、その試みが惨憺たる失敗に終わったことだった。

ガザンだった。ガザンはその遠征の手始めに、まずイスラーム教に改宗することを宣言する。仏教徒として育てられ、ホラーサーン地方に数座の仏教寺院を建立していたガザンにとってみれば、イスラーム改宗はハーン位継承に有利に働くと見ての計算づくの行動だった。実際、事はうまく運び、ガザン配下のアミールたちも彼といっしょに改宗した。

その年のラマダーンは、7月15日から8月13日までだった。ガザンはイスラーム改宗後、はじめての断食を守ったのち、バイドゥとの対決にのぞみ、めざましい勝利をあげた。バイドゥ軍は散り散りに敗走し、バイドゥ自身も捕らえられた。1295年10月4日、バイドゥはタブリーズ郊外の庭園で処刑された。バイドゥは即位するにあたって、モンゴル帝国の大ハーンの承認を求めた最後のイル・ハーンであり、バイドゥ時代の硬貨は、大ハーンの名前が刻まれた最後の硬貨となった。これ以後、イランはしだいに元朝からの分離を強めていく。

イル・ハーン国（イスラーム改宗以後）
1295～1340年

ムハンマド・ガザン
在位1295～1304年

ムハンマド・ガザン	
生年	1271年11月5日
名前	「歯」を意味する。柔らかい肉に食いこむ歯である。
父	アルグン
母	クルトゥク・イカジ
妻	クルティカ、ブルガン、エシェル、コカジ、ブルガン2世（アルグンおよびガイハトゥの元妃）、トゥンディ、ケレモン
息子	アルジュ
娘	クトルグ
即位	1295年11月3日
没年	1304年5月11日
埋葬地	タブリーズのグンバド・アリー

〔右頁〕宮廷で即位するガザンとその妃たち。ガザンの事績で有名なのは、彼がイスラーム教に改宗したことである。そしてガザン以後のイランの統治者は、すべてイスラーム教徒となった。

ムハンマド・ガザン

「そして何よりも注目に値するのは、あれほど小さく、化け物にも見まがうほど醜い体のなかに、造物主が通常なら均斉のとれた美しい姿の者にさずけるような高い資質が、ほとんどすべて備わっていることだ。実のところ、彼が率いる20万のタタール軍の中に、この君主ほど小柄で、醜く、見劣りのする兵士はほとんど見あたらない」
キリキア・アルメニアのハイトン2世

　ガザンがイル・ハーン国の君主となったことは、この国の歴史において重要な転換点となった。ガザン以後のイル・ハーンたちはみな、モンゴルからの略奪者として行動するよりも、イラン社会を治めるペルシアの統治者として行動する傾向を強めていったからである。ガザンの即位はイランの歴史にとっても重要な転換点となった。これ以後、イランはずっとイスラーム教を奉じる君主を戴くことになり、その統治にもイスラームの原理がもちこまれるようになったからである。

　一方、ガザンの即位は、イスラーム教以外の宗教の信者にとっては、過酷な時代の到来を意味していた。モンゴル人の統治下で保護をうけていた仏教徒は、イスラーム教への改宗か国外

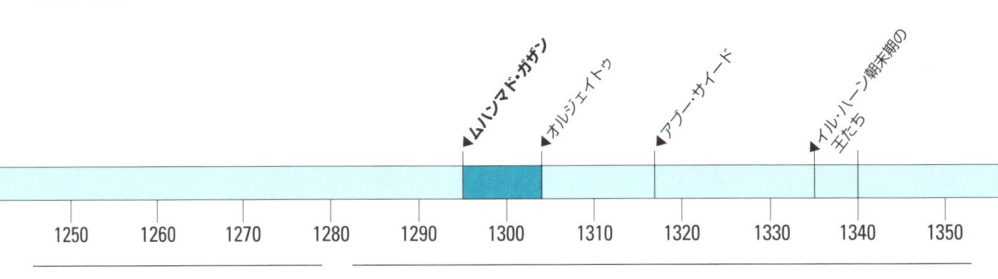

退去かの選択を迫られ，仏教寺院は破壊された。ユダヤ教徒とキリスト教徒は二流の臣民となり，見た目でそれとわかるような服を着ることが義務づけられた。また彼らはイスラーム法に従い，「ジズヤ」を支払わねばならなくなった〔訳注：ジズヤとは，イスラーム国家において保護をうける非イスラーム教徒に課される人頭税のこと〕。だが，そこまでしてもやはり，非イスラーム教徒が社会的弱者として，屈辱をこうむる立場にあることに変わりはなかった。

ガザンがイスラーム教に帰依した理由については，諸説ある。たとえば，ガザンの3人の宰相のひとりだった歴史家のラシード・ウッディーンは（彼自身もユダヤ教からの改宗者だった），ガザンの改宗を熟考と天啓によるものだとしている。

「神の助けによって，（略）彼はその鋭敏な目と正しい態度をもって，このような偶像崇拝の秘儀を見抜くことができた。彼はさまざまな信仰やその信奉者について熟考した。ムハンマドの教えが光となって，彼自身の光り輝く内なる存在へとそそぎこむのを体験した。その光によって，彼は教えに目覚めたのだ」

いずれにせよ，ガザンがイスラーム教に改宗したことは，短期的に見て，ハーン位の継承争いに有利に働くという利点があった。また長期的に見ても，モンゴル人有力者たちやイラン人民の大多数と信仰を共有するという利点があった。実際に彼のイスラーム改宗は，イラン統治という大事業に向けての意識的行動だったといえるだろう。

ガザンの言葉

「余には，罪人を殺すより，ブヨを殺すほうがむずかしい。というのも，悪人を生かしておくと，とりわけ国家においては，無秩序をもたらすからだ」

「飲酒は我らが立法者，ならびに神の使徒たちにより，禁じられている。とはいえ，禁止するだけでは飲酒は防げない。全面的な禁制が効果をあげるとは思えない。したがって，我々はたんに，公道にて酔態をさらした者は見せしめとして，身ぐるみをはぎ，広場の中央の木に縛りつけるものとすると定めればよい」

いずれも，ラシード・ウッディーンによる引用

第1章 イル・ハーン国, ムザッファル朝, ティムール朝

ナウルーズ——ガザンの擁立者——

ナウルーズはホラーサーン地方の有力なモンゴル人部将アルグン・アーガーの息子で, ガザンがハーンの地位につくにあたって重要な役割をはたした人物である。1280年代の末期, ナウルーズは即位前のガザンとホラーサーンおよびイラン南東部のシスターン地方において, 勢力争いをくり広げていた。ガザンとの争いに敗れたナウルーズは, のちに第6代イル・ハーンとなるバイドゥに庇護を求めた。しかし, 1294年の終わりごろにはバイドゥとも不和になり, 結局, ガザンに投降した。ナウルーズの投降は3日におよぶ祝宴をもって歓迎された。

ガザンがイスラーム改宗という重大な決断にいたったのは, 敬虔なイスラーム教徒だったナウルーズの説得があったからだとされる。ガザンの即位後, 非イスラーム教徒が迫害されたのも, ナウルーズのせいだったと考えられている。権勢が頂点をきわめたとき, ナウルーズはガザンの宰相のひとりだったサドルッディーン・ザンジャーニーを罷免し, 面目を失わせた。サドルッディーンが職権を乱用したというのである。

ところが, この行動がナウルーズの運命を暗転させることになった。ナウルーズはガザンをイル・ハーンに擁立する計画の一部として, マムルーク朝のスルタンと書簡を交わしていた。サドルッディーンはそうした書簡が何度も交わされるあいだ, 機会をうかがい, ナウルーズの特使に偽造した書簡を携行させて, ナウルーズがガザンを裏切っているように見せかけたのである。それらの書簡が発見されると, ガザンはナウルーズの家族を虐殺した。ガザン一族の者と結婚させられた数人をのぞいて, 女性も虐殺を免れなかった。捕らえられたナウルーズは首をはねられ, その首は数年間, バグダードの牢獄の正面にさらされた。

「ガザンは国家の安寧に大きな関心をよせていた。朝から晩まで, 人任せにすることなく政務をこなし, 提出されたものがなんであれ, 草案をみずから修正した。そのため, 帝国は大いに栄えた」と, ラシード・ウッディーンは賞賛している。

財政再建をめざした対策が講じられ, 地租はイスラーム王朝の伝統的な地租である「ハラージュ」に改正され, 徴税の期日も規制されて, それまでのように臨時課税の濫発ができなくなった。開墾による耕地の拡大も奨励された。兵士や役人の俸給についても, 中央政権が振り出した支払い命令書に応じて, 地方官庁が支払う方式は廃止された〔訳注:地方が軍や行政機関の経費を負担するということは, ひいては農民に負担がのしかかることを意味し, この改正によって農民の負担も軽減された〕。都市の手工業や商業に対する課税も削減された。貨幣制度の改革や度量衡の統一が実施され, 王室財務に書面による会計報告が導入された。宮廷は行政府が派遣する特使制度の悪用を禁じられた。特使自身が宿泊用に私有地を徴用することを禁止された。街道の安全性も高められた。

なかでも重要なのは, 軍費をまかなうために, イクター制度が導入されたことである〔訳注:イクターとは分与地を意味し, イクターの保有者は徴税権と行政権をあわせもっていた。この制度は11〜13世紀にアジア中西部を支配した〕。セルジューク朝の時代にはすでに採用されていたが, モンゴル系の王朝にとっては新しい制度だった。これ以後, イクターが各部隊に割り当てられ, 軍を養うことになった。上記のような改革策については, 宰相としてこれらの政策を実施する立場にあったラシード・ウッディーンが詳細に記している。また, ウッディーン以外の年代記作者たちも, ガザンはイル・ハーン国に繁栄をもたらしたとのべている。この繁栄はガザンの後継者であるオルジェイトゥの治世まで続いたが, 1317年にラシード・ウッディーンが宰相の座を追われたあとは衰退へと向かった。

一方, マムルーク朝に対する政策に関しては, ガザンのイスラーム改宗もなんら影響をあたえることはなかった。ガザンは1299年の秋, シリア西部の都市ホムスでマムルーク軍に大勝し, 西方遠征の有終の美を飾った。アレッポを占領し, ダマ

イル・ハーン国（イスラーム改宗以後）

スクスでは金曜礼拝の説教でガザンの名が唱えられた。しかし，モンゴル軍のつねで，シリアでも馬の飼料が不足をきたし，ガザンは撤退を余儀なくされた。1303年に新規の軍勢を派遣し，シリアのマムルーク軍を確実に支配下におこうとしたが，この戦いでイル・ハーン国軍は屈辱をなめることになった。軍の査問会議が開かれたのちに，軍司令官たちは鞭打ちの刑をうけた。

その冬，再度のシリア侵攻を準備していたガザンは，深刻な病に倒れた。その症状のひとつは目の炎症だったという。1304年1月に彼の妃のなかでは最年少のケレムンが他界したことが，ガザンにとっては大きな痛手となった。その後，ガザンは寵妃のブルガンを身辺から離さなくなった。ブルガンはガザンの父アルグンの妃だった女性で，ガザンがイスラーム法を無視してまで結婚した相手だった。そして1304年5月11日，ガザンは33歳で息をひきとり，タブリーズにみずから建築したグンバド・アリー廟に埋葬された。

⇨つがいのライオンのこの魅力的な絵は，イブン・バヒティシューの『マナフィール・ハヤワーン（動物誌）』の挿絵。この写本は1298年にガザンの命令によって，イル・ハーン国の初期の都，マラーガで制作された。この博物学に関する写本は，イランの彩色写本としては現存する最古のものである。

⇧ガザンの死を弔う葬列。イスラーム世界ではよく見られる光景だが，モンゴル帝国や初期のイル・ハーン国で極秘に埋葬された先祖たちの最期とは，まったく対照的な光景である。

オルジェイトゥ
在位1304～16年

アブー・サイード
在位1316～35年

オルジェイトゥ	
生年	1280年ごろ
名前	即位名のオルジェイトゥは、モンゴル語で「幸運な」または「幸先のよい」という意味。幼名のハルバンダは「ロバ飼い」を意味する。青年期にキリスト教の洗礼をうけ、ニコラスの洗礼名を授かった。その後は仏教、スンナ派イスラーム教、シーア派イスラーム教に帰依した。
父	アルグン
母	ウルク・ハトゥン
妻	マリア・デスピナ（アバカの元妃）、ドゥンヤ、ブルガン（アルグンの元妃）、テルジュガン、イルティルミシュ、オルジャイ、シュゲートミシュ、クトゥクタイ
息子	アブー・サイード、ベスタム、バイェージド、タイフル、スレイマーンシャー、アーディル・シャー、アブー・サイード（2世）
娘	サティー・ベグ、ドゥレンディー、ファーティマ、ミヒルクトルグ
即位	1304年5月19日
没年	1316年12月17日。暴飲暴食による消化器系疾患により死亡。
埋葬地	スルターニーヤのオルジェイトゥ廟。

オルジェイトゥ

「善良で，偏見のない，めったに人を中傷することのない人物である。しかし，モンゴルの君主の例にもれず，度を越した飲酒癖があり，ほとんどの時間を快楽に費やしていた」

ラシード・ウッディーン『集史』より

（ヘンリー・ハワース著『9～19世紀のモンゴル史』所収）

ガザンは死没するまえに，弟のハルバンダを後継者に指名していた。「ロバ飼い」を意味するハルバンダという名は，オルジェイトゥの誕生時につけられた名前で，母親が出産後はじめて見たものにちなんだ名前を子どもにつけるという，モンゴルの習慣に従ったものである。

ハルバンダは統治を任されたホラーサーンでガザン・ハーン死去の報をうけると，イル・ハーン位継承のライバルとなる人物2人を暗殺させる手はずを整えたあと，アゼルバイジャンにあるイル・ハーン国の故地へと出立した。フラグが都をおいたタブリーズに着くと，ハルバンダは王族やアミールたちを召集

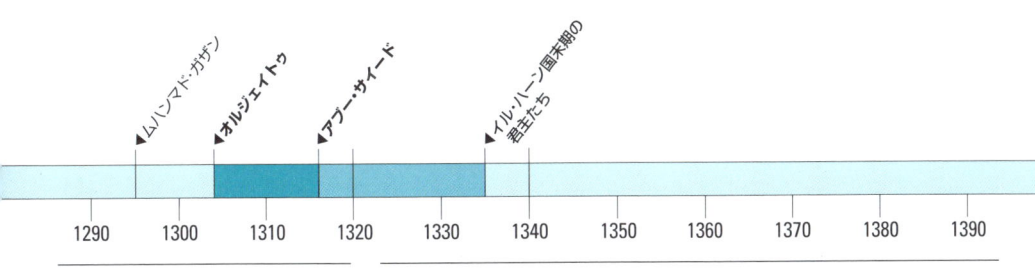

第1章 イル・ハーン国，ムザッファル朝，ティムール朝

してクリルタイを開き，第8代イル・ハーンに推戴された。即位にあたって，彼はモンゴル語で「幸運な」を意味する「オルジェイトゥ」を名のることにした。また，いくぶん不運に響くハルバンダに代えて，「神の僕(しもべ)」を意味するフダーバンダを正式名に用い，スルタン・オルジェイトゥ・ムハンマド・フダーバンダとした。

オルジェイトゥは即位後ただちに，父のアルグンが重用した有能な宰相だったサドルッディーン・ザンジャーニーとラシード・ウッディーンを登用した。これは賢明な判断のように見えた。2人の宰相を国政の両輪にすることで，平穏無事な状況はのぞめないにしても，宰相のどちらかひとりが権力を独占するような事態を避けることができると思われたからである。

しかし，傲慢な性格が災いして多くの敵をもっていたサドルッディーンだったが，なかでも最大の敵はラシード・ウッディーンその人だった。1312年，ラシードはオルジェイトゥにサドルッディーンとその一味の不正な財政操作を暴露し，サドルッディーンは処刑された。その後釜に座ったのは，タージェッディーン・アリー・シャーだったが，彼もまた前任者と同じく不正を行なっていたことがあきらかになった。タージェッディーンがホラーサーン地方の軍事作戦に要した軍費を支払えなかったことから，公金横領が明るみにでたのである。この事件をうけて，オルジェイトゥは2人の宰相のあいだに生じた対立を解消する方策として，それぞれの担当区域を分けることにした。タージェッディーンにはイラン北西部，メソポタミア，小アジアを担当させ，ラシード・ウッディーンにはイランの中央部と南部を担当させることにしたのである。

⇩イスラーム教の聖典『コーラン』の写本。この30巻からなる豪華な写本は，オルジェイトゥの命令によって，スルターニーヤにある彼の墓廟に寄贈するために制作されたもの。この『コーラン』の装飾文字を書いたのは，史上もっとも偉大な書家として，広く認められているヤクートゥル・ムスタースィム(1221～98年)の，6人の弟子のうちの2人だろうといわれている。

制作年代は1306～16年。これはオルジェイトゥとその宰相ラシード・ウッディーンの命により制作された，歴史的価値のある一連の『コーラン』のなかの1点である。

オルジェイトゥは軍事に関しては、ほとんど成功を収めることができなかった。彼はカスピ海南岸のギーラーン地方を完全に掌握することに失敗した。その一方で、協力を拒んでいたアフガニスタン北西部の都市ヘラートのマリク（アラビア語で「支配者」を意味する）に、彼の意向を押しつけることには成功した。

しかし、先代までのイル・ハーンと同じように、西方のマムルーク勢力は彼にとっても大きな問題だった。即位してまもなく、オルジェイトゥは他のモンゴル系ハーン国であるチャガタイ・ハーン国やオゴタイ・ハーン国の使節と謁見し、両国がチンギス・ハーンの子孫間の争いに終止符を打つことで合意したと告げられた。東方の国境線に憂いがなくなったところで、オルジェイトゥは急ぎフランス国王フィリップ4世（在位1285～1314年）に書簡をしたため、マムルーク朝に対する共同作戦の申し入れとも解釈できる文章を書いている。「貴国に善良な民がおり、我が国に善良な民がいるのであれば、友好関係を築きたいと思わぬはずがあるだろうか。天の力を得て、我々は手を結び、あの国に対抗しようではないか」

しかし、いざ戦いになると、オルジェイトゥは独力でマムルーク軍と戦わざるをえなかった。先祖と同じように、彼もまた、西アジアの歴史を変えたかもしれないヨーロッパの同盟国との共同作戦を実現することはできなかった。1312年10月、オルジェイトゥはユーフラテス川を渡って、マムルーク朝支配下の町を占領しようとしたが、これに失敗し、退却した。この戦いをもって、シリアの覇権をめぐるイル・ハーン国とマムルーク朝とのあいだの50年におよぶ争いは幕を下ろした。

芸術の後援者

オルジェイトゥは軍事よりも、芸術や建築事業の後援にその能力を発揮した君主だった。彼は不朽の価値をもつ華麗な『コーラン』の制作を支援した。そのうちの1点を制作したアフマド・ビン・スフラワルディー（中世イスラーム世界最高の書家であるヤクートゥル・ムスタースィムの6人の弟子のひとり）は、写本の完成にこぎつけるまでに4年を要したという。オル

スルターニーヤのオルジェイトゥ廟

　スルターニーヤにあるオルジェイトゥの墓廟地区は，モスク，学院（マドラサ），病院，迎賓館，巡礼者や旅行者のための宿坊その他の建物を備えた複合施設で，イル・ハーン国の建築物がいかに大規模なものだったかを示している。

　現在は，オルジェイトゥ廟そのものの一部だけが残されており，直径38メートルあまりの広い八角形の敷地に，8基の尖塔（ミナレット）にとり囲まれた全高50メートルのドーム建築（⇨）が建っている。ドームは青釉タイル（青い釉薬を施して焼いたタイル）でおおわれ，内部はレンガとタイルで，すばらしい構図の装飾が施されている。このように卓越した内部装飾が見られる中世建築はきわめて少ない。

⇨オルジェイトゥ廟の外回廊のアーチ形天井。装飾には最初，レンガとタイルが使用されていた。その後，この写真に見られるように，彩色をした石膏に代えられた。これはおそらく，オルジェイトゥが聖地メッカおよびメディナの保護者だった期間を祝福するためのものだろう。

⇩オルジェイトゥ廟の遠景。カズウィーンからタブリーズへの街道上に位置する新都スルターニーヤに建てられた。この墓廟は，モスクや学院，宿坊，病院，迎賓館といった建物群から成る一大複合施設のなかで，唯一現存する建物である。右の図は，オルジェイトゥ廟の投影図。

⇨オルジェイトゥがイスファハーンの金曜モスクにつくらせた化粧漆喰(スタッコ)のミフラーブ。矩形の枠の中に、壁龕(へきがん)が二重に配置されているのが目をひく。スルス体で刻まれた文章には、シーア派が崇めた十二イマームへの賛辞がふくまれている。ちなみに、「スルス」とは3分の1を意味し、文字の下側3分の1を左方向へ曲げて書く装飾書体である。

ジェイトゥは宰相のラシード・ウッディーンに対しても、『集史』(1巻「モンゴル史」/2巻「世界史」/3巻「地誌」(散逸)からなる歴史書)の執筆を続けるよう励ました。『集史』はもともとオルジェイトゥの兄のガザンの後援によって開始された事業で、ガザンの存命中は完成にいたらず、オルジェイトゥの治世になってようやく完成した。

　オルジェイトゥがつくりあげた文化的環境にうながされて、ラシード・ウッディーンはタブリーズに、図書館を中核とする「ラシード区」と呼ばれる複合施設を寄進(ワクフ)し、この施設で毎年1部ずつ、自著の写本を作成させることができた。この作業には220人にのぼる奴隷が、書写生や絵師、金メッキ師として携わった。

　しかし、オルジェイトゥが真に偉大な足跡を残したのは、建設事業においてだった。彼はイラン北西部のカズウィーンと首都タブリーズのあいだに新しい都を完成した。この新都建設は、父のアルグンの命令で着工した事業だった。スルターニーヤ(「帝都」を意味する)はその規模が周囲3万歩(1歩は歩幅の長さで、75cm～1m)あまりで、ハーンの帝都構想が反映

されていた。現在では一般的にソルターニーイェと呼ばれるこの都は、いまでも大都市であり、街の西側にはオルジェイトゥの広大な墓廟地区がある。

1316年12月、彼はこの墓廟に安置された。享年36。暴飲暴食、とりわけチンギス・ハーンの家系の性癖である過度の飲酒が祟って、消化器系の疾患を引き起こしたことによる死だった。

アブー・サイード	
生年	1304年6月2日
称号	アル・スルターヌル・アーディル(「正しいスルタン」の意)
父	オルジェイトゥ
母	不明
妻	バグダード・ハトゥン、ディルシャド・ハトゥン、コンギラト、ほかにも氏名不詳の妻が複数。
息子	なし
没年	1335年11月30日。おそらく、バグダード・ハトゥンに毒殺された。

アブー・サイード

「堂々たる風貌の君主、勇敢で才能豊か、寛大で機知にとんでいる」
イブン・テグリビルディ（マムルーク朝の歴史家）

アブー・サイードは、父のオルジェイトゥが没したとき、わずか12歳だった。カスピ海南岸にあるマーザンダラーン地方で父の訃報に接したサイードが、都のスルターニーヤに到着したときには、すでに年が改まっていた。この都で、1317年の初夏、アブー・サイードは即位した。王族の男子7人がサイードを玉座に座らせ、金や貴重な宝石が彼の頭上にばらまかれた。

国政を担当する重臣の顔ぶれに変化はなかった。オルジェイトゥの時代に軍総司令官となり、先代のイル・ハーンから嫡子アブー・サイードの後見役に任じられていたアミール・チョバンは留任を認められた。宰相のラシード・ウッディーンとタージェッディーン・アリー・シャーの2人も、職にとどまることになった。

宰相2人制のせいで、この治世でも緊迫した状況が続いた。1317年10月までにタージェッディーンは、ラシード・ウッディーンを解任させることに成功したが、翌年になるとチョバンは、「肉に塩が欠かせないように、彼は国家になくてはならない人物だ」と言って、ラシード・ウッディーンを復職させた。タージェッディーンはラシード・ウッディーンを失脚させようと、ふたたび陰謀をめぐらせ、今回はラシードが処方した薬がオルジェイトゥの死を招いたと言い立てた。

この糾弾は効を奏した。1318年7月17日、しぶしぶ宰相の職に復帰していたこの70歳の学者はまず、息子イブラーヒー

ラシード・ウッディーン

ハマダーン出身のラシード・ウッディーン（1247～1318年）は、ユダヤ人の医者の家系に生まれた。彼自身も医学を学び、イル・ハーン国の第2代君主アバカの宮廷に、医者として出仕することになった。30歳のとき、イスラーム教に改宗したものの、ユダヤ人という出自のせいで、その後の人生には困難がつきまとった。

とはいえ、ラシードはイル・ハーン国の行政官として頭角を現し、1398年から死を迎えるときまで、宰相の地位にあった。彼は在職中に莫大な富を手に入れ、スルターニーヤとタブリーズの市中に慈善・文化施設を収容した地区を創設した。タブリーズに設けた「ラシード区（ラビー・ラシード）」は彼個人が寄進（ワクフ）し、維持・管理にも関与していた。このラシード区の遺跡は現存している。

ラシード・ウッディーンは宰相としてよりも歴史家としての功績のほうで、その名を残している。第7代君主ガザンは彼に、『集史（ジャーミ・アッタワーリーフ）』の執筆を命じた。この書物はモンゴル帝国に関するもっとも重要な歴史資料である。ガザンの後継者のオルジェイトゥはラシードにモンゴルの歴史だけでなく、アダムの時代からの世界の歴史を増補するよう依頼した。ラシードのような国政にたずさわる人物に、そのような大事業に費やす時間があったというのは驚くべきことである。

ラシードは毎日、朝の礼拝から日の出までの時間を執筆にあてたと言っている。もちろん、彼はほかの歴史家の著書（たとえば、ジュワイニーの著書）を無断で使用している。また、調査を行なわせる助手も使っていたのだろう。だが、ラシード・ウッディーンが、チンギス・ハーンの生涯とイル・ハーン国の歴史に関する傑出した資料を残してくれたことは、紛れもない事実である。

↓ガンジス川を渡るガズナ朝のスルタン・マフムード（在位971～1030年）。ラシード・ウッディーン著『集史』のなかの「ガズナ朝史」より。この絵は墨と水性の絵の具で描かれているが、これは中国の画法である。「ガズナ朝史」の挿絵は『集史』のなかでも、もっとも大きく、もっとも印象的で、モンゴル人が征服を伝統とするトルコ系民族に親近感を抱いていたことがわかる。ガズナ朝はモンゴル族がその伝統を受け継いだ、典型的な征服民族だった。

ムの処刑を見せつけられた。ラシードの息子はオルジェイトゥが薬を飲んだ杯を捧げもっていたため、罪に問われたのだった。それからラシード自身が斬首された。彼の首は「これは神の言

バグダード・ハトゥン：アブー・サイードの危険な恋

20歳のとき，アブー・サイードはバグダード・ハトゥンに情熱的な恋をした。彼女はイル・ハーン国総司令官のチョバンの娘で，すでに夫をもつ身だった。夫は有力なアミールのシャイフ・ハサンだったが，チンギス・ハーンのヤサ（法）によって，支配者はだれの妻であっても自分のものにすることができた。

しかし，チョバンはこの恋を妨害するために，古くからある手段をとった。ふたりを引き離せば，サイードの熱もさめるだろうと思ったのである。彼は冬営地に移動せずにバグダードで冬を過ごすようにとサイードを説き伏せる一方で，シャイフとその妻をアフガニスタン南部のカラバクへと送りだした。ところが，この引き離し作戦は裏目にでた。サイードは天幕の中でふさぎこみ，狩りで気をまぎらそうともしなかった。実のところ，このあとに起こったチョバンと政権の要職にあったチョバン家の人びとに対するサイードの討伐戦は，恋をじゃましたチョバンへの怒りにその理由の一端があったものと思われる。

1327年にチョバンが死ぬと，サイードはただちにバグダード・ハトゥンに結婚を迫った。そしてついに望みをかなえたが，バグダード・ハトゥンにしてみれば，この新しい夫は，父と兄弟を殺した張本人だった。バグダード・ハトゥンは結婚後すぐに，アブー・サイードを思うままに操れることを証明した。父親の遺体の処理に際し，メディナにある第3代正統カリフ，ウスマーン（在位644～656年）の墓の近くに埋葬させたのである。

モロッコ生まれの大旅行家イブン・バットゥータによると，1334年のアブー・サイードの死は，バグ葉を汚したユダヤ人の首である。神よ，この者に天罰をくだしたまえ」という触書きとともに，タブリーズ市中をひきまわされた。

アミール・チョバン

アブー・サイードの治世は，アミール・チョバン一族との関係を抜きにして語ることはできない。サイードの治世に入ってまもないころ，チョバンは待遇がひどすぎるという理由で彼に反旗を翻したアミール（軍司令官）たちとの戦いで，窮地に陥った。このときチョバンがかろうじて命拾いしたのは，アブー・サイードがじきじきに戦闘に介入したからだった。この勇敢な行為によって，サイードは「英雄（バートル）」と称されるようになった。

その一方，1320年代になると，サイードは総司令官の職にあったチョバンが，自分の息子たちを政庁の要職につけるなど，国政を牛耳っていることを腹立たしく思うようになった。サイードが腹を立てる理由はほかにもあった。彼はチョバンの娘のバグダード・ハトゥンに想いをよせていたが，それに気づいたチョバンが，彼の恋心に水をさしたのである。怒ったサイードは，国政を牛耳っているチョバン一族の足場を切り崩すことにした。

サイードがその意思をあきらかにすると，アミールたちはみなチョバンを見捨ててサイードの側につき，チョバンはヘラートへ逃亡した。だが，30年ほどまえに，ガザンの宰相だったナウルーズが避難したころとはちがって，そこはもはや安全な場所ではなかった。アブー・サイードはヘラートの君主にチョバンを処刑するようにと命じ，結局チョバンは弓の弦で首を絞められ，遺体から切りとられたその指がサイードのもとに届けられた。サイードはこの指を幕営の市場につりさげるように言い渡した。

マムルーク朝は成立当初からずっと，イル・ハーン国の西方進出を阻む厚い壁になっていたが，アブー・サイードの治世には両王朝のあいだに友好的な関係が生じた。それがあきらかに

なったのは、亡きチョバンの息子のひとりで、アナトリア総督の地位にあったティムール・タシュが、マムルーク朝の保護を求めて、カイロに逃げこんだときだった。タシュが歓迎されたのも最初のうちだけで、スルタン・ナースィル（在位1293〜94年、1299〜1309年、1310〜41年）はアブー・サイードに、この客人をどうしてほしいかと書簡で問い合わせてきたのである。サイードはタシュの引き渡しを要求し、ナースィルは熟考したのちに、引き渡すよりは殺すほうがよいと判断した。こうして藁で詰め物をほどこしたタシュの首が、アブー・サイードのもとに送り届けられることになった。

　このティムール・タシュの死とそれから7年後のアブー・サイードの死によって、アナトリアに権力の空白が生じた。そのため、新興国のオスマン朝（1299〜1922年）が勢力を拡大することができたのは、ほぼまちがいないだろう。

アブー・サイードの最期

　1335年11月30日に、アブー・サイードは没した。おそらく、父の死を恨みに思っていた妃のバグダード・ハトゥンによって、毒殺されたのだろう。イブン・バットゥータによると、アブー・サイードは学者をそばにおくのを好み、モンゴル文字とアラビア文字をともに優美な筆致で書いたという。さらに、リュート（弓を使って弾く弦楽器の一種）を演奏し、歌を作曲し、詩を書いた。

　歴史家のイブン・テグリビルディは、サイードが強い酒を禁止し、教会を破壊したとのべている。しかし、モンゴル人が伝統的に宗教に寛容であるとも語り、ローマ教皇ヨハネス22世（在位1316〜1334年）がスルターニーヤに大司教区を設置したのは、サイードの時代だったとものべている。

ダード・ハトゥンが毒を飲ませたからだという。バットゥータは夫殺しの動機を、彼女の姪にあたる若い妃のディルシャド・ハトゥンにサイードの寵を奪われたため、そして父親と兄弟たちを殺したサイードを許すことができなかったためだとしている。サイードが没すると、アミール（軍司令官）のひとりだったギリシア人の宦官がバグダード・ハトゥンを探しだし、浴室にいた彼女を鉾でなぐり殺したという。

イル・ハーン国末期の君主たち（1335〜40年）

アブー・サイードの死は，実質的にフラグ家の終焉と，イル・ハーン国の崩壊を意味していた。サイードの跡を継いだのは，**アルパ・ケウン**というチンギス・ハーンの血をひく別の家系の王子だった。アルパ・ケウンはチンギスの4男トゥルイの末子アリク・ブケの玄孫である。

彼はすばやく領土を制圧し，北方から脅威をあたえていたウズベク族を撃退した。次に，チンギス・ハーンの血統に連なる王子たちを抹殺して，権力争いの火種を消すと，アブー・サイードの姉妹で，アミール・チョバンの妻だったサティー・ベグ王女と結婚した。それにもかかわらず，アルパ・ケウンに敵対する者が出てきた。バイドゥの孫の**ムーサー**をハーンに擁立した，バグダード総督のアリー・パディーシャーである。アルパ・ケウンはアリー・パディーシャーとの戦いに敗れ，殺害された。

その後は，地方の領主が次々に後継者を擁立する時期に入った。シャイフ・ハサン・ブズルグはバグダード・ハトゥンの最初の夫だった人物だが，タブリーズを都として，大ハーン・モンケの曾孫の**ムハンマド**を擁立し，彼自身はバグダード・ハトゥンに代わってアブー・サイードの寵愛をうけたディルシャド王女を妻とした。ホラーサーンのアミール（軍司令官）たちはチンギス・ハーンから数えて6代目の子孫（チンギス・ハーンの弟ジョチ・カサルの子孫）である**トガ・ティムール**を擁立した。その後まもなく，ティムール・タシュの息子の**シャイフ・ハサン・クチュク**（シャイフ・ハサン・ブズルグと区別するために，ブズルグを大シャイフ・ハサン，クチュクを小シャイフ・ハサンと称する）が継承争いに名のりをあげた。クチュルクは自分に仕えているトルコ人奴隷が父親のティムール・タシュであるかのように装い，父親は殺されたのではなく，マムルーク朝に長く幽閉されたのちに脱出したと言い張って，事態を混乱させた。

この時代の空気は，大シャイフ・ハサンのとった行動から見てとることができる。彼は自分が擁立した傀儡のムハンマドが戦死すると，トガ・ティムールを擁立しようとした。それが不

シャイフ・ハサン・クチュクの死

小シャイフ・ハサン（シャイフ・ハサン・クチュク）は，大シャイフ・ハサン（シャイフ・ハサン・ブズルグ）との戦いに勝利したあと，長くは生きられなかった。1343年，小シャイフ・ハサンの妻イッザト・マリクは，夫の敵と陰謀をめぐらしていたことが発覚するのを恐れ，夫が泥酔したのをいいことに，その睾丸をつぶして殺害した。夫殺しの刑罰として，彼女の死体は切り刻まれ，一部は食用に，残りは豚の餌になった。

首尾に終わると，ガイハトゥの孫の**ジャハーン・ティムール**を擁立した。しかし，1340年6月に小シャイフ・ハサンとの戦いに敗れると，バグダードに逃走。その地でジャハーン・ティムールを放りだし，みずからジャラーイル朝を開いた。イランではその後の10年間，政治的な影響力をもつ野心家たちが，スレイマーン・ハーンやアヌーシルワーン・ハーンなどのような傀儡を擁立する状況が続いた。しかし，ジャハーン・ティムールの廃位をもって，イル・ハーン国は事実上，終焉を告げたのである。

　イランの地が西方のヨーロッパと東方の中国に門戸を開くことができたのは，イル・ハーン国の歴代君主の力が大きかった。イランのすばらしい建築や彩色写本が生みだされたのも，彼らの保護があったからである。イル・ハーン国の歴代君主の権力のもとに，統一政権が治める確固とした領土が形成され，それがイランという国家の原型となっていった。イランの歴史家が文章をアラビア語で書くのをやめ，ペルシア語で書くようになったのもこの時代のことだった。

ムザッファル朝
1314〜93年

ムバーリズッディーン・ムハンマド
在位1314〜58年
シャーヒ・シュジャー
在位1358〜84年

ムバーリズッディーン・ムハンマド	
生年	1301年ごろ
父	シャラーフッディーン・ムザッファル
母	不明
妻	ハーン・クトゥルグ，マヒドゥム・シャー
息子	シャーヒ・シュジャー，シャー・マフムード，シャー・ムザッファル，スルタン・イマードゥッディーン・アフマド，アブー・ヤズド
没年	1363年12月1日。1358年に長子により盲目にされたのちに幽閉され，解放されることなく獄死。

ムバーリズッディーン・ムハンマド

「わたしの兄のシャーヒ・シュジャーがある日，父に尋ねた。『父君は，御自らの手で，1000人もの人間を殺されたのですか？』すると父は，『そんなことはない』と答えたあと，つけ加えた。『だが，800人はこの手で殺しただろうな』」

スルタン・イマードゥッディーン・アフマド

　イル・ハーン国の終焉とともに，イランは複数の領主たちが並び立つ群雄割拠の時代へと入った。そうした王朝のなかでとくに重要なのは，イラン中央部のヤズド，南東部のケルマーン，南西部のシーラーズを支配し，ついにはイスファハーンまで支配下においたムザッファル朝と，バグダードおよびタブリーズを支配したジャラーイル朝である。

　ムザッファル朝はアラブ系の王朝で，もともと長くホラーサーン地方に定住していたが，この地方がモンゴル帝国に征服されたのを機にヤズドへ移住し，この地方のアターベク（後見人：有力なアミールが幼君の後見人に指名され，ふつう幼君の母親

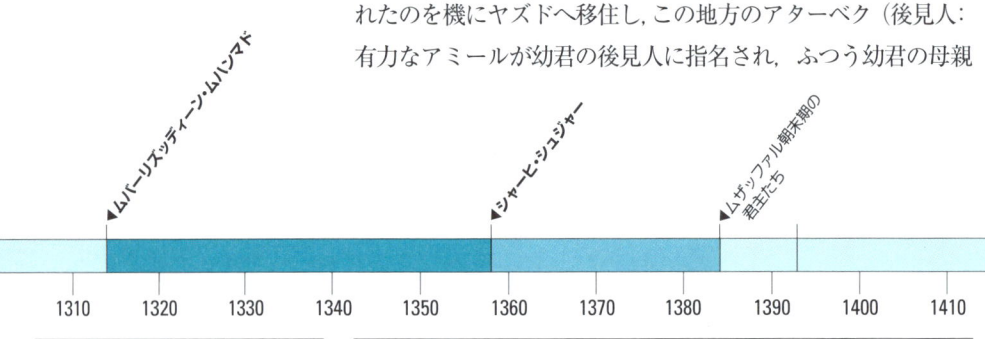

バグダードのジャラーイル朝

シャイフ・ハサン・ブズルグは、イル・ハーン国末期の権力争いには敗北したが、イル・ハーンに擁立したジャハーン・ティムールを廃位し、バグダード政権を掌握することで、敗北を勝利に変えることに成功した。彼は支配者となるに十分な資格をもっていた。曽祖父のイルゲはフラグ配下の将軍で、祖父と大叔父はイル・ハーン国軍の精鋭だったからである。さらにブズルグの父は第4代イル・ハーン、アルグンの妹(または姉)を妻にしていた。

そのような乱世に政権をになった人物としてはめずらしいことだが、ブズルグは自分の寝床で息をひきとっている。「いまの時代に支配者となった者で、あれほど長生きした人物はひとりもいない」と、イブン・バッザーズは断言している。ブズルグの後継者となったのは、ディシャルド・ハトゥーンとのあいだに生まれたシャイフ・ウアイスである。

シャイフ・ウアイスは戦いに明け暮れる生涯を送ることになった。彼の治世のほとんどは、ムザッファル朝との戦いか、あるいはカラ・コユンル朝(黒羊朝)との戦い、さもなければタブリーズおよびライにおける勢力拡大の試みに費やされた。カラ・コユンルはトルコ系遊牧民のトルクメン人がディヤルバクルを拠点として形成した部族連合国家である(⇨p.92)。ジャラーイル朝の首都は依然として、バグダードにおかれていたが、シャイフ・ウアイスは1374年にタブリーズで没した。長男のハサンはアミール(軍司令官)たちの賛同を得られずに彼らに殺され、次男のフサインが跡を継いだ。

フサインは即位してまもなく、兄弟どうしで殺しあうはめに陥った。この反目は1382年にフサインの末弟のスルタン・アフマドが兄を打ち破り、殺したことで決着をみた。

アフマドがティムール朝の創始者ティムール(⇨p.61)の猛攻撃に遭遇することになったのは、彼の宿命だったのだろう。1393年8月、ティムールが突然、バグダードの門外に姿を現したとき、アフマドは軍勢とともにマムルーク朝の首都カイロへ逃げだした。ティムール軍がいったん引きあげると、アフマドはバグダードをふたたび占有した。アフマドの行動に腹を立てたティムールは、1401年に再度バグダードに侵入し、この都市を略奪した。ティムールが引きあげると、アフマドはまたしてもバグダードへ戻ったが、1410年にはカラ・コユンル(黒羊朝)軍に敗れ、首を絞めて殺され、その遺体は3日間、衆気にさらされた。

ジャラーイル朝の君主たちは大いに芸術を奨励した。シャイフ・ウワイスは詩を作り、装飾書法や絵画を学んだ。スルタン・アフマドもまた、絵画や書、音楽をたしなみ、アラビア語とペルシア語の両方の言語で詩を作った。アフマドの詩は『詩集(ディーワーン)』にまとめられている。この王朝の宮廷は、詩や建築、わけても絵画に最適の環境を生みだした。

ジャラーイル朝の統治時代には、バグダードとタブリーズは書物制作の二大中心地となった。ジャラーイル朝の保護のもとで、制作される書物の分野は、『シャー・ナーマ(王書)』や王朝の興亡史、史書、学術書といったモンゴル帝国の影響から離れて、ロマンティックな抒情詩へと広がっていった。

ジャラーイル朝の君主たちは、ほとんどの時間を戦場で費やしていたが、君主とともに移動する宮廷だけでなく、首都にも常設の宮廷を設置し、みずからとりしきった。この王朝の最後の30年間、詩人のニザーミー(1140/46頃~1203年)の『ハムサ(5部作)』および『ホスローとシーリーン』が、教材として使われていた。(ハムサはアラビア語で「5」を意味し、『ハムサ』は5部から成る連作抒情詩。『ホスローとシーリーン』はニザーミーの『ハムサ』の一部を構成する有名な恋の物語)。

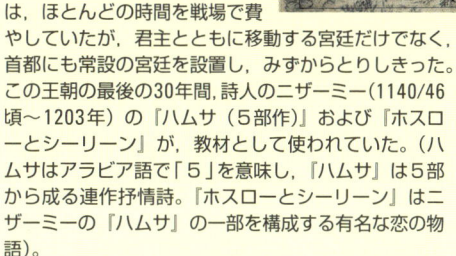

スルタン・アフマドの宮廷で、もっとも優れた画家はアブドゥル・ハイイだった。彼が1393年、ティムールによってサマルカンドへ連行されたあとは、その弟子であるジュナイドが第一人者として頭角を現した。彼はイラン絵画の傑作のひとつである『フワージャ・ケルマーンのハムサ』と、スルタン・アフマドの『詩集』で熟達した仕事ぶりを見せている。これらバグダード派の絵画は、1401年にバグダードがティムールによって略奪されたときに終わりを告げた。とはいえ、ジャラーイル朝の保護がもたらした成果は、15世紀ヘラートにおけるティムール美術の最盛期へと引き継がれるのである。

⇨フマーユーン城の門前のフマーイ王子。『フワージャ・ケルマーン詩集』より。この書は1396年、バグダードで完成した。この写本の挿絵に使われているすばらしい細密画9点のうちの8点が、ジャラーイル朝の偉大な宮廷画家ジュナイドの手になると考えられている。この巨匠の署名が、イスラーム絵画としてははじめて、その8点の中の1点で発見されている。

と結婚することによって養父となり，幼君に代わって行政・軍事の指揮をとった）に仕えることになった。

　やがて，シャラーフッディーン・ムザッファル（ムザッファル朝の名はこの人物に由来する）がイル・ハーン国に臣従することになり，ヤズドの長官に任命された。彼の息子であるムバーリズッディーン・ムハンマドはイル・ハーン国の宮廷で育てられた。父が死に，第8代イル・ハーンのオルジェイトゥが没すると，彼はヤズドに戻り，アターベクの手から支配権を奪い返した。ヤズド制圧にさいして，ムバーリズッディーン・ムハンマドは，隣接する地方領主が樹立したインジュー朝の支援をうけたが，その後インジュー朝とも権力をめぐって争うことになる。1357年には，彼はインジュー朝を滅ぼし，権力争いに

イスラーム建築のタイル装飾

　中央イランを支配したムザッファル朝時代には，建築物の外観を色鮮やかなタイルで覆いつくす方式への移行が見られた。スルターニーヤのオルジェイトゥ廟（建築年1307～13年）では，タイルは部分的にしか使用されていなかった（⇨p46）。ところが，ヤズドの金曜モスク（金曜日に集団礼拝が行なわれる大きなモスクで，都市の中心に建設された）が着工された1325年，ケルマーンの金曜モスクが着工された1350年ごろまでには，建築物の表面をモザイクタイルでおおうようになっていた。白をはじめ，数色の着色タイルを用いて，装飾文字や複雑な幾何学文様，草花の文様を特徴とするモザイク装飾の登場である。タイル装飾のあらゆる技法がその基礎を確立したのは，この14世紀だった。それらの技法は現在にいたるまで，イランの公共建築物の多くの特徴となっている。

⇨威容を誇るヤズドの金曜モスクの正面入り口。このモスクは1325～34年に建築された。建築家は宰相ラシード・ウッディーンの娘と結婚したシャムスッディーン・ニザーミーである。外装にはタイルが使用されている。

勝利して，主要都市のシーラーズ，ヤズド，ケルマーン，イスファハーンをふくむ豊かなイラン中央部を支配下におさめた。

ムバーリズッディーン・ムハンマドはこうして，イランでもっとも強力な支配者となった。次にめざしたのは，当然のことながら，制圧したイラン南部とイル・ハーン国の故地である北部とを併合することだった。彼はキプチャク・ハーン国（金張汗国）が任命した地方長官から，タブリーズを奪うことに成功した。しかし，その権力基盤はまだ磐石とはいえず，バグダードを都とするジャラーイル朝の軍勢を前にすると，退却せざるをえなかった。

だが，この北部遠征の失敗だけが，ムバーリズッディーン・ムハンマドがシーラーズの人心を掌握できなかった理由とは思えない。そもそも，長きにわたりすぐれた都市文化に浴してきたシーラーズの住民にとっては，粗暴で狭量な君主の統治下におかれた生活は耐えがたいものだったのである。「たびたび，（ムバーリズッディーン・）ムハンマドが『コーラン』を読んでいるときに，罪人が連れてこられるのを見たことがある」と，ムバーリズッディーン・ムハンマドに仕えていたマウラーナ・サイード・ルトフッラーが明言している。「（そんなとき）ムハンマドは，『コーラン』を読むのをやめて，自分の手で罪人たちを殺すと，敬虔なお勤めに戻ったものだ」

ムバーリズッディーン・ムハンマド治世下のシーラーズに住んでいたイランの偉大な詩人ハーフィズも，その数々の詩のなかで，しめつけのきびしい体制に対し，毒づいている。

　酒が楽しみをあたえ，風が花びらをまき散らそうとも
　堅琴の音に誘われて酒を飲むなかれ
　市場監督官（ムスタシブ）が血気にはやるといけないから

ムバーリズッディーン・ムハンマドの息子たちでさえも，父親を恐れるようになった。1358年，長子のシャーヒ・シュジャーは父のムハンマドが孫のヤヒヤーを寵愛していることが不安になり，ムハンマドを廃位して，その目をつぶした。

57

シャーヒ・シュジャー

シャーヒ・シュジャー	
生年	1331年ごろ
父	ムバーリズッディーン・ムハンマド
母	不明
妻	不明
息子	スルタン・ウワイス,ザイヌル・アービディーン,スルタン・シェブリ,ムイズッディーン・ジャハーンギール
没年	1384年10月9日

「夜明けに,見えざる世界の声が
わたしの耳に吉報を届けてくれた
シャーヒ・シュジャーの時代だ――正々堂々と酒を飲め」

ハーフィズ

　1358年,シャーヒ・シュジャーはシーラーズを支配下においた。彼の兄弟のアルバクフとスルタン・イマードッディーン・アフマドがケルマーンを統治し,シャー・マフムードがイスファハーン,甥のシャー・ヤヒヤーがヤズドを統治していた。シャーヒ・シュジャーはその治世の初期には,こうした近親者との覇権争いにかかりきりにならざるをえなかった。だが1375年にシャー・マフムードが死ぬと,ようやく優位に立ったようである。その機に乗じて,彼は父親がもくろんだように,南中部イランの自分の領土と北西部のイル・ハーン国ゆかりの地を併合しようとした。

　ところが,アゼルバイジャン遠征には勝利したものの,肝心の本拠地で反乱が起こったために,退却せざるをえなくなった。彼は長男のザイヌル・アービディーンとバグダードを支配下におくジャラーイル朝当主の姉妹を結婚させ,なんとか支配の強化をはかろうとしたが,その思惑は外れ,ジャラーイル朝はイラン北西部の彼の領土に侵攻し,スルターニーヤを占領した。

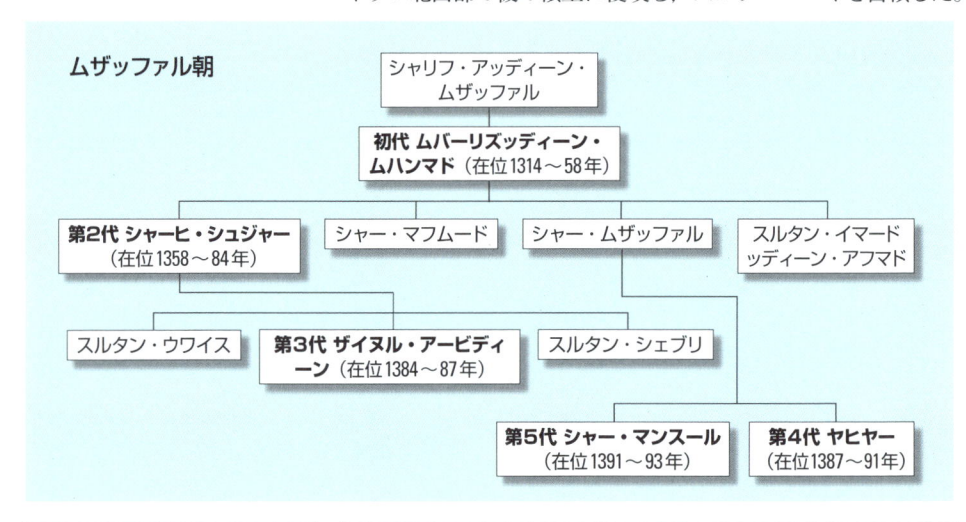

ムザッファル朝

シャリフ・アッディーン・ムザッファル
└ 初代 ムバーリズッディーン・ムハンマド(在位1314〜58年)
　├ 第2代 シャーヒ・シュジャー(在位1358〜84年)
　│　├ スルタン・ウワイス
　│　├ 第3代 ザイヌル・アービディーン(在位1384〜87年)
　│　└ スルタン・シェブリ
　├ シャー・マフムード
　├ シャー・ムザッファル
　│　├ 第5代 シャー・マンスール(在位1391〜93年)
　│　└ 第4代 ヤヒヤー(在位1387〜91年)
　└ スルタン・イマードッディーン・アフマド

ハーフィズ

詩人のハーフィズは本名をシャムスッディーン・ムハンマドといい，1325～26年ごろにシーラーズに生まれ，1390年ごろに死去した。

彼は人生の大部分をムザッファル朝の宮廷で過ごし，少年時代にはすでに，『コーラン』を記憶するという偉業をやってのけ，「ハーフィズ」と称する資格を得ている。ハーフィズは「コーランを朗誦する者」を意味し，これは彼の雅号にもなった。青年期には，パン職人や書写生を仕事にしていたといわれているが，30歳になるころには，賞賛文の起草者として安定した地位をつかんでいた。

彼はイル・ハーン国が衰退したあとの大動乱と，安定および繁栄を実現したムザッファル朝，とくにシャーヒ・シュジャーの長い治世をいずれも身をもって体験した。ハーフィズが詩人として熟達の域に達し，その評判がアラブ世界やインドへと広まったのは，そのシャーヒ・シュジャーの治世だった。

ハーフィズの名声をとくに高めたのは，彼が死期を迎える20年前にまとめたといわれる『詩集（ディーワーン）』である。彼の作品が長いあいだ熱心に読まれたのは，イランよりはむしろオスマン朝の勢力圏とインドだった。そこから18世紀後期にヨーロッパへと伝わり，ゲーテが『東西詩集』を生むきっかけをあたえた。その後，20世紀になって，ハーフィズの詩はふたたびイランで熱心な読者を獲得することになる。

⇧ハーフィズを描いた鉛筆画。リチャード・ジョンソン（1753～1807年）の細密画および写本のコレクションより（ジョンソンは1770～90年にインドの東インド会社に勤めていたイギリス人）。

この作品がジョンソンのすばらしいコレクションに入っているということは，インドではハーフィズの詩が18世紀まで愛されていたことを示している。ジョンソン自身，ハーフィズの『詩集（ディーワーン）』の出版を計画していた。

さらにシャーヒ・シュジャーは野心家の甥，シャー・マンスールとも戦ったが，それも不首尾に終わり，本拠地に帰還したばかりの1384年10月に没した。53歳だった。

シャーヒ・シュジャーは教養のある君主で，シーラーズに自由と寛容の空気をもたらした。学者を支援し，とりわけイスラーム法学者のサイード・シャリフ・アル・ジュールジャニーに保護をあたえたことで知られる。サイードはイスラーム教育史の分野で，重要な原典研究を行なった非常に重要な学者のひとりである。さらにシャーヒ・シュジャーは，自身は凡庸な詩人だったが，中世イランが生んだもっとも偉大な詩人ハーフィズの保護者であり友人でもあった。シャーヒ・シュジャーが1363年から1366年まで，弟のシャー・マフムード討伐の遠征時に作った詩のなかで，ハーフィズは「友人」と離れ離れになったことを嘆いている。

しかし，シャーヒ・シュジャーが教養のある人物だったとしても，彼はまた無慈悲な面ももちあわせていた。なぜなら，父親にした仕打ちと同じように，反乱をくわだてた息子スルタン・シェブリの目をつぶしているからである。

ムザッファル朝末期の君主たち

シャーヒ・シュジャーはシーラーズ政権の後継者に長男の**ザイヌル・アービディーン**を任命したが，アービディーンの君主の座は，きわめて不安定なものだった。結局，彼の即位後，9年間にわたって領地をめぐる一族間の内紛が続き，最終的にシャーヒ・シュジャーの甥の**シャー・マンスール**が優勢となった。彼は競合する地方政権の領地をことごとく荒廃させると，ザイヌル・アービディーンの目をつぶした。

だが，このような分割領地の君主間の争いは，つかの間の出来事に過ぎなかった。ののち，チャガタイ・ハーン国の諸部族を率いるティムールの侵攻によって，勢力地図が大きく塗りかえられたからである。

ティムールの第一次侵攻は1387年だった。このとき，彼はイスファハーンの全住民を虐殺し，シーラーズを略奪し，ムザッファル朝の君主たちから臣従の礼をうけた。ティムールはいつものとおり，シャーヒ・シュジャーの甥の**ヤヒヤー**を属領の君主に任ずると，この地から引きあげた。1392年にティムールはふたたび侵攻したとき，シャー・マンスールが中心となってティムール軍に立ち向かった。だがマンスールは雄々しく戦ったものの，あえなく敗れ去り，シーラーズへ落ちのびようと戦うなかで捕縛され，首をはねられた。

もはや望みはないと悟った残りのムザッファル朝の君主たち17人は，ティムールに投降した。彼らは最初こそ名誉ある扱いをうけたものの，それからまもない1393年5月に，全員が処刑された。このとき，ザイヌル・アービディーンとスルタン・シェブリだけが死をまぬがれ，目をつぶされたうえで，ティムール朝の首都サマルカンドに移送された。2人はティムールの寛大な処置をうけて，サマルカンドで安穏な生涯を終えた。

ティムール朝
1370〜1506年

ティムール
在位1370〜1405年

⇨ 1941年，ソヴィエト考古学委員会がサマルカンドのグール・アミール廟にあるティムールの墓を開けた。ミハイル・M・ゲラシモフは，そこで見つかったティムールの頭蓋骨から復顔を行なった。ゲラシモフは，ティムールが赤みがかった色の口ひげをたくわえていたこと，矢に射られた傷が3カ所あることに注目した。それらの傷のうち，膝関節の傷は癒着をおこし，残りの2カ所の傷は，ひじと手に負っていることがわかった。

ティムール	
生年	1336年4月8日
父	アミール・タラガイ
母	タキーナ・ハトゥン
妻	トゥルムシュ・アーガー，ウルジェイ・タルカン・アーガー，サライ・ムルク・ハーヌム，ウルス・アーガー，イスラーム・アーガー，ディルシャド・アーガー，トゥマン・アーガー，トゥカル・ハーヌム，トゥグディ・ベグ，ダウラト・タルカン・アーガー，ブルタン・アーガー，スルタン・アーガー，ジャニベグ・アーガー，ムンドゥズ・アーガー，チュルパン・マリク・アーガー，バフト・スルタン・アーガー，スルタン・アラ・アーガー，ヌクズ，ヌールーズ・アーガー，そのほかに26人の側室。
息子	ジャハーンギール，ミーラーンシャー，ウマル・シャイフ，シャー・ルフ
娘	アカ・ビキ，スルタン・バフト・アーガー，サアダト・スルタン，クトルグ・スルタン・アーガー
即位	1370年4月9日
没年	1405年2月18日
埋葬地	サマルカンドのグール・アミール廟

ティムール

「人を見下ろすほど背が高く，額が広く，頭が大きく，（略）たくましく，勇敢で，性格もすばらしい。肌の色は白く，赤みが混じっているが，黒くはない。肩幅が広く，頑丈な腕をもっている。指は太く，足は長く，申し分のない体格をしている。長い口ひげと荒れた手をもち，片足が不自由で，目は炯々と光っている。縦横の才気はないが，声は力強い。死を恐れない人物である。（略）彼はふざけたり，だましたりすることを好まない。機知にとんだ話や競技に興じることもない。たとえ面倒な話であっても，真実こそが彼を喜ばせた。不運を嘆くことはなく，幸運に喜々とすることもなかった」

アフマド・ビン・アラブシャー

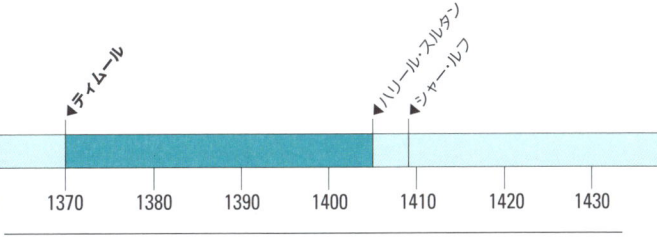

1330年代以降，かつてのイル・ハーン国の勢力範囲は，小競り合いの絶えない小さな君主国へと分裂し，その一方で，トランスオクシアナを拠点とするモンゴル帝国の残存勢力のなかから新たな勢力が台頭してきた。この新興勢力を率いて歴史に登場したのがティムールである。「ティムール」とはトルコ語で「鉄」を意味し，ペルシア語では「ティムーリ・ラング（足の悪いティムール）」と呼ばれた。彼は1364年に負った矢傷がもとで，右足が麻痺し，左足よりも短かったからである。

この威圧的な男は，読み書きこそできなかったが，知性にすぐれ，学者と議論することを好んだ。ペルシア語とトルコ語を話し，読みあげさせたものをすべて覚えてしまう恐るべき記憶力の持ち主だった。また大食漢で，無類の酒好きのうえ，女性にも目がなかった。政治的な才覚に恵まれ，情け容赦がなく，軍事戦略にみせる抜群のさえは，チェスの名手を思わせるものがあった。ひとりの男としても勇敢だったティムールは，統率者として，配下の軍団に畏怖の念を抱かせる存在だった。

ティムールは1336年4月8日，サマルカンドの南にあるキシュ（現在のウズベキスタン，シャフリサブス歴史地区）に生まれた。当時，チャガタイ・ハーン国は，東トルキスタンを支配し，伝統的な遊牧生活を行なう東チャガタイ・ハーン国と，トランスオクシアナを支配し，定住生活へと移行した西チャガタイ・ハーン国とに分裂していた。ティムールの家系はトランスオクシアナを支配する西チャガタイ・ハーン国のバルラス部に属していた。

中央アジアのトルコ語（チャガタイ語）を話し，イスラーム教に帰依したモンゴル人で，西チャガタイ・ハーン国のエリート軍人の家系であるティムールの父アミール・タラガイと叔父（または伯父）のハッジー・バルラスは，2人体制で部族の指導者を務めていた。若いころのティムールは軍人階級の子弟にふさわしく，乗馬や弓術を学び，過酷な状況を生き抜く鍛錬をうけていた。青年期には家畜を盗んでいたという逸話も伝えられている。

この野心的な青年が最初にめざしたのは，部族の指導者になることだった。20代のはじめごろ，彼のもとにはすでに300人

⇧都市の包囲戦。ティムールの宮廷史家サラーフッディーン・ヤズディー著『ザファル・ナーマ』より。15世紀に制作された『ザファル・ナーマ（勝利の書）』の写本は，少なくとも30点現存している。これほど多くの写本が残されていることから，この書にはティムール朝の強大な力を，広く世に知らしめる役割があったことがわかる。

↑1391年のティムールと、キプチャク・ハーン国のトクタミシュとの戦い。サラーフッディーン・ヤズディー著『ザファル・ナーマ』より。軍を率いるティムールの姿が、この挿絵の上半分に描かれていることに注目したい。ティムールの役割は、この写本のどの挿絵でも強調されている。

の騎馬兵が集まっていたという。こうしてティムールは、部族の指導者への第一歩を踏みだすことになった。そして1360年、24歳となったティムールは、ハッジーと、東チャガタイ・ハーン国のハーンであるトゥグルク・ティムールとの覇権争いに乗じて、部族の指導者の地位をつかむことに成功するのである。

この年、トゥグルク・ティムールは西チャガタイ・ハーン国の領地に侵攻し、ハッジーを敗走させて、一時的に東西統一をなしとげた。翌1361年、チャガタイ・ハーン（トゥグルク・ティムール）は、ティムールを部族の指導者として認めた。その後の7年間はティムールにとって、チャガタイ部族連合に属する有力な部族の指導者アミール・フサインと、ときには同盟を結んだり、ときには部族連合の指導者の地位をめぐって争う日々がつづいた。同盟の相手をヒヴァ、ホラーサーン、バダフシャーンなど、トランスオクシアナ域外で探すことにもかなりの時間を費やしている。

ティムールはたまに自暴自棄に陥ることもあったが、トグゥルク・ティムールの死後、ふたたび分裂したチャガタイ・ハーン国で、1368年にアミール・フサインがハーン即位を宣言し、バルフを首都として城砦を築いたことは、彼にとって願ってもない好機となった。このフサインの暴挙によって、西チャガタイ・ハーン国の部族長はほとんどがティムール側についたからである。ティムールはバルフ城を包囲し、フサインを捕らえて殺害すると、フサイン配下の軍団の指揮をとり、西チャガタイ部族連合の指導者の地位についた。

ティムールはただちに、みずからの地位の強化と正当化に着手した。フサインの妻のうち、4人は自分の妻としたが、残りの女性たちは各部族の長に分けあたえた。称号は控えめなアミール（指導者、または軍司令官）のままで通したが、別の方法でチンギス・ハーンの血筋を利用して、みずからの威光を高めようとした。つまり、チンギスの子孫のひとり（チンギスの3男オゴタイの子孫のソユルグトミシュ王子）を傀儡としてチャガタイ・ハーンに擁立し、さらにフサインから奪った4人の妻のひとりがチンギスの子孫だったので、「（チンギスの）キュルゲン（女婿）」という称号を用いることにしたのである。

ティムールのインド侵攻

「[孫であるピール・ムハンマドの遠征に関する]このような情報が伝えられたために,ティムールはみずから,ヒンドゥスターンに侵攻することにしたのである。ちょうど同じ時期に,ティムールは帝国全域から軍を召集し,全軍を率いて中国遠征を行なおうと決意したところだった。

中国遠征の目的は,偶像を祀る寺院を破壊し,その跡にモスクを建立することだった。ティムールはすでに,デリーやその他の場所では,イスラーム信仰の水準がひきあげられ,硬貨に信仰告白の文言が刻みつけられているのを伝え聞いていた。しかし,インドの大部分は異教徒や偶像崇拝者に汚されていた。聖戦への熱意に駆りたてられ,ティムールはムルターンとデリーに進軍することを決意した。彼が貴族や族長に相談すると,一同は侵攻が正しいことを認めた」

ヤズディー

そしてティムールは,かつてのチャガタイ政権の中心地に近いサマルカンドを首都とする事業にとりかかった。1370年4月9日,ティムールの政権は,西チャガタイ・ハーン国に属する諸部族長から正式に認められた。これをもって,ティムール朝が成立したことになる。

■ティムールの情け容赦ない遠征

チャガタイ・ハーン国を掌握したティムールのその後の35年間は,トランスオクシアナ域外の戦いに明け暮れる日々となった。初期の遠征では,彼は北方の遊牧民に支配されていた地域への攻撃に専念した。1370年から72年には,天山山脈とバルハシ湖のあいだを支配領域にしていた東チャガタイ・ハーン国を攻め,1372年から74年までは,フェルガナ盆地,イリおよびタラス地方を統治していたホラズム・シャー朝の制圧に全精力をそそいだ。1375年から77年までは,チンギス・ハーンの長子ジョチの子孫のトクタミシュと手を結び,彼をアラル海北方に領地をもつキプチャク・ハーン国(金張汗国)のハーンに擁立するべく支援した。

即位から約10年たった1381年以降,ティムールは都市を中

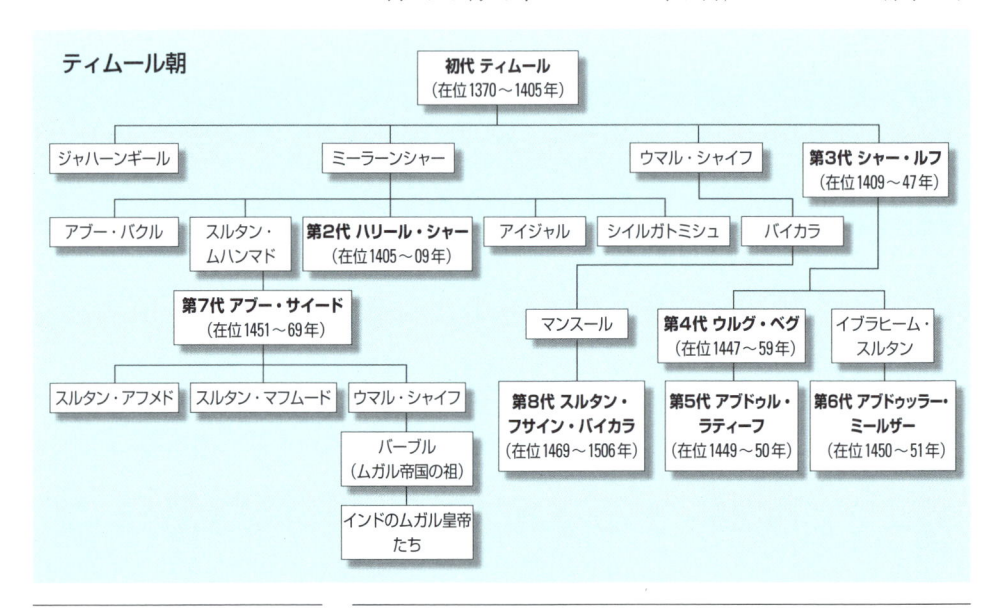

ティムール朝

- 初代 ティムール(在位1370〜1405年)
  - ジャハーンギール
    - アブー・バクル
    - スルタン・ムハンマド
    - 第2代 ハリール・シャー(在位1405〜09年)
  - ミーラーンシャー
    - 第7代 アブー・サイード(在位1451〜69年)
      - スルタン・アフメド
      - スルタン・マフムード
      - ウマル・シャイフ
        - バーブル(ムガル帝国の祖)
          - インドのムガル皇帝たち
  - ウマル・シャイフ
    - アイジャル
    - シイルガトミシュ
      - マンスール
      - 第4代 ウルグ・ベグ(在位1447〜59年)
        - 第8代 スルタン・フサイン・バイカラ(在位1469〜1506年)
        - 第5代 アブドゥル・ラティーフ(在位1449〜50年)
    - バイカラ
      - イブラヒーム・スルタン
        - 第6代 アブドゥッラー・ミールザー(在位1450〜51年)
  - 第3代 シャー・ルフ(在位1409〜47年)

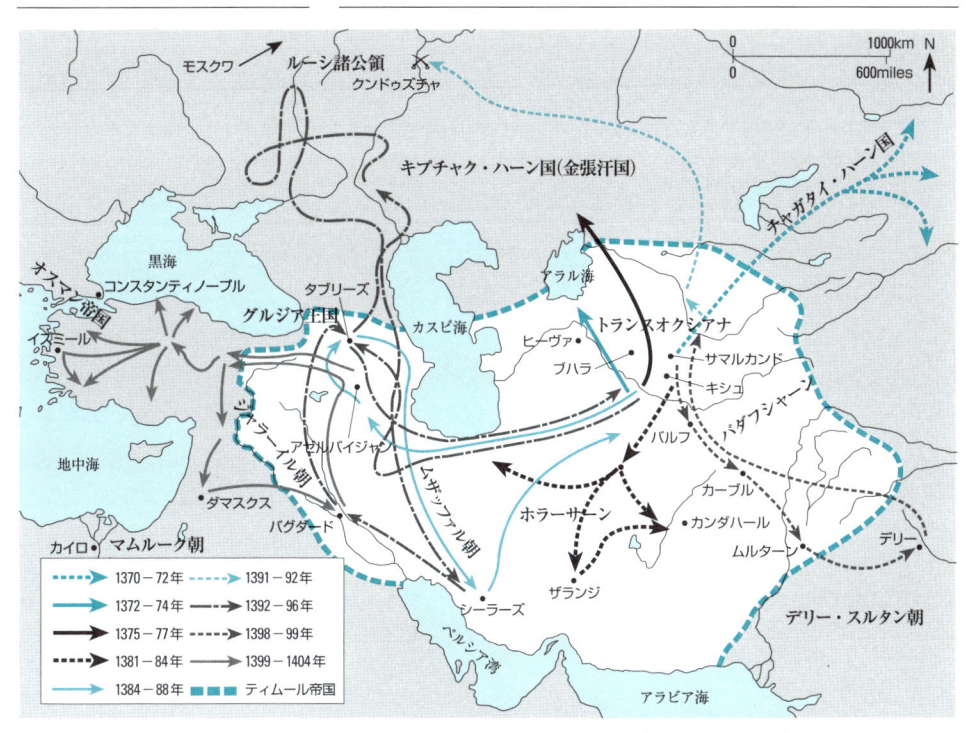

心とした定住地域への遠征に力をそそぐようになった。そして3年のうちに，ホラーサーン地方およびイラン東部を征服し，ヘラートやカンダハールなどの都市を奪いとった。1384〜88年にはイラン西部とコーカサスに遠征し，かつては支援をあたえたキプチャク・ハーン国のハーン，トクタミシュをアゼルバイジャンから駆逐し，東方キリスト教徒が建国したグルジア王国を略奪した。これを手始めとして，グルジア王国の略奪は5度におよぶことになる。1391〜92年には，トクタミシュを最大の敵対者と見なし，キプチャク・ハーン国に対し，大規模な遠征に打って出ると，モスクワの東1000キロの位置にあるヴォルガ河畔のクンドゥズチャの戦いで勝利をおさめて引きあげた。とはいえ，トクタミシュはかろうじて命をつなぎ，再起を期すことになる。

1392年から，ティムールは5年がかりの戦いに着手しているが，このときの遠征で，ムザッファル朝を滅ぼし，ジャラーイル朝の首都バグダードを占領，さらにコーカサスへと進軍して，テレク河畔の戦いでトクタミシュを破り，モスクワの近く

まで彼を追撃した。その結果、トクタミシュは敗れ、それを最後にキプチャク・ハーン国の脅威も消えた。1398〜99年、ティムールはインドに攻めこみ、スルタン・マフムード・シャーとの戦いに勝利して、デリーを略奪した（⇨p.149）。

時を移さず、ティムールは1399年から、60代の人間とは思えないエネルギーを見せつけ、いわゆる7年戦役を開始した。彼はふたたびバグダードを奪還し、マムルーク朝支配下のシリアを制圧すると、1402年のアンカラの戦いでオスマン朝のスルタン、バヤジード1世に勝利した。このとき捕虜となったバヤジード1世はみずから命を絶っている。ティムールはエーゲ海沿岸のキリスト教圏（ビザンツ帝国領）を蹂躙したのちに、トランスオクシアナへ戻り、1405年2月18日、中国の明朝に対する遠征の途上、この世を去った。

権力と威光と政略

ティムールのやむことのない征服には、どのような目的があったのだろうか。ひとつには彼が、チンギス・ハーンの偉業と肩を並べたいと思っていたことは確かだろう。ティムールがホラズム・シャー朝や東チャガタイ・ハーン国に遠征した目的は、敵対する可能性のある勢力を早期に始末することにあったとみて、ほぼまちがいない。キプチャク・ハーン国のトクタミシュに対する遠征は、大きな軍事的脅威をとりのぞくためであり、オスマン帝国に対する遠征は、権力の確立がその動機になっていたものと思われる。さらにインド遠征の目的は、彼自身が非イスラーム教徒に対する戦いであると宣言している。

しかし、ティムールの遠征のほとんどにあてはまる（とくに定住地域や大きな都市に対する遠征にあてはまる）ことだが、彼の遠征の背後にはつねに経済的理由があった。トランスオクシアナが非常に貧しい地域だったのに対し、イランはイル・ハーン国末期から秩序が崩壊していたにもかかわらず、依然として非常に豊かな地域だった。ティムールはトランスオクシアナ全体を、そして首都のサマルカンドを発展させるために、役立つものは何もかも奪ってくることにした。それは財宝に限らな

かった。動物から消耗品までのあらゆる動産や，人的資産，すなわち学者や職人や工芸家，ティムールの事業に貢献できそうな膨大な数の捕虜もふくまれていた。

ティムールの遠征に経済的理由があったことは，彼が都市に侵入するとき，つねに決まった方法をとっていたことからもわかる。古代から，命がけで戦う兵士の報酬のひとつは，都市の占領にともなう強姦と略奪だったが，ティムール軍は原則としてそのような行為を禁じていた。それはもちろん倫理的な理由からではなく，国庫の収益が減少するからである。ティムール軍は都市に接近すると，代表者に降伏をうながし，代償金を支払えば略奪をまぬがれると伝えたうえで，その都市を封鎖し，徴税官を送りこんだ。徴税官には拷問を行なう者たちが随行し，貢物をとりたて，市民に他の市民たちの経済状況を暴露させる。獲得した物品や貴重品は収集場に運ばれ，そこで目録を作成したのちに，トランスオクシアナに送られた。

都市の住民を服従させるには，恐怖や残虐な行為が大きな役割をはたした。反抗のきざしが少しでも見えると，ティムールは住民の皆殺しを命令し，これには女性や少年少女への強姦がともなった。1383年，ヘラートの住民が徴税官に反抗すると，ティムールはモンゴルの慣習を復活し，ヘラートの城門の外に頭蓋骨の塔を築かせた。ヘラート以外でも，多くの都市が同じような罰をうけた。イスファハーンでは1388年に徴税官が襲われる事件が起こり，ティムール軍は7万の住民の首をはねた。この都市の城壁の周囲を半分ほど歩いたある歴史家は，それぞれ1500の頭蓋骨を積みあげた塔が28基あったと記している。

こうした大量虐殺が，一種の「安全策」として実行されることもあった。デリー城外でマフムード・シャーと戦ったとき，ティムールは10万人にのぼる捕虜がティムール軍の安全を脅かすのを危惧して，捕虜をひとり残らず殺させている。しかし，ティムールが虐殺そのものを楽しんでいたように思える場合も少なくない。非イスラム教徒の大量虐殺の場合には，とくにそうした傾向が強い。1386年，イランとイラクの国境地帯に住んでいたルーリスターン人に勝利したとき，ティムールは彼らを断崖から突き落とさせている。1387年にアナトリア東部

⇧ 1398年12月、デリー征服の成功を祝うティムール。サラーフッディーン・ヤズディーの『ザッファル・ナーマ』より。デリー攻撃を開始する直前、ティムールは捕虜にした10万人のヒンドゥー教徒の斬殺を命じた。

の都市ヴァンでは、アルメニア人キリスト教徒を同じ目にあわせている。

1400年には、ティムールが包囲していたアナトリア東部の山間に位置する都市シヴァスの住民が、子どもの合唱隊を市外に送りだし、その歌声でティムールの同情をひこうとしたが、彼は子どもたちを始末させた。この都市を攻め落としたあとも、オスマン帝国軍に加わっていたキリスト教徒の連隊を生き埋めにするように命令している。「わずかな時間のあいだに」と、ティムールはインド遠征時の出来事についてのべている。「砦の中にいた人間はみな、切り殺された。1時間のうちに1万人の異教徒の頭が切り落とされた。イスラームの剣は異教徒の血で洗い清められた」

ティムールは抵抗のきざしが見えると、すぐに残虐な行為におよんだが、それでも一定の限界は設けていた。彼が命を助け、またしばしば礼遇したのは、宗教上、位の高いサイイド（預言者ムハンマドの子孫）、カーディー（裁判官）、ウラマー（学者）に属する人びとだった。また、都市の貴族（その多くが商人）とその召使の命も助けた。彼は概して、交易の活性化を図ろうと熱心にとり組んでいたからである。また、破壊後の混乱は、都市の再建や農業の復興を実現しやすい状況を準備したともいえる。彼はトランスオクシアナが長く栄えるためには、軍によって征服した土地から入ってくる富が欠かせないことを、よくわかっていたのである。

しかしながら、ティムールが休むことなく遠征した理由は、もうひとつあった。その理由は彼が、チャガタイ・ハーン国の覇権を強化するときに用いた手段に見ることができる。ティムールは彼自身のように、部族の忠誠心と部族間の人脈を基盤として権力の座にのぼる者が出てこないよう、部族連合の機能を変更した。部族の特権階級が占めていた地位に、ティムール個人への依存度の強い精鋭集団を推したのである。この集団はティムールの腹心の部下と家族によって構成され、部族の人員は

彼らの指揮下に置かれた。昇進はすべて，ティムールの気持ちしだいだった。

だが，こうした快進撃の一方で，大きな問題も存在した。というのも，こうした精鋭集団は一度形成されると，常にいそがしく働かせ，しかも十分に報酬をあたえる必要がある。ティムールの絶え間ない遠征は，彼らに次々と仕事と報酬をあたえる必要に迫られたという理由もあったのである。彼はあらゆる手段を駆使して，みずからを脅かすような勢力が形成されるのを防いだ。そして大規模な遠征がもたらした富と奴隷は，新しい幹部たちを部族の古い特権階級よりも上位へ押しあげていった。こうしてティムールはつねに，全力でチャガタイ部族連合の指揮にあたっていたのである。

ティムール軍

ティムールはとてつもなく強大な軍事組織を統率していた。その規模は，たとえば1391〜92年のトクタミシュ討伐戦では，兵士の数が20万人だったという。ティムール軍の主力はチャガタイ人遊牧民の弓騎兵だった。しかし時がたつにつれて，イスラーム教徒，キリスト教徒，シャーマニズム信者，トルコ人，タジク人（中央アジア南部のタジキスタン周辺に住むイラン系民族），アラブ人，グルジア人，インド人などで構成される多文化的（マルチ・カルチユラル）な性質をもつ軍となっていった。

ティムール軍は高度に組織化されており，モンゴル方式を踏襲して，千人隊が百人隊，さらに百人隊が十人隊によって構成される編成になっていた。工兵や歩兵などの支援部隊も同じだった。命令は旗と太鼓の音で行なわれたが，そうした命令とそれに絶対的に服従する兵士の様子を見て，ヨーロッパ人は非常に感銘をうけたという。ティムール軍は，軍事技術と装備を点検するために，定期的に閲兵式も行なってい

⇩ダマーバンド山中の戦士。ティムールが統治していたころのシーラーズで1397年に制作された『叙事詩集』より。エルブルズ山系のダマーバンド山は，テヘランの北方にそそり立つ円錐形をした山である。この絵を見ると，ティムール軍がどのような武器や武具を使っていたかがよくわかる。

た。トクタミシュ討伐戦の最中だった1391年に実施された閲兵式では、精鋭部隊が頭から足まで武具をつけ、槍に剣、短剣、鉾、投げ槍、盾で装備して、飾り馬衣をつけた馬に乗った。また、1402年にアナトリアで行なわれた閲兵式では、隊ごとに色のちがう軍服を着て、同色の装備と旗を身に帯びていた。

すぐれた将軍の例にもれず、ティムールも部下の面倒をよくみた。彼らは給与と恩給を保証されており、忠誠心は手厚く報いられていた。戦いでとくに勲功のあった者には、免税をはじめ、特別な褒賞があたえられ、その褒賞は未亡人や子孫に権利が引き継がれた。ティムールは部下を尊重し、彼らに報いることの重要性を理解していた支配者だったのである。

ティムールは後継者たちに、『掟』のなかでこう語っている。「臣下や兵士を鼓舞するため、余は自分のために金や宝石を蓄えることはしなかった。余の食卓に部下たちを招くと、その返礼として、彼らは戦場で余に命をあずけてくれるのだ」

宗教と芸術

ティムールの行動には、善きイスラーム教徒とはとてもいえないことが数多くあった。仲間であるべき同じイスラーム教徒を多数殺戮し、さらに多くのイスラーム教徒を奴隷にした。神聖なモスクを汚し、礼拝の指導者（イマーム）を殺害した。ティムールはイスラーム法とともにモンゴルの慣習法にも従い、大酒飲みでもあった。

とはいえ、ティムールの行動は、彼が現実主義の指導者だっただけでなく、信仰心も持ちあわせていたことを示している。信頼のおける歴史家、サラーフッディーン・ヤズディーは、ティムールのインド遠征には、信仰上の動機もあったとのべている。さらにヤズディーは、インド遠征中にティムールがヒンドゥー教徒の命を奪う一方で、しばしばイスラーム教徒の命を救おうとしたとも書いている。

ティムールは相当な数のモスクやマドラサ（学院）の建築を命じ、多くのウラマー（学者）を保護し、とくにスーフィー（イスラーム神秘主義者）には強い関心を見せた。12世紀半

ばに死去したスーフィズム（神秘主義）の聖者，シャイフ・アフマド・ヤサヴィーの廟に多大な寄付を行ない，1397年にはカザフスタンのヤシ（現在のトルキスタン市）にあるこの霊廟に巡礼している。ティムールの宗教上の師だったミール・サイード・バラカは，アフマド・ヤサヴィーの足もとに埋葬された。ティムールは比類のない権力と威信の備わった支配者としての自分を思い描いていた。彼の宮殿の壁画には，「こちらでは笑い，あちらではいかめしい顔をした」ティムールの肖像や，数々の勝利の場面，あらゆる地域の王たちが朝貢に訪れた場面が描かれている。1403年に訪れたスペインの使節が気づいたように，宮廷儀式は訪問者がティムールの権力に圧倒されるように考案されたものだった。また生涯，歴史への興味を失わなかったティムールは，みずからの業績を毎日，記録させていた。その記録こそが，ティムールの治世の名声を高めるために構想された年代記の土台となったのである。

サマルカンドもまた，「世界最大の首都」をめざして建設された都市だった。サマルカンドの郊外の地名は，イスラーム世界各地の首都にちなんで名づけられており，その多くはティムールが略奪した都市だった。ティムールは巨大な建築物をいくつも建てており，サマルカンドの金曜モスクは中庭の広さが60×90メートル，キシュの宮殿は高さ49メートルの堂々たる門や広大なバザール，城壁を擁し，そのすべてがトランスオクシアナに連行された何百人もの職人によって装飾をほどこされていた。彼はまた，王族の女性にも建築を奨励したため，彼の寵妃のサライ・ムルク・ハーヌムがティムールの建立した金曜モスクの向かい側にマドラサを建築し，彼の妃や姉妹が複合建築のシャーヒ・ズィンダ廟のなかに霊廟を建てた。

ティムールの死

ティムールの最後の日々は次のようなものだった。彼は1404年11月27日にサマルカンドを出発し，中国遠征の途につ

⇧この大きな青銅器は，ヤサヴィー廟のために作られた多くの器物のひとつ。ティムールが，彼自身とスーフィー聖者だったヤサヴィー信仰とを結びつけたいと思っていたことはまちがいない。この器に刻まれた文言は以下のとおり。

「もっとも名高きアミール，諸民族の家長，君主より特別な保護をうける者，慈悲深きアミール・ティムール・グルガン［キュルゲン］よ，意気盛んであれ。（略）この器をつくるように命じられたのは，シャイフル・イスラーム，世界のシャイフたちのスルタンであるシャイフド・ヤサヴィーの霊廟に献杯するためである。神よ，この敬愛する魂を清めたまえ。イスラーム暦801年第10月20日（西暦1399年6月25日）

第1章　イル・ハーン国，ムザッファル朝，ティムール朝

⇧ティムールは1397年，アフマド・ヤサヴィーの霊廟に巡礼したのち，当時はまだ小規模だったヤサヴィー廟の上に，この巨大な複合建築を造営させた。堂々たるファサードと高さ38メートルの壮麗な中央ドームは，ティムールの命令で建設された。

いた。しかし，気象条件は過酷で，1405年1月半ばになっても，サマルカンドから400キロほど離れたオトラルに達するのがやっとだった。兵士も家畜も多くが寒さに倒れ，ティムール自身も病に苦しんでいた。

　廷臣が兵士の士気を鼓舞するために宴会を開いてはどうかと勧めたところ，ティムールはその進言を受け入れた。宴会は3日におよび，ティムールはその間，何も食べずに大量の酒を飲んだ。熱と胃の不調に苦しみながら飲み続け，ついには意識を失ってしまった。そして意識を回復すると，みずからの死期が近づいたことを告げ，病床に集まった貴族や王子たちに遺言を伝えた。孫のピール・ムハンマドを「サマルカンドの玉座」の後継者とするというのがティムールの遺言で，彼はその場に立ち会った者たちに彼の遺志を支持することを誓わせた。

　1404年にティムールは，アンカラの戦いで受けた傷がもとで逝去した孫のムハンマド・スルタンを追悼するために，サマルカンドに壮麗なグール・アミール廟を建築していた。ティムールがこの廟に自分も入るつもりだったかどうかはわからないが，その死から5日後に彼の遺体はこの廟に安置されている。

その後，この墓の上に翡翠製の「セノタブ（模棺）」が据えられ，ティムールの孫のウルグ・ベグが，チンギス・ハーンの先祖であるとされる神話上の王妃アランゴア，および預言者ムハンマドの従兄弟にして女婿だった第4代正統カリフのアリーまでさかのぼる祖父の系譜を刻ませている。

1カ月後，正式な葬儀が営まれ，サマルカンドの全住民が黒い喪服に身を包んだ。施しが配られ，『コーラン』が読まれ，家畜が生贄にされた。それから，ティムールの使っていた太鼓が嘆き悲しむ人びとと共に墓廟に運びこまれた。「太鼓の音と故人を悼んで泣き叫ぶ声とが混じりあった。太鼓の皮はほかの主人に仕えることができないように細長いひも状に引き裂かれた」

ティムールは最後の偉大な遊牧民征服者だった。そしてその遊牧民たちを定住生活へと移行させたのは，ティムール自身だった。火薬と火器の普及がまもなく，それまで優勢だった遊牧民の弓騎兵を葬り去っていく。世界史的に見てもティムールのあたえた影響は大きく，彼がキプチャク・ハーン国の軍事力を壊滅状態にした結果，ロシアはモンゴル支配から自由になることができた。彼がマフムード・シャーとの戦いに勝利したことは，インドの主要な勢力だったデリー・スルタン朝に致命的な打撃をあたえることになった。さらにオスマン朝のバヤジード1世を打破したことは，ビザンツ帝国の首都であるコンスタンティノープルの寿命を50年のばすことにつながったのである。

大量の富，職人，学者がサマルカンドに移送されたことで，トランスオクシアナとホラーサーンはその後の100年間，成熟したペルシア・イスラーム文化の中心地となり，それがひいては16世紀以降，火器を導入して大いに繁栄した帝国，すなわちこれらの地域を支配したウズベク族のシャイバーン朝，オスマン帝国，サファヴィー朝，そしてムガル帝国に大なり小なりの影響をあたえることになった。今日でも，ティムールは権力と残忍性を思い起こさせる名前である。

⇩翡翠製のセノタブ（模棺）。ウルグ・ベグがグール・アミール廟のティムールの墓の上に据えさせた（年代は1425年から2～3年のうちだとみられている）。このセノタブには，神話上のモンゴル王妃アランゴアまでさかのぼる系譜が刻まれている。アランゴアは天の光をうけてチンギス・ハーンをはじめとする子どもたちを身ごもったとされ，この天の光はチンギス・ハーンの子孫をも照らすという（この話をムガル帝国の王たちが発展させている。⇨p.7，⇨p.177）。

サマルカンド

ティムールはチャガタイ・ハーン国の君主として認められると、ただちに首都サマルカンドを美しく整備する事業にとりかかった。初期の建築物は彼の妃や姉妹が、シャーヒ・ズィンダ廟のなかに造営したものである。シャーヒ・ズィンダは「生ける王」を意味し、この複合建築の名称は、676年にサマルカンドにイスラーム教をもたらした預言者ムハンマドの従兄弟、クサム・ビン・アッバースの伝説にちなんでつけられた。

ビン・アッバースは両側に廟が立っている参道の片側のいちばん奥の廟に埋葬されている。参道の両側の廟のなかには、ティムールの妹のトゥルカン・アーガーが1371～72年に、娘のために建築したシャーディ・ムルク・アーガー廟やもうひとりの妹のシリン・ベグ・アーガーが1385～86年に建築したシリン・ベグ・アーガー廟などがある。

これらの廟建築の特徴は、ティムール治世下のサマルカンドの建築物の多くと同様に、陶製タイルを用いたすばらしい工芸技術である。これはイランの広い地域から集められた職人の手になるものだった。第2の特徴は、その規模の大きさである。ティムールの金曜モスク（ビービー・ハーヌム・モスクとも呼ばれる）は1399年に造営が開始されたが、イランやトランスオクシアナのどのモスクよりも大きかった。デリー遠征時に、ティムールが虐殺から命を救ってやったインドの職人も、イランやアゼルバイジャンから連れてこられた職人とともに建築にたずさわった。

規模の大きさとともに、ティムールが新しく採り入れたのは、巨大な入り口の門だった。スペインの使節によると、ティムールは最初に建設された金曜モスクの門が低すぎると思い、その門を壊させると、じきじきに監督にあたって、最終的に41メートルの高さの門を建てさせたという。

もうひとつの新機軸は、タイルで装飾し、リブ（丸天井の下側にアーチ状に架ける助材）で支えたドームである。ドームは、八角形の基部から垂直に長く伸びたドラム（ドームを支持する円筒）の上に据えられ、すばらしい効果を生んでいる。ティムールのグール・アミール廟のドームは外殻と内殻の2重構造になっており、外殻は34メートルもの高さがある。ドーム内の広い墓室は、22メートル高さの内殻ドームを使用することで、その規模が実現した。この内殻ドームの下にティムールの翡翠製のセノタブが据えられ、その周囲を彼の子孫たちの大理石製のセノタブ7基がとり囲んでいる。

ティムールの建造物は、基準寸法を用いた方眼に設計図を引くことで、比率の法則にのっとった設計がなされているとロシアの学者が立証している。この時代のサマルカンドは、世界有数の精密科学の中心地であり、偉大な数学者のジャムシード・ギヤースッディーン・アル・カシー（1429年没）が円周率を先例にない精度で計算したのも、ここサマルカンドでのことだった。

⇨ 荘厳なグール・アミール廟。青いタイルでおおったリブ構造の2重ドームをもったこの墓廟には、ティムールとその子孫が埋葬されている。

⇦ シャーヒ・ズィンダ廟の一部。この廟建築は預言者ムハンマドの従兄弟、クサム・ビン・アッバースの廟であるとされた建築物の周囲に建てられた。ティムールの妃や姉妹の多くがここに、美しいタイル装飾を施した霊廟を造営した。

⇨サマルカンドにあるティムールの金曜モスクの入り口とドームの一部。モスクの規模の大きさが見てとれる。このモスクはティムールの妃の名にちなんで、ビービー・ハーヌム・モスクとも呼ばれる。

⇩「サマルカンドのモスクの造営」。ヘラートで制作された『ザファル・ナーマ』より。この写本はフサイン・バイカラに献呈された。

ハリール・スルタン
在位1405～09年

シャー・ルフ
在位1409～47年

ハリール・スルタン	
生年	1384年ごろ
父	ミーラーンシャー
母	ミングリジャク・ハトゥン（側室）
妻	ジャハーン・スルタン・ビキ，シャード・マリク・アーガー，氏名不詳の妃，宮廷の女奴隷（トゥクマク）
息子	ブルグル，ムハンマド・バハドゥール，ムハンマド・バーキール，アリー
娘	キチュク・アーガー，シリン・ベグ・アーガー，スルタン・バディ・アル・ムルク
即位	1405年，権力を簒奪
没年	1411年
埋葬地	ライ（イランの古都。現在はテヘランの一部）

ハリール・スルタン

「ハリール・スルタンが温和な性質と気前のよさで，臣下を意のままにしていたことは疑いようがない。というのも，彼は力が弱く，収益をあげることもほとんどなかったが，善良さと富を乱費することで，実力者たちを味方につけていたからである。しかし，富はすぐに消えてなくなるものなのだ」

アフマド・ビン・アラブシャー

　ティムールの死後，広大な帝国の支配がどれだけ彼の個人的な威光によりかかっていたかが，すぐに明らかになった。残された王子たちは，ティムールが臨終の床で継承者を指名した事実を無視し，強硬に自分たちの権利を主張した。その結果，帝国は分裂し，王子たちがそれぞれ支配する小公国が分立する状態になった。

　1407年には，後継者に指名されたピール・ムハンマド（ティムールの長男ジャハーンギールの息子）がアミール（軍司令官）のひとりに殺害された。このころ，覇権争いに中心的な役割を演じる2人の人物がいた。ティムールの4男でホラーサー

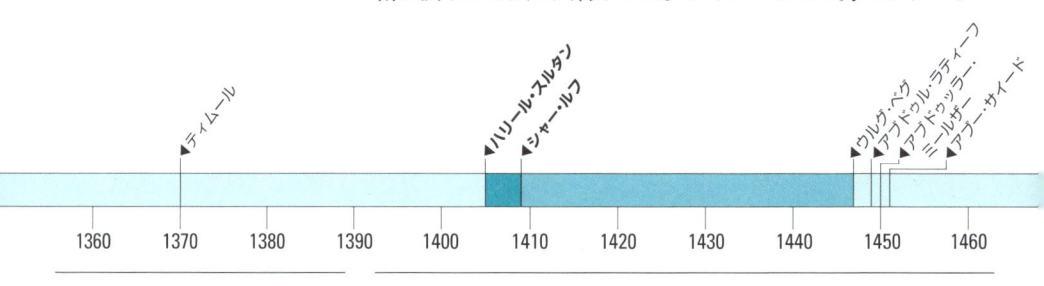

ン総督のシャー・ルフ（1377年生）と，ティムールの３男ミーラーンシャーの息子のハリール・スルタン（1384年生）である。ハリール・スルタンはティムールのインド遠征で功績をあげたのを認められ，フェルガナ総督になっていた。

ティムールが没すると，ハリール・スルタンはただちにサマルカンドを奪取し，ティムールの富を使って，支援を得ようとした。だが，彼のもくろみは悲惨な失敗に終わった。寵妃のシャーディ・ムルクの言いなりになっていたハリール・スルタンは，この妃のせいで支援を失うことになった。なぜなら，シャーディ・ムルクはお気に入りの身分の低い者を高い地位につけ，ティムールの側近や未亡人，側室たちに対して，まったく敬意を払おうとしなかったからだ。

飢饉が発生して，民衆からの反発が強まっていたうえに，ハリール・スルタンは有力なアミールの助言をいれて，北方のフェルガナの都市アンディジャンの支配権を奪還し，増援隊を獲得するためにサマルカンドを離れるという過ちを犯した。シャー・ルフはこの好機を逃さなかった。1409年５月13日，なんの抵抗もうけることなく，彼はサマルカンドに入城し，シャーディ・ムルクは捕らわれの身となった。「シャー・ルフ軍はシャーディ・ムルク妃を奪いとった」と，ビン・アラブシャーは書いている。そして「妃の護衛兵相手にその身を売らせ，妃に恥辱をあたえた」という。

ハリール・スルタンは妃を救いだすために，急いでサマルカンドにとって返した。幸いにも命をとられることはなく，ライ（現在のテヘランの一部）の総督を命じられた。ハリール・スルタンは1411年にライで没したが，このときシャーディ・ムルクはみずから首に短剣を突き刺し，ハリール・スルタンのあとを追った。

シャー・ルフ

「神の加護をうけたシャー・ルフ・バハドゥール・キュルゲンは，聖なる勝利，恵まれし運命，偉大なる幸運によって王座についた。この王はつねに正義を行ない，身分が高かろうと低かろうと，臣民

シャーディ・ムルク妃

「ハリール・スルタンは，アミーン・サイフッディーンの妻だったシャーディ・ムルクを妃にした。スルタンはこの妃への愛の力に屈服し，捕囚のごとく妃に操られるがままになった。スルタンの目は妃から一刻も離れず，妃への愛は深まるばかりだった。（略）

そうした状態が続き，ついにはその愛がスルタンを狂わせ，その心を惑わせ，（略）スルタンはこの寵妃の意見に反することは何もしなくなった。国政にあたっても，妃の助言に光明を見いだそうとした。また，妃の判断に身をゆだね，みずからの意志は二の次にして，妃の意志に従った。これは愚の骨頂であり，狂気の沙汰だったといえよう。妻の言いなりになるような人間が，幸せになることなどあるだろうか」

アフマド・ビン・アラブシャー

シャー・ルフ

生年	1377年
父	ティムール
母	タガイ・タルカン・アーガー・カラキタイ（側室）
妻	マリカト・アーガー，ガウハル・シャド・アーガー，トゥティ・ハトゥン・ナリン・ムガル，アク・スルタン，ミニ・ニガル・ウズベク・ビスート，ラール・タキン
息子	スユールガートミシュ，ウルグ・ベグ，イブラヒーム・スルタン，ムハンマド・ジュキ，バイスンクル
即位	1409年５月，サマルカンドを制圧，覇権を握る。
没年	1447年３月
埋葬地	サマルカンドのグール・アミール廟

芸術の保護者:ガウハール・シャド妃とバイスンクル王子

シャー・ルフの妃ガウハール・シャドは,当代きっての政略家だっただけでなく,男性の王族をしのぐ建築物を後世に残した女性でもあった。彼女が造営した建築物はいずれも,シーラーズ出身の第一級の宮廷建築家カワム・ウッディーンが設計を担当している。現在でも往時の壮観を見ることができるのは,集団礼拝用の広間を2つ備えた集会モスク(金曜モスクともいう)だが,これはガウハール・シャドがマシュハドにあるイマーム・レザー廟に造営したものである(イマーム・レザーはシーア派の一派である十二イマーム派の第8代イマーム,あるいはシーア派の指導者だった人物)。

このモスクはタイルによってすばらしい装飾が施され,メッカの方向を示す巨大なポルティコ(前廊:建物前面に付属する屋根つきの列柱廊)を縁取る装飾文字は,ガウハール・シャドの息子バイスンクルが考案したものである。首都ヘラートの郊外に,ガウハール・シャドはモスクやマドラサ,王族用の墓廟などからなる大きな複合建築を建てさせている。

この複合建築はその大部分が,1885年にイギリスによって爆破された(1884年にロシアのアレクサンドル3世がアフガニスタン侵攻を開始して以来,ロシアは南進を阻もうとするイギリスと一触即発の緊張状態にあった)。イギリスはこの巨大建築がロシア兵に隠れ場所をあたえるのではないかと危惧したのである。かろうじて残った遺構から察するに,最高水準のタイル装飾が施された壮麗な建築群だったと思われる。この廟に最初に埋葬されたのは,バイスンクル王子だった。1457年,この傑出した女性はティムール朝の第7代スルタン,アブー・サイードによって殺害された。

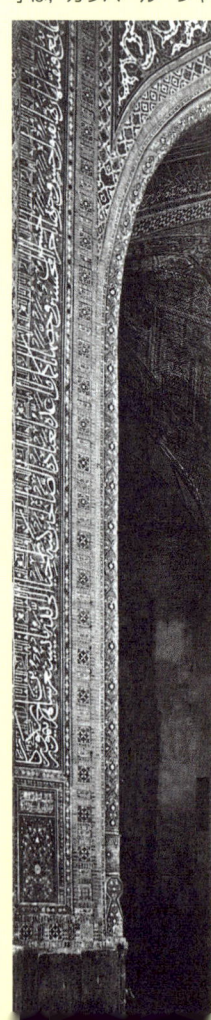

［p,78上］シャー・ルフの妃にしてイスラーム建築の有力な庇護者であり，政略家でもあったガウハール・シャド・ビント・ギヤースッディーン・タルハンの印章。

［p,78左下］マシュハドにあるガウハール・シャドのモスクのキブラ・イーワーンの一部（キブラはメッカの方向を意味する。イーワーンは3面の壁に囲まれ，残る1面が開放された空間で，開放された前面に半ドームやアーチが架けられることが多い）。イーワーンの周囲に刻まれた献辞の書体は，ガウハール・シャド妃の息子バイスンクルが1418年に考案したもの。

［p,78右下］ガウハール・シャドは1432年ごろ，ヘラート（郊外）にマドラサを造営した。写真はこのマドラサのなかの霊廟のドームに施されたタイル装飾。

バイスンクル

シャー・ルフの統治時代，書物の愛好家としてその名を知られていたのは，彼の息子バイスンクルである。この王子に好機が訪れたのは1420年，彼が23歳のときだった。このとき，バイスンクルはアク・コユンル（白羊朝）から奪取するべく，芸術の中心地タブリーズへ派遣された。タブリーズはその少し前まで，ジャラーイル朝の保護のもとで芸術の花を開かせていた都市だった。彼は写本や書家，絵師をともなってヘラートに帰還すると，図書館を設立した。

図書館の責任者に任せられたジャファル・タブリーズィーがバイスンクルに提出した報告書によって，そこでどのような作業が行なわれていたかがわかる。22を数える事業が進められ，23人の専門家が書写，挿絵，装丁に携わり，それと同時に天幕，建築，庭園の設計なども行なっていた。バイスンクルが関係した20点ほどの写本のうち，7点が彼に献呈されており，彼が積極的に写本制作に関与したことを示唆している。紙質

⇦「ロスタムの死を悼む」。1430年にヘラートでバイスンクル王子が制作させた『シャー・ナーマ』の挿絵より。王子自身がこの写本の制作にかかわっていた。

から挿絵，装丁にいたるまで，すべてが書物の大家のめがねに適った写本だった。

バイスンクルがかかわった写本のなかでも，とりわけ美麗なものが『シャー・ナーマ（王書）』で，これはフィルドゥースィーが著したペルシアの偉大な叙事詩である。この『シャー・ナーマ』の挿絵を描いたジャファル・タブリーズィーは，次のような献呈の辞を書いている。「わたしはこれらの詩の美しさとすばらしさに光彩をそえ，珠玉のごとき情感をここに散りばめた。無敵のスルタン（略）バイスンクルの図書館のために（略）スルタンの権威よ，永遠なれ」

『シャー・ナーマ』に登場する英雄ロスタムの死を嘆く人びとを描いた「ロスタムを悼む」場面が，タブリーズィーの作品の質の高さを実証している。

「その才能においても，才能ある者たちに対する激励においても」と，歴史家のダウラト・シャーがバイスンクルについてのべている。

「彼の高名は世界中に知れわたっていた。彼の時代に装飾書体と詩は高く評価されていた。学者や才能ある人びとは彼の高名にひきよせられて，彼に仕えるためにあらゆる地域から集まってきた」

残念ながら，バイスンクルの嗜好は芸術だけに限られなかった。彼は酒におぼれて命を縮め，36歳で死去した。

⇧庭園に座るバイスンクル。ヘラートで1429年10月に制作されたニザームッディーン・アブル・マアリィ・ナスルッラーの寓話集『カリーラとディムナ』（インドの『パンチャタントラ』が8世紀にアラビア語に翻訳され，イスラーム世界に普及した寓話集）の挿絵。テーブル上に並ぶ酒瓶の数が，酒におぼれた男にふさわしい。

には等しく思いやりを示した。農民はシャー・ルフの治世下，貧しさから解放された生活を楽しんだ。これはアダムの時代から今にいたるまで，どのような時代にもなかったことである。シャー・ルフの行ないは賞賛に値する。シャー・ルフは神の法に従い，早々にほかのスルタンからの礼節を勝ちとった」

ダウラト・シャー

　シャー・ルフの命名の由来は，以下のように伝えられている。父親のティムールがチェスをしていて，王を守ろうと城型のコマを動かしたとき，息子が生まれたという知らせが入った。そこでペルシア語で城を意味する「ルフ（rukh）」という名がつけられたのだという（ちなみに城型のコマを英語で「ルーク（rook）」と呼ぶのも，このペルシア語の「ルフ」からきている）。

　この話の真偽はともかく，シャー・ルフは父のティムールとは根本的に異なるタイプの支配者だった。信仰心にあつかったシャー・ルフは自身のことを，モンゴルの伝統に従って統治をするハーンではなく，イスラームの君主であると見なしていた。そのことが，シャー・ルフの穏和な性質とともに，ティムールが彼を継承者から外した理由だったのかもしれない。だが，シャー・ルフが継承者から外された理由はほかにも考えられる。彼の血筋には外国の血が混じっていた。シャー・ルフの母親は，奴隷身分の側室だったからである。また，基本的に穏和な性質だったとはいえ，彼は残酷な面を見せることもあった。

政略と外交

　シャー・ルフは帝国の首都をヘラートに移した。ヘラートはホラーサーン総督だった彼が本拠とした都市で，長いあいだイスラーム文明の中心地として栄えた都市でもあった。シャー・ルフは息子のウルグ・ベグをサマルカンド総督に任命したが，サマルカンドではイスラーム文化よりもモンゴルの慣習を支持していた。

　即位後の数年間，シャー・ルフは着実にティムール帝国のかつての支配地を回復していった。1413年には，キプチャク・

ハーン国（金張汗国）に奪われていたホラズム（アム川流域）を奪還し、その後の数年間でイラン中部を制圧して、もうひとりの息子イブラーヒーム・スルタンをイラン東部とホラズムの総督とした。アゼルバイジャンとメソポタミアでは、トルコ系遊牧民族のトルクメン人部族連合を主体とする王朝、カラ・コユンル（黒羊朝）と敵対することになった（⇨p.92）。1420年にはアゼルバイジャンを制圧したが、それを維持することはできなかった。1429年にふたたび制圧を試み、さらに1434～35年にも攻撃したが、その時点で彼は武力以外の解決法を思いついた。カラ・コユンルの指導者ジャハーン・シャーをタブリーズの総督にしたのである。その他の勢力についていうと、オスマン帝国と、インドのデリー、ベンガルおよびマールワーの諸スルタン王朝は、これよりまえにティムール朝の宗主権を認めていた。

　ここでもっとも重要なことは、シャー・ルフが元に代わって中国を支配していた明との関係を強めていたということである。ティムールの時代とはちがって、ティムール朝はもはや中国を、大規模な遠征を行なって戦利品を獲得するための土地とは見なしていなかった。そうではなく、重要な交易国であり、また芸術的な刺激をあたえてくれる国と見るようになっていたのである。中国はティムール朝に馬と軍事情報、さらに世界情勢に関する情報を求めていた。一方、ティムール朝は中国に絹と陶器を求め、両国間を双方の使節団が行き来した。たとえば1419年には、500人からなる使節団がヘラートを出発して北京に向かったが、この2年におよぶ旅を記録するために画家がひとり同行している。

　両国の友好関係は明の永楽帝が崩御した翌年の1425年までしか続かなかったものの、その間の交易によって、この地域（中央・西アジア）の芸術はふたたび、影響をおよぼしあうことになった。両国はかつて、モンゴル帝国の統治下で同化していた時期があった。そのさいには文化的な影響はもっぱら中国のほうからあたえられたが、今回はイスラーム側からも影響をあたえることになった。

　父のティムールにならって、シャー・ルフは総督に任命した

王族の男子の任地をひんぱんに変えた。彼らが勢力をたくわえ，反乱を起こさないようにするための政策だった。シャー・ルフは反乱を起こした者にはいっさいの情けをかけなかった。なかでも有名なのは，イスカンダル・スルタンのケースである。彼はサマルカンド東部からハマダーン，シーラーズへと転任させられたが，シーラーズに移ったあと，イスファハーンとケルマーンを攻撃し，女性たちを奪い去り，これらの都市をほとんど破壊してしまった。シャー・ルフは彼を討伐したあと，「黒い目の天女でさえ羨むといわれたイスカンダル・スルタンの目をえぐらせた。(略) 水仙の中央の花冠のように」。ムハンマド・バイスンクル王子が反乱を起こしたときも，シャー・ルフは王子を擁護した学者や貴族をひとり残らず処刑した。

そのような残忍な行動や，比較的その治世が長かったにもかかわらず，シャー・ルフは威圧的な君主だったとは見られていない。同時に彼は，抜群の政治的手腕に恵まれていたわけでもなかった。その長い治世と，それにともなう政権の安定は，一部には交易がもたらした繁栄の産物であり，大部分は才能と忠誠心を兼ね備え，長期に政権に仕えた官僚たちの所産だったといえるだろう。シャー・ルフ時代の宰相は31年間，総司令官は35年間，財務大臣は43年間，それぞれの重責を担った。

だが，もっとも重要だったのは妃のガウハール・シャドの存在だったともいえる。政治的手腕に恵まれていた彼女は，政権に夫よりも大きな影響力をふるった。有力な官僚や息子たちと力をあわせ，国政に継続性をもたせると同時に，権力闘争においても中心的役割をはたした。だが，そんなガウハール・シャドでも，シャー・ルフの晩年に激化した王位継承争いでは主導権を握ることができなかった。彼女の思惑は，寵愛する孫のアラー・ウッダウラをティムール朝の盟主の座につけるというものだったが，彼の兄弟や従兄弟の猛反対にあった。1447年にシャー・ルフが没すると，激しい権力争いが勃発し，結果的に帝国は，ティムール朝の王族と他国の権力者が統治する小さな国へと分裂してしまうことになった。

宗教と芸術

シャー・ルフの信仰心は，イスラーム法を破った者たちに対する厳しい行動にも見てとることができる。彼は息子のムハンマド・ジュキと孫のアラー・ウッダウラのそれぞれの酒蔵で酒が発見されたとき，その酒を捨てるのをみずから監督している。イスラーム教異端派に対する弾圧も，シャー・ルフの信仰心のあらわれだった。その弾圧は激しく，信者のひとりが1427年2月，金曜礼拝を終えてヘラートのモスクから出てきたシャー・ルフの腹部を刺すという事件を引き起こしたほどだった。

だが彼の信仰心は，何よりも芸術保護の中身にはっきり見てとれる。彼はヘラートにマドラサやハーンカー（スーフィー巡礼者たちの宿坊）を建設し，それをヘラートが生んだ偉大な聖者であり詩人でもあったアブドゥッラー・アンサリ（1005～89年）の廟を中心とした複合建築へと増築している（⇨p.105）。シャー・ルフは明の永楽帝が派遣した使節に対して，自分はあらゆる地域にモスクやマドラサを建てるよう神から命じられているとのべたという。彼の家族もこの大義のために協力した。

⇨巨大な『コーラン』の書見台。1405～49年ごろ，サマルカンドにあるティムールの金曜モスクに寄進された。この書見台は，初期のティムール朝の君主たちが力を誇示する手段として，大きさを重視していたことを象徴的に示している。

妃はマシュハドとヘラートに，息子のウルグ・ベグはサマルカンドにすばらしい建築物を造営した。やはり息子のイブラーヒーム・スルタンとバイスンクルは，主要な宗教建築に装飾文字を刻ませる形で貢献した。

　新たな宗教重視の方針は，『コーラン』に関する王侯らしい活動にも反映されている。イブラーヒーム・スルタンがみずから書写した『コーラン』が少なくとも5部，ヘラートに現存する。イブラーヒームの兄のウルグ・ベグは，『コーラン』の7つの異なる読誦法をすべて記憶していたという。彼はまた，巨大な『コーラン』の書見台をサマルカンドの金曜モスク（ビービー・ハーヌム・モスク）に寄進している。この書見台はいまでも寄進された当時の場所で見ることができる。

　シャー・ルフの治世には，製本技術もイスラーム世界ではほぼ最高水準の域に達していた。王族はみな，図書館を設置し，そこで装飾文字で書かれ，美しく装丁された書物が制作された。彼らは書物が，王侯ならではの審美眼の手本となるだけでなく，民衆が王朝に対して抱く印象を明瞭にする効果ももっていることを知っていた。シャー・ルフは父のティムールと同じく，ティムール朝の正統化と王朝を世に喧伝したいという思いが頭から離れなかった。彼が制作を命じた書物は，モンゴル帝国からティムール朝への継続性を説明するだけでなく，ティムールの命によって書かれたサーミーの『ザファル・ナーマ（勝利の書）』（ティムールの伝記である『勝利の書』は，サーミーとヤズディーによって二種類が作成された）の続きを書かせることで，ティムール朝の勝利の記録を更新した。これらの書物では，シャー・ルフの治世はイランの歴史，およびアダムに始まる全人類史のなかに位置づけられている。こうした血統への強迫観念は，のちにインドを支配したムガル帝国にまで受け継がれることになる。

ウルグ・ベグ
在位1447〜49年

アブドゥル・ラティーフ
在位1449〜50年

アブドゥッラー・ミールザー
在位1450〜51年

アブー・サイード
在位1451〜69年

	ウルグ・ベグ
生年	1394年
父	シャー・ルフ
母	ガウハール・シャド
妻	アカ・ビキ，スルタン・バディ・アル・ムルク，アキ・スルタン・ハニカ，フサン・ニガル・ハニカ，シュクル・ビィ・ハニカ，ミヒル・スルタン，ダウラト・バヒト・ハトゥン，ダウラト・スルタン・ハトゥン，バヒティ・ビィ・ハトゥン，サアダト・バヒト・ハトゥン，ウルタン・マリク，サルタヌム，氏名不詳の女性（アブー・アル・ハイール・ハーンの娘），ハタン・ハトゥン，氏名不詳の女性（アキーレ・スルタンの娘），ルカイヤ・ハトゥン・アルラト（側室）
息子	アブドゥル・ラティーフ，アブドゥル・サマド，アブドゥル・ジャッバール，アブドゥッラーフ，アブド・アッラフマン，アブドゥル・ズィズ，アブドゥル・マリク，アブドゥル・ザーク
娘	ハビベ・スルタン・ハンザダ・ベーグム，スルタン・バヒト，アク・バシュ，クトゥルグ・タルカン・アーガー，スルタン・バディ・アル・ムルク，タガイ・タルカン，ハンザダ・アーガー，アカ・ベーグム，タガイ・シャー，ラビィ・スルタン・ベーグム
即位	ティムール家の他の王族との覇権争いに勝利。正式な即位式はなし。
没年	1449年，息子のアブドゥル・ラティーフの命令で処刑される。
埋葬地	サマルカンド，グール・アミール廟

ウルグ・ベグ

「故ウルグ・ベグ・キュルゲン殿下は，博識かつ公正にして，数多くの勝利を得た高潔な王だった。殿下は天文学者として名高く，詩への造詣も深かった。この殿下の治世には，科学者が最高の敬意を払われ，学者の地位が高められた。幾何学においては，ごく微細な点まで指摘し，宇宙地理学(コスモグラフィ)においては，『アルマゲスト』（2世紀ギリシアのプトレマイオスが著した古代天文学の集大成）の秘密を解き明かした。賢明な学識者は，イスラムの歴史において，いや，アレクサンドロスの時代から現在にいたるまで，ウルグ・ベグ・キュルゲンほど賢明で学識のある君主が統治した時代はなかったことを認めている」

ダウラト・シャー

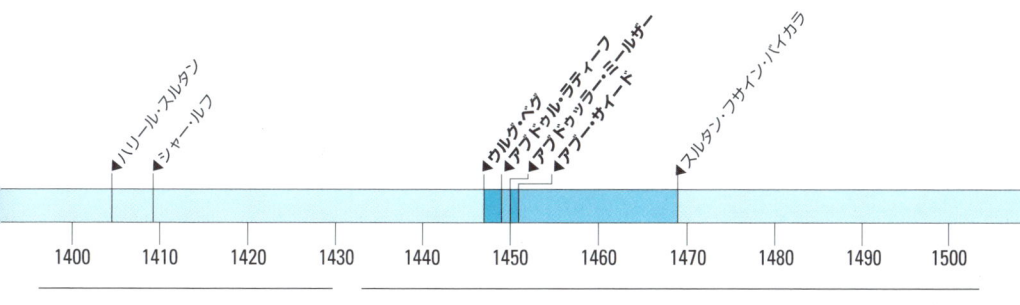

⇧ 絨毯の上に座るウルグ・ベグ。サマルカンド，15世紀。この王は名高い数学者・天文学者であっただけでなく，サマルカンドに多くの建物を造営した偉大な建設者としても知られている。

1447年にシャー・ルフが没したとき，数えてみればウルグ・ベグは，サマルカンド総督になってからすでに40年がすぎていた。シャー・ルフの長男であり，たったひとり残された息子なのだから，後継者の最有力候補だったことはまちがいないだろう。翌1448年，彼は目標に向かって，少し前進する。ガウハール・シャド妃が推戴するアラー・ウッダウラを打ち負かし，マシュハドを占有したのだ。その間に息子のアブドゥル・ラティーフはヘラートを奪取していた。

　しかし，ウルグ・ベグは亡父の治世に，国政の重心が大きくヘラートならびにホラーサーン全域へ移動したことに気づいていなかった。ウルグ・ベグは旧知の都市サマルカンドを新たな都にしようと考え，運んできた父の亡骸をグール・アミール廟に安置したが，こうしたサマルカンドへの帰還は，彼の権力基盤をトランスオクシアナのみに限定する結果を生んだ。

　甥のひとりがホラーサーンを占領してヘラートを制圧し，ウルグ・ベグがそれを奪還できないうちに，バルフを統治していた息子のアブドゥル・ラティーフが反乱を起こした。アブドゥル・ラティーフがヘラートに進駐していた時期に，ウルグ・ベグがこの息子に恥をかかせたことが原因だったらしい。ウルグ・ベグが，せっかく制圧したヘラートをかえりみずにサマルカンドに帰還したことが，息子の怒りに火をつけたのである。こうして起こった息子との争いに，ウルグ・ベグは敗北してしまった。

　もはや選択肢は2つしかなかった。狩りの獲物のように追われるか，わずかに威厳を保ちつつ身を引くか。ウルグ・ベグは後者を選んだ。ウルグ・ベグはメッカ巡礼に赴くことを願いでて，これを許可された。ところが，アブドゥル・ラティーフは父を欠席裁判にかけて死刑の判決を下すと，死刑執行人に巡礼に出たウルグ・ベグを追跡させ，父を殺害した。

　結局のところ，致命的な失敗となったウルグ・ベグのサマルカンドへの遷都だが，これは彼の君主としての統治スタイルからすると自然な選択だったといえる。彼はイスラームの伝統ではなく，トルコ・モンゴルの伝統を統治の中心にすえていたからである。祖父ティムールのセノタプ（模棺：⇨p.73）に，神話上のモンゴルの王妃アランゴアと関係づける文言を刻ませた

天文学者ウルグ・ベグ

　ウルグ・ベグは数学と天文学の分野で注目すべき業績を残した。彼は数学者のジャムシード・ギヤースッディーン・アル・カーシー（1390〜1450年）をはじめ，傑出した数学者と天文学者からなる学者集団を組織していた。ウルグ・ベグの学者集団が小数と円周率の計算であげた研究成果は，当時のヨーロッパのどんな研究よりも進んでいた。

　天文学の分野では，ウルグ・ベグはサマルカンド郊外の丘の上に天文台を建てている。これは彼が子どものころに見たマラーガのナースィルッディーン・トゥースィー天文台から思いついたものかもしれない。3階建ての円形の建物には，空を運行する星や惑星の高度を測定するための巨大な六分儀が取りつけてあった。

　ウルグ・ベグ率いる学者集団は，ウルグ・ベグ天文表を作成し，それまで使われていたナースィルッディーン・トゥースィー作成の天文表に代わって用いられるようになった。このウルグ・ベグ天文表は，写しが多数現存していることから，いかに広い地域で使用されていたかがわかる。1665年以降はラテン語に翻訳され，ヨーロッパでも使われるようになった。

⇧サマルカンドのウルグ・ベグ天文台（復元図）。マラーガおよびサマルカンドの天文台の開発は，イスラーム科学者が残した重要な業績のひとつである。

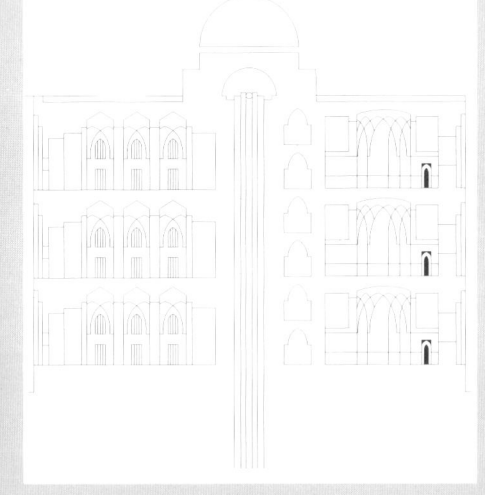

⇧ウルグ・ベグ天文台の断面図

⇦ごく一部だけが残存するウルグ・ベグ天文台の巨大な六分儀。1908年にロシアの学者による発掘調査で発見された。

のは、ウルグ・ベグだった。祖父にならって、命令もチンギス・ハーンの子孫である傀儡ハーンの名のもとに発布した。称号もティムールにならって「キュルゲン（女婿）」を用い、イスラーム法を無視して、商人や職人にモンゴル式の税を課した。

ウルグ・ベグ統治下のサマルカンドでは、男女の楽師や歌い手が参加する酒宴が催されているという風評が立った。そのため、あるとき民衆の道徳心を監督する役目の市場監督官（ムフタシブ）が、ウルグ・ベグの宴会に押し入って言った。「ムハンマドの教えを抹消し、不信心者の慣習をとりいれるとは」。ウルグ・ベグは応じた。「そなたはサイイド（預言者ムハンマドの子孫）であることと学識が高いことで名声を得た。むろん、殉教者となることも願っているのだろうな。それ故に無礼な口をきいたのだろう。だが、余はそなたの願いをかなえるつもりはないぞ」

とはいえ、ウルグ・ベグは統治者としてよりは学者として、その名を後世に残しており、彼が弟のバイスンクルと詩作の技法について交わしていた書簡も残されている。ウルグ・ベグがサマルカンドあるいはブハラに建てた壮麗な建築群のなかで、現在まで往時の姿をとどめているのが、1417～1420年に建設されたサマルカンドのマドラサ（学院）であるというのは、いかにもこの学問好きの君主にふさわしいといえるだろう。

↓1430～31年にイランで製作された天球儀。ウルグ・ベグの天文学者団が使った器具のなかには、このような球体の天球儀もあっただろう。こうした天球儀は科学教育や計算に用いられた。

ウルグ・ベグの科学上の論争

　数学者のジャムシード・ギヤースッディーン・アル・カーシーは、父親にあてた書簡で、科学上の論争に対するウルグ・ベグの態度についてのべている。「[ウルグ・ベグ]殿下はまことに度量が広く、丁重にふるまわれるお方です。このうえなく親切で、高貴な方々が示される礼儀正しい物腰を崩されることがありません。マドラサではときに、殿下と学生とが、科学の問題をめぐって、言葉では言い表せないほどに対等な立場で議論を戦わせています。そのような光景が見られるのは、殿下が次のように命じられたからです。科学の問題点は、それを正確に理解しなければ、立証することができないのだから、余に追従や世辞を使ってはならない。そこで、ときとして[殿下の]話をうのみにする学生がいると、そなたたちは余を科学に疎い者にしようとしているとおっしゃられて、困惑した様子を見せられるのです。

　また、問題を検証するために、（わざと議論の最中に）誤りをのべられることもあります。そしてそれをうっかり納得する学生がいると、殿下はその非をとがめ、学生を恥じ入らせるのです」

⇧従者を連れた王子とその妃。1425〜50年ごろ，イランまたは中央アジア。これは絹の布に描いた絵で，この様式の絵画（絹本）が普及していた中国から伝わったものだが，ティムール朝ではもっとも豪華な絵画様式のひとつだった。

アブドゥル・ラティーフ

「ミールザー・アブドゥル・ラティーフは感受性豊かで，頭脳明晰な統治者であり，深い教養を身につけていたことでも知られる。彼は修行僧(デルヴィーシュ)や隠者と語らうことを好み，保護している長老(シャイフ)や学者(ウラマー)の集まりに慎み深く同席するのだった。しかし，性格は内向的で，怒りっぽく，口のきき方は乱暴だった」

ホーンダミール

アブドゥル・ラティーフ	
生年	不詳
父	ウルグ・ベグ
母	ルカイヤ・ハトゥン・アルラト（側室）
妻	シャー・スルタン・アーガー，氏名不詳の女性（シャー・スルタンの娘）。
息子	アブドゥル・ラッザーク，アフマド，ムハンマド・バーキール，ムハンマド・ジュキ
没年	1450年5月
埋葬地	不明

　ウルグ・ベグの死後，ティムール家の王族がティムール帝国の覇権をめぐって争うなか，2人の統治者があいついで即位し，消えていった。まずアブドゥル・ラティーフが父のウルグ・ベグの跡を継いだ。彼はその敬虔な生活ぶりとスーフィズム（イスラーム神秘主義）に敬意を示したことで，父が支持を得られなかった宗教指導層からの支持を勝ちとることに成功した。しかし，軍司令官の多くは，アブドゥル・ラティーフが父親と兄

弟たちを殺したことを忘れておらず，半年もたたないうちに，彼は権力の座から引きずりおろされた。

アブドゥッラー・ミールザー

アブドゥッラー・ミールザー	
生年	1432年
父	イブラーヒーム・スルタン（シャー・ルフの息子）
母	ミヒール・スルタン・ハトゥン
妻	氏名不詳の女性（アミール・フダイクッリの娘），氏名不詳の女性（ウルグ・ベグの娘）

「アブドゥッラー・ビン・イブラーヒーム・スルタン・ビン・シャー・ルフ・スルタン・キュルゲン王子は，性格がよく，気品のある，端正な顔立ちをした王子である」。

ダウラト・シャー

シャー・ルフの孫のアブドゥッラー・ミールザーは，ウルグ・ベグを支持しており，アブドゥル・ラティーフがウルグ・ベグを殺害したときには幽閉されていた。軍司令官たちはアブドゥル・ラティーフを権力の座から引きずりおろすと，かなりの宝物を授かった見返りに，この王子をスルタンの座につけた。ガウハール・シャド妃のお気に入りの孫のアラー・ウッダウラがただちに反旗を翻したものの，すぐに鎮圧された。

ミールザーにとって，もっと危険な敵はティムールの3男ミーラーンシャーの孫にあたるアブー・サイードだった。アブー・サイードはウズベキスタン南東部に位置するブハラを本拠とし，この都市を中心に活動する神秘主義教団（スーフィズム）の支援をうけていた。彼もミールザーと同じく，ウルグ・ベグの死後，幽閉されていたのだが，アブドゥル・ラティーフが打倒されると自由の身になり，スルタン即位を宣言したのである。

その後，アブー・サイードは，キプチャク・ハーン国の後裔であるウズベク人勢力を掌握してウズベク・ハーン国を建国したアブル・ハイル・ハーンと協力して，サマルカンドへ進軍し，1451年6月にアブドゥッラー・ミールザーに勝利し，彼を処刑した。

⇩毛皮の帽子をかぶった名士。1425〜50年ごろ，イランまたは中央アジア。この絵にもまた，中国の影響が見てとれる。この名士が身につけている華美な衣装は，中国製か，さもなければ中国の影響をうけて作られたものだろう。

アブー・サイード

「アブー・サイードは，ミーラーンシャー・ブン・アミール・ティムール・キュルゲンの孫だった。賢明にして，数々の勝利を得た

アブー・サイード	
生年	1424年
父	スルタン・ムハンマド（ミーラーンシャーの息子）
母	シャー・イスラーム
妻	ハンザーデ・ベーグム，そのほか34人の女性。
息子	25人。ウマル・シャイフ，バーブル（ムガル帝国皇帝）の父親など。
娘	34人
即位	1451年，ヘラートにて。
没年	1469年。アク・コユンル軍に投降したあと，シャー・ルフの曾孫に引き渡され，ガウハール・シャド妃を殺した報復として殺された。
埋葬地	不明

君主であり，威風堂々とした，人民のよき指導者でもあった。また，厳格かつ即座に正義を行なう人物でもあった」

ダウラト・シャー

　1451年，アブー・サイードはヘラートで即位した。彼は1468～69年の冬までに，ホラーサーン，マーザンダラーン（イラン北部カスピ海沿岸の地域），トランスオクシアナ西部，アフガニスタン北部にいたる地域を支配することに成功した。しかし，70年前にティムールが征服したイランとイラクをまたぐ大帝国を復活させることはできなかった。ティムール家の王族たちが権力争いをくり広げているあいだに，カラ・コユンル

カラ・コユンル（黒羊朝）と アク・コユンル（白羊朝）

　カラ・コユンル（黒羊朝）とアク・コユンル（白羊朝）は，いずれもトルクメン人と呼ばれるトルコ系遊牧民の部族連合国家で，14～15世紀の歴史に大きな影響をおよぼした王朝である。

　カラ・コユンルとは，トルコ語で「黒い羊に属する者」という意味だが，その起源はよくわかっていない。ただ，諸部族の併合が開始されたのは，イル・ハーン国が崩壊した1330年代だったようである。彼らはアナトリア東部にあるヴァン湖の北東岸に領土を確保し，長いあいだジャラーイル朝と同盟関係にあった。

しかし，1410年にジャラーイル朝を打倒すると，アゼルバイジャン，アナトリア，イラクという広大な地域を占領するようになる。指導者ジャハーン・シャーは当初，ティムール朝のシャー・ルフの支援をうけたが，シャー・ルフの死後，拡大に転じて絶頂期を迎え，一時的にホラーサーン地方まで勢力をのばした。しかし，彼はウズン・ハサン率いるアク・コユンルを甘くみるという過ちを冒し，1467年にアク・コユンル軍に敗北をきっし，殺害されてしまった。

　アク・コユンルはもともと，ヴァン湖の西岸を本拠地とし，ディヤルバクルに都をおいた部族連合国家である。アク・コユンルの勢力拡大は，カラ・ウスマーン（在位1403～35年）の統治時代に開始された。し

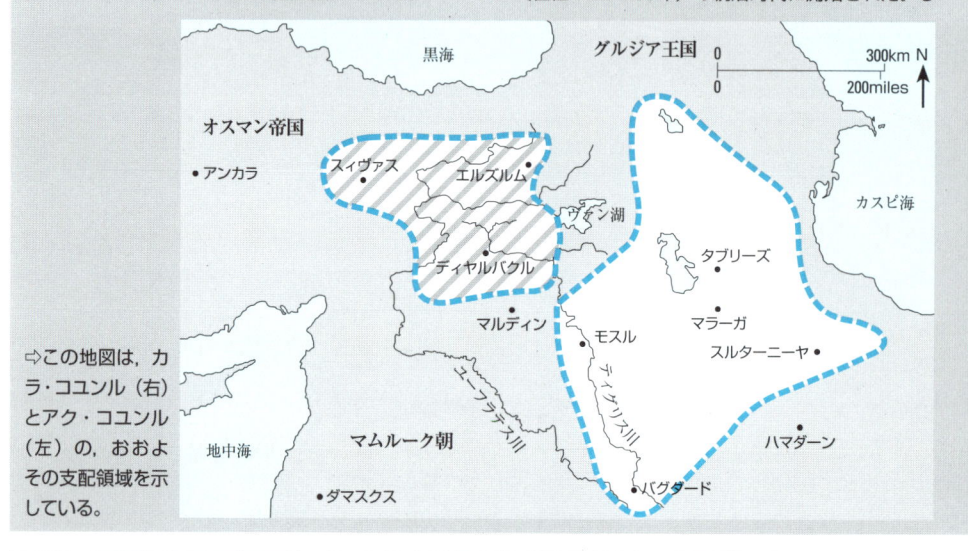

⇨この地図は，カラ・コユンル（右）とアク・コユンル（左）の，おおよその支配領域を示している。

ティムール朝

⇩「鎖につながれた悪鬼」。これは60点からなる画集のうちの1点だが、その画集の作品の多くには「シヤー・カイアム（黒い筆）」と記されている。これらの絵画が描かれた場所については意見が分かれており、キプチャク・ハーン国（金張汗国）、中央アジアのモンゴル帝国の工房、初期ティムール朝のサマルカンドまたはヘラート、東部アナトリアなどの説がある。もし東部アナトリアで制作されたとすると、これらの絵画と両コユンル部族連合のどちらか一方とに、何らかの関係があったということになる。

（黒羊朝）がティムール領土に侵入し、支配を広げてしまったのである。

1451〜58年、アブー・サイードは対立するティムール家の王族と、ホラーサーンの支配権をめぐって争った。この争いはカラ・コユンルの指導者ジャハーン・シャーに、新たに獲得したイランの領地をさらに東へと拡大する機会をあたえた。1458に彼はホラーサーンに侵攻し、ヘラートを制圧した。

ところが、それからまもなく、カラ・コユンルの故地であるアゼルバイジャンで反乱が起こり、ジャハーン・シャーはヘラートから撤退せざるをえなくなった。とはいえ、ジャハーン・シャーには、かつてのティムール領を返還せよというアブー・

かし、2つの部族連合のなかでは、カラ・コユンルのほうが強力だった。そのことは1435年にウスマーンがカラ・コユンルに敗死したことで証明されている。

劣勢だったアク・コユンルがめざましい勢力拡大をはたすのは、ウズン・ハサンが指導者の地位についた1425年以後のことである。1467年にジャハーン・シャーに勝利し、ティムール朝のアブー・サイードを打破した結果、ウズン・ハサンの隆盛は絶頂をきわめた。彼はこうして、東はケルマーンへといたるイラン全域

を支配下においたのである。1437年にオスマン帝国に敗北したことで、ウズン・ハサンの威光にもいくぶん陰りが見え、1478年に死去するころには、国内でも何度か反乱が起こっていた。

アク・コユンルはウズン・ハサンの死後、内戦状態となり、その混乱の中から16世紀はじめにサファヴィー朝がイランの統治者として台頭してくる。サファヴィー朝はアク・コユンル部族連合の継承国家だといえる。

サイードの要求に抵抗するだけの力は残っていた。彼はアブー・サイードの権力が，ホラーサーン地方に限られていることに気づいていたからである。その後，アブー・サイードとジャハーン・シャーとの関係は改善された。2人とも，たがいの友好関係を保つことが，自分たちの領土の安定的な支配に有益だと考えたからである。

1460年代になると，アブー・サイードは領土拡張の野心をもったティムール家の王族たちと争うことになった。ひとりはマーザンダラーンを本拠とし，もうひとりはトランスオクシアナを本拠としていた。おまけにウズベク人の援軍を得た3人目の王族とも争い，東方のチャガタイ・ハーン国の攻撃にも対処せねばならなかった。

その後，アブー・サイードは1467年に，イランのティムール朝の領土を奪還する機会を得る。カラ・コユンルが対立するトルクメン人の部族連合国家であるアク・コユンル（白羊朝）から攻撃をうけたのである。ジャハーン・シャーもアク・コユンルの指導者ウズン・ハサンとの戦いで命を落とした。そして1468年2月，アブー・サイードはアゼルバイジャンを奪取すべく，大規模な遠征に打ってでたのである。

最初は，アブー・サイードが比較的，優位に立っていた。カラ・コユンルのアミール（軍司令官）の多くが彼の側についたからである（結果的に，総勢5万の兵が参集したといわれている）。ジャハーン・シャーの息子や，バクーを首都とするコーカサス地方の君候国シルワンのシャーも，アブー・サイードの傘下に入った。ところが，こうした優位もあやしくなっていった。ほどなく，アゼルバイジャンの極寒の気候に加え，くり返しアク・コユンルの略奪にあっていたホラーサーンからの補給が滞るという問題が生じたからである。ティムール軍の士気は衰え，友軍はしだいに消えていった。兵力が激減したティムール軍は，アク・コユンル軍に大敗し，アブー・サイードは投降した。1469年2月，ウズン・ハサンはアブー・サイードを，シャー・ルフの曾孫ヤディガル・ムハンマドに引き渡した。ヤディガル・ムハンマドは曾祖母のガウハール・シャドを殺した報復として，アブー・サイードを殺害した。

そもそもアブー・サイードが西方遠征に乗りだしたのは，スーフィズムの一派ナクシュバンディー教団の導師ホージャ・ウバイドゥッラー・アヒラールに説き伏せられてのことだった。この導師はサマルカンドでは非常に影響力のある人物で，アブー・サイードも彼の弟子だった。そのためアブー・サイードの統治は宗教的な色彩が強く，イスラーム法を復権させ，モンゴル方式の税も廃止した。商人と職人に課されるこの税は反感の的だったからである。

　それでもやはり，アブー・サイードは祖父のティムールにならって，「キュルゲン（女婿）」の称号を用い，ティムール生誕の地シャフリ・サーブス（古名ケシュ）に，「アク・サライ（白い宮殿）」と名づけた宮殿を建て，ティムールと自分を結びつけようとした。

　アブー・サイードは同時代のティムール家の王子としては，もっとも成功した王子だったといえる。したがってその破滅は，アク・コユンルの指導者ウズン・ハサンとその息子にとって大きな収穫といえた。この父子はイスファハーンにある彼らの宮殿の壁画に，アブー・サイードが首をはねられる場面で終わる物語を描かせてそれを祝福した。

スルタン・フサイン・バイカラ

在位1469〜1506年

スルタン・フサイン・バイカラ	
生年	1438年
父	マンスール（ティムールの2男ウマル・シャイフの孫、父はバイカラ）
母	フィルーザー・ベグム
妻	ビカ・スルタン・ベーグム、ほか11人。
息子	バディー・ウッザマーン
娘	18人
即位	1469年3月以降、ヘラートにおける礼拝で、フサイン・バイカラの名が唱えられるようになった。
没年	1506年5月4日
埋葬地	ヘラート

スルタン・フサイン・バイカラ

「その目はつりあがり，体格はライオンのように腰から下がほっそりしている。年をとり，白いひげをたくわえた今でも，美しい赤や緑色の絹の服を好んで着ている。（略）関節炎に悩まされているので，礼拝はしない。断食も行なっていない。口数が多く，いつも機嫌がよかった。辛らつなところがあって，言うことも辛らつだった。行ないについては，いくつかは信仰上の掟をきちんと守っていることもあった。（略）君主となって6，7年のあいだは禁酒していたが，その後は酒を飲むようになった。（略）性格は豪胆かつ勇敢だった。幾度となく，みずから剣をもち，しばしば戦場で剣を振るった。ティムール・ベグの子孫のなかで，スルタン・フサイン・ミールザー［・バイカラ］ほど巧みに剣を使った者はいない」

バーブル

上記がスルタン・フサイン・バイカラに対するムガル帝国初代皇帝バーブルの評価である。みずから王国を築きあげようとしていた青年期に，バーブルは直接スルタン・フサインと顔をあわせ，彼を偉大な支配者として尊敬していた。

スルタン・フサインは，両親の双方からティムールの血筋を引いていた。父方がティムールの2男ウマル・シャイフ，母方

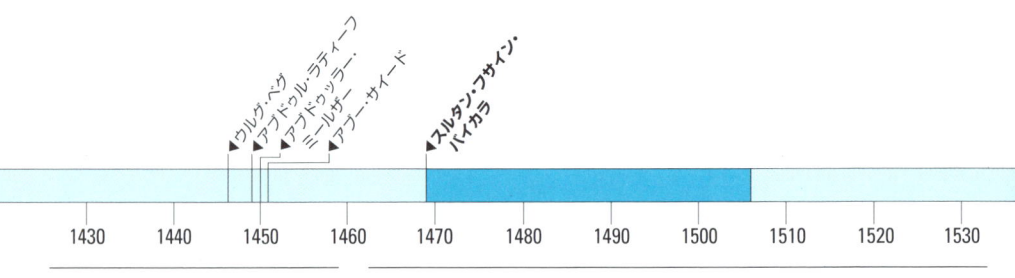

〔右頁〕スルタン・フサイン・バイカラの肖像。彼は高尚な趣味をもち，すぐれたティムール文化を保護した模範的な人物として，イスラーム世界の東部全域で賞賛された。絵に添えられた題辞によると，これは彩飾写本の挿絵で有名な画家ビヒザード（1450頃〜1536/37年）の作となっているが，おそらく事実ではないだろう。

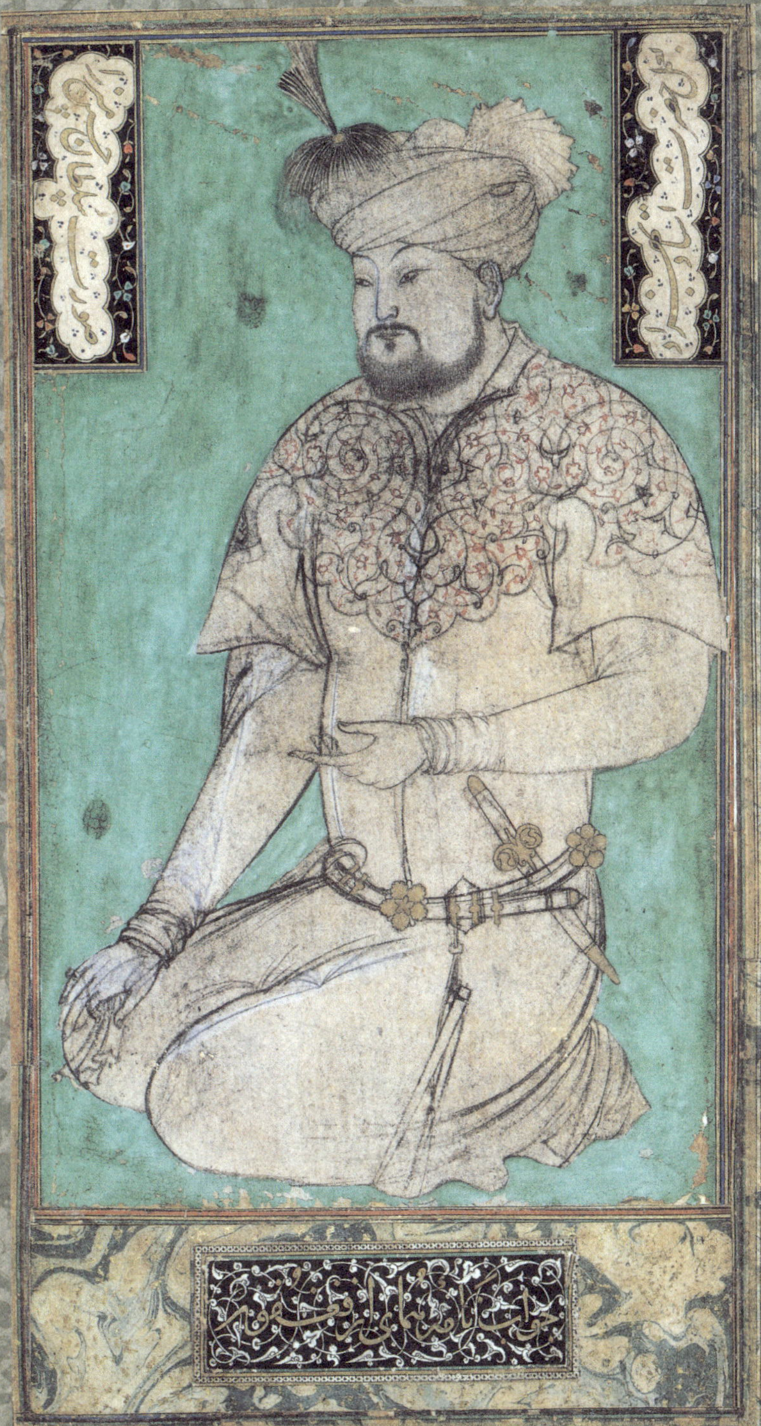

が3男ミーラーンシャーの子孫だったからである。1450年代，彼はアブー・サイードと継承権を争っていたティムール朝の王族に仕えていたが，その後，独立すると，ホラズムを本拠としてひんぱんにホラーサーンを略奪し，アブー・サイードの敵意をかった。1469年3月10日，アブー・サイードがアゼルバイジャンで落命したとの知らせがヘラートに届くと，彼はその機に乗じてヘラートを占領し，金曜礼拝の説教（フトバ）で，支配者として彼の名を唱えさせた。

だが，彼の継承が争いもなく認められたわけではなかった。アク・コユンルの指導者ウズン・ハサンは，アブー・サイードを殺したヤディガル・ムハンマドをティムール朝の後継者とする旨，宣言した。1469年9月15日，スルタン・フサインはチナーラームでヤディガル・ムハンマド軍に勝利したが，ウズン・ハサンが新たな援軍を派遣したため，その優位を確実なものにすることはできなかった。

1470年7月，ヤディガル・ムハンマド軍がふたたび進攻してきたとき，スルタン・フサインはヘラートから撤退せざるをえなかった。しかし，1カ月半のうちに増援隊を集め，この争いに参入してきたアブー・サイードの王子たちを打破すると，ついでヤディガル・ムハンマドに勝利し，彼を死刑に処した。それ以後，ウズン・ハサンおよびアク・コユンルが，スルタン・フサインのヘラート政権が支配するホラーサーンとその周辺地域の政情に介入することはなくなった。

ティムール文化の最後の花

ティムール朝の君主にしては，そして何より武勇で名声をとどろかせた人物にしては，いくぶん似つかわしくないことだが，スルタン・フサインは争いを放棄して，ヘラートにティムール文化の最後の花を咲かせる道を選んだ。彼の国内政策が，そうした開花のための土壌を育んでいたのである。スルタン・フサインは宗教指導層と密接な関係を築き，人気のある神秘主義教団の聖者の廟を建設した。そうした君主の姿勢に，ウラマー（学者）が感心するようにしむけたのだった。

ヤディガル・ムハンマドの死

フサイン・バイカラは少数の精鋭部隊を率い，3日という強行軍で，ヤディガル・ムハンマドが占拠していたヘラートへと馬を走らせた。到着したバイカラは，ムハンマドとその側近が女をはべらせ，酒を飲んで騒いでいると聞くと，まっすぐに彼らのいる庭園に押し入った。

「その夜はたまたま，ヤディガル・ムハンマド王子は側室といっしょに眠っていた。騒々しい音に気づいて飛び起きると，夜のはずが昼になっていた。ろうばいして，庭園の隅に隠れようとしたが，殿下の護衛隊が王子を捕らえ，殿下の前に連行した。

王子は勇気をふるい起こすことができなかったのだろう。すっかり落ち着きをなくし，じっと地面を見つめ，いつもの癖で黙りこくってしまった。殿下はムハンマドを見て，言った。

『このならず者が！ 我が一門の名を汚したな！ 恥を知れ！ トルクメン人は，我が先祖に服従してきた者たちだぞ。恥ずかしいと思わないのか。トルクメン人の力を借りて，シャー・ルフ・スルタンの玉座につくとは（略）』

ただちに，フサイン・バイカラは処刑執行をまかされた剣士に合図して，この王子をあの世にいる氏族の者たちのもとへ旅立たせた」

ダウラト・シャー

ミール・アリー・シール・ナヴァーイー

ミール・アリー・シール（雅号はナヴァーイー）は，偉大な政治家だっただけでなく，多彩な才能をもった芸術家でもあった。彼は作曲を手がけ，絵を描き，膨大な数の詩を残した。また，芸術・文化の保護者としても偉大な功績をはたしている。

「あれほど芸術家を保護し，励ました人物はかつてなかった」と，ムガル帝国の皇帝バーブルは断言している。そして，とくにアリー・シールが世に出した芸術家として，画家のビヒザードとシャー・ムザッファルの名をあげている。

同時代に生きた人びとが，ヘラートの宮殿や庭園でアリー・シールが催した芸術家や詩人，学者の集まりのことを語り，またビヒザードもその様子を絵に描いている。こうした集まりでは，ごちそうや酒がふるまわれ，音楽や歌，詩の朗唱，文学論議がくり広げられた。アリー・シールの集まりでは，知識をもちあわせ，機転が利くことが成功の秘訣だった。さもなければ，学識が深く，才気にあふれた主催者を感銘させることはできなかっただろう。

ミール・アリー・シールは，ペルシア語とトルコ語の両方で文章を書いたが，トルコ語で書かれた作品はとくに重要な意味をもっていた。彼がスルタン・フサインの宮廷でトルコ語を復活させたからである。トルコ語がふたたび宮廷で使用されるようになったことを，軍の上層部からなるトルコ系遊牧民が，学者や官僚の大部分を形成するペルシア人よりも文化的・民族的に優位であるとの主張だと見なす者もいた。

ミール・アリー・シール自身は，2つの言語の利点について，自著のなかでこうのべている。「広く知られていることだが，トルコ語はペルシア語よりも理に適った，理解しやすい，創造性のある言語である。他方，ペルシア語はトルコ語よりも洗練された深遠な言語で，思想や科学の探求に向いている」

スルタン・フサインはミール・アリー・シールの業績を高く評価し，『弁明』のなかでこう書いている。「彼はその救世主のごとき息をもって，死体と化していたトルコ語に命を吹きこんだ」

⇧ミール・アリー・シール・ナヴァーイー肖像画。1500年ごろ，マフムード・ムザッヒーブ作。ナヴァーイーはヘラートのスルタン・フサインの宮廷で，もっとも影響力のある人物だった。トルコ語の擁護者で，音楽家や画家，詩人の偉大な保護者だった。

とくに心を砕いたのは，スーフィー（神秘主義者）への敬意を示すことだった。軍を頼りにしていた先祖とはちがって，スルタン・フサインはみずから『弁明（アポロギア）』でのべているように，神をよりどころとした。「王位にある者がみずからの地位を崇高で誇らしいと思うあまり，修行僧（デルヴィーシュ）をさげすんでいたとしても，神はあの気高い人びとのまえでは，余を卑しい嘆願者にされる」

彼はまた，1450～60年代の騒乱の時代に，略奪や破壊の標

イスラーム絵画の巨匠ビヒザード

　ビヒザードはほぼまちがいなく，ペルシア・イスラーム文化が生んだ，もっとも偉大な画家だろう。1460年ごろヘラートで生まれたビヒザードは，幼少時に両親をなくし，王室図書館の館長だった書家のアミーン・ルフッラー・ミラクに育てられた。この人材育成の場で，学識や才能のある人びとに囲まれ，ミール・アリー・シールやスルタン・フサイン・バイカラのような鑑識眼にすぐれた後援者に恵まれたこともあって，ビヒザードは絵の腕前を磨いていった。その技量があまりにもすぐれていたので，彼がさらさらと描きあげた廷臣の風刺画を見て，スルタン・フサインのふさぎの虫がたちまち治ったと伝えられている。

　ビヒザードは人生のほとんどをヘラートで過ごした。聖者アブドゥッラー・アンサリのハーンカー（宿坊）で質素な独身生活を送り，ひたすら美術に打ちこむ生涯だった。1506年にシャイバーニー朝がヘラートを占領したあとも，この都市にとどまり，1510年にサファヴィー朝がヘラートを支配するようになってからは，ふたたび保護をうけるようになった。

　1514年，サファヴィー家の王子タフマースプ（⇨p,277）がヘラートの総督になった。ビヒザードはこの王子に絵を教え，タフマースプは彼に作品を依頼した。1522年，ビヒザードはサファヴィー朝の領土内のあらゆる画家（宮廷画家）の首座の地位についた。1529年，彼は工房をタブリーズへ移し，サファヴィー朝の第2代シャーとなったタフマースプが宮廷をおいたこの都市で1535年にその生涯を終えた。

　ビヒザードは肖像画や生活のさまざまな場面に題材を得た絵，歴史上の事件を主題にした絵，書物の挿絵などを描いた。彼の作品は構図といい，動きをとらえる天性の感覚といい，色彩の調和やすぐれた筆さばきといい，目をみはるものがある。細部まで神経が行き届き，ユーモラスな要素もあり，ときには精神性の高さが描きだされている作品もある。彼はスーフィーの修行も実践していた。

　ビヒザードはスルタン・バイカラに命じられ，サーディーの『果樹園（ブースターン）』に挿絵を描いている。それらの挿絵は「書の挿絵における不朽の偉業である」と称えられたが，この賛辞をそのまま，ビヒザードの監督のもとに258点の挿絵が収められた『タフマースプのシャー・ナーマ（王書）』に捧げることもできるだろう。

　ビヒザードはその作品を通じて，あるいは弟子を通じて，シャイバーニー朝やオスマン帝国，サファヴィー朝における細密画の成熟に大きな影響をあたえた。とくにムガル帝国にあたえた影響は大きかった。彼は当時の人びとにも後世の人びとにも高く評価された画家である。ただ，ムガル帝国皇帝のバーブルだけは，独特な見方をしていた。「ビヒザードの絵はきわめて繊細だが，ひげのない人物のあごをえらの張った二重あごに描いたために，ひどい顔になっている。ひげのある人物の顔はかなりうまく描けていた」

⇨ビヒザードの肖像。制作年代は1525年ごろ。ビヒザードの弟子マフムード・ムザッヒーブの作品と思われる。題辞に「ビヒザード師の肖像」とある。この絵のなかでビヒザードは，サファヴィー朝で一般的だったターバンをつけている。

⇩⇨スルタン・フサイン・バイカラの宮廷での宴会。スルタン自身の姿も下の絵の中央に見える。この絵はビヒザード作とされている。

101

的となった寄進財産を回復することにも尽力した。彼は『弁明』でこう続けている。「学生が不当に扱われ，教師が職を奪われる時代があった。しかし，ありがたいことに，いまは信仰を学び，知識を身につけることのできる学院が都に100カ所も建てられている」

スルタン・フサインは，商人のためにすぐれた設備や治安を提供することで交易を奨励したので，国全体に繁栄がもたらされた。その一方で，相当な面積の土地を国家からティムール朝の有力者に移譲し，国家の歳入は減少したとはいえ，有力者に争うことなく繁栄するための基盤をあたえた。

スルタン・フサインの成功の鍵を握る人物は，彼の子ども時代からの友人で，乳兄弟でもあったミール・アリー・シールである。彼はトルコ系遊牧民のウイグル人だった。2人は子どものころ，大人になったときに成功しているほうが，もうひとりを助けるという誓いを立てていた。スルタン・フサインは権力を握ると，ただちにミール・アリー・シールを呼びよせ，国璽尚書（御前会議を構成する要職のひとつ）に任命した。1472年には最高会議の一員にもとりたてられたが，1487年にスルタン・フサインとの関係が悪化すると，彼はヘラートの宮廷から退けられ，カスピ海南岸のアストラバード地方の総督に任じられた。1年3カ月後にヘラートに戻ると，アリー・シールは政治から身をひくことを決め，その後はまたスルタン・フサインと特別な関係を育むことができた。

彼は途方もなく富裕だったが，家族をもたず，金のかかる趣味もなかったため，スルタンや高官たちに莫大な金を贈与した。また，ホラーサーンの人びとの生活状態を改善するための建設事業にも，莫大な援助を行なっている。年代記作者のホーンダミールによると，アリー・シールが建設したのは，隊商宿が52，貯水池が19，モスクが20，橋が14，公衆浴場が9，ハーンカー（宿坊）が7，マドラサが1だったという。最後にあげたマドラサだが，彼はスルタン・フサインのマドラサの向かい側に建設し，イフラシッヤ（「誠実さ」を意味する）と名づけた。アリー・シールは，ヘラートに帰還するスルタン・フサインを迎えに外に出たところで死去した。1501年のことである。

ミール・アリー・シールと同じく、スルタン・フサインも芸術を保護したことで名高い。ムガル帝国皇帝バーブルは断言している。「ヘラートはスルタン・フサインの治世中に、世界に類を見ない都となった」。王室図書館は書画の大家が集まる場所となり、王家の後援者は量よりも質を求めた。当代随一の画家ビヒザードは、このスルタンの時代に認められ、後世にもその名を知られることになった。年代記作者のワスィーフィーは、次のように回想している。

「亡き君主(バーディシャー)(スルタン・フサイン)は、美術の多くの専門家のなかからビヒザードを選ばれた。ビヒザードの前では、7つの地域(全世界)の画家がひれ伏すだろう」

スルタン・フサインの宮廷は、神秘主義者としても知られる偉大な詩人アブドゥル・ラフマン・ジャーミー(1414～92年)をはじめ、多くの詩人も保護している。ムガル帝国皇帝バーブルは、ミール・アリー・シールと詩人のバーンナイとの会話のことを記している。チェスを楽しむ宴会でのこと、バーンナイが片方の足を伸ばしたところ、その足がアリー・シールの臀部にさわった。

「なんと情けないことよ」と、アリー・シール公が冗談めかして言った。「ヘラートでは、詩人の尻をつつかずに、足を伸ばすこともできないのか」

「まったくだ」と、バーンナイが言い返した。「足をひっこめたら、別の詩人の尻をつつくのがおちだからな」

スルタン・フサイン自身、ペルシア語とトルコ語の両方で詩を書いた。筆名は「フサイニー」といった。「彼のディーワーン(詩集)に収められた2行連句の多くは悪くない」とバーブルはのべている。「しかし、どれも同じ韻律で書かれている」

スルタン・フサインはその治世の終わりごろ、ティムール朝の継承権を争う息子たちに、休むまもなく戦いを挑まれることになった。彼は息子たちをすべて打ち負かし、彼らの支援者に対してはいっさい情けをかけることなく、ひとり残らずその首をはねた。しかし、もっと深刻な脅威が迫っていた。1501年、ムハンマド・シャイバーニー率いるウズベク軍がサマルカンドを落とし、トランスオクシアナにおいて地歩固めを始めたので

〔右頁〕ヘラート近郊のガーザル・ガーフにある，ホージャ・アブドゥッラー・アンサリ廟。アブドゥッラー・アンサリはスーフィー聖者で，1098年に没した人物。彼の墓はスンナ派イスラーム教徒の主要な巡礼地となっている。墓をとり囲む廟はシャー・ルフの命で建築されたもので，みごとなタイル装飾が施されている。

ある。

　スルタン・フサインはついに決意し，この脅威をとり除くことにしたが，1506年5月，ウズベク軍討伐に向けて進軍中に没してしまう。その息子たち，バディー・ウッザマーンとムザッファル・フサインは，迫りくるウズベク軍の攻撃に敢然と立ち向えるような人物ではなかった。1507年，ムハンマド・シャイバーニーはヘラートを占領し，ティムール朝政権の命脈はここに途絶えることになった。2人の息子はヘラートから逃げだし，ムザッファル・フサインはその後まもなく死去，バディー・ウッザマーンは1517年にイスタンブールでその人生を終えた。

スルタン・フサインの妃に関するバーブルの見解

　のちのムガル帝国の創始者となるバーブルは，スルタン・フサイン・バイカラの宮廷を訪れた若き日の楽しい体験を記している。親族の女性を大事にしていることから判断して，バーブルは女性を尊重する男だった。そのような彼の目から見ると，スルタン・フサインの家族の女性に対して，懐疑的になるのも無理はない。
　「スルタンの最初の妃は，ビカ・スルタン・ベーグムだった。メルヴのサンジャーン・ミールザーの娘で，バディー・ウッザマーン・ミールザー王子を産んだのはこの妃である。ビカ・スルタン・ベーグムは怒りっぽい性質で，スルタン・フサインはさんざん悩まされていたが，結局うまくいかずに妃を遠ざけ，宮廷から追いだした。おそらく，そうするよりほかに方法はなかっただろう。スルタンは当然の処置をとったのだ。善人の家に邪悪な女がいるというのは，この世の地獄である。神よ，この破局のせいで，いかなるイスラーム教徒も苦しんだりしませんように。神よ，この世に怒りっぽい女がこれ以上存在しませんように」
　そのあとバーブルは，ハディージャ・ベーグムについて書いている。この妃はバーブルの祖父アブー・サイードの側室だった女性である。
　「スルタン・アブー・サイード・ミールザーがイラクで敗北したあと，この女性はヘラートに移ってきて，そこでスルタン・フサインにみそめられ，結婚した。側室から妃（ベーグム）に地位があがると，権勢をふるうようになった。この妃のたくらみによって，ムハンマド・ムミン・ミールザーは殺された。スルタン・フサイン・ミールザーの王子たちが反乱を起こしたのも，この妃の行ないから発した部分が大きい。妃は自分では利口だと思っているが，頭の空っぽなおしゃべり女でしかない」

ティムール朝

最初の「奴隷」王朝
1206〜10年

クトゥブッディーン・アイバク
（在位1206〜10年）

アーラーム・シャー
（在位1210年）

シャムスッディーン・イルトゥトゥミシュ
（在位1210〜36年）

ルクヌッディーン・フィールーズ・シャー
（在位1236年）

スルタン・ラズィーヤ
（在位1236〜40年）

ムイズッディーン・バヘラム・シャー
（在位1240〜42年）

アラー・ウッディーン
（在位1242〜46年）

ナースィルッディーン
（在位1246〜66年）

ギャースッディーン・バルバン
（在位1266〜87年）

カイクバード
（在位1287〜90年）

ハルジー朝
（1290〜1320年）

ジャラールッディーン・フィールーズ
（在位1290〜96年）

アラー・ウッディーン・ムハンマド
（在位1296〜1316年）

クトゥブッディーン・ムバーラク・シャー
（在位1316〜20年）

トゥグルク朝
（1320〜1414年）

ギャースッディーン・トゥグルク
（在位1320〜25年）

ムハンマド・ビン・トゥグルク
（在位1325〜51年）

フィールーズ・シャー・トゥグルク
（在位1351〜88年）

トゥグルク朝末期の君主たち
（1388〜1414年）

サイイド朝
（1414〜51年）

ヒズル・ハーン
（在位1414〜21年）

ムバーラク・シャー
（在位1421〜34年）

ムハンマド・ビン・ファリード
（在位1434〜45年）

アラー・ウッディーン
（在位1445〜51年）

ローディー朝
（1451〜1526年）

バフロール・ローディー
（在位1451〜89年）

シカンダル・ローディー
（在位1489〜1517年）

イブラーヒーム・ローディー
（在位1517〜26年）

クトゥブッディーン・アイバクの硬貨

第2章
デリー・スルタン朝
1206〜1526年

　イスラーム勢力が突如，世界史の舞台に登場したのは7世紀のことだが，そのごく初期から，彼らはインドへの遠征を行なっていた。711年にはすでにウマイヤ朝の武将ムハンマド・ビン・カーシムが，はじめてシンド地方に侵攻している。またもっとも有名なのは，1025〜26年にガズナ朝のマフムードが行なった侵攻である。このときマフムードは多くの都市を略奪し，インド最西端のグジャラートにある大きな港町ソムナートを破壊し，寺院から宝物を持ち去った。

　1170年代からは，アフガニスタンのゴール朝が続けざまにインド領内へ侵攻し，その地を占領した。こうした侵略は結果的に，ゴール朝に仕える奴隷軍人（マムルーク）だったクトゥブッディーン・アイバクによる王朝の成立（1206年）をうながす結果となった。ふつう「最初の奴隷王朝」と呼ばれるこの王朝のあとに，ハルジー朝，トゥグルク朝，サイイド朝，ローディー朝の4つの王朝が興亡した。これらの王朝をまとめてデリー・スルタン朝（デリー諸王朝ともいう）と呼ぶ。

　デリー・スルタン朝はインド全域へとイスラーム支配を拡大していった。ムハンマド・ビン・トゥグルク治世下の1340年に，デリー・スルタン朝の領土は最大限に達し，最南端をのぞくインド亜大陸全体を支配下におさめた。だがこの時点から，アクバルが第3代ムガル帝国皇帝となる1556年まで，イスラーム勢力は分裂状態に陥ることになる。

　とはいえ，イスラーム教を奉じるデリー王朝の君主たちは，世界の歴史に重大な変化をもたらした。彼らによって，大国インドへのイスラーム教の拡大が決定的になったからである。現在，南アジアのイスラーム教徒は全世界のイスラーム人口の3分の1強を占めているが，それはこのデリー・スルタン朝の君主たちの功績だといえる。

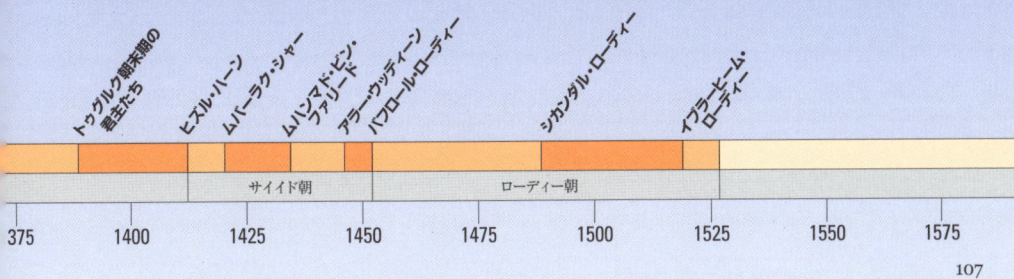

第2章　デリー・スルタン朝

〔前頁〕クトゥブッディーン・アイバクの硬貨。裏面（右側の図版）には騎馬兵が刻まれている。重騎兵はトルコ系王朝の主戦力だったため，初期のスルタン朝では，重騎兵の図柄が低額硬貨の裏面の模様としてよく使われていた。表面（左の図版）には，クトゥブッディーン・アイバクの称号である「至高のスルタン，ムハンマド，サームの息子」と記されている。

最初の「奴隷」王朝
1206〜10年

クトゥブッディーン・アイバク
在位1206〜10年

アーラーム・シャー
在位1210年

クトゥブッディーン・アイバク	
出生	トルキスタン出身の奴隷。イラン，ニシャープルの裁判官の家庭で育てられた。
主人	ゴール朝のスルタン，ムイズッディーン。
妻	氏名不詳（タジェッディーン・ヤルドーズの娘）。
息子	アーラーム・シャー
即位	1206年6月27日
没年	1210年，ポロ競技中の落馬によって死亡。
埋葬地	ラホールのアナールカリー・バザール。墓は1970年代にパキスタンの故ブット首相が修復した。

クトゥブッディーン・アイバク

「スルタン・クトゥブッディーンは勇敢で，偏見にとらわれない王だった。この王の勇気と心の広さは，神から授かったものであり，東から西にいたるまで，同時代の王のなかで彼に並ぶ王はいなかった。全能の神が民に見本を示して，偉大さと王者の威厳とはいかなるものかを知らしめたいと思われたとき，このひとりの奴隷に勇気と寛容という資質を授けられたのである。やがて敵も味方も，彼の物惜しみしない広い心と，ぬきんでた武勇の影響をうけるようになった。そういうわけで，寛容かつ勇敢な王のもと，ヒンドゥスターン全域が味方で満ちあふれ，敵は一掃された。この王の恵み深さには限りがなく，その虐殺にも終わりがなかった」

ジュージャーニー
（アフガニスタン出身の医者。イブン・シーナ＝ラテン名アヴィケンナの弟子で，ゴール朝の年代記を著した人物）

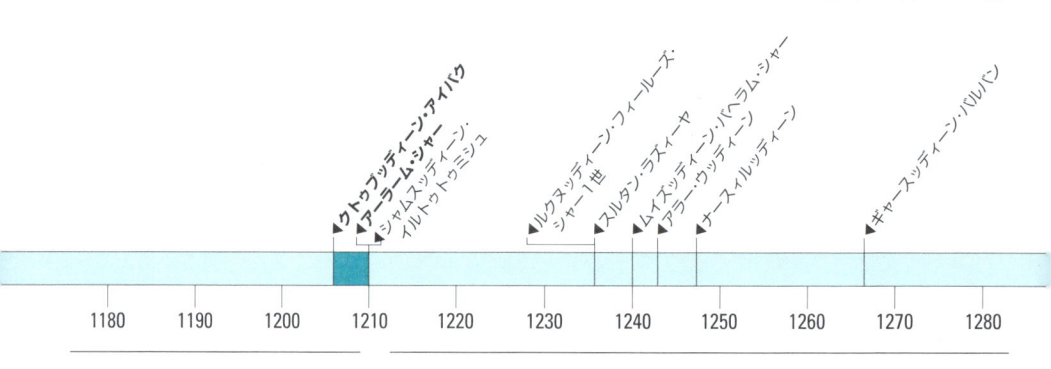

クトゥブッディーン・アイバク
アーラーム・シャー
シャムスッディーン・イルトゥトゥミシュ

ルクヌッディーン・フィールーズ・シャー1世
スルタン・ラズィーヤ
ムイズッディーン・バヘラム・シャー
アラー・ウッディーン
ナースィルッディーン

ギヤースッディーン・バルバン

1180　1190　1200　1210　1220　1230　1240　1250　1260　1270　1280

最初の「奴隷」王朝

1192年、ゴール朝のスルタン、ムイズッディーンがデリー近くのタラーインの戦いで、ヒンドゥー諸王国の連合軍に勝利した（ヒンドゥー連合軍のほうが、数のうえでは圧倒的に有利だった）。この勝利は、インドにおけるイスラーム支配の確立を決定づける出来事となる。これ以後、パンジャーブ地方のヒンドゥー諸王は、ゴール朝のスルタンに朝貢するようになり、イスラーム軍が常時、インドに駐屯するようになったのである。

クトゥブッディーンはこの時期にはまだ、ゴール軍の下士官にすぎなかった。トルキスタン出身の奴隷だったクトゥブッディーンは、イランのニシャープルの名家に買われ、軍人教育をうけると、ゴール朝のスルタン、ムイズッディーンに売られた。彼はインドではデリーを攻略し、インド西部のグジャラートからラージャスターンを越えてインド北部にいたる地域を支配下におき、抜群に有能な軍司令官であることを証明した。クトゥブッディーンおよび彼の同僚の司令官たちが成功した理由のひとつには、トルコ人騎兵の存在があった（中央アジア、イラン、アフガニスタンのトルコ人は、こぞってゴール朝に仕えていた）。

1206年、スルタン・ムイズッディーンは、クトゥブッディーンを「ペシャワールの門からインドのもっとも奥地まで」のゴール領の総督に任命した。それから2、3週間後の3月、狂信的なイスマーイール派の信者によってスルタンが暗殺される事件が起こる。クトゥブッディーンはこの機会を逃さず、デリーからラホールへと駆けつけた。パンジャーブ地方におけるゴー

⇩デリーのクーワットゥル・イスラーム・モスク（通称クトゥブ・モスク）（⇨p.119)にあるクトゥブ・ミナール。高さ73メートルに達するこの塔の建設は、1199年にクトゥブッディーン・アイバクの命により始められた。碑文のひとつに「神の影が東をも西をも、おおい尽くすように」と記されているとおり、この塔は見張り台と戦勝記念塔をかねていた。

ル政権の中枢だったこのラホールで，クトゥブッディーンは6月にゴール朝から独立し，みずからの王朝を樹立した。賢明にも彼は，イランのケルマーン地方の総督タージ・ウッディーン・ヤルドーズの娘を妻とし，シンド地方の総督だったナースィルッディーン・カバーチャに自分の姉妹を嫁がせた。さらに娘も，配下の有力な軍司令官で，やはり奴隷出身のシャムスッディーン・イルトゥトゥミシュに嫁がせた。

　ほどなくしてクトゥブッディーンは，スルタンの称号を名のり，イスラーム勢力としてはインド初の独立王朝の君主となった。しかし彼は，その地位を長く維持することはできなかった。クトゥブッディーンは1210年，ポロ競技中に落馬し，それがもとで逝去したからである。乗っていた馬がクトゥブッディーンの身体の上に倒れこみ，鞍の前橋(ぜんきょう)が彼の胸を突き抜けたことが死因だった。

アーラーム・シャー

　クトゥブッディーンが没すると，ラホール宮廷の貴族のあるグループはただちに，アーラーム・シャー（おそらくクトゥブッディーンの息子だったと思われる）をスルタンに擁立した。だが，これとは別の貴族グループは有力な軍司令官のイルトゥトゥミシュに支援を申し出て，彼をデリーに呼び寄せた。結局，アーラーム・シャーはデリー郊外でのイルトゥトゥミシュとの戦いに敗れ，殺されたと伝えられている。

最初の「奴隷」王朝

シャムスッディーン・イルトゥトゥミシュ
在位1210〜36年

ルクヌッディーン・フィールーズ・シャー1世
在位1236年

スルタン・ラズィーヤ
在位1236〜40年

ムイズッディーン・バヘラム・シャー
在位1240〜42年

アラー・ウッディーン
在位1242〜46年

ナースィルッディーン
在位1246〜66年

⇧シャムスッディーン・イルトゥトゥミシュの硬貨の表面。「至高のスルタン,現世および信仰の光明(シャムス),勝利を得た者の父,スルタン・イルトゥトゥミシュ」と刻まれている。裏面には,「イマーム,信徒の長,カリフ・アル・ムスタンスィル(在位1226〜42年)の御世に」とある。

この硬貨は1232年ごろに,イルトゥトゥミシュがデリー・スルタン朝の領土を統治することを,バグダードのカリフが正式に認めたことを記念して発行されたものと思われる。これ以後,デリーのスルタンたちが発行する価値の高い硬貨には,アッバース朝カリフの権威を認めていることを示す文言が刻まれることになる。

シャムスッディーン・イルトゥトゥミシュ

「この未来の君主は,幼いころから並外れた美しさや知力,気品を備えていた」

「持って生まれた能力により,帝国を築きあげた王たちのなかで,この王ほど,学識者や年長の者たちに好意をよせ,共鳴し,敬意を払った者はひとりもいないと思われる」

いずれもジュージャーニー

幼いころ,イルトゥトゥミシュはその才能のために兄弟からねたまれ,ブハラの奴隷市場に売り払われた。だがその結果,

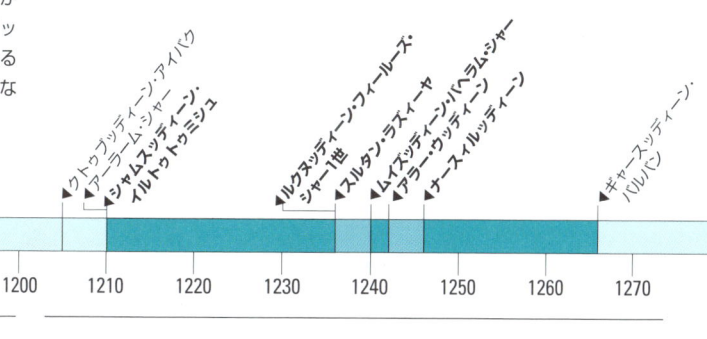

シャムスッディーン・イルトゥトゥミシュ	
出生	トルキスタン出身の奴隷。バグダードの学識豊かな貴族の家で育てられる。
主人	クトゥブッディーン・アイバク
妻	氏名不詳（クトゥブッディーン・アイバクの娘）。正妃はシャー・トゥルカーン（元奴隷）
息子	ナースィルッディーン・マフムード、ルクヌッディーン・フィールーズ、ギャースッディーン・ムハンマド、ムイズッディーン・バヘラム、ナースィルッディーン、クトゥブッディーン、ジャラールッディーン・マスウド
娘	ラズィーヤ
即位	1210年，権力を奪取
没年	1236年4月29日，宮殿のベッドで没する。
埋葬地	墓はデリー，メヘロウリー地区にあるクーワトゥル・イスラーム・モスクの北西の一角にある。

　彼は学識豊かな貴族の家で育ち，当時アッバース朝の首都であり，信仰上の中心地でもあったバグダードで青春時代の一時期を過ごすことになった。このことが，彼の人生にとって有利に働くことになる。そのあとクトゥブッディーンの軍に売り渡され，インド北部のバダーウーンの総督になったのだが，このバダーウーンもまた，学問や聖職者で名高い都市だった。

　アーラーム・シャーを打倒したのちも，イルトゥトゥミシュの地位は磐石というにはほど遠く，彼はすぐにバダーウーンやベナーレス，アウドのライバルたちに自分の権利を認めさせねばならなかった。さらにそれより遠いベンガルでは，イスラーム教徒の君主が彼の権威を認めないうえに，クトゥブッディーンの娘との結婚によって姻戚関係にあったケルマーンの総督タージ・ウッディーン・ヤルドーズと，シンドの総督ナースィルッディーン・カバーチャとも，ラホールからアラビア海に至る西部の領土をめぐって争うことになった。1216年，彼は首尾よくヤルドーズに壊滅的打撃を与えたが，これは結果として権力の空白を生みだし，その空白を埋めたカバーチャが，デリーへの圧力を強めることになった。

　初期のデリー・スルタン朝が，2度にわたる中央アジアからの侵略によって逆に救われたことは，ほぼまちがいない。最初の侵略は1221年に起きた。チンギス・ハーンの征西に追われたホラズム・シャー朝が侵入してきたのである。ホラズム軍は3年のあいだ，カバーチャの領土を蹂躙したあげく，彼を屈服させた。その後，1224年にモンゴル軍がパンジャーブ東部を駆け抜けていったが，デリー・スルタン朝の領土には侵入してこなかった。そのおかげで，イルトゥトゥミシュは1228年まで，シンドからラホールにいたる地域を支配することができた。

　カバーチャは結局，イルトゥトゥミシュ軍に生きたまま捕らえられるよりは，ジェルム川に身を投げるほうを選んだ。一方，ベンガルで一連の軍事行動をとっていたスルタンとその息子，ナースィルッディーン・ムハンマドは，1230年あるいは31年には，その地でデリー・スルタン朝の権威を確実なものにしていた。

　いまやイルトゥトゥミシュは，インドでただひとりのイスラ

最初の「奴隷」王朝

↑1236年当時のインドの地図。イルトゥトゥミシュ時代のデリー・スルタン朝の領土（白色の部分）を示している。

ーム君主となった。その1年前には，彼はすでに，イスラーム君主に必要なカリフからの承認を得ていた。カリフ・アル・ムスタンスィルがバグダードから派遣した使節団は，1229年2月にデリーに到着した。その際，一行はイルトゥトゥミシュに敬意を払って，カリフから授与された礼服を着用し，イルトゥトゥミシュが征服した地域に対する彼の支配権を公式に承認したのである。かつてバグダードで奴隷だった男にしては，驚くべき偉業を成しとげたといえるだろう。さらに，これも当時としては異例のことだが，彼は1236年4月29日，デリーの宮殿のベッドで永遠の眠りについている。

このように，イルトゥトゥミシュはデリー・スルタン朝をインドにおけるイスラーム勢力の中心へ押しあげることに成功した。だが，それは多分に偶然に支えられた結果だった。まず，強力な敵対者だったカバーチャが，ホラズム朝の侵略によって弱体化したことが大きかったといえる。しかし，イルトゥトゥミシュの成功の原因は，おおきくいって次の2つだったといえる。ひとつは，彼が戦争によって富を蓄積できたことで，その結果，軍の増強に敵対勢力よりも多くの資金を割くことができた。もうひとつは，モンゴル人の襲撃から逃げだしたいと願った西アジアおよび中央アジアのすぐれた人材を，多数，自分の軍隊に吸収できたことである。

第2章 デリー・スルタン朝

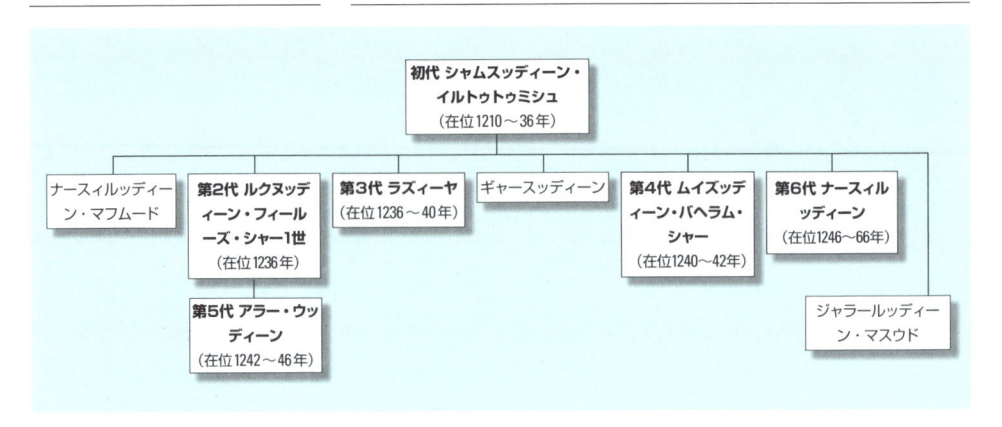

```
初代 シャムスッディーン・
     イルトゥトゥミシュ
     (在位1210～36年)
├─ ナースィルッディーン・マフムード
├─ 第2代 ルクヌッディーン・フィールーズ・シャー1世 (在位1236年)
│   └─ 第5代 アラー・ウッディーン (在位1242～46年)
├─ 第3代 ラズィーヤ (在位1236～40年)
├─ ギャースッディーン
├─ 第4代 ムイズッディーン・バヘラム・シャー (在位1240～42年)
└─ 第6代 ナースィルッディーン (在位1246～66年)
    └─ ジャラールッディーン・マスウド
```

⇧ルクヌッディーン・フィールーズ・シャー1世の硬貨の表面。
「至高のスルタン、現世および信仰の光、偉大なるスルタン、現世および信仰の柱（ルクン）、フィールーズ・シャー」

ルクヌッディーン・フィールーズ・シャー1世

「彼はきわめて気前がよかった。それまでの歴代の王で、彼のように礼服や金品を、ばらまくがごとくに下賜した王はいなかった。（略）彼は底抜けに飲み騒ぎ、肉欲にふけっていたので、歌い手の一団や道化、男色の相手にされる少年たちに始終、称号や褒美をあたえていた。富をばらまく癖がこうじて、酔っ払ったまま象に乗ると、通りやバザールを通り抜けながら、金貨（タンカ）を周囲に放り投げて民衆に拾わせ、喜ばせたほどだった」

ジュージャーニー

ルクヌッディーン	
出生	不明
父	シャムスッディーン・イルトゥトゥミシュ
母	シャー・トゥルカーン
妻	不明
息子	アラー・ウッディーン
即位	1236年4月30日
没年	1236年11月9日、妹の兵士たちに殺害される。

　イルトゥトゥミシュは、娘のラズィーヤを後継者にするつもりだった。彼が遠征に出て都から離れているあいだ、彼女が国政を申し分なくこなしていたからである。1229年、ラズィーヤは後継者として正式に指名された。だが、イルトゥトゥミシュが没したとき、臨終の場に居合わせたのは息子のルクヌッディーンだった。ルクヌッディーンの母親シャー・トゥルカーンはイルトゥトゥミシュの正妃で、学者や聖者に多大な支援を行なっていた。1236年4月30日、宮廷の貴族たちがルクヌッディーンを王位につけたのは、そのことが原因かもしれない。

　ルクヌッディーンはすぐに、快楽にふけって国政をおろそかにするようになった。母のシャー・トゥルカーンはその機に乗じて、後宮（ハーレム）のかつてのライバルたちを殺害し、さらにイルトゥトゥミシュの年下のほうの息子で、前途を嘱望されていたクト

↑スルタン・ラズィーヤの硬貨の表面。
「至高のスルタン，現世および信徒の光明，スルタンにして現世および信徒の賞讃(ラズィヤ)に値する高貴なる人」

ゥブッディーン王子を盲目にしたうえで処刑した。

　まもなく，インド北部全域で貴族たちが反乱を起こした。ルクヌッディーンは貴族たちを迎え撃つべく，デリーから出陣した。その間，ラズィーヤはシャー・トゥルカーンに命を奪われるのではないかと恐れていた。彼女は当時の習慣に従い，不当な扱いをうけた者が身につける赤い衣服を着て，金曜礼拝に集まった人びとに助けを求め，自分が有能であることを証明する機会をあたえてほしいと訴えた。ある記述によれば，男より有能であることを証明できなければ，わが首をはねよとまで言ったという。ラズィーヤの訴えをきいた人びとは王宮を襲い，シャー・トゥルカーンを捕らえた。ルクヌッディーンは秩序回復のためデリーに帰還したが，指揮下の軍はラズィーヤ支持にまわり，彼女を王位につけた。1236年11月9日，軍はルクヌッディーンを捕らえ，彼は「全能なる神の慈悲をうけて」その生涯を終えた。

ラズィーヤ	
生年	不明
父	シャムスッディーン・イルトゥトゥミシュ
母	シャー・トゥルカーン
夫	マリク・アルトゥーニヤ
息子	なし
即位	1236年11月
没年	1240年10月，戦いに敗れたのちに死亡。
埋葬地	オールド・デリーのトルコマーン門近くのブルブリー・ハーナ

スルタン・ラズィーヤ

「スルタン・ラズィーヤは偉大な君主だった。聡明で，公正にして寛大，王国に恩恵を施し，法を執行し，臣民や軍の指揮官たちを保護した。王に適した資質をすべて授かっていたが，王であるにふさわしい男として生まれてこなかったため，男たちはそのような資質には価値がないと見ていた」

ジュージャーニー

　ジュージャーニーのこの記述は，細心の注意をもって書かれたものだろう。彼はラズィーヤと親しく，実際，ラズィーヤの力で2つの要職に任命されていた。ラズィーヤが最終的に実権を掌握できたのは，トルコ系貴族の後押しがあったからだが，彼女の治世は，そのトルコ系貴族をなんとか押さえこもうとする努力の連続だった。

　ラズィーヤはまず，一部の貴族が長期に渡ってデリーを包囲している問題を処理しなければならなかった。そしてデリー城外で権力を確立すると，しだいに自信を深めていった。自分の

名前を父親の名前と結びつけて権威づけることをせずに, 自分の名前だけを刻ませた硬貨を鋳造させたのが, その最初の表れである。次にラズィーヤは, 男物の服を身につけて象にまたがり, その姿を周囲の人びとに見せつけた。それと同時に, 非トルコ系の士官からなる幹部団をつくりあげようとした。たとえば, 彼女はアビシニア出身のジャマールッディーン・ヤークートをスルタンの世話係に任じている。そのため,「トルコ系の将軍や貴族たちのあいだに大いなるねたみが生まれた」のだという。

1239年から40年にかけて, ラズィーヤは北西部のラホールとスィルヒンドで起こった反乱に立ち向かわねばならなかった。タバルヒンダ砦の指揮官マリク・アルトゥーニヤに率いられた反乱を処理するためにスィルヒンドへ移動する途中, トルコ系の部隊がラズィーヤに背き, ヤークートを殺して, 彼女をタバルヒンダ砦に監禁した。その知らせがデリーに届くと, トルコ系将軍や貴族たちは彼女の弟ムイズッディーンを王位につけた。ラズィーヤは最後の賭けに出てアルトゥーニヤと結婚し, 玉座を奪還しようとデリーに出撃したものの, 弟の軍勢に撃破された。その100年ほどのちに書かれたイブン・バットゥータの記述によれば, ラズィーヤはひとりで戦場から逃げる途中, 彼女の高価な衣服に目がくらんだ農民によって殺害されたという。

ムイズッディーン・バヘラム・シャー

「スルタン・ムイズッディーン・バヘラム・シャーは, いくつかの美徳を備えていた。(略) 内気で, 格式張らず, 王が愛好する豪華な衣装, 腰帯や装具, 軍旗など, 王族を象徴するようなものを好まなかった」

ジュージャーニー

⇧ムイズッディーン・バヘラム・シャーの硬貨の表面。
「至高のスルタン, 現世および信仰を強める者, 勝利を得た者の父, スルタンの子, バヘラム・シャー」

ムイズッディーン・バヘラム・シャー	
出生	不明
父	シャムスッディーン・イルトゥトゥミシュ
母	不明
妻	不明
没年	1242年, 配下のトルコ人士官に殺害された。

トルコ系貴族たちはムイズッディーンを王位につけたが, それはあくまでもムイズッディーンが, 彼らの仲間のひとり, マリク・イクティヤールッディーン・アイトキーンを摂政に任命し, 彼に全権を委譲することが前提となっていた。そして, 首尾よく全権を委譲されたアイトキーンは, たちまち王族さなが

らにふるまうようになった。象を保有し，自邸の門外で日に3度，音楽を演奏させたのである。

そこでムイズッディーンはアイトキーン暗殺を計画し，成功したが，今度は「第2のマリク（一万戸隊長）」ことバドゥルッディーン・スンカルが実権を掌握し，ムイズッディーン打倒をひそかに計画しはじめた。だがその陰謀も露見し，計画を企てた者たち数名が殺された。その後，1241年にモンゴル軍が侵入してデリーを占領し，多数の住民を虐殺した。このときムイズッディーンはモンゴル軍に応戦すべく軍を差し向けたが，配下のトルコ人指揮官たちは敵の計略に引っかかり，スルタンは自分たちを死なせたがっていると信じこんで，デリーに戻ってしまった。デリーの市民たちは3カ月間，自分たちの都市を守ったが，最終的には，1242年5月，トルコ人指揮官たちに攻略され，ムイズッディーンは殺害された。

アラー・ウッディーン

「この軍のなかには，徐々にスルタン支配下の社会に進出しつつあった，ろくでなしの一団がいた。そうした輩によって，スルタンはくだらない習慣に誘いこまれていった。スルタンが貴族たちを捕えたり，殺したりするような習慣を身につけたのは，そういう事情からだった。やがてスルタンは，みずから進んで残虐行為を働くようになり，その結果，すぐれた資質はことごとく損なわれ，とどまるところを知らない放蕩や快楽，狩猟に身を任せるようになった」

ジュージャーニー

⇧アラー・ウッディーンの硬貨の表面。
「至高のスルタン，現世と信仰の栄光，勝利を得た者の父，スルタンの子，シャー・マスウド」

アラー・ウッディーン

生年	不明
父	ルクヌッディーン・フィールーズ・シャー
母	不明
妻	不明
息子	不明
没年	1246年以後，獄死。
埋葬地	不明

ムイズッディーンが殺害されると，貴族たちはデリーの「白の宮殿」に幽閉されていた3人の王子を解放した。ナースィルッディーンとジャラールッディーンの2人はイルトゥトゥミシュの息子で，あとのひとりは孫，すなわちルクヌッディーン・フィールーズ・シャーの息子のアラー・ウッディーンだった。次にスルタンの地位にのぼったのは，このアラー・ウッディーンである。

アラー・ウッディーンに高官として仕え，折にふれスルタンと面会していた年代記作者のジュージャーニーは，このスルタ

第2章　デリー・スルタン朝

↑ナースィルッディーンの硬貨の表面。
「至高のスルタン，現世と信仰の保護者［ナースィル］，勝利を得た者の父，スルタンの子」

ナースィルッディーン	
生年	不明
父	イルトゥトゥミシュ
母	不明
妻	不明
息子	不明
即位	1246年6月12日
没年	1266年，おそらくバルバンに毒殺された。
埋葬地	不明

ンが統治第2年までに，数多くの勝利を収めた経緯や，統治第3年にはインドからモンゴル軍を退却させるほど強大な軍をつくりあげていた経緯を語っている。しかし，アラー・ウッディーンはその残忍な性格と放蕩三昧が災いして，貴族たちに背かれてしまった。1246年6月，アラー・ウッディーンは投獄され，その後，解放されることなく獄中で没した。

ナースィルッディーン

「彼は穏やかで，親切で，信心深い王であり，『コーラン』の筆写に多くの時間を費やしていた。20年におよぶ彼の治世には，バルバンが摂政を務め，ウルグ・ハーンの称号を名のった。バルバンはナースィルッディーンを傀儡（ノムナ）にしたまま国政を司り，一介のハーンでありながら王族の記章を用いていた」

バラニー（トゥグルク朝の宮廷史家）

　ナースィルッディーンは20年間在位したものの，その業績に関する記録はほとんど残されていない。ただ非常に敬虔で，預言者ムハンマドの子孫や学者たちに大いに敬意を払った人物だったと伝えられている。『コーラン』の筆写に多くの時間をあて，2年に1点の割合で写本を完成させたという。これらの写本は売りに出され，ナースィルッディーンはその収益で生計を立てていた。彼の写本を目にしたイブン・バットゥータが，その筆跡を賞賛している。

　ナースィルッディーンの治世はそのほとんどが，トルキスタン出身の有能で並外れた野心家の摂政ギャースッディーン・バルバンによって牛耳られることになった。バルバンはもともと，イルトゥトゥミシュのお付きの40人の奴隷のひとりで，早くから並々ならぬ野心を抱いていた。

　ナースィルッディーンが1246年に王位につくと，ギャースッディーン・バルバンは着々と政権内の組織を手中に収めていった。3年後，彼が娘をスルタンに嫁がせて立場を強化すると，今度はスルタンがバルバンに「ウルグ・ハーン・アザム」の称号をあたえ，国軍の指揮官に任じた。

ただしナースィルッディーンは，一度，この強力な臣下を排除しようとしたことがあった。1253年，バルバンを解任し，彼の領地に追い払うと，トルコ人に代えて，非トルコ系の人材に行政をゆだねたのである。だが１年も経たないうちにトルコ人士官たちがデリーを包囲し，バルバンは自分の政権復帰について交渉を始めた。それからまもなく，彼は無礼にも，王族を象徴する白い日傘（チャトル）をはじめとする王の持ち物を渡すようにと，ナースィルッディーンに要求した。翌日，バルバンが宮廷で王の日傘を使用したおり，古参の貴族が嫌味な言葉を口にすると，その貴族はすぐさま殺された。きわだって冷酷なこの男は，ナースィルッディーンから王権を象徴する持ち物をすべて奪いとると，お気に入りの武器，つまり毒薬を使ってスルタンを殺害した。この毒殺説には説得力のある証拠が残されている。

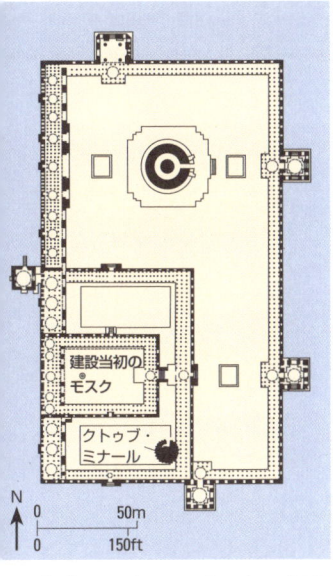

↑デリーのクーワットゥル・イスラーム・モスクの平面図。建設当初のモスクとクトゥブ・ミナールを示す。後代のスルタンたちはこの複合建築を大幅に拡張した。

⇩クーワットゥル・イスラーム・モスクは1195年，クトゥブッディーン・アイバクによって建設された。クーワットゥル・イスラームは「イスラームの力」を意味する。刻文によると，付近にあった27座もの破壊されたヒンドゥー教およびジャイナ教の寺院から持ち運んだ材料で造られたという。

第2章　デリー・スルタン朝

ギャースッディーン・バルバン
在位1266～87年

カイクバード
在位1287～90年

⇧ギャースッディーン・バルバンの硬貨の表面。「至高のスルタン，現世と信仰の援助者，勝利を得た者の父，スルタン・バルバン」

ギャースッディーン・バルバン	
出生	トルキスタンに生まれ，奴隷としてシャムスッディーン・イルトゥトゥミシュの代理人に売り渡された。
主人	イルトゥトゥミシュ
父	不明
母	不明
妻	不明
息子	ムハンマド・ハーネ・シャヒード（「殉教者ハーン」の意），ブグラ・ハーン
即位	1266年
没年	1287年，息子ムハンマドの死に痛手をうけたことが死へとつながった。
埋葬地	デリー，メヘロウリー地区のクーワットゥル・イスラーム・マスジッド（通称クトゥブ・モスク）付近。

ギャースッディーン・バルバン

「スルタン・ギャースッディーン・バルバンは，国政の問題に精通した男だった。彼はマリクからハーンとなり，ハーンから王までのぼりつめた。王位につくと，そこに新しい輝きをあたえ，諸官庁に秩序をもたらし，効力が衰えたり，なし崩しになったりしていた制度をもとに戻した。かくして政権の権威は復活し，王の厳しい規則と断固とした決断によって，身分の高い者も低い者も，領内のあらゆる人びとがバルバンの支配に従うようになった」

バラニー

　バルバンはまだ「ハーン」（イルトゥトゥミシュの奴隷や隊長にもあたえられた称号）だったころは，飲酒や賭博にふけり，週に2,3度宴会を催していた。しかし，歴史家のバラニーに

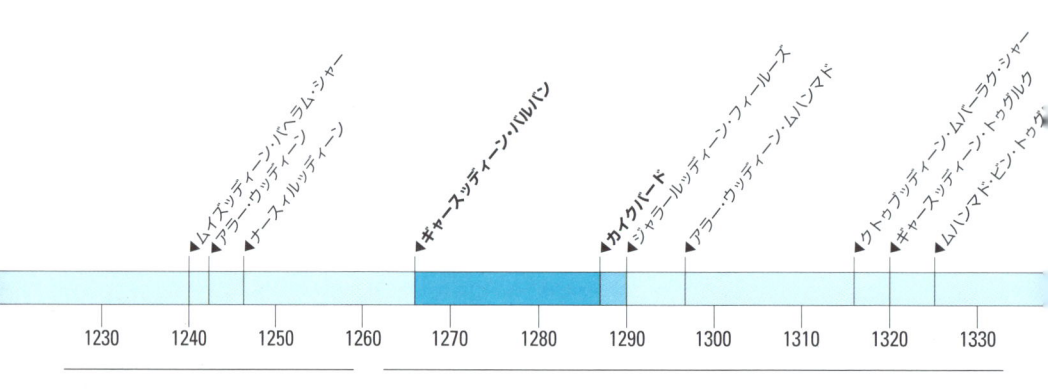

ムイズッディーン・バハラム・シャー
アラー・ウッディーン
ナースィルッディーン
ギャースッディーン・バルバン
カイクバード
ジャラールッディーン・フィールーズ
アラー・ウッディーン・ムハンマド
クトゥブッディーン・ムバーラク・シャー
ギャースッディーン・トゥグルク
ムハンマド・ビン・トゥグルク

1230　1240　1250　1260　1270　1280　1290　1300　1310　1320　1330

よると，王位についたあとは禁じられた楽しみに耽溺することはなくなったという。

彼はスルタンの威厳と威光を向上することに，大いに力をそそいだ。知人であろうと，見知らぬ人間であろうと，親しく接することはなかった。冗談はいわず，ほかの者が冗談をいうことも許さなかった。笑うことはなく，ほかの者が大声で笑うことも許さなかった。つねに厳格だったが，公明正大でもあった。領土にくまなくスパイ網を張りめぐらし，みずからの統治に抵抗する者はひとり残らず摘発した。

なかでもラージプート，つまり正統クシャトリヤ（戦士階級）としての社会的地位を求めていたメオ族に対する扱いは，残虐をきわめた。メオ族はもともとデリーの南方に住んでいたが，飢饉にみまわれてデリーに侵入してきた民族である。バルバンは２度にわたり，東へ進軍してガンジス平野に入り，隊商を襲っていた略奪者の群れを始末した。歴史家のバラニーはこう断言する。「あの２度の進軍から60年が過ぎたが，あれ以来，隊商路に略奪者が現れたことは一度もない」

北方のカテヘル（デリーの東方170キロ）で暴動が起こったときも，バルバンは稲妻のようにすばやく処理し，男は全員殺

バルバンの訓戒

バルバンが公式に長男のムハンマド王子に伝えた訓戒。これらはバルバン自身の経験から生まれたもので，以下は20条からなる訓戒の最初の8条である。

1条：公私の別を問わず，王は威厳を保たなければならない。いかなる状況にあっても，儀式や儀礼は厳密に行なわなければならない。

2条：王の身分とは，神の副摂政の地位であることを理解しなければならない。

3条：高潔で，徳が高く，賢明で，能力のある者のみを身近におくように。それらの者の尽力には大いに下賜を授けよ。そうすれば，そなたの気前のよさと善行が世の評判を生み，来世で報酬を授かるかもしれない。高潔で徳のある人びとを支援し，庇護するなら，現世でも来世でも失望することはないだろう。

4条：いかなる状況においても，育ちのよくない卑俗な者や不誠実な者，不信心者を身辺に侍らせてはならない。生まれの卑しい，身分の低い者がすでにそなたに仕えているならば，その者に親切にし，寛容な態度で接してやるべきである。しかし，その者を寵臣や腹心の友にしてはならない。生まれの卑しい，つまらない者を高い地位につけたなら，神はお怒りになるだろう。

5条：贅沢にふけって，神の不興を招いてはならない。

6条：王の器と勇気は一対をなすものである。

7条：王が他の人びとと同じように暮らし，他の人びとが贈ることのできるものを人びとに贈ったとしたら，栄誉ある君主の威光は消えてしまう。王は他の人びととはちがう暮らし，ちがう振る舞いをしなければならない。

8条：王は満々たる野心をもっていなければならない。というのも，野心なしには，王の統治は決してうまくいかないからである。

ニザーミー

せよと命令した。バラニーはいう。「暴徒たちの血は川となって流れ、どの村にも、どの密林にも、惨殺された死体が山と積まれた。その死臭は遠いガンジス川まで漂うほどだった」

バルバンが王位について5年が過ぎたとき、彼の従兄弟で、モンゴル軍の侵略を食い止めるうえで大きな働きをした、卓越した指揮官シェール・ハーンが、デリーに拝謁に来るようにというバルバンの命令を拒んだ。するとバルバンはこの従兄弟を毒殺させた。バラニーは語る。「スルタン・バルバンは、支配権を確立し、ライバルや敵対者たちを一掃すると、(略) 王の天蓋を長男のムハンマドにあたえ、この長男を後継者にすることを表明した。さらに彼を、シンド全域と辺境地帯の属領を統括する総督に任命した」

ムハンマドはすぐれた統治者であり、モンゴル軍の侵入に立ち向かった有能な戦士であり、詩人や学者の保護者であり、頼りになる息子でもあった。彼は毎年、宝物や贈り物を携えて、父親に会いにきた。この息子に最後に会ったとき、スルタンは公式に、統治に必要な助言をもりこんだ遺言書を作成している。

前近代の国家に共通する統治上の問題のひとつは、いかにして首都から遠く離れた地域を預かる人びととの忠誠心をつなぎとめるかにあった。バルバンにとって、その問題を象徴するのが、はるか東方のベンガル地方だった。1280年代初め、バルバンのお気に入りの奴隷のひとりで、ベンガル総督の地位にあったトゥグリルが、デリーの宮廷がモンゴル軍の襲来で手一杯になっているのをいいことに、スルタンを自称し、金曜礼拝で自分の名前を唱えさせ、独自の硬貨を鋳造させた。バルバンは2個の分遣隊をトゥグリル討伐に向かわせたが、いずれも撃破された。ついにバルバンみずから指揮をとり、トゥグリル軍を打倒し、首謀者のトゥグリルを殺し、反乱に加わった者たち全員に見せしめの刑罰を与えた。ベンガルの中心都市のラクナウティでは、トゥグリル家の男たちと、多少なりとも彼に仕えたことのある者たちはひとり残らず、大バザールの両側に並べた絞首台に吊るした。

1285年、バルバンは大きな悲劇にみまわれる。期待の息子ムハンマドが、モンゴル軍との戦いで落命したのである。バラ

最初の「奴隷」王朝

ニーはこう語っている。「スルタンはすでに80歳を越えていた。息子を奪われた痛手と懸命に戦いはしたが，その痛手は日を経るごとに明らかになった。昼間は，息子の死に何の影響もうけていないかのごとく，宮中会議を開いたり，公務に専念したりしていたが，夜になると，悲嘆にくれて泣き叫び，衣服を引き裂いて，頭にほこりをかぶった。（略）彼はしだいに悲しみに沈みこむようになった」

「それから数カ月後，バルバンは臨終の床で，おもだった臣下に，故ムハンマドの息子のカイ・ホスローを後継者にせよと命じた。だがその3日後に彼が没すると，臣下たちはバルバンの遺志を無視した。彼らは故ムハンマドと意見が合わなかったので，彼の息子とも衝突するのではないかと危惧したのだろう。彼らが後継者に選んだのは，バルバンの下の息子で，気まぐれなブグラ・ハーンの息子カイクバードだった」

⇑ムイズッディーン・カイクバードの硬貨の表面。「至高のスルタン，現世と信仰を強める者，勝利を得た者の父，スルタン・カイクバード」

カイクバード	
出生	不明
父	ブグラ・ハーン
母	不明
妻	不明
息子	1人（カイムルス）
没年	1290年，ハルジー家の手先に蹴り殺された。
埋葬地	不明

カイクバード

「彼はすぐれた資質を備えた若者で，祖父のスルタンの監視下で育てられた。（略）きわめて厳格な家庭教師たちをあてがわれていたので，快楽にひたるなど思いもよらず，肉欲を満足させる機会もいっさいなかった。（略）だが，そんな彼が突然，何の前触れもなく，強大な玉座にのぼることになった。（略）彼は，それまでに読んだり，聞いたり，学んだりしたものをまたたく間に忘れてしまった。そして，たちまちのうちに，快楽やありとあらゆる気晴らしにのめりこむようになった」

バラニー

　もっぱら快楽の追求に時間を費やしていたカイクバードは，裁判長にしてスルタンの代理だったマリク・ニザームッディーンに統治を任せた。だが，この有能だが破廉恥な男は，自分自身がスルタンになろうと企て，カイ・ホスローを亡きものとし，バルバン治世の主要な貴族たちの多数を政権中枢から外したり，殺したりした。最後は，次は自分の番かもしれないと恐れたカイクバードが，部下に命じてニザームッディーンを毒殺した。

第2章 デリー・スルタン朝

その後、情勢に2つの変化が見られた。第一に、ニザームッディーンによって古参のトルコ人貴族が大量に虐殺された結果、ハルジー族のような、多少トルコ人の血が混じってはいるがアフガニスタン人と認められている非トルコ系貴族が台頭してきたこと。第二に、長年の放埒な生活が祟って健康を害したカイクバードが無気力になり、国政に参加できなくなったことである。トルコ人の支配権を危惧したバルバン時代からの古い貴族たちが、ふたたび幅をきかせるようになり、カイクバードを退位させると、彼の幼い息子を王位につけた。

そのとき、ハルジー族が先制攻撃に出た。宮殿を急襲し、幼いスルタンを捕らえた。それからハルジー族の長ジャラールッディーンは、カイクバードに父親を処刑されたマリクに、仇敵のカイクバードを始末させた。バラニーによれば、ジャラールッディーンが宮殿に入ると「カイクバードは鏡の間に横たわり、息を引きとろうとしていた。ジャラールッディーンは2、3度彼を蹴って殺し、その死体をヤムナー川に投げ込んだ。(略)スルタン・カイクバードの死をもって、トルコ系奴隷王朝は終わりを告げた」という。

⇩デリーのクーワットゥル・イスラーム・モスク近くに建つギャースッディーン・バルバン廟。荒廃しているとはいえ、この墓廟はインド初となる本格的なイスラーム様式アーチ建築の実例として、大きな意味をもっている。

ハルジー朝
1290-1320年

ジャラールッディーン・フィールーズ
在位1290〜96年

アラー・ウッディーン・ムハンマド
在位1296〜1316年

クトゥブッディーン・ムバーラク・シャー
在位1316〜20年

⇨ジャラールッディーン・フィールーズの硬貨の表面。「至高のスルタン，現世および信仰の威光，勝利を得た者の父，スルタン・フィールーズ・シャー」

ジャラールッディーン・フィールーズ	
出生	ヘルマンド渓谷から出てきたアフガニスタン系ハルジー族。
父	ユグルシュ
母	不明
妻	マリカイ・ジャハーン
息子	ハーニ・ハナン，アルカリ・ハーン，ルクヌッディーン，ヒサマッディーン，イクティヤールッディーン，カデル・ハーン
即位年	1290年6月13日
没年	1296年，甥で娘婿でもあるアラー・ウッディーンに暗殺される。
埋葬地	不明

ジャラールッディーン・フィールーズ

「彼は統治については，何も知らなかった。（略）王には次の2つが求められる。1．多額の出費と際限のない気前のよさ。（略）2．威厳，畏怖，厳しさ。これらによって，敵は撃退され，反乱は鎮圧される。（略）彼にはこの2つの資質のどちらも欠けていた」

バラニー

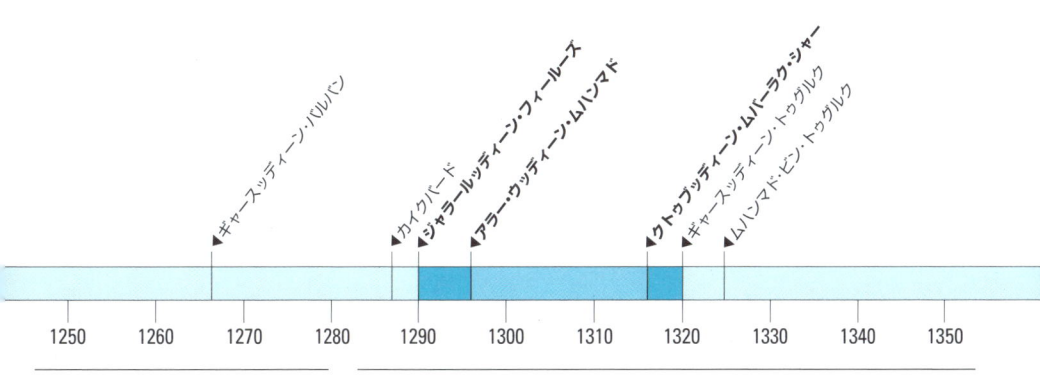

ハルジー朝

```
                          ユグルシュ
                    ┌─────────┴─────────┐
         シハーブッディーン・         初代 ジャラールッディ
         マスウド                     ーン・フィールーズ
                                      (在位1290～96年)
              │              ┌───────┬───────┬───────┐
         第3代 アラー・ウッデ  ハーニ・ハナン アルカリ・ハーン 第2代 ルクヌッディ
         ィーン・ムハンマド                                  ーン(在位1296年)
         (在位1296～1316年)
    ┌───────┬───────┬───────┐
 ヒズル・  シャーディー・ 第5代 クトゥブッディー  第4代 シハーブッデ
 ハーン    ハーン       ン・ムバーラク・シャー   ィーン(在位1316年)
                      (在位1316～20年)
```

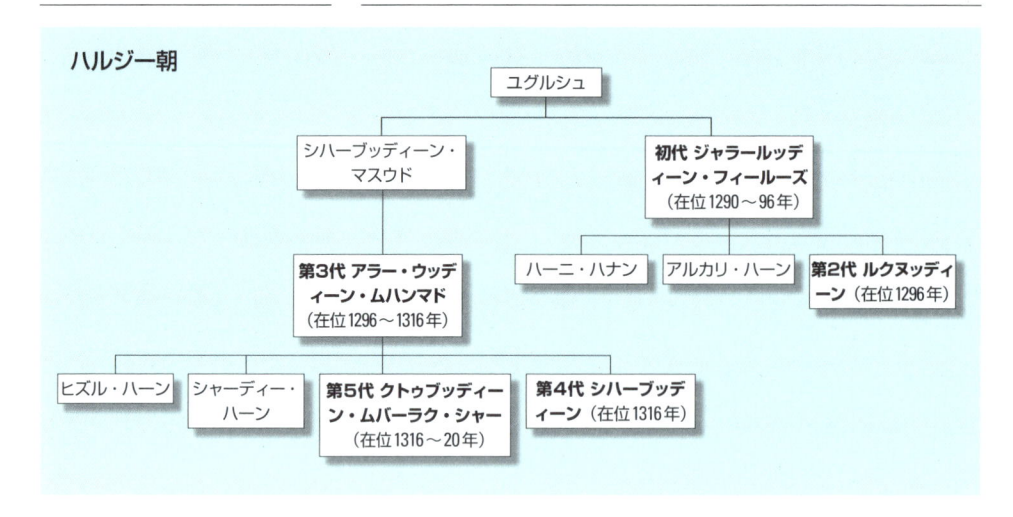

　ジャラールッディーンの即位は，ある意味では革命的変化といえた。それ以前の80年間，インド北部はトルコ人によって統治されていたのだが，その統治権がいま，アフガニスタン出身のハルジー族に移ることになったからである。ハルジー族にはトルコ系の血が混じっているとはいえ，当時の人びとは彼らをトルコ人とは見なしていなかった。そもそもデリー市民は，ジャラールッディーンを歓迎していなかった。そのため，彼はデリー郊外のキーローカリーというヤムナー川河岸の地に宮廷を設けるしかなかった。

　ジャラールッディーンが即位して2年目に，バルバンの甥に率いられ，ヒンドゥー教徒の強力な支持を得たトルコ人が反乱を起こしたが，王国軍に鎮圧された。バラニーは明言する。「勇気のない，米食らいのヒンドゥー教徒はさんざん騒ぎ立てたが，兵力を根こそぎにされた」

　けれども，敗北した反乱軍の指導者たちに対するジャラールッディーンの態度に，ハルジー貴族たちは失望した。スルタンは反乱軍の指導者を殺したり，屈辱をあたえたりする代わりに，思いやりを示し，最上級の処遇をしたのである。首席顧問が不満をもらすと，彼はこう答えた。「ああ，アフマド，そう言われることはわかっていた。(略) だが，余に何ができよう。余はイスラーム教徒に囲まれて育ったので，彼らの血を流すことに慣れていない。余は70歳を超えているが，人を殺させたこ

> ### 王位継承を画策した
> ### ジャラールッディーン妃
>
> ジャラールッディーンの妃で、アラー・ウッディーンの姑にあたるマリカイ・ジャハーンは、この娘婿とつねに対立しており、夫がアラー・ウッディーンに殺されたという知らせをうけると即座に行動に出た。しかし、それは彼女の兄で、有能な部将だったムルターン総督アルカリ・ハーンの意向を無視し、末の息子のルクヌッディーンを王位につけるという誤った行動だった。
>
> アラー・ウッディーンが雨の中をゆっくりとデリーに進軍し、その間に莫大な財産を使ってマリカイ・ジャハーンの支持者たちを買収しているときに、バラニーにいわせると「愚か者のなかでも最低の愚か者」であったマリカイ・ジャハーンは、デリーに馳せ参じるようアルカリ・ハーンに懇願した。
>
> 「あなたという人がありながら、わたしは末息子を王位につけるという過ちを犯しました。マリクやアミール（貴族や軍司令官）はだれひとり、ルクヌッディーンのことを気にかけず、ほとんどの者がアラー・ウッディーンの陣営に加わりました。王の権力はわたしたちの手から離れてしまいました」
>
> 結局のところ、アラー・ウッディーンはデリーを攻略し、アルカリ・ハーンとルクヌッディーンは盲目にされ、マリカイ・ジャハーンは居城に軟禁された。

とは一度もない。この老いた身で（略）法の原則に背いて、イスラーム教徒を断頭台に送れるものだろうか」

実のところ、できることなら人命を奪いたくないという方針は、彼の治世の大きな特徴となっていた。多数のイスラーム教徒の命を失わずにラージプートのランタンボール城砦を奪うのが無理だとわかると、彼は包囲を解いている。また、1292年に侵略してきたモンゴル軍を撃退したあと、チンギス・ハーンの孫をはじめ、モンゴル人の多くを捕虜にしたときには、彼らを惨殺せずイスラーム教に改宗させ、今日ムガルプールの名で知られるデリー郊外の村に定住させた。

しかしジャラールッディーンの慈悲深い、人を疑わないやり方は結局、彼自身の死を招くことになった。彼はデリーの東およそ563キロのカラの地を、甥で娘婿でもあったアラー・ウッディーンに統治させていた。アラー・ウッディーンはその地を本拠として南へ進軍すると、デカン高原に入ってヤーダヴァ朝の都デーヴァギリ（現在のダウラターバード）を占領した。彼は莫大な財宝を徴収したが、それらを慣例に従って義理の父親に分けようとはしなかった。ジャラールッディーンは、顧問たちの強い警告にもかかわらず、アラー・ウッディーンのよい面だけを信じ、ほんの数人の従者だけを連れて、彼の陣営に出かけていった。

おそらく目撃者たちから聞いたのだろうが、バラニーはこの場面について次のように語っている。「アラー・ウッディーンはスルタンを迎えに出た。スルタンのそばまでやってくると、彼はその足元にひざまずいた。スルタンはまるで息子にするように、アラー・ウッディーンの目元と頬に口づけをし、頭をなで、愛情の印に頬を軽く叩くと、こう言った。『余はそなたを幼いころから養育してきたではないか。その余をなぜ、恐れるのだ？』」

その瞬間、アラー・ウッディーンの合図で、彼の部下たちがスルタンに襲いかかり、首を切り落とすと、その首を槍の先に突き刺して見せた。バラニーによれば、「殺された君主の首からまだ血が滴り落ちているあいだに、残忍な陰謀者たちは王の天蓋を運んできて、アラー・ウッディーンの頭上に掲げた」という。

↑アラー・ウッディーン・ムハンマドの硬貨の表面。
「至高のスルタン，現世と信仰の栄光，勝利を得た者の父，スルタン・ムハンマド・シャー（称号は続くが，この先は裏に記されているので，ここには見えない），第2のアレクサンドロス，カリフの右腕，忠実なる信徒たちの指揮官を助ける者」

⇩アラーイー・ダルワーザ（アラー・ウッディーンの門）。拡張されたクーワットゥル・イスラーム・モスクの南の入り口として，1305年にスルタンが建立した。後方にクトゥブ・ミナールが見える。アラー・ウッディーンはこの近辺にマドラサと自身の墓も建設している。

アラー・ウッディーン・ムハンマド

「『余は富や象をもち，だれも想像できないほどの武力を有している。余の願いは，デリーを副摂政に任せ，アレクサンドロスのように世界征服の途に出ることだ。そして人間の住める世界を，すべて制圧することだ』。いくつかの計画を成功させて有頂天になった彼は，フトゥバ（金曜礼拝の説教）で自分を『第2のアレクサンドロス』と呼ばせたり，その呼称を硬貨に刻ませたりした」

バラニー

　無慈悲，殺戮，実利中心の権力行使が，アラー・ウッディーンの統治の特徴だった。インド北部の君主がインド亜大陸の南部深くまでその影響力をおよぼしたのは，過去1000年をさかのぼっても初めてのことだった。

　アラー・ウッディーンは計画したとおりの統治に着手した。最初の仕事は，盲目にされていたジャラールッディーンの息子たちの捕獲だった。それが終わると，買収によって味方に抱きこんだジャラールッディーン時代の貴族を盲目にするか，あるいは殺害して，財産を没収した。彼の義理の父に忠実だった貴族で，事なきを得た者は3人に過ぎなかった。

　アラー・ウッディーンの支配の核となったのは，強力な軍隊だった。彼の騎馬軍団は総勢30万の騎兵を擁していた（それ以上の兵力だった可能性もある）。この膨大な数の騎兵を養うために，彼はまず，物価を低く抑える施策を採用し，穀物その他の重要な産物の価格を定めた。穀物の場合，ひそかに貯蔵することが禁じられ，飢饉に対処するために，行政府の穀倉に蓄えられた。市場の規則を破ると，厳しい刑罰が与えられた。目方の不足という罪を犯した商人は，足りなかった分量を自分自身の身体から切りとられた。

　こうした施策が功を奏し，軍費が低く抑えられた。スルタンの財源は，

アラー・ウッディーン・ムハンマド	
生年	1267～68年頃
父	シハーブッディーン・マスード（ジャラールッディーン・フィールーズと兄弟の間柄）
母	不明
妻	氏名不詳の妃（ジャラールッディーン・フィールーズの娘），マヘル，ジャティアパーリ（デーヴァギリのロマデオの娘）
息子	ヒズル・ハーン，シャーディー・ハーン，クトゥブッディーン・ムバーラク・ハーン，シハーブッディーン，ファリード・ハーン，アブー・バクル・ハーン，バハー・ハーン，ウスマン・ハーン
没年	1316年1月2日，水腫で死亡
埋葬地	デリー，メヘロウリー地区にあるクーワットゥル・イスラーム・モスクの前

大規模な財産没収や軍事行動で獲得した戦利品，税収のおかげで増加した。すべての耕作地を測量し，収穫高の2分の1を税として徴収した。穀物と同じく，牛乳も欠くことのできない食糧だったので，牧草地はすべて課税の対象となった。その結果，農村から都市へ，ヒンドゥー教徒から，彼らを支配するイスラーム教徒へと，実質的な富の移動が起こった。こうして，途方もない規模の軍事力を支える基盤が維持されたのである。もちろん，そのような施策が抵抗なく実行されるはずはなかった。その問題を処理するために，アラー・ウッディーンはスパイを使って，恐怖と暴力を無慈悲に使用した。

アラー・ウッディーンには，大規模な軍隊を必要とする理由があった。彼の王位継承から2年も経たないうちに，すでにモンゴル軍がパンジャーブ地方を蹂躙しはじめていたのである。翌年，彼は指揮下の軍隊を率いて，デリーの北わずか24キロの場所でモンゴル軍と対峙した。モンゴル軍のこうした襲撃がきっかけで，アラー・ウッディーンは軍備の充実に重大な関心を払うようになった。

デリーの郊外に定着し，イスラーム教に改宗していたモンゴル人は，治安対策の名の下に虐殺された。モンゴル軍との戦いはしだいに，スルタン朝のめざましい勝利で終わるようになったため，バラニーによると「ムガル人（モンゴル人）はイスラーム軍を極度に恐れたので，ヒンドゥスターンを征服するという夢は彼らの頭からきれいに消え去った」という。

1310年から11年にかけて，イル・ハーン国のオルジェイトゥ（⇨ p.43）が使節団を派遣してきて，アラー・ウッディーンに降伏を迫り，ハルジー族の王女を妻にしたいと要求したことがあった。そのとき，彼はためらうことなく18人の使節団を全員，象に踏み殺させた。この出来事が彼の自信のほどをよく物語っている。それ以後，彼の治世の間は，指揮官のガーズィー・マリクがモンゴル軍をよく食い止めて，インド北部の平原への侵入をいっさい許さなかった。

アラー・ウッディーンの時代に，スルタン朝はその影響力をインド中部と南部にもおよぼすようになった。1299年，彼はグジャラートに軍を派遣した。スルタン軍はバゲーラのラージ

⇧ダウラターバードの大モスク。1318年，クトゥブッディーン・ムバーラク・シャーがデーヴァギリ（神々の憩うところ）のヒンドゥー教徒の城砦内部に建立。

プートを打ち破り，その地域のいくつかの豊かな港町で膨大な戦利品を手に入れた。その後，スルタン軍はラージプートの建てたランタンボール，チットール，マールワーの諸王国を攻略した。こうした勝利につづいて，マリク・カーフール率いる遠征軍がインド南部に侵攻した。この男は1000ディナールで買われたことから，「ハザールディナーリ（1000ディナールの意）」というあだ名で呼ばれたヒンドゥー教徒の奴隷で，スルタンのお気に入りだった。

1307年，カーフールはデーヴァギリを拠点とするヤーダヴァ朝に対し，定期的に貢納するように強要した。1310年には，ワランガルを首都とするカーカティーヤ朝の君主に対しても同じ行動に出た。さらに，マイソール地方のホイサラの王（バッラーラ3世）が降伏した際には莫大な富を手にしている。その年も終わるころ，はるか南のマーバールに遠征し，バラニーが語るように，軍隊は「612頭の象や9万6000マン（重さの単位）の黄金，宝石や真珠が詰まった箱，2万頭の馬を携えて，1311年初めにデリーに帰還した」という。

王位継承

アラー・ウッディーンの晩年になると，マリク・カーフールの専横がめだつようになった。彼はアラー・ウッディーンを説

得して，正妃を宮廷から放逐し，その兄弟を殺させたうえに，アラー・ウッディーンの息子で後継者のヒズル・ハーンまでも投獄させた。1316年1月，アラー・ウッディーンが水腫で没したとき，スルタンの死期が早まったのはカーフールのしわざだといわれた。

そしてこの奴隷はただちに，王位をめぐるライバルの抹殺にとりかかった。ヒズル・ハーンは弟のシャーディー・ハーン同様，盲目にされ，3男のクトゥブッディーン・ムバーラクも監禁され，盲目にされるところだった。そしてアラー・ウッディーンの一番下の息子，まだほんの子供だったシハーブッディーンが，カーフールの傀儡として王位につくことになった。しかしカーフールは，そうしたみずからの行動が，貴族たちの反発を招いていることに気づかなかった。スルタンの死から35日後に，貴族たちは勇気を奮い起こしてカーフールを殺害し，クトゥブッディーン・ムバーラクを王位につけた。

クトゥブッディーン・ムバーラク・シャー

クトゥブッディーン・ムバーラク・シャー	
生年	1299年頃
父	アラー・ウッディーン
母	ジャティアバーリ
妻	氏名不詳の妃（マリク・ディナールの娘），デヴァル・デヴィ（ヒズル・ハーンの元妃）
息子	不明
即位	1316年4月14日
没年	1320年7月，部下の奴隷ホスロー・ハーンに暗殺された。
埋葬地	不明

「このスルタンの善良な性質のおかげで，人びとは重税や圧制からまぬがれた。徴税にからんだ罰金や財産の強要，鞭打ちの刑，拘禁，足かせ，殴打などは行なわれなくなった。彼は快楽や浪費，安逸を好んだために，その治世の後期には，先のスルタンによる規定や取り決めがすべて廃れてしまった。政務もおろそかにしたせいで，だれもが気楽にかまえていた」

バラニー

クトゥブッディーンは若く，未熟だった。そして何よりも快楽を優先した結果，たちまち悪影響が表面化することになった。クトゥブッディーンは王位につくと，大赦を布告し，およそ1万8000人にのぼる政治犯を釈放した。それからほどなく，彼の父に莫大な財源をもたらした税と規制をすべて撤廃した。

もっとも，彼も父のように威厳のあるところを見せつけたことはあった。グジャラートに対するスルタンの支配力を強化し，デーヴァギリにスルタンの権限を行使しようと，反乱を起こし

⇧クトゥブッディーン・ムバーラク・シャーの硬貨の表面。
「至高のスルタン，現世と信仰のかなめ(クトゥブ)，勝利を得た者の父，スルタン・ムバーラク・シャー，スルタンの息子（称号は裏面に続いて，ここには見えない），当代のアレクサンドロス，カリフの右腕，忠実な信徒の指揮官を助ける者」

たデーヴァギリの領主（ラージャ）の生皮を剥ぎとったのである。また，父親ゆずりの冷酷さも見せ，3人の兄弟を殺している。しかしながら，快楽への欲望のせいで，彼の地位は弱まっていった。バラニーはこう語っている。「（彼が統治した）4年と4カ月のあいだ，スルタンは酒を飲んだり，音楽を聴いたり，ばか騒ぎや快楽にひたったり，下賜品をばら撒いたり，肉欲を満足させたりする以外，どんなものにも注意を向けなかった。（略）品位を保つのに必要な配慮をすべて投げ捨て，女性の装身具や衣装で着飾ると，その姿で呼び集めた客たちの前に現れた」

彼の最大にして致命的な欠点は，父親がそうであったように，お気に入りの若者を信頼しすぎたことだった。クトゥブッディーンのお気に入りは，副侍従のマリク・シャーディーに育てられたヒンドゥー教徒の奴隷で，彼はその奴隷にホスロー・ハーンの称号をあたえ，総司令官に任命している。

まもなく，ホスロー・ハーンは親戚と称して，グジャラートから下級カーストのパルワーリの人びとを呼び集めた。スルタンが自分にのぼせあがっているのをいいことに，彼はまんまと300人のパルワーリを徐々に宮殿に引き入れると，スルタンを殺害し，首のないその死体を中庭に投げこんだ。スルタン・ナースィルッディーンの称号の下に王座についたホスロー・ハーンは，先のスルタンの側近をひとり残らず殺すよう命じ，彼らの家族の女性たちをパルワーリとヒンドゥー教徒にあたえた。「忌まわしいパルワーリは宮廷のハーレムで戯れ，（略）『コーラン』の写本の上に座り，モスクの説教壇に偶像が据えられた」とバラニーはのべている。しかし，それも長くは続かなかった。数カ月後，ハルジー朝の忠実な家臣で，長らくモンゴル軍の侵略から北西部の領土を守ってきたガーズィー・マリクがデリーに向けて進軍し，ホスロー・ハーンの軍は消えてなくなった。パルワーリやヒンドゥー教徒たちは，見つかりしだい殺された。ホスロー・ハーンは，マリク・シャーディーの庭にひそんでいるところを発見され，首をはねられた。

トゥグルク朝

1320～1414年

ギャースッディーン・トゥグルク
在位1320～25年

ムハンマド・ビン・トゥグルク
在位1325～51年

フィールーズ・シャー・トゥグルク
在位1351～88年

ギャースッディーン・トゥグルク	
出生	おそらく，トルコ人とモンゴル人のカラウナス（混血）
父	トゥグルク，スルタン・ギャースッディーン・バルバンの奴隷。
母	不明
妻	マフドゥマ・ジャハーン
息子	ムハンマド・シャー，ザファール・ハーン，マフムード・ハーン，ヌスラト・ハーン，ムバーラク・ハーン，マスード・ハーン
即位	1320年
没年	1325年，息子が建てた架設の建物の倒壊によって死亡。
埋葬地	デリー，トゥグルカーバードにみずから造営した墓廟。

ギャースッディーン・トゥグルク

「トゥグルクは4年のあいだ，平穏な統治を行なった。彼は公正で，正直な人物だった」

イブン・バットゥータ

　ギャースッディーン・トゥグルクと名を改めたガーズィー・マリクは，トルコ人とモンゴル人のあいだに生まれた人物だった。彼は軍人として，長年アラー・ウッディーン・ハルジーのために，北西の辺境地帯を守ってきたことを誇りにしていた。イブン・バットゥータはムルターンのモスクのなかで，トゥグルクがモンゴル軍に29回勝利したことを告げる刻文を見たとのべている。

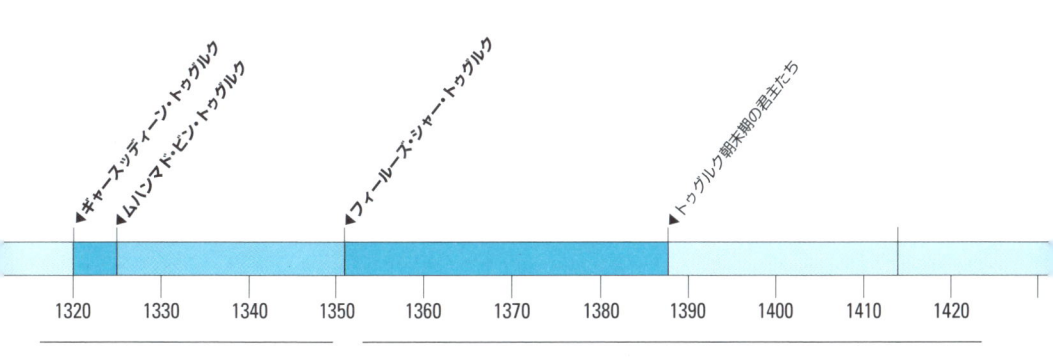

- ギャースッディーン・トゥグルク
- ムハンマド・ビン・トゥグルク
- フィールーズ・シャー・トゥグルク
- トゥグルク朝末期の君主たち

1320　1330　1340　1350　1360　1370　1380　1390　1400　1410　1420

第2章 デリー・スルタン朝

⇨ 1335年当時のインドの地図。インド北部を拠点としたスルタン朝は、ムハンマド・ビン・トゥグルクの治世にその版図を最大に広げた。17世紀後期のムガル帝国も、征服によってかなり領土を広げたが、この時期のスルタン朝の領土が完全に回復されることはなかった。

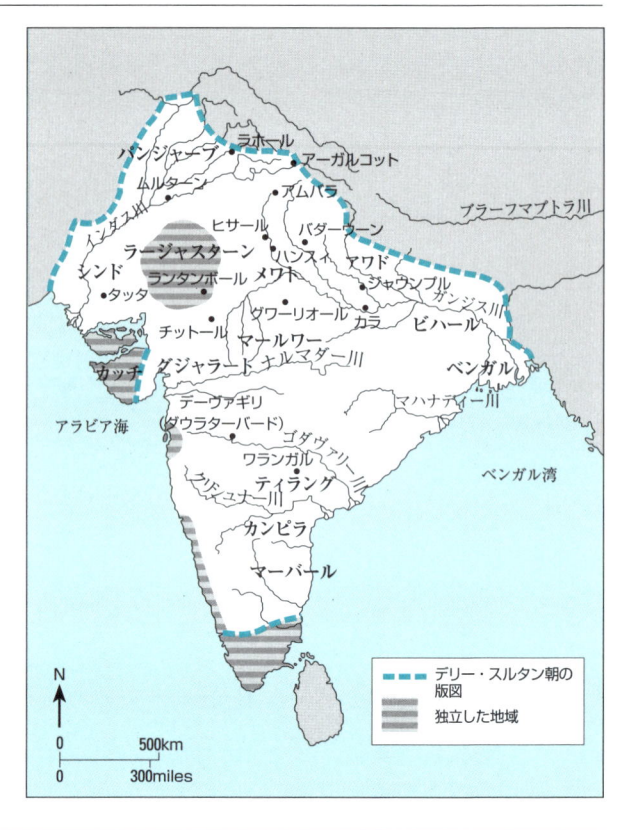

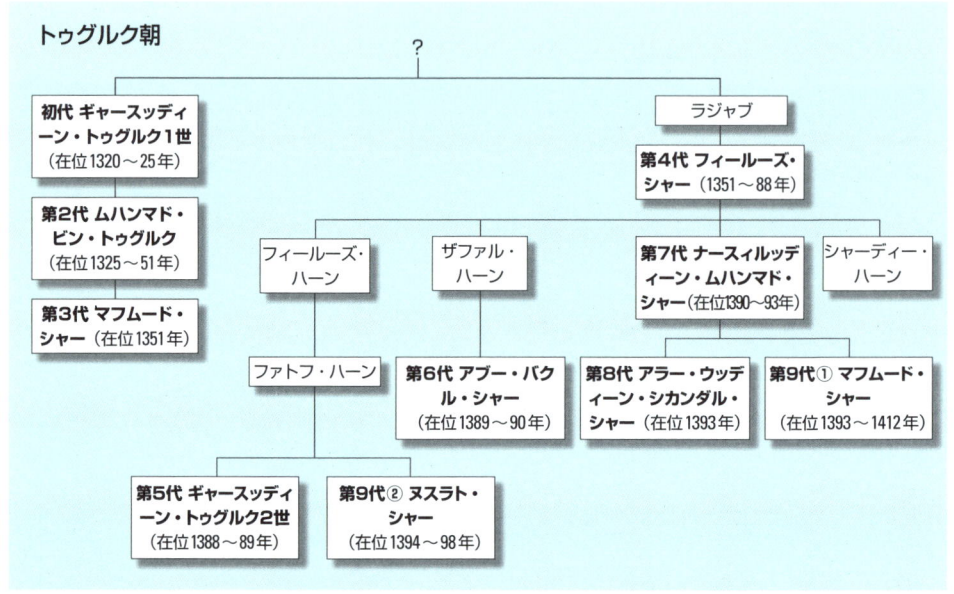

地図内の地名：パンジャーブ、ラホール、ムルターン、アーガルコット、アンバラ、インダス川、ヒサール、バダーウーン、ブラーフマプトラ川、ラージャスターン、ランタンボール、ハンスィ、アワド、シンド、メワト、ジャウンプル、ガンジス川、タッタ、グワーリオール、カラ、ビハール、チットール、マールワー、ベンガル、カッチ、グジャラート、ナルマダー川、マハナディー川、アラビア海、デーヴァギリ（ダウラターバード）、ゴダヴァリー川、ワランガル、ティリング、ベンガル湾、クリシュナー川、カンピラ、マーバール

凡例：デリー・スルタン朝の版図／独立した地域

トゥグルク朝

- 初代 ギャースッディーン・トゥグルク1世（在位1320〜25年）
- 第2代 ムハンマド・ビン・トゥグルク（在位1325〜51年）
- 第3代 マフムード・シャー（在位1351年）
- 第4代 フィールーズ・シャー（1351〜88年）
- 第5代 ギャースッディーン・トゥグルク2世（在位1388〜89年）
- 第6代 アブー・バクル・シャー（在位1389〜90年）
- 第7代 ナースィルッディーン・ムハンマド・シャー（在位1390〜93年）
- 第8代 アラー・ウッディーン・シカンダル・シャー（在位1393年）
- 第9代① マフムード・シャー（在位1393〜1412年）
- 第9代② ヌスラト・シャー（在位1394〜98年）

（系譜上の人物：ラジャブ、フィールーズ・ハーン、ザファル・ハーン、シャーディー・ハーン、ファトフ・ハーン）

⇧ギャースッディーン・トゥグルク廟。イブン・バットゥータによれば，ギャースッディーン・トゥグルク本人がこの墓廟を造営させた。湖のなかに建設された小さな城砦のなかにあり，この城砦は参道でトゥグルカーバードの町とつながっていた。モンゴル軍に対抗して北西の辺境地帯を守ることに，生涯をかけた男にふさわしい墓廟である。

　王位につくと，トゥグルクは息子のムハンマドをデカン高原に派遣した。その地域の長たちはかつてアラー・ウッディーンに征服されたのだが，そのころはスルタンの支配を拒むようになっていた。2度の討伐戦ののちに，彼らは屈服した。その間，トゥグルクはもっぱら東のベンガルとビハールの地に注意を向けていた。彼は自身がデリー近郊に建設した強大な城砦都市，トゥグルカーバードに帰還すると，ヤムナー河畔に自分のための仮設の建物を造るよう息子のムハンマドに頼んだ。ムハンマドはその仮設の建物の片側に重量がかかると倒壊するような手はずを整えたと，その事件から9年後にデリーに到着したイブン・バットゥータは記している。

　スルタンがお気に入りの息子マフムードといっしょに仮設の建物に入ると，ムハンマドはスルタンの御前で象を行進させてほしいと願いでた。スルタンはそれを許し，建物は計画通り崩壊した。スルタンはマフムードを守ろうとしたのか，身体を折り曲げて息子におおいかぶさった姿で見つかった。彼の遺体は夜までには，スルタンが生前に造営させたトゥグルカーバード郊外のみごとな墓廟に運ばれた。

↑ムハンマド・ビン・トゥグルクの硬貨の表面。
「スルタン，幸運なる者，証言者，不信心者を殺戮する者，現世と信仰を救う者，勝利を得た者の父，スルタン・トゥグルク・シャー，アラーが彼の証しに光明を投げかけんことを」

ムハンマド・ビン・トゥグルク	
生年	1300年頃
父	ギャースッディーン・トゥグルク
母	マフドゥマ・ジャハーン
妻	不明
息子	ギャースッディーン・ムハンマド・シャー
即位	1325年
没年	1351年3月20日，シンドのタッタにおいてベッドで死亡。
埋葬地	デリー，トゥグルカーバードにある父親の墓廟。

ムハンマド・ビン・トゥグルク

「この王ほど，施しと流血がやみつきになっている人間もいない。王宮の門前には，裕福になった貧者がいないときも，処罰をうける人間がいないときもない。（略）それにもかかわらず，この王はだれよりも謙虚で，いつでも公正にふるまい，すぐさま正義を認めることができた。宗教儀式はこの王の宮廷では，厳密に定められたとおりに行なわれた」

イブン・バットゥータ

　ムハンマド・ビン・トゥグルクの治世に，インドのデリー・スルタン朝の威光はかつてないほど広く行き渡るようになった。スルタンの宮廷を訪れた人びとは，それを王者の威厳に満ちた場とか，壮麗な儀式の場などと表現した。とはいえ，ムハンマドの統治時代は，スルタン朝の繁栄に陰りが見えはじめた時代でもあった。そしてその繁栄が，ふたたび戻ってくることはなかったのである。

　幸いにして，彼の統治に関する詳しい記述が2つ残されている。ひとつは，17年間スルタンと親しく交わった行政官，ズィヤー・ウッディーン・バラニーの手になるもので，もうひとつは，モロッコの旅行家イブン・バットゥータによるものである。この大旅行家は1331年に宮廷に伺候し，裁判官（カーディー）に任命され，1341年にはスルタンに任命された大使として中国に赴いている。

　ムハンマドは有能で，深い教養を身につけたスルタンだった。書家としても名高く，ペルシアの詩歌に精通していただけでなく，当時の学問に関する幅広い専門的知識を備えていた。これについて，バラニーは次のように語っている。

　「どんな学者や科学者であっても，また書家や詩人，才人，医師であっても，スルタンが専門に研究している分野で彼と議論しようとする者は，ひとりもいなかった。また，スルタンの威圧的な議論に逆らっても，自分の地位を保てると思う者も，ひとりもいなかっただろう」

　宗教上の事柄については，ムハンマドはシリアの学者イブ

ン・タイミーヤ (1325年没) から大きな影響をうけていたとみて, まずまちがいないだろう。彼は, タイミーヤの弟子, アブドゥル・ウズィーズ・アルダビーリーを宮廷に迎え入れている。イブン・タイミーヤの思想は, 20世紀のイスラーム復興運動に大きな影響をあたえることになるのだが, 彼は聖典である「コーラン」と「ハディース」（預言者ムハンマドの言行を伝える伝承集）を文字通り解釈すれば, イスラーム社会を腐敗から救うことができると説き, さらに国家権力を使って, この解釈を実行に移すべきだと論じた。どの記述をみても, スルタンが熱心に, 信仰の厳密な解釈を実践していたのがわかる。

矛盾しているようだが, ムハンマドは宗教上厳格な立場をとる人びとなら, ふつう避けて通る哲学にも関心をもっていた。彼が最後の審判の日に神の裁きが下ることを気にもかけず, イスラーム教徒を平然と大量虐殺できたのは, バラニーにいわせると,「無関心と無慈悲な心の所産である哲学者の独断」に影響されたからだという。ムハンマドが殺戮したイスラーム教徒のなかには, 学者もいれば聖者もいた。行政官や軍人もいた。イブン・バットゥータは処刑された著名人の一覧表を作成しているが, その1枚1枚からスルタンの宮廷にはびこっていた恐怖が生々しく伝わってくる。それでも, イブン・バットゥータは非常に寛大な行為, とりわけ異国人への寛大な行為も数多く記録している。

彼の記述から浮かびあがってくるのは, 何が臣民のためになるかを知ってはいるが, 臣民の意見を聞く必要はないと強く信じていた男の姿である。この知性の勝った暴君には, 精神病質の傾向がみられた。ムハンマドは臣下たちがしだいに逆らうようになると, 彼らに腹を立てるようになった。バラニーによれば,「スルタンは心の平静を失い, 気

⇩ムハンマド・ビン・トゥグルクがデリーに造営したビジャイ・マンディル（すばらしい宮殿）の一部。これは1000本の柱をもつスルタンの大広間の一部を形成していた建物と考えられている。イブン・バットゥータはこう記している。
「それらの柱は彩色された木材でできていて, 木造の屋根を支えている。人びとはその屋根の下に座り, スルタンはこの広間で一般市民を引見する」

⇧ムハンマド・ビン・トゥグルクの銅貨の表面。
「(恩恵)を望む奴隷,ムハンマド・トゥグルクの御世に,1タンカとして保証された」とあり,裏面には「慈悲深い神に従ったスルタンに従った者」

質からくる極端な弱さと厳しさにとらわれて,残虐行為に身を任せるようになった」のである。

財源の調達

　権力をつかむと,ムハンマドはまず,スルタン朝の時代に支配下に入ったインドの広大な地域の統治に本腰を入れることにした。それまでのスルタンたちは常時,敵の領土を襲撃することで財源を補充することができた。しかし,ほぼインド全域を支配したいま,その手段は使えなくなったため,新たな歳入システムを構築する必要があったのである。そこで,デリー・スルタン朝の中心となるガンジス・ヤムナー川流域で実施している歳入記録を手本にして,すべての地方で歳入記録が作成されるようなった。収支計算書はすべて中央の監査をうけた。

　ムハンマドが新しい形の地方支配を行なおうと腐心していたのは明白である。その願望がおそらく,1326〜28年に3カ所で起こった反乱の引き金となったのだろう。そのうちの2つ,つまりデカンの反乱とシンドの反乱はともに,ムハンマドの父に仕えていた士官で,ムハンマド自身がその地位を追認した者たちが指揮をとっていた。3つめの反乱は,かつてベンガルを支配していた王朝が,スルタンの支配から逃れようとして引き起こしたものだった。いずれの場合にも,反乱は鎮圧され,指導者たちは処刑された。

　ムハンマドは領土支配を強化するにつれ,彼の治世の最初の10年間を代表する一大計画を立てはじめた。その計画とは,イラン北東部に位置する豊かなホラーサーン地方への侵攻だった。インドの大部分を支配地域としたいま,スルタンがホラーサーンおよびトランスオクシアナの裕福な都市の財宝に,新たな財源を見ていたのはまちがいないだろう。この遠征のためにスルタンは60万余の大軍をデリーに召集したが,補給の問題を考えると,どうしてもデリーの人口を減らす必要があった。そこで軍関係者を除いて,上流の人びとや有力者は,家族ともどもインド中央部にあるヒンドゥー教徒の古都デーヴァギリ(この遷都にあたって,ダウラターバードと改名)に移住す

トゥグルク朝

⇧ダウラターバード城砦の入り口。ムハンマド・ビン・トゥグルクは、ヒンドゥー王国の都だったデーヴァギリに遷都し、ダウラターバードと名づけた。この城砦は難攻不落かに思われたが、1347年にバフマニー・スルタン朝の開祖、ハサン・ガングに攻め落とされた。

るよう命令された。スルタンはこれらの家族がデリーに残した家を買いとり、ダウラターバード周辺の土地と金をあたえた。

　スルタンの気前のよさと大規模な公共事業が、彼の財政にすでに大きな負担をかけていた状況を考えると、これほどの大軍の召集は、場所の確保とは別の大問題をはらんでいた。いうまでもなくそれは、いかにして兵士に金を支払うかという問題である。そこでムハンマドは、その価値が現行の金貨や銀貨に相当する銅や青銅の通貨を鋳造することにした。だが、この通貨政策は惨憺たる失敗に終わった。バラニーはこう明言する。「この勅令が発布されると、ヒンドゥー教徒の家がこぞって貨幣鋳造所に早変わりした。(略) 彼らはこういう硬貨で貢税を払い、家や武器、その他あらゆる種類の高級品を購入した」

　3年後、額面どおりの価値がない貨幣に対する信用は跡形もなく消え去り、その価値は低下した。スルタンは新しい貨幣を回収し、それと交換に金と銀の正貨を発行せざるをえなくなった。この結果を考えると、ホラーサーン遠征軍を1年間召集したのちに、スルタンが軍費の支払いに困って、しだいに軍が消滅していったのも不思議ではない。

頻発する反乱

　1334年以降、反乱が頻発するようになり、ムハンマドはしばしば領土を失うことになった。バラニーによると、こうした反乱に拍車をかけたのが、ガンジス・ヤムナー川流域に広がる平野一帯に特有の騒乱であり、その騒乱は、1320年代の終わり近くにスルタンが、この豊かな地域からもたらされる歳入を増やそうとしたことに端を発していた。この騒乱は深刻で長期間続いたので、農業が打撃を受け、デリーは数年間、穀物不足に陥った。

もっと遠い地方の支配者たちも、この騒乱を見習った。インド亜大陸のはるか南のマーバールでは、地方長官が反乱を起こした。ムハンマドは軍を率いて出陣したが、マーバールに到達しないうちに、彼とほとんどの兵士が伝染病にかかり、その結果、マーバールは失われてしまった。この惨事は、ムハンマドが死んだという（誤った）うわさと結びつき、インド洋沿岸のコンカン、ラホール、北西部のムルターンなど、各地で反乱を誘発した。

　これらの反乱は鎮圧したものの、鎮圧に失敗した地域もあった。1330年代中期、トゥグルク朝は南部のカンピラ、ティラングを失い、豊かなベンガルも失った。カンピラはトゥグルク朝の衰退に乗じて、ヒンドゥー王国ヴィジャヤナガルが建国された地域で、ティラングはムハンマドがスルタンの座にのぼる前年に征服した地域である。こうした損失は、歳入の損失をも意味していた。そのためスルタンは残りの支配領域で歳入を増やさねばならなくなり、それがひいてはデカンやアワドでの反乱につながっていった。

　1340年代、ムハンマドはイスラーム思想に則った体制強化をはかる。過去10年間、彼はカイロのマムルーク朝の傀儡となっていたアッバース朝のカリフたちと書簡を交わしていた。カイロを首都とするマムルーク朝は、1258年にバグダードがイル・ハーン国のフラグに破壊され（⇨p.25）、カリフ・ムスタースィムが殺されたあと、カリフの親族を保護し、名目上のカリフ政権を復活させた王朝である。

　1340年または41年に、ムハンマドは鋳造硬貨に刻印された自分の名前と金曜礼拝で唱えられる自分の名前をカリフの名前に換えることで、預言者ムハンマドの後継者であるカリフを、イスラーム社会の指導者として、また君主の上に立つ大君主として認めた。それと同時に、イスラーム法に定められていない税を廃止し、週に2度、公開の場で圧制に不服のある人びとの嘆願を聞くようになった。

　1343年、カリフの使者、ハッジ・サルサリが褒賞を携えてカイロからデリーにやってきた。「スルタンと貴族やサイイド（預言者ムハンマドの子孫の尊称）一同は打ちそろって、うや

うやしくハッジを出迎えた。（略）そして，スルタンは長弓の射程ほどの距離から裸足でハッジの前に進みでた」とバラニーは記している。しかし，このように公の場で謙遜を表す行為を見せても，彼の周囲の人びとには効き目がなかっただろう。

だが，イスラーム勢力を結集したとしても，政権の衰退を食い止めることはできなかった。1340年代の中頃，ムハンマドは，デカンおよびグジャラート地方の軍司令官たちは中央に納めるべき歳入を隠匿しているという結論に達した。デカンを直接管理のもとに置くと，4つの区域に分割し，冷酷なことで悪名をはせている部下たちに，それらの区域を統治させた。4人の部下のひとりが統治の皮切りとして，担当区域の軍司令官80人を処刑したので，デカンとグジャラートのほかの軍司令官たちが即座に反旗をひるがえした。ムハンマドはデカンの反乱を鎮圧しようとしたが，最終的に地方の軍司令官のひとり，ハサン・ガングによるダウラターバード占領と，1347年8月の独立宣言という事態を招いた。これがハサン・ガングを初代スルタンとするバフマニー朝の誕生である。この王朝は16世紀までデカンに君臨することになる。

ダウラターバードを失ったムハンマドの落胆は大きかった。バラニーはこう語っている。「スルタンがそのように悩んでいたころのことだが，彼はある日，人を差し向けてわたしを呼びよせ，（略）こんなことを言った。『余の王国は病んでいる。しかも，この病を治す療法はない。（略）王国の各地で騒乱が起こっている。ある地方の騒乱を鎮圧すると，別の地方で騒乱が発生する。ある地域の騒乱を鎮めると，別の地域が不穏になる』」

そこでバラニーはムハンマドに対し，同じような状況でほかの君主たちが採用してきたさまざまな措置について話し，臣下の支持と信頼を築きあげることがきわめて重要だと進言したという。するとムハンマドは大声で，スルタン朝にきわめて大きな打撃をあたえた彼のやり方について，以下のようにのべたとバラニーはのべている。

「余は家臣どもに腹を立てている。そして，あの者たちも余に不満をもっている。民は余の気持ちを知っており，余は民の苦痛と悲惨に気づいている。余が採用する治療法で，ためになる

ものは何もない。反逆者や暴徒，対抗勢力，不満を抱く者への余の治療法は，剣だ。余は刑罰をあたえ，剣を振るう。苦痛によって治療の効果があがるかもしれないからだ。民が抵抗すればするほど，余はいっそう厳しく懲らしめてやる」

　ムハンマドの治世の最後の3年は，グジャラートの軍司令官たちにスルタンの権威を見せつけることに費やされた。軍司令官のひとりをシンドへと追撃中，彼はインダス河畔のタッタ付近で魚を食べたあと，病に倒れた。1351年3月20日，デリー・スルタン朝の君主にしてはめずらしく，また，あれほどの虐殺を行なった男にしてはいささか不当にも思えるが，ムハンマドはベッドの上で息をひきとった。

↑フィールーズ・シャー・トゥグルクの硬貨の表面。
「神のご加護を信じて，フィールーズ・シャー・トゥグルク」

フィールーズ・シャー・トゥグルク	
生年	1309年
父	ギャースッディーン・トゥグルクの弟，ラジャブ
母	ビービー・ナイラ（ディバルプールのラーイ｛ヒンドゥー教徒の王または王族｝，ラーナー・マル・バッティの娘）
妻	不明
息子	フィールーズ・ハーン，ザファール・ハーン，ナースィルッディーン・ムハンマド・シャー，シャーディー・ハーン
即位	1351年3月23日
没年	1388年9月26日，病死。
埋葬地	デリーのハウズ・ハース

フィールーズ・シャー・トゥグルク

「これまでの王たちの治世には，大勢のイスラーム教徒の血が流され，さまざまな拷問が行なわれてきた。手足や耳，鼻を切り落としたり，眼球をえぐりだしたり，溶けた鉛を喉に流しこんだり，槌で手足の骨を砕いたり，火あぶりにしたり，手足や胸に鉄釘を打ちこんだり，腱を切断したり，のこぎりで肉体をばらばらに引き切ったりした。（略）このような拷問や，それに似た数多くの拷問が行なわれた。偉大にして慈悲深い神は余をお作りになった。それゆえ，神の僕たる余は，イスラーム教徒を不法に殺すことや，イスラーム教徒のみならず，他のいかなる人間に加えられるいかなる拷問をも防ぐことにこの身を捧げ，それによって神の慈悲を賜りたい」

フィールーザーバードの金曜モスクに残る
フィールーズ・シャーの刻文

　ムハンマドの治世では反乱が起きたり，領土が失われたりしたが，そのあとのフィールーズ・シャーの治世になると，スルタンの地位はいくぶん安定した。彼の37年におよぶ統治中に起きた反乱は，わずか1度しかない。しかもその間に，多少なりとも領土が増え，当時の年代記作者シャムセ・シラージ・アッフィーフによると，「順調に季節がめぐり，豊富な生活必需品が首都だけでなく，領土全体に広く行き渡っていた」という。

フィールーズ・シャー：隠れた酒飲み，

「フィールーズ・シャーが飲んでいた酒は，さまざまな色と風味をもっていた。サフランのような黄色い酒もあれば，バラのように赤い酒もあり，白い酒もあった。そのどれもが，ミルクのように甘い味がした。(略)

ある日の朝，礼拝のあとで，スルタンが喉をうるおそうと，酒をもってこさせた。それがたび重なったので，タタール・ハーンは同じ時刻にスルタンのそば近くに侍ることにした。(略) スルタンは半裸でベッドに横たわっていたが，ハーンが入ってこないうちに衣服をまとい，ベッドから起きあがって，上掛けの上に腰を下ろした。酒と酒杯はベッドの下に押しこみ，シーツでおおい隠した。ハーンはスルタンの居室に入ると，ベッドの下に隠してあったものを見つけだし，疑念にとらわれた。彼は自分が発見したものに心をかき乱されたせいで，いつもの挨拶の言葉を口に出せなかった」

アッフィーフ

たしかに，フィールーズの死後に起きた大混乱と比べると，このころは黄金時代といえた。

1309年，スルタン・ギャースッディーン・トゥグルクの弟であるスルタン・ラジャブの息子として生まれたフィールーズは，幼いころから一貫して帝王学を教えこまれていた。伯父であるギャースッディーンは権力を握ると，政務をこなし領土を移動するあいだ，この10代の少年をつねにそばに置いていた。ムハンマド・ビン・トゥグルクも王位につくと，フィールーズを1万2000の騎馬隊の指揮官に任じ，施政にともなう重責を経験させた。即位したときには，フィールーズはすでに40歳を超えており，豊富な経験を積んでいた。

ムハンマドが死んだとき，フィールーズは軍を率い，シンドに陣をかまえていた。スルタンの最期に居合わせた有力者たちは，フィールーズを後継者に選び，強硬に自分の息子を王位につけようとしたギャースッディーン・トゥグルクの娘の主張を却下した。一方，フィールーズは重責を担うのをいやがり，スルタンになるよりはむしろ，メッカへ巡礼に赴きたいと言った。アッフィーフは語っている。「信頼のおける記録によると，そのとき会議を主宰していたタタール・ハーンが立ちあがり，フィールーズ・シャーの腕をつかむと，無理やり玉座につかせたのだという」

実際，フィールーズの王位継承は論争を招いたが，それはどうやら誤解に起因していたようだ。ムハンマドはシンドに遠征中，信頼厚い古老の士官，ホージャ・ジャハーンにデリーを任せていた。その後，ホージャ・ジャハーンはシンドから知らせをうけとった。ムハンマドが死亡し，スルタン軍はモンゴル軍の襲撃をうけて，有力な貴族が死んだり行方不明になったが，そのなかにホージャが大きな愛情をそそいでいたフィールーズ・シャーの名もあるというのである。ホージャは君主と友人を哀悼し，ムハンマド・ビン・トゥグルクの息子のマフムード・シャーを王位につける手続きをとった。ホージャがフィールーズの即位を耳にして，自分の過誤を悟ったのはそのあとのことである。フィールーズの軍がデリーに近づくと，「ホージャは首に鎖を巻きつけ，ターバンを取り去り，(略) 抜き身を

> **フィールーズ・シャーの鼻柱を折ったスーフィー聖者**
>
> 世俗に奉仕することに重きをおく神秘主義教団のチシュティー・ニザーミー教団は，スルタンの訪問を迷惑に思うほど，権力者との関係を避けることを建前にしていた。それはフィールーズ・シャーが，デリーのシャイフ・ナースィルッディーン・チラーグを訪問したときの様子を伝える次の記述からもあきらかである。「シャイフは昼寝をしていた。（略）スルタンがハーンカー（スーフィー聖者の道場）の中庭で待っていると，霧雨が降りだした。シャイフが沐浴と礼拝を終えて出てくるころには，スルタンは雨でびしょ濡れになっていた。スルタンはお供の貴族に憤慨した口調で言った。『我々はここの君主ではない。彼ら（聖者たち）が（本当の）君主なのだ』。ようやくシャイフは中庭に下りてきたが，スルタンを道場に連れて行こうとはせず，スルタンといっしょに中庭に腰を下ろした。面談はほんのつかの間で終わり，スルタンはひどく惨めな思いを抱いてその場を去った」

喉に押しあてた姿でフィールーズの前に進みでた」という。

フィールーズは，ホージャにいかなる危害も加える気はなかったが，彼の顧問たちは，重大な国事犯であるホージャを生かしておくわけにはいかないと言い張った。フィールーズは数日間，顧問たちに抵抗したが，とうとう「悲しみに胸を引き裂かれる思いで」引き下がった。ホージャは自分の所領地へ退いて，余生を信仰に捧げるように指示されたが，所領地へ向かう途上，ひとりの廷臣が彼に襲いかかった。アッフィーフによれば，そのときホージャは「その死刑執行人を見つめ，おまえの剣はよく切れるか，と尋ねた。ホージャの友人でもあったその廷臣は，自分の剣を見せた。それから老人は友人に，沐浴と礼拝をさせてほしい，そして自分の剣を使ってほしいと告げた。ホージャが礼拝を終えて，礼拝用敷物に頭を垂れ，神の名を唱えているあいだに，友人が彼の胴体から首を切り離した」という。

貴族と奴隷

フィールーズ・シャーはみずからの周囲に，かなり大きな貴族の集団を作りあげた。そのなかには，先の支配体制から引きついだ者たちもいた。実際のところ，この時代になると，数代のスルタンに代々仕えてきた名門一族が存在した。フィールーズ・シャーの治世のもっとも重要な側面は，奴隷がそうした貴族社会の中枢を占めていくようになったことである。

フィールーズは奴隷を提供する地方長官や貴族たちに報酬をあたえた。彼らに義務づけられた税から，奴隷の値段を差し引いたのである。奴隷は行政から軍務，『コーラン』の朗読，職人の仕事まで，さまざまな職務をこなした。アッフィーフによると，いつでもスルタンの世話ができるように4万人の奴隷が用意され，奴隷の数は総計18万に達したという。スルタンの統治に奴隷はきわめて重要だったので，フィールーズは専門の部署を創設して，奴隷の管理にあたらせた。それからまもなく，奴隷の存在は体制を徐々に衰えさせることになる。

当時の貴族階級がフィールーズの統治に満足した理由のひとつは，彼が貴族たちに十分に報いてやったこと，そしてムハン

マド・ビン・トゥグルクの時代と比べると，彼らの地位が実質的に向上したことにある。フィールーズはスルタンの領土の大部分を王領地から分与地へと転換し，貴族たちに各領地の徴税権をあたえた。これらの税収の中央への納入分は，先代スルタンほどには綿密に監査させなかった。そのため貴族のなかには，大金持ちになる者もいた。

フィールーズはまた，軍士官たちに多額の俸給を支払い，領地と官職を世襲にすることも許可した。彼は世襲を認めたことをとりわけ誇りにしていたが，この行動は彼の前任者たちをぞっとさせただろう。要するに，フィールーズはその治世の特徴である平和を金で買ったのである。その代価は，中央に対する地方権力の増大と，最終的なスルタン朝の解体だった。

世襲制としたことで恐ろしい結果をもたらしたのが，宰相の任命だった。ことのしだいはカヌというヒンドゥー教徒から始まった。インド南部に生まれ，ムハンマド・ビン・トゥグルクの宮廷にやってきたこの男は，イスラーム教に改宗し，その後，副宰相の地位まで出世した。「この男は読み書きがまったくできなかったが，人並みはずれた常識や洞察力，知性を備え，宮廷に光彩をあたえていた」とアッフィーフはのべている。

フィールーズは彼を宰相に任じると同時に，ハーニ・ジャハーン（「世界の指揮官」の意）という称号を授け，彼が統治組織におよぼす権威を高く評価した。1368年にこの宰相が死亡すると，フィールーズは彼の息子を宰相に任命するとともに，同じ称号と同じ領地をあたえた。

信者にして建設者

先代スルタンと同じく，フィールーズもエジプトのアッバース朝カリフとの関係を維持し，カリフがインドにおけるスルタンの統治権を承認するために派遣した使節団を受け入れた。しかし，先代スルタンに見習ったのはそこまでだった。彼はムハンマド・ビン・トゥグルクよりも，はるかに伝統的な考えの持ち主だった。学者を殺害するどころか，彼らに敬意を払い，つねに聖者たちの廟を訪れていた。

フィールーズ・シャー：文化遺産の保護者

インドの中世あるいは近世初期の他の支配者たちとはちがって，フィールーズ・シャーは歴代スルタンが造営した建物の保存に力を尽くしている。実のところ，彼の次に過去の建築物に注意を払ったインドの支配者は，イギリスのインド総督カーゾン卿であった。

フィールーズはこう記している。「神に導かれ，余はふたたび，歴代の王や古代の貴人が建てた壮大な建築や建造物の修復と再建を行なうことにした。時の経過とともに見る影もなくなったこれらの建造物を修復することは，余の建設事業よりも重要である。スルタン・ムイズッディーン・サームが建てたオールド・デリーの金曜モスクは古びて朽ちはて，修復を必要としていた。そこで，余はこの建物を修復し，かなり良好な状態へ戻した」

そのあとに，フィールーズは修復を行なった歴代スルタンたちの建造物の一覧を書き残している。その一覧には，溜池，墓，モスク，学院，隊商宿，病院，デリーの城砦があげられている。

イスラーム法に反する税を廃止し，ジズヤ（人頭税）を拡大してすべてのヒンドゥー教徒に適用したが，その処置がきっかけで多くのヒンドゥー教徒がイスラーム教に改宗し，フィールーズを大いに喜ばせた。イスラーム教の異端や分派的な教説を弾圧し，とりわけヒンドゥー寺院がイスラーム教徒に悪影響をあたえると思われたときには，それを破壊した。実際，イスラーム教徒たちに法に適った行ないを強制することに関心をもち，女性が聖日（金曜日）に聖廟に行くこと（不始末を犯しやすい場だった）を禁止し，住まいや家具から個人の肖像画をすべて撤去するよう命じた。さらに臣下には，華美な衣服を避け，預言者ムハンマドに習って質素な衣服を着るよう求めた。だが酒に関しては，フィールーズは自分自身に特別の免除をあたえていたという。

フィールーズは偉大な建設者でもあった。彼は何度も運河建設を行なったが，それらの運河は新しい開墾地をもたらしたうえに，他の耕作地でも年に2種類以上の農作物の収穫を期待できるようになった。アッフィーフによると，フィールーズはデリー付近に1200もの庭園を造り，他の庭園を整備したという。

彼は都市も建設している。デリーの西のヒサール，デリーから560キロほど東のジャウンプル，そして彼自身の都であるフィールーザーバードは，クトゥブッディーン・アイバクとイルトゥトゥミシュが築いたオールド・デリーの北およそ8キロのヤムナー河岸に位置している。人びとがよく遊びでフィールーザーバードとオールド・デリーを往来するので，両都市間はどこもかしこも，「蟻やバッタが群がるよう2人でいっぱいだった。（略）馬車の料金は1人当たり4ジタル銀貨（ジタルは劣位銀3.5gの価値の低い貨幣）だった」とアッフィーフはその賑わい振りを描写している。

スルタンにしてはきわめて異例だが，フィールーズは過去のスルタンたちが2世紀以上かけて建設した墓や溜池，モスク，学院を，必要に応じて再建したり寄進したりした。スーフィー聖者の道場や旅籠（はたご），病院，それにヤムナー川のそばに，およそ366×732メートルにおよぶ宮殿区域を築いた。この宮殿区域はのちのムガル帝国の宮殿のモデルと見なされる。彼はフィー

トゥグルク朝

▷デリーのフィールーザーバード，ヤムナー川近くのフィールーズ・シャー・コートラに建つハワ・マハル（風の宮殿）。この要塞化された大宮殿は一般謁見殿と貴賓謁見殿，庭園，水利施設，兵舎，兵器庫を備えている。

バオーリー（内部に階段がついている大きな井戸）はいまも残っている。その周囲に配置された地下室は，階段状のピラミッドの形をしたハワ・マハルと同様に，暑気を避けるための部屋だろう。この宮殿にはフィールーズ・シャーの側室たちが暮らしていたと考えられている。アショーカ王の石柱は，クトゥブッディーン・アイバクがクーワットゥル・イスラーム・モスク（▷p.119）に建築した，これとよく似た柱と比べてみるべきだろう。ハワ・マハルは後代のムガル帝国の宮殿の手本となった。

ルーズ・シャー・コートラの名で知られるこの場所に，アショーカ王（在位前273～232年）の石柱のひとつを移築する段取りをつけた。それはすでに，およそ210キロ離れたアムバラから運ばれてきていた。

だが，こうしたさまざまな功績の一方で，フィールーズは軍事面で大きな欠点をもっていた。彼は従兄弟のムハンマドが，どれほど広大な領土を失ったかはよくわかっていたが，それでも危険を冒してデカンに入ることはしなかった。1353年と59年の2度にわたるベンガル遠征では，軍事的に優位に立っていたにもかかわらず，総司令官には不可欠の冷酷さに徹することができなかった。1364年，彼はヒマラヤ山脈のナガルコート公国を征服して多少の成功を収めたが，翌年のシンド遠征は大失敗に終わった。シンドの首都を占領できず，兵糧は底を尽き，馬は伝染病で死に，軍隊はカッチ湿地帯で敗北をきっしたので，デリーでは6カ月ものあいだ，軍の消息が途絶えたままだった。

軍事面の才能があったハーニ・ジャハーンが1360年代に死亡すると，フィールーズは軍事遠征をいっさい断念した。そして，彼が軍事面の諸問題をおろそかにしたことが，14世紀末期のティムールの侵略に際して，スルタン朝が太刀打ちできなくなる要因となったことは，ほぼまちがいないだろう。1384年，70歳代後半にさしかかっていたフィールーズ・シャーは病に倒れ，1388年にその生涯を終えた。

トゥグルク朝末期の君主たち──1388〜1414年

フィールーズ・シャーの晩年には，彼の息子のナースィルッディーン・ムハンマドと宰相ハーニ・ジャハーン2世とのあいだに勢力争いが生まれた。この争いは1387年に頂点に達した。宰相が病気で苦しむスルタンを息子に背かせようとして，その骨折りのかいもなく殺されたのである。その後，権力闘争は，スルタンのもうひとりの息子のムハンマドと父親の奴隷たちとの争いとなった。

フィールーズ・シャーが病死すると，彼の曾孫の**ギャースッディーン・トゥグルク（2世）**が奴隷たちの力を借りてスルタンの地位につき，ムハンマドはデリーから逃亡せざるをえなくなった。ギャースッディーンが謀反で殺されると，フィールーズ・シャーの孫の**アブー・バクル**がスルタンの座についた。アブー・バクルが1389年までにデリーと戦闘用の象を支配下に置き，祖父の奴隷たちの支持を取りつけていたのに対し，ムハンマドは軍司令官とその部隊の支持を得て，地方の大部分を制圧していた。1389年9月，ムハンマドは父親の奴隷を見つけしだい皆殺しにせよと部下たちに命じた。

1390年，アブー・バクルを支持する奴隷たちが分裂し，一方はムハンマドをデリーに招き入れることに決めた。アブー・バクルは逃亡し，その後まもなく死亡した。きわめて重要な象をおさえると，**ムハンマド**はただちに奴隷たちを虐殺するか，あるいは国外に追放した。

中央でこうした権力闘争が巻き起こっているあいだに，ヒンドゥー教徒とイスラーム教徒を問わず，地方の指導者たちがスルタン朝から独立していった。1393年にムハンマドが死亡してからは，宮廷貴族が2つに分かれて，それぞれが傀儡を擁立したため，中央の力はいっそう弱まった。傀儡の一方はムハンマドの息子**マフムード・シャー**，もう一方は**ヌスラト・シャー**である。前者はオールド・デリーを，後者はフィールーザーバードを支配した。3年もの間，両陣営のあいだで毎日のように争いがくり返された。

このような状況では，サマルカンドを豊かにするための略奪

⇧マフムード・シャー・ビン・ムハンマド（在位1393〜1413年）の硬貨の表面。
「至高のスルタン，勝利を得た者の父，マフムード・シャー，ムハンマド・シャー，フィールーズ・シャー，スルタン」

⇧ヌスラト・シャー（在位1395〜99年）の硬貨の表面。
「ヌスラト・シャー，神のご加護を信じ，その王国が永遠に長らえんことを」

1398年のデリー略奪

「その月の16日、多数の兵士たちがデリーの城門に集まり、住民たちをあざ笑った。ティムールはこの話を聞くと、数人のアミール（軍司令官）に命じてそれをやめさせた。しかし、その都市を荒廃させ、その住民を手荒く扱うのはこのうえない楽しみだった。（略）

その月の17日、デリーはくまなく略奪され、ジャハーン・パナー城塞とスィーリー城塞のなかの宮殿が破壊された。18日も、略奪が続いた。あらゆる兵士が奴隷として20人を超える人間を奴隷とし、なかには50〜100人の男女や子どもを奴隷としてデリーから連れだす者もいた。その他の略奪品も莫大だった。あらゆる種類の宝玉にルビーにダイヤモンド、あらゆる種類の反物や織物、金銀の花瓶や容器、多額のアラー・タンカ硬貨にその他の数えきれないほどの硬貨。捕虜にされた女性は大部分が金銀の腕輪やアンクレットを着け、足の指に高価なリングを着けていた。そういう女性たちの薬や香水、軟膏、それに似たものは見向きもされなかった」

ヤズディー

品と人材を求めてやまないティムールが、デリーに注意を向けるのは当然のことだった（⇨p.66）。モンゴル軍を迎え撃つマフムード・シャー軍の規模を見れば、スルタン朝がどの程度まで弱体化していたかがわかっただろう。ティムールが打倒した軍の規模を軽んじる理由はないはずだが、それでもティムール側の情報源によると、マフムードには1万2000の騎兵、4万の歩兵、120頭の象しか残されていなかった。これは、フィールーズ・シャーやムハンマド・ビン・トゥグルク、アラー・ウッディーン・ムハンマドが率いた軍勢の10分の1に過ぎない。

これにはいくつかの理由があるが、インド東部に独立した王朝が形成された結果、象の補給が減少し、同時に中央アジアで軍馬の需要が増えたのもそのひとつだった。農業が盛んになってきたにもかかわらず、イスラーム法に反する税の廃止によって歳入が減少しており、しかも建設事業と学者や聖者にまわす費用が増えたせいで、軍費が削られていたのである。もうひとつの要因は、軍の糧食を分与地がまかなう見返りに、中央の税収から分与地へ譲渡する割合が増えていったが、しだいに中央の税収が手詰まりになってきたことである。

1398年11月26日、マフムードはデリー郊外の平原でモンゴル軍と対決した。年代記作者のサラーフッディーン・ヤズディーは語る。「インド軍兵士たちは命がけで勇敢に戦ったが、か弱い虫が吹きすさぶ風と戦うように、弱い鹿が獰猛なライオンに挑むように、彼らは不利な戦いを強いられた」

この結果、デリーは占領され、略奪され、住民たちはインド北部のほかの地域へ四散し、デリーの富は中央アジアへ持ち去られた。この戦いが、インドの覇権を争った一大勢力、スルタン朝の終焉を決定した。マフムードはスルタンの座にとどまったが、絶えずライバルのスルタンたちや強力な臣下たちの言いなりにならざるをえなかった。

1412年のマフムードの死とともに、トゥグルク朝が幕を下ろすと、強力な臣下のひとり、アフガニスタン人のダウラト・ハーン・ローディーが王位についた。けれども1414年、彼はヒズル・ハーンに駆逐された。ヒズル・ハーンは、フィールーズ・シャーからパンジャーブのムルターンの統治者に任命された男である。

第2章　デリー・スルタン朝

⇧ムバーラク・シャーの硬貨の表面。「スルタンの御世に，不信心者を殺戮する者，神を信頼する者，慈悲深き者の栄光，スルタン・ムバーラク・シャー」

　ムバーラク・シャーは最初，フィールーズ・トゥグルクとその息子ムハンマドの名のもとに硬貨を発行した。しかし，治世の晩年には，自分自身の名で硬貨を発行した。

サイイド朝
1414～51年

ヒズル・ハーン
在位1414～21年

ムバーラク・シャー
在位1421～34年

ムハンマド・ビン・ファリード
在位1434～45年

アラー・ウッディーン
在位1445～51年

ヒズル・ハーン	
出生	サイイド（預言者ムハンマドの直系の子孫）であると称した。
父	マリク・スレイマーン（フィールーズ・シャー・トゥグルクの軍司令官を務めたナースィルル・ムルク・マルダン・ダウラートの養子）
母	不明
妻	マフドゥマ・イ・ジャハーン
息子	ムバーラク・シャー
即位	1414年6月6日
没年	1421年5月20日
埋葬地	墓はデリー，オクラ区に近いヤムナー河岸にある。

サイイド朝

「彼（ヒズル・ハーン）は贈り物を部下の士官たちに分配する一方，王の称号を名のることを控え，自分はティムールのために政権を保持しているのだと公言していた。ティムールの名において硬貨を鋳造させたり，フトゥバ（金曜礼拝の説教）でティムールの名前を唱えさせたりした。ティムールが死ぬと，彼の後継者シャー・ルフ・ミールザーの名をフトゥバで唱えさせ，時折，ティムール朝の首都サマルカンドへ貢ぎ物を送ることまでした」

フィリシュタ（ペルシアの歴史家）

　年代記作者のシルヒンディは，**ヒズル・ハーン**についてこうのべている。彼はサイイド家の一員，つまり預言者ムハンマ

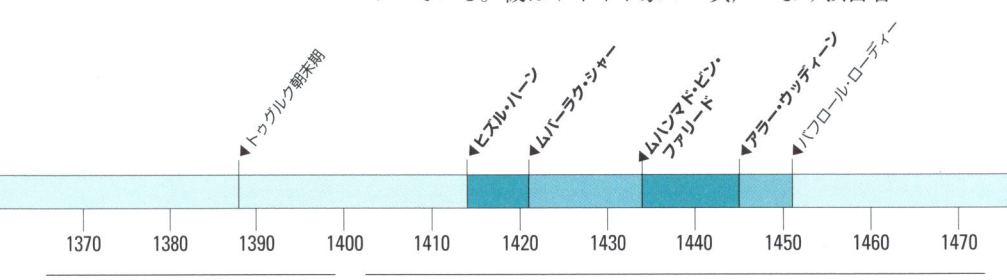

▲トゥグルク朝末期　▲ヒズル・ハーン　▲ムバーラク・シャー　▲ムハンマド・ビン・ファリード　▲アラー・ウッディーン　▲バフロール・ローディー

1370　1380　1390　1400　1410　1420　1430　1440　1450　1460　1470

サイイド朝

ムバーラク・シャー	
出生	不明
父	ヒズル・ハーン
母	マフドゥマ・イ・ジャハーン
妻	不明
息子	甥のムハンマドを養子に迎えた。
即位	1421年5月22日
没年	1434年2月19日、暗殺される
埋葬地	墓はデリーのムバーラクプル区、ヤムナー河岸にある。

↑ムハンマド・ビン・ファリード(在位1434~45年)の硬貨の表面。「至高のスルタン、徳行の父、ムハンマド・シャー、ファリード・シャーの息子、首都の支配者、スルタン"

ムハンマド・ビン・ファリード	
出生	不明
父	ファリード・ハーン。ただし、叔父ムバーラク・シャーの養子となった。
母	不明
妻	不明
息子	アラー・ウッディーン・アーラム、バフロール・ローディーを息子と呼んだ。
没年	1445年
埋葬地	デリー、サフダル・ジャング墓の向かい側のハルプール地区に墓がある。

ドの末裔だったので、ヒズル・ハーンと3人の後継者の王朝は、サイイド朝と呼ばれるようになった。今日では、サイイド朝はそれほど多くの領土を支配していたわけではなく、ライバルのスルタンや独断的なヒンドゥー教徒の君主たちから絶えず脅威をあたえられていたことが明らかになっている。

また、インド北部ではティムール朝の影響力が大きかったこともわかっている。ヒズル・ハーンはティムール、そしてティムールの亡きあとはシャー・ルフの宗主権を認め、その見返りに礼服と旗を受けとった。1421年にヒズルが死ぬと、彼の息子の**ムバーラク**が跡を継ぎ、彼もまたシャー・ルフに貢ぎ物を贈って、お返しに礼服と儀式用の日傘を受けとった。

ムバーラクの治世はデリーに対するパンジャーブのヒンドゥー部族民の威嚇や、ティムール朝のたび重なる侵略への対応、ジャウンプルのスルタンやメワトの君主たちへの対応に費やされた。1434年、ムバーラクは礼拝を始めようとしたとき、宰相の陰謀によって暗殺された。

ムバーラクの跡は、彼の養子で甥でもあった**ムハンマド・ビン・ファリード**が継いだ。4カ月も経たないうちに、彼の父を殺した犯人たちが捕らえられて殺害され、その時点で貴族たちはムハンマドに忠誠を誓った。しかし、スルタン・ムハンマドは政務に励むよりも、自堕落な生活を好む性格だということがわかった。そこで数人の貴族が勝手にことを進め、マールワーのスルタンにデリーを制圧するよう促した。

スルタン・ムハンマドはその脅威に対処すべく、宮廷内の影

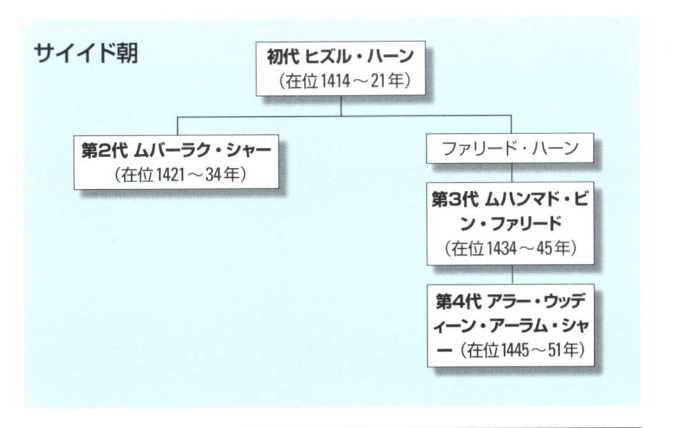

サイイド朝

```
初代 ヒズル・ハーン
(在位1414~21年)
├── 第2代 ムバーラク・シャー
│   (在位1421~34年)
└── ファリード・ハーン
    └── 第3代 ムハンマド・ビン・ファリード
        (在位1434~45年)
        └── 第4代 アラー・ウッディーン・アーラム・シャー
            (在位1445~51年)
```

↑アラー・ウッディーン（在位1445〜51）の硬貨の表面。
「アーラム・シャー，ムハンマド・シャーの息子，首都デリーにて」

響力をとみに増してきたバフロール・ローディー配下のアフガン人貴族たちに始末をつけてくれるよう頼んだ。その結果はといえば，決着のつかない戦いと，デリーでの評判を一段と落とすことになったマールワーのスルタンとの取り決め，ローディーとそのアフガン人支持者たちの実質的な権力の増大だった。

1445年にムハンマドが亡くなると，息子の**アラー・ウッディーン**が王位を継承した。年代記作者のハラウィは彼についてこう語っている。「アラー・ウッディーンは，あの父親よりも，さらに政務に無頓着で，無能だった」。彼はデリーの東のバダーウーンという町に引きこもり，首都のことは宰相に任せきりにした。

こうして秩序が崩れると，バフロール・ローディーはその機に乗じてデリーを占領し，宰相を罷免した。さらにデリーの貴族層を味方につけると，バダーウーンのアラー・ウッディーンに書簡を送り，スルタン朝をアラー・ウッディーンの名のもとに統治することを申しでた。それに対し，アラー・ウッディーンはこんな返書を送った。「わたしの父があなたを息子と呼んだ以上，わたしはあなたを自分の兄と考えています。それゆえ，わたしはすでにあなたに政権を譲り渡しているのです。わたしはこのバダーウーン地区（パルガナー）で満足しています。あなたのもとでデリー・スルタン朝が繁栄しますように」

1451年4月19日，ローディーはデリーの玉座にのぼった。アラー・ウッディーンはそれから27年のあいだ生きながらえ，退位させられたスルタンにはめずらしく，安らかな最期をとげた。

ローディー朝

1451〜1526年

バフロール・ローディー
在位1451〜89年

シカンダル・ローディー
在位1489〜1517年

イブラーヒーム・ローディー
在位1517〜26年

↑バフロール・ローディーの硬貨の表面。
「神を信頼する者，慈悲深き者の栄光，スルタン・バフロール・シャー」

バフロール・ローディー	
出生	アフガニスタンのギルザイ・パタン族と関係のある一族に生まれる。
父	マリク・カラ
母	氏名不詳（シルヒンド領主のマリク・シャー・スルタンの娘）
妻	シャムス・ハトゥーン（シルヒンドのマリク・シャー・スルタンの娘），ゼバ（金細工師の娘）
息子	バルバク，ニザーム・シャー（シカンダル・ローディー），アーラム・ハーン，アザム・フマーユーン，ハーン・ジャハーン
即位	1451年4月19日
死没	1489年アリガール付近のマラワリにて
埋葬地	デリー，ニザームッディーン・オーリヤーの聖廟（ダルガー）付近。

バフロール・ローディー

「バフロール・ローディーは，高潔で温厚な王子だった。知識のおよぶかぎり正義を行ない，民を臣民というよりは仲間のように扱った。王位につくと，公の財産を友人たちに分配した。そして王の威厳を見せつけなくとも，自分が王であることが世に知られていればそれで十分だと言って，めったに玉座にのぼろうとしなかった」

フィリシュタ

　バフロール・ローディーはまず，デリー・スルタン朝の権力回復に取り組んだ。両親を早く亡くした彼は，イスラーム・ハーンという叔父に育てられた。この叔父は，サイイド・ヒズル・ハーン支配下のパンジャーブのシルヒンドで総督を務めていた人物である。バフロール・ローディーは若いころ，きわめて有能な兵士であることを証明したので，叔父は実の息子たちが不

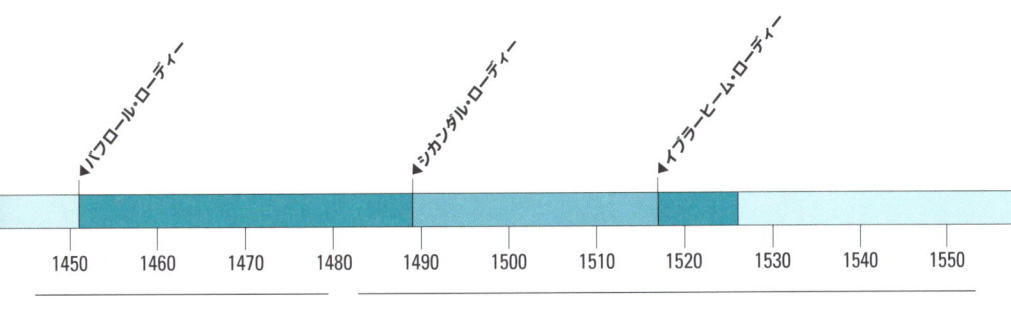

第2章 デリー・スルタン朝

⇧バフロール・ローディーの墓廟。チラーグ・デリー，スーフィー聖者チシュティーの聖廟付近。デリーの考古学遺跡を調査したサイイド・アフマド・ハーンの『アーサールッ・サナーディード（偉大なるものの痕跡）』より。

服を唱えたにもかかわらず，バフロールを自分の後継者にした。

1443年5月にイスラーム・ハーンがモンゴル軍との戦いで死亡すると，バフロール・ローディーが代わってシルヒンド総督になった。サイイド・アラー・ウッディーンが王位につくころには，バフロールはすでにパンジャーブ全域を支配するようになっていた。その結果，バフロールがデリーの王位につくと，スルタン朝はすぐに実質をともなった政権となっていた。基盤をゆるぎないものにするために，彼は主要な行政官の地位にアフガン人をすえただけでなく，主要な分与地や軍の高官にも彼らを配置した。当然のことながら，デリーの古くからの貴族たちは，こうした措置に大いに憤慨した。当時アフガン人は，優秀ではあるが，たんなる兵士にすぎないと考えられていたからである。

貴族たちはアフガン人の地位を奪いとろうと，デリーの東およそ640キロのジャウンプルのスルタンをデリーに呼びよせた。ジャウンプルのスルタン朝は次のようにして台頭した。1384年，マフムード・シャーは，ホージャ・ジャハーンという有力な奴隷をスルタン・アッシャルキー（東方の王）に任命し，ジャウンプルをその本拠とさせた。ティムールがデリーを略奪したあと，ホージャ・ジャハーンは独立した君主となり，シャルキー王朝は豊かな領地を支配するようになった。

スルタン・マフムード・シャルキーはデリーへの招待を喜んで受けとった。この機に乗じて，デリーの政争に介入し，強力なバフロール・ローディー支配下のデリー・スルタン朝が，ジャウンプルにとってあまりにも大きな脅威となるまえに，牽制しておきたかったからである。もうひとつの理由は，彼に嫁いだサイイド家の高慢な王女が，自分の世襲財産を取り戻すようシャルキーを急き立て，ぐずぐずしていたら妻がみずから遠征軍の指揮をとるといって脅かしたからだった。

かくして，デリーとジャウンプルは27年におよぶ長期の戦

ローディー朝

初代 バフロール・ローディー
（在位1451〜89年）

第2代 シカンダル・ローディー
（在位1489〜1517年）

ジャラール　　第3代 イブラーヒーム・ローディー
（在位1517〜26年）

争に突入し、このことがバフロールの治世の最大の特色となる。1479年になって、ようやくバフロールはジャウンプルを征服し、その地を併合すると、息子のバルバクを総督に任命した。バフロールの軍は数に勝る敵との長期戦を何度も経験しているが、この勝利はそれらに負けず劣らず注目すべき功績だった。バフロールが勝利した理由としては、彼の用心深く、理性的な指揮と、彼の軍旗の下に集まった多数のアフガン人（その多くはすぐれた弓の射手だった）の力、加えてジャウンプル側の傲慢さがあげられるだろう。

だが1489年7月、バフロールは別の軍事行動からデリーに戻ったあと死去し、戦争に費やされたその長い人生に終止符を打った。彼はそれまで、ムルターン、ラージャスターン、シンド、グワーリオールといった他の地域で戦争をしてきたが、ジャウンプルとの戦争にこだわった結果、デリーの西のパンジャーブ地域に対する支配を失ってしまった。よくあるように、特定の方針にもとづいた強化策は、別の部分の弱体化をもたらすものである。彼の政権はアフガン人の支持のおかげで強化されていたが、それは同時に、自分たちは冷遇されていると感じたトルコ人やインド人の反感によって、弱体化の原因となった。彼は宮廷で廷臣たちと同じ絨毯に腰を下ろしたり、彼らに最高の賛辞をのべたりしたが、彼のそんな平等主義もまた、スルタンの権力を弱める一方で、貴族たちが力を蓄えていくという弱点をもっていた。

シカンダル・ローディー	
出生	1457～58年頃
父	バフロール・ローディー
母	ゼバ
妻	ブーワ
息子	イブラーヒーム、ジャラール
即位	1489年7月17日
没年	1517年12月21日、または22日
埋葬地	デリー、ローディー庭園

シカンダル・ローディー

「彼の容姿は、豊富な学問と良識に満ちたその知性と同じく、美しさと端整さという点で際立っていた。（略）彼の在位期間、日用品はすべて安く、ふんだんに供給されていた。そして領土には、平和が広く行き渡っていた。彼は公開の場で苦情を聞くために、必ず一定の時間をあてていたし、一日中政務に専念することはよく知られていた。だが、食事の時間や休憩時間を過ぎても政務に打ちこむことさえあった。また、必ず日に5回、礼拝する習慣を身につけていた」

フィリシュタ

⇧シカンダル・ローディーの硬貨の表面。
「神を信頼する者，慈悲深き者の栄光，シカンダル・シャー，バフロール・シャー，スルタン」

バフロールが死ぬと，スルタンの死後にはつねに見られるように，はげしい後継者争いが起こった。彼の息子9人のうち数名が争いに加わり，甥もひとり名のりをあげた。バフロールは生前，息子のデリー総督ニザーム・ハーンを後継者に指名していた。しかし，だれを後継者にすべきかを貴族たちが話し合っている最中に，ニザーム・ハーンの母で金細工師の娘ゼバがこっそりと，息子の為に芝居がかった工作を行なったため，ニザーム・ハーンの従兄弟からしっぺ返しを食わされた。「金細工師の息子どもが政権に何の用がある？　猿がやることはしょせん猿真似に過ぎないというのに」

だがニザーム・ハーンは事態を掌握し，敵対勢力を武装解除して問題を解決すると，貴族の大部分から支持を得て，1489年7月17日，フィールーズ・シャーの宮殿で玉座につき，シカンダル・シャーの称号を名のった。

シカンダルの最初の仕事は，依然として彼の権威を認めないライバルたちへの対処だった。そのライバルとは，彼の弟でラプリ総督のアーラム・ハーン，兄でジャウンプルの統治者のバルバク，従兄弟でカルピ総督のアザム・フマーユーンである。いずれの場合も，彼が用いた手法は同じで，できるだけ戦争を避け，もし戦争に訴えて勝った場合でも，寛大な処置をするというものだった。

それから3，4カ月のうちに，30歳になったばかりのシカンダルは，押しも押されもしないデリーの支配者になっていた。その後の数年間，彼はデリーの東方のあらゆる対抗勢力を粉砕することに専念し，1499年にはジャウンプルを支配下に収めただけでなく，ビハールの併合にも成功した。次にシカンダルはデリーの南に目を向け，ヒンドゥーのきわめて寛大な王（ラージャ），マーン・シン（在位1486〜1517）が統治するグワーリオール王国に目標を定めた。シカンダルがとりわけこの王国を問題視したのは，ローディー朝の権威の押しつけを嫌うパンジャーブの族長たちが，グワーリオールに逃げこむことがよくあったからである。

その軍事遠征は，最初の5年間こそ実を結ばなかったが，1505年にシカンダルが士官たちの勧告を受け入れると，事態

に変化の兆しが見えてきた。その勧告とは，彼がグワーリオール地域での軍事上の問題にもっとすばやく対処できるように，首都を南方のアーグラに移すべきだというものだった。1509年には，彼はすでにローディー朝が支配する一連の城砦でグワーリオールをとり囲むことに成功していた。その後，1509年から1516年にかけて，彼はさらに南方のマールワーのスルタン朝に侵攻する構えをとっていた。

だが，16年を費やしてスルタン朝の影響力を南へと押し広げてきた代償を支払うときが，ついに訪れようとしていた。シカンダルが北西の辺境地域をおろそかにしていたせいで，パンジャーブの族長たちが，独立の気運を一段と強めていたのである。そしてムガル軍を率いるバーブルに，ヒンドゥスターンはたやすく略奪できる土地であり，ことによると征服できるかもしれないと思わせる結果となったのである。

シカンダルは，もっとも成功したローディー朝のスルタンだった。正義が機能しているかどうかを注意して見張り，自分に仕えるアフガン人の教育水準を引き上げ，行政機関を厳重に監督した。彼の効率的な統治のおかげで，国内情勢が安定し，交易が盛んになり，食料品の価格が下がった。一個人としてのシカンダルも，非常に教養のある人間で，「グールーヒ（「バラ色の頬をした」の意）のペンネームでペルシア語の詩を作り，音楽も愛好していた。学者や聖者と親しく交わり，異例なことだが，彼らに土地や下賜品をあたえていたといわれる。イスラーム教徒が非イスラームの慣習に従うことには猛烈に反対したが，人間にありがちな弱点もないわけではなかった。信心深いのはあきらかだったが，「健康を保つために」隠れて酒を飲んでいた。

だがここに，昔から歴史

⇩シカンダル・ローディーの墓廟。八角形の墓が，壁で囲まれた大庭園のなかに建てられている。この庭園は堂々たる出入り口と，それぞれの隅に八角形の小塔をもつ。シカンダル・ローディーは，もっとも成功したローディー朝のスルタンである。

地方の6大スルタン朝

デリー・スルタン朝は，ムハンマド・ビン・トゥグルクの治世からティムールの侵略までのあいだに，着実に崩壊への道をたどっていった。その間の混乱期に，デリー・スルタン朝の領土から，複数のスルタン朝が独立をはたしている。以下のスルタン朝は，それぞれ重要性はまちまちだが，デリー・スルタン朝とムガル帝国の歴史に関わりのある王朝である。

☆　　☆

バフマニー・スルタン朝（1347～1518年）

1347年，ハサン・ガングがムハンマド・ビン・トゥグルク相手に反乱を起こしてダウラターバードを占領し，スルタン・アラー・ウッディーン1世としてバフマニー朝を創始した。彼がバフマンと名のったのは，同じ名前をもつペルシアの王（通称はアルタクセルクセス）の子孫だと主張したからだった。

この王朝の支配権は，その存続期間の大半を通して，デカン高原を越え，北はペン・ガンガー川から南はクリシュナー川まで，東はボナギールの町から西はアラビア海まで達した。バフマニー朝のスルタンたちは，東はワランガルのヒンドゥー王国，南はヴィジャヤナガル王国と絶えず戦端を開いていた。領土はムハンマド・シャー3世（在位1463～82年）の下で最大の版図に広がったが，1518年には，当時の首都ビーダル周辺の小さな地域まで減少していた。

この王朝の歴代スルタンたちは，いずれも魅力のある人物ではなかったようだ。1347年から1518年にかけて，14人の男がスルタンの座についたが，そのうち数人は酒が原因で命を落としたほどの大酒飲みで，さもなければ女におぼれていた。ムハンマド2世を除き，他のスルタンは全員，各人各様に残忍だった。彼ら自身も，4人が暗殺され，2人が退位させられたり，盲目にされたりしている。

しかし，この王朝は建築にかけては傑出していた。スルタンたちはそれぞれに精力をそそいで，インドでは最大規模の城砦を数多く築いた。彼らはどうやら，十字軍の遠征が失敗してから奴隷としてインドで売り払われた，パレスティナやシリア出身のキリスト教徒の建築家たちから助言をうけていたようだ。こうした城砦はその頑丈さと精巧さで傑出していた。また，モスクや霊廟，神学校，宮殿といった一般的な建築物も多数造られた。とりわけ，最初はグルバルガ，後にはビーダルの2つの首都でそうした傾向が目立つ。

バフマニー朝における「外国人」の重要性を考えると，たとえばアラー・ウッディーン2世（在位1436～58年）の治世に，主としてスンナ派に属するデカンのイスラーム教徒やアビシニア人移住者たちと，通常シーア派に属する外国人やアラビア人，トルコ人，ペルシア人との緊張が高まったとしても驚くにはあたらない。

1518年，スルタンの領土は5つの異なるスルタン領に分割され，それがムガル時代を特徴づけることになる。

ベンガルのスルタン朝（1336～1576年）

ベンガルは豊かな地域で，ガンジス川とブラーフマプトラ川がこの地域を通ってインド洋に流れこんでいる。ベンガルは，そこから西へ数百メートル離れたデリーの平原地帯を本拠とする権力者たちにとっては，いつの時代も支配のむずかしい地域だった。

1342年，シャムスッディーン・イリヤース（1342～57年）という有力な貴族が，ムハンマド・ビン・トゥグルクの支配から独立した。トゥグルク朝は何度かベンガルを奪回しようとしたが，1359年以後は，成立まもないベンガルのスルタン朝のことは放置していた。

ベンガルのスルタンたちは独立王朝としての意識が強く，自分たちの権力と権威を明白に示そうとした。たとえばシャムスッディーン・イリヤースはその硬貨に，「第2のアレクサンドロス，カリフの右腕」と記している。彼の息子のシカンダル（在位1357～89年）は，当時の首都パーンドゥアにアドリナ・モスクを建立した。縦横172×97メートルのこのモスクは今日でも，インド亜大陸で最大のモスクのひとつである。彼の後継者，ギャースッディーン・アザム・シャー（在位1389～1410年）は，メッカとメディナのマドラサの建設費用を負担している。

14世紀を通じて，ベンガルのスルタンたちはペルシア・イスラーム文化に属した表現で，自分たちの権威を示し，ペルシアとイスラーム双方の権威の象徴を広く普及させた。宮廷の儀式や階層的な官僚制度，国教としてのイスラーム教などがそれである。ギャースッディーン・アザム・シャーは偉大な詩人，ハーフィズ（⇨p.59）を口説いて，何とかシーラーズからベンガルの宮廷へと移住させようとしているほどだ。

15世紀初期には，ヒンドゥー貴族からスルタン領の統治権を認めよ，という要求が強くなってきた。実をいえば，スルタン・ジャラールッディーン・ムハンマド（在位1415～37年）はもともと，ヒンドゥー教徒の息子だった。その結果，スルタン領の着実な土着化が始まった。ジャラールッディーン・ムハンマドはイスラーム王朝であることを誇示し，「アラーのカリフ」を自称したが，他方では，ベンガル人が宮中で広く用いられるようになった。ブラーフマン（インドの司祭階級の人びとでカーストの最高位）の学者たちは保護され，建築様式は異国の影響をまったくうけず，ベンガルの土着性を反映した建築が建てられた。

スルタンの権力は一般的には，アラー・ウッディーン・フサイン・シャー（在位1493～1519年）の治世

のシーラーズ」と呼ばれていた）の衰退にともない保護を失った人びとを東方へと引き寄せた。また，モスクの壮大な入り口で名高い，この地域特有の建築様式を発展させた。

このスルタン朝の後期はデリーとの27年戦争で特徴づけられる。この戦争でジャウンプルのスルタンたちは，デリーより豊富な財源があったにもかかわらず，それを効果的に使いこなせなかった。ジャウンプルのスルタン朝は1479年，シカンダル・ローディーがついにジャウンプル攻略に成功し，最後のスルタン，フサイン・シャー（1458〜79年）をベンガルに追い払ったとき，終焉を迎えた。

グジャラートのスルタン朝（1407〜1573年）

グジャラートはカッチ湿地帯と西ガートにはさまれた肥沃な土地を抱えていた。多くの港町に恵まれ，長らく活発な交易を享受していた。1297年にデリー・スルタン朝に併合され，総督に支配されていたが，ついに1407年，総督のムザッファル・ハーンがデリー・スルタン朝に対する忠誠の義務を撤回し，グジャラート・スルタン朝を創建した。

2人の偉大な君主がこのスルタン朝の歴史に大きな役割をはたした。最初の偉大な君主がアフマド・シャー（在位 1411〜41年）で，領土を拡大し，イスラーム教を広め，行政改革を実施し，一度たりとも戦いに敗れなかった。彼の数多い業績のひとつに，1410年から17年にかけて行なったアーマダバードの都市建設がある。この都市はその美しさと威容を誇り，当時の人びとから大いに賞讃を集めた。

2番目の偉大な君主はアフマド・シャーの孫のマフムード・「ベガルハ」（在位1459〜1511年）である。ベガルハは「2つの都市」を意味し，彼が征服した大城砦，チャンパニールとジュナガールにちなんでいる。彼はもっとも成功した君主で，精力の大部分を内政に注ぎこんだ。

治世の晩年は，インド洋交易の支配権を求めるポルトガル人との戦いにかかりきりになった。エジプトと同盟を結び，ポルトガルとの海戦に勝ったり負けたりした挙句，もっともよい対処法はポルトガル人と和解し，ディウに在外商館用の敷地をあたえることだと判断した。

この王朝で触れる価値のある最後のスルタンは，このマフムードの孫，バハードゥル・シャー（在位1529〜37年）である。1535年，彼はムガル皇帝フマーユーンに大敗をきっしたが，フマーユーンがアフガン人の競争相手，シェール・シャー・スールと対戦するためにグジャラートから撤退したおかげで，命拾いした。けれども彼の無事な日々は，つかの間に過ぎなかった。ムガル人と戦うために，ポルトガル人の助力を求めようとディーウのポルトガル総督と交渉してい

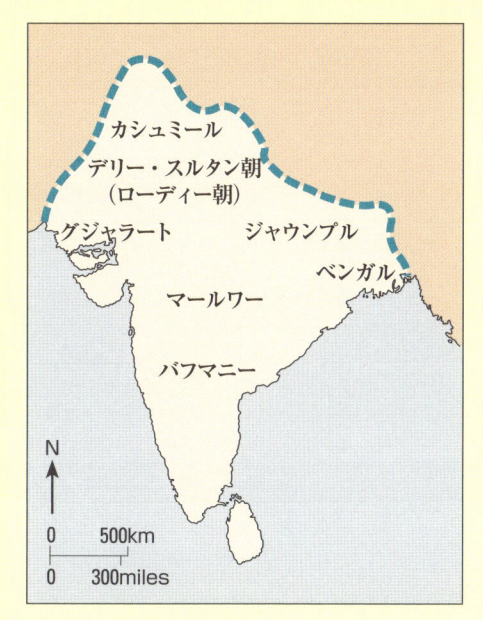

に頂点に達したと考えられている。メッカ生まれのアラビア人，アラー・ウッディーン・フサイン・シャーはアビシニア人の奴隷と自分の息子ナースィルッディーン・ヌスラト・シャー（在位 1519〜32年）の支援を受けて，宰相の要職についた。この時代には，行政は実質的にベンガル人の管理下におかれ，宮廷はベンガル語とサンスクリット語の文芸を奨励した。スルタンの領土は最大規模に達し，この王国を訪れる者はスルタンの権力と富に感銘をうけずにはいられなかったという。

1532年にヌスラト・シャーが暗殺されると，スルタンの領土はまず，ムガル人と敵対していたアフガニー・スールが支配し，その後は1576年までアフガニー・カララーニ家の支配下にあった。その年，この王国はムガル帝国に組みこまれた。

ジャウンプルのスルタン朝（1394〜1479年）

このスルタン朝は1394年，デリーのマフムード・シャー2世の奴隷宰相，ホージャ・ジャハーンによって建国され，彼はスルタン・アッシャルキー（東方の王）の称号を名乗った。彼の養子のムバーラク・シャー（在位 1399〜1402年）は，ティムールの侵略をうけたデリー・スルタン朝の弱みにつけこんで，ジャウンプル朝の独立を主張した。

彼の弟でシャルキー家のスルタンとしてはもっとも偉大な人物だったシャムスッディーン・イブラーヒーム（在位 1402〜40年）の治世に，ジャウンプルは学問の中心地となり，デリー・スルタン朝（当時，「東

るあいだに、彼は殺害された。以後のグジャラート・スルタン朝は無政府状態が続き、ついに1573年、ムガル皇帝アクバルによって併合された。

このスルタン朝の建築物はインドの建築様式の精華であり、イスラーム教が要求するものを、インドの熟練した職人たちが自分たち自身の個性的な表現様式に移し変えたという点で注目に値する。

マールワーのスルタン朝（1401～1531年）

マールワーはインド中部の大きな地域を占めていて、北のデリーとジャウンプル、西のグジャラート、南のバフマニーの各スルタン朝に囲まれている。1310年ごろ、この地域はデリー・スルタン朝に併合され、1401年に総督のディラワル・ハーン・ゴールが単独のスルタンとして独立し、1436年まで続く王朝を創始した。この王朝のもっとも名高い君主はフーシャン・シャー（在位1405～35年）で、彼はヴィンディヤー山系に属する山の頂上に、全長40キロメートルの壁に囲まれた巨大な首都、マーンドゥを築きあげた。

トルコ系ハルジー族出身の宰相マフムード・ハーンが最後のゴール家のスルタンを毒殺したとき、2番目の王朝が成立した。マフムード・シャー（在位1436～69年）は隣国との戦いにその生涯を捧げた。彼の後継者ギャースッディーン（在位1469～1500年）は息子に玉座を譲り渡し、みずから安定した治世の幕を下ろした。その後、この息子はギャースッディーンを毒殺した。

この王朝は1531年、グジャラートのバハードゥル・シャーに征服されたとき、終わりを告げた。グジャラートと同様に、このスルタン朝も後世に残した建造物、とりわけマーンドゥとチャンデリーの2つの都市の建造物が注目に値する。

カシュミールのスルタン朝（1346～1586年）

中世末期には、カシュミールという名はカシュミール渓谷を意味した。長さ128キロメートル、幅40キロメートル、デリーの北にそびえるヒマラヤ山脈の南側にある渓谷である。初代スルタンはアフガン人の策士、シャー・ミールザーで、彼はカシュミールのヒンドゥー君主の宰相となり、1346年に王位を篡奪してシャムスッディーンの称号を手に入れた。

このスルタン朝には、傑出した君主が2人現れた。最初の君主はシカンダル（在位1393～1413年）という第6代のスルタンで、彼は学者を手厚く保護したことで知られ、西アジアから学者たちがこの山岳王国へとやってきた。しかし、シカンダルは熱心にイスラーム教を奨励し、ヒンドゥー寺院や偶像を破壊したので、「偶像破壊者」のあだ名を進呈されることになった。

もうひとりは、シカンダルの年少のほうの息子のザイヌル・アービディーン（在位1420～70年）である。彼はカシュミール渓谷の黄金時代に君臨したスルタンで、ヒンドゥー教徒に対する寛容政策を進め、彼らへの人頭税を廃止し、新たなヒンドゥー寺院の建設を認め、牛の屠殺を禁じた。宮廷で使用する言葉をペルシア語と定め、芸術と科学を奨励し、サンスクリット語やアラビア語、その他の言語で書かれた書物を多数ペルシア語に翻訳した。

彼の死後、このスルタン朝は内戦と侵略で弱体化した。1540年から1551年までは、ムガル皇帝フマーユーンの親族、ミールザー・ハイダル・ドゥグラトが統治した。1586年、アクバルがこのスルタン朝をムガル帝国に併合した。

⇦アーメダバードにある金曜モスクの尖塔の基部。このモスクは、1423年にアフマド・シャーが建立した。アーメダバードでもっとも壮大なモスクで、この尖塔のように石造部分に見られる複雑な彫刻は、この地域のヒンドゥー寺院の伝統的な装飾技法を反映している。

> **シカンダル・ローディーが「グールルーヒ」の筆名で作った詩**
>
> 彼女のまつげに飾られた針のごとき目に
> わたしはわが魂の糸を通そう
> グールルーヒが彼女の歯の魅力を言い表せるなら
> それは彼女の言葉の海に生まれた無色透明の真珠というだろう。
>
> K. S. ラル

イブラーヒーム・ローディー	
出生	不明
父	シカンダル・ローディー
母	ブーワ
妻	不明
息子	不明
即位	1回目　1517年11月22日
	2回目　1517年12月30日
没年	1526年4月21日、パーニーパットの戦いで死亡

⇧イブラーヒーム・シャー・ローディーの硬貨の表面。「神を信頼する者、慈悲深き者の栄光、イブラーヒーム・シャー、シカンダル・シャー、スルタン」

彼の硬貨に刻まれた銘は、判読できないものが多い。

家たちを悩ませてきた問題がひとつある。彼が偶像を破壊したり、ヒンドゥー寺院をモスクに換えたりするなど、ヒンドゥー教徒に対してあれほど厳しい態度をとったのは、いったいなぜだったのかという問題である。そうした厳しい態度をとったのが、彼が武力制圧した地域に限られていたことは注目に値するが、15世紀はイスラーム教とヒンドゥー教が実り多き交流を実現した時代だったこともあって、シカンダルの行動はとくに目を引くのである。

イブラーヒーム・ローディー

「イブラーヒームは、まだ若いころは父親や祖父の流儀に反して、自分と同じ部族の士官であろうと別の部族の士官であろうと、分けへだてしなかった。(略) そして、彼は公然と言い放った。王たる者に親族や同族の者はいない、だれもが国家の廷臣や召使とみなされるべきだと。そこで、それまで彼の面前で座ることを許されていたアフガン人の族長たちは、やむをえず玉座の前に立ち、胸の前で両手を組み合わせた」

フィリシュタ

シカンダルの死去をうけて、貴族たちは法令により、スルタン朝の領土は故シカンダルの有能な2人の息子、イブラーヒームとジャラールが分割統治するものとし、年上のイブラーヒームはアーグラを都とし、ジャラールはジャウンプルを都とすることを定めた。かくして11月22日、シカンダルの死の翌日に、イブラーヒームはアーグラで即位した。年代記作者のアフマド・ヤディガルはこう述べている。「あれほど壮麗な即位式は一度も目にしたことがなかった。人びとはこの日のことを長く記憶にとどめた」

イブラーヒームの即位と同時に、ジャラールはジャウンプルへ向かった。だがイブラーヒームはすぐさま、スルタン領の分割は事実上、領土を分割統治しようとする貴族階級の陰謀だと悟った。そこですぐに、王国全域に自分の威令が届くようにしようと試みたが、その手始めは説得策を用いた。まずジャラー

ルをアーグラに招いて，ジャウンプルの周辺区域の貴族たちはジャラールに忠誠を尽くしてはならないと命令し，その他の兄弟をみな拘禁した。しかし，ジャラールはイブラーヒームと折り合おうとはしなかったので，1517年12月30日，イブラーヒームは再度即位した。今回は，スルタン朝の領土全体を支配する君主としての即位である。そして彼は，力ずくでジャラールを服従させようとした。

　1518年，イブラーヒームは巧みな交渉術でジャラールを説き伏せ，カルピ周辺の土地をジャラールが保有するという条件で，王の象徴である日傘とティンパニーを引き渡させた。だがイブラーヒームには，最初からそのような合意を守る気はなく，ジャラールを抹殺することだけを考えていた。危険を感じたジャラールは，グワーリオールの王（ラージャ）に避難場所を求めた。イブラーヒームはただちにグワーリオールと戦端を開き，彼の父親が攻め落とせなかったラージプートの首都の攻略に成功した。しかしこのころには，ジャラールはいち早くインド中部に避難場所を捜していた。ところが，イブラーヒームの好意を得たくてうずうずしていたゴンド族の王，サングラム・シャーは，ローディー朝の王子を捕らえ，スルタンへ送り届けた。ジャラールは後ろ手に縛られたままスルタンの宮廷に連行された。イブラーヒームはすぐさま，彼を毒殺させた。

　こうしてイブラーヒームは最大のライバルをとり除いたが，それでも安閑としてはいられなかった。父に仕えた貴族たちの多くを殺したり，監禁したり，激怒させていたからである。1519年，貴族たちがスルタン領の東部で反乱を起こした。これはイブラーヒームが長年戦ってきたなかでも，もっとも血なまぐさいこの戦いとなり，反乱軍を粉砕することには成功したものの，両軍がそれぞれ1万人もの戦死者を出した。ところが，これだけの成功を収めたあとでも，彼は依然として気が休まらず，ひきつづき忠実ではないと思われる貴族たちを1人ずつ片づけていった。そして気がつくと，またも東部の反乱に直面することになった。

　イブラーヒームはパンジャーブ総督，ダウラト・ハーン・ローディーを味方につけようと，使いを差し向けた。だが，ダウ

ラト・ハーン・ローディーのほうはそのころ、イブラーヒーム
はあまり信用できないと考えるようになっていたので、アーグ
ラ行きを思い直し、その代わりに1523年、カーブルからムガ
ル人のバーブルを招いて、イブラーヒーム・ローディーの王朝
を打倒することにした。メワールのヒンドゥー君主をはじめと
する他の君主たちも、バーブルに招待状を出した。

1505年に開始した一連のインド遠征を終えたバーブルは、
1525年11月、イブラーヒームの領土への侵略にとりかかった。
1526年4月21日、イブラーヒームは10万を越える有能な兵士
と1000頭の象からなる軍とともに、1万2000に過ぎないバー
ブル軍とデリー北西のパンジャーブ平原で対決した。だが、バー
ブルの卓越した戦術と火薬を使った武器の威力により、イブ
ラーヒームは敗北をきっした。彼は戦死し、デリー・スルタン
朝はここに終焉を迎えた。そしてインドにおけるアフガン人支
配も途絶え、スルタンの権力はムガル人の手に移ることになっ
たのである。

カビール

15世紀の特徴のひとつは、インド北部に社会宗教的思想家が台頭したことだった。彼らはイスラーム教、とりわけスーフィズムと、インド南部のヒンドゥー教徒のあいだで起こった宗教改革運動の双方から影響をうけていた。

そのなかで、もっとも重要な人物とみなされていたのが、カビール（1398？～1448年）という、ベナーレスのイスラーム教徒の織物工だった。神秘主義の詩人で無学なカビールは、迷信や偶像崇拝、巡礼、儀式、盲目的な聖典信仰に反対しており、ヒンドゥー教徒とイスラーム教徒との合体をめざし、カーストや宗教上の信条といった区別をすべてとり払おうとした。

彼にとってヒンドゥー教とイスラーム教の本質は同じだった。異なる名前で呼ばれようとも、神は唯一の存在だからである。彼は普遍的な友愛を信じるように説き、人はどのようにすれば、自己の魂を神と融合できるようになるのかを、ヒンディー語の詩で著す仕事に取りかかった。この詩は当時、パンジャーブからデカンにいたるインド北部で大きな影響力をもち、以来ずっと影響力をもちつづけている。

下記に示されたカビールの詩は、シカンダル・ローディーの異教に対する不寛容が、その時代にどれほどそぐわなかったかを明確に示している。

おお、しもべよ、汝はわたしをどこで見るというのか
見よ、わたしは汝の傍らにいる
わたしは寺院にも、モスクにもいない
カーバにも、カイラシュにもいない
典礼や儀式のなかにも
ヨーガや禁欲のなかにもいない
わたしを見よ、汝は瞬時にしてわたしに出会うだろう
カビールはいう、
「おお、賢き者よ！
神はすべての息吹の息吹である」

大ムガル帝国
1526〜1707年

ザーヒルッディーン・ムハンマド・バーブル
(在位1526〜30年)

フマーユーン
(在位1530〜40, 復位1555〜56年)

アクバル
(在位1556〜1605年)

ジャハーンギール
(在位1605〜27年)

シャー・ジャハーン
(在位1628〜58年)

アウラングゼーブ(アーラムギール1世)
(在位1658〜1707年)

ムガル帝国後期
1707〜1858年

バハードゥル・シャー1世
(在位1707〜12年)

ジャハーンダール・シャー
(在位1712〜13年)

ファッルフ・シヤル
(在位1713〜19年)

ムハンマド・シャー
(在位1719〜48年)

アフマド・シャー
(在位1748〜54年)

アーラムギール2世
(在位1754〜59年)

シャー・アーラム
(在位1759〜1806年)

アクバル2世
(在位1806〜37年)

バハードゥル・シャー2世
(在位1837〜58年)

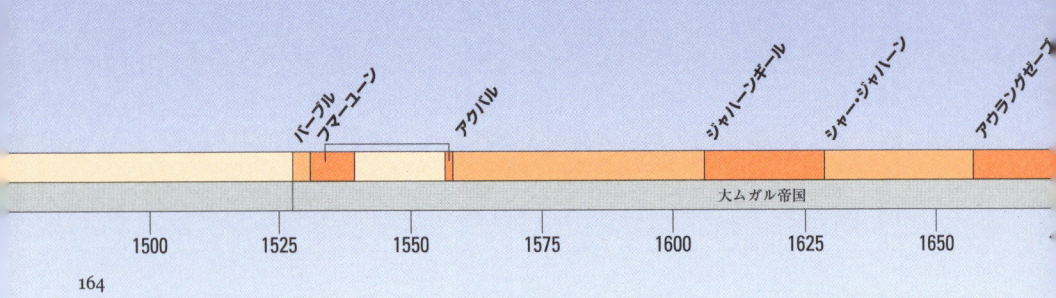

バーブル　シャー・ジャハーン　アウラングゼーブ　バハードゥル・シャー

第3章
ムガル帝国
1526〜1858年

　1526年から1858年までインドを支配したムガル帝国は，世界史上もっとも注目すべき王朝のひとつである。領土内の人口は1億〜1億5000万人にのぼり，近代以前の国家としては，中国の明朝とともに，もっとも豊かな国だった。高度に中央集権化したこの帝国を治めるにあたって，ムガル皇帝はモンゴル帝国およびティムール朝の伝統を踏襲し，移動する大規模な幕営を拠点に統治を行なった。ムガル帝国はインド亜大陸の大部分を傘下におさめ，デリー・スルタン朝よりも長く効果的な領土支配を行なったが，その帝国の中核をなしたのは，イスラーム教徒のムガル人と，ほとんどがヒンドゥー教徒からなるインドの軍人貴族との効率的な協力関係だった。

　そうした両者の協力関係を基盤に，国際色あふれる宮廷が誕生した。ムガル帝国の宮廷はティムール朝の遺産であるペルシア文化に依存していたものの，支配下においたヒンドゥー文化との創造的な交流は実現することができた。そのうえ，この宮廷は，西欧からのキリスト教徒が伝えた新しい文化にも門戸を開いていた。その結果，イスラーム帝国の伝統である拡張政策が頂点に達するとともに，国内に富と権力が蓄えられ，質の高い芸術作品や建築への支援が次々に行なわれた。ムガル帝国の権力があまりにも強い印象を人びとにあたえていたため，イギリスはインド統治を開始した当初，その正統性の根拠をムガル帝国に求め，自国の権威を示すためにムガル方式を利用した。現在まで，英語の「ムガル人」という言葉が権力者を意味する表現として使われているのは，偶然の産物ではない。

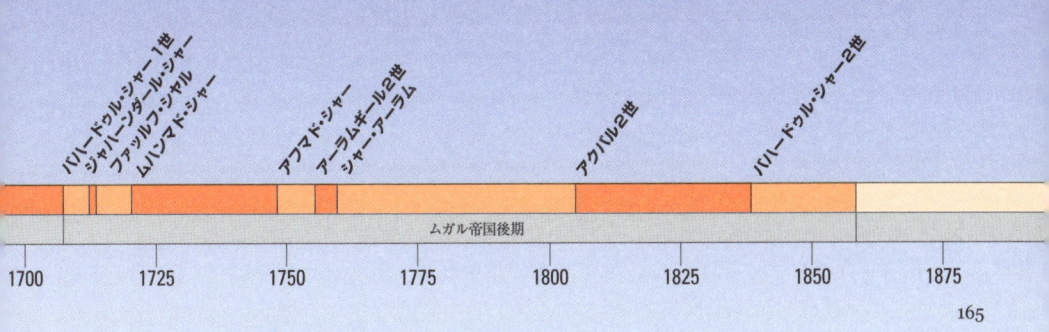

バハードゥル・シャー1世／ジャハーンダール・シャー／ファッルフ・シヤル／ムハンマド・シャー　アフマド・シャー　アーラムギール2世／シャー・アーラム　アクバル2世　バハードゥル・シャー2世

ムガル帝国後期

1700　1725　1750　1775　1800　1825　1850　1875

第3章 ムガル帝国

⇨ムガル帝国の創始者バーブル。彼は20年ものあいだ、先祖であるチンギス・ハーンとティムールが実現した世界帝国を再建しようと懸命に努力した。彼の残した回想録『バーブル・ナーマ』は、この驚くほど忍耐強く、並外れた知性をもった人物の生涯を、あますところなく伝えている。

大ムガル帝国
1526～1707年

ザーヒルッディーン・ムハンマド・バーブル
在位1526～30年

フマーユーン
在位1530～40年　復位1555～56年

バーブル	
生年	1483年
父	ウマル・シャイフ（ティムールの曾孫アブー・サイードの息子）
母	クトゥルグ・ニガール・ハニム（チンギス・ハーンの次男チャガタイを祖とするユヌス・ハーンの娘）
妻	アイーシャ、マスマ、ザイナブ（以上の3人とは1509年以前に離婚）、グルルフ・ベーグム、マハム、ビービー・ムバリカ、ディルダール・ベーグム他3人。
息子	フマーユーン、カームラーン、アスカリー、ヒンダール
娘	グルバダン・ベーグム、グルラン、グルチフラ、グラザール・ベーグム、マスマ・スルタン
即位	1526年
没年	1530年12月26日
埋葬地	最初はアーグラのラーム・バーグ庭園に葬られたが、のちにカーブルのシャー・イ・カーブル庭園の墓に安置された。

ザーヒルッディーン・ムハンマド・バーブル

「彼は慈悲の心にあふれた君主だった。あまりにも心が広く、ときに行き過ぎではないかと思えるほどだった。高位の人物に敬意を払い、恩知らずなふるまいや反逆行為を許すこともめずらしくなかったので、悪に対し善をもって対処することを信条としているようにさえ思われた。その結果、彼に敵意を持っていた者が骨抜きにされ、彼の徳を賛美するようになっていった。彼は（略）毎日、礼拝を欠かすことがなかった。詩や散文や音楽の腕前にかけては、彼と肩を並べ得る者はほとんどおらず、彼がトルコ語で著した自伝は、その格調の高さと真に迫る描写をもって世界的な賞賛を浴びている」

フィリシュタ

　この並外れた人物の出自を説明すると、父方はティムールの血筋を引く、ヘラート政権のアブー・サイード（⇨p.91）の子

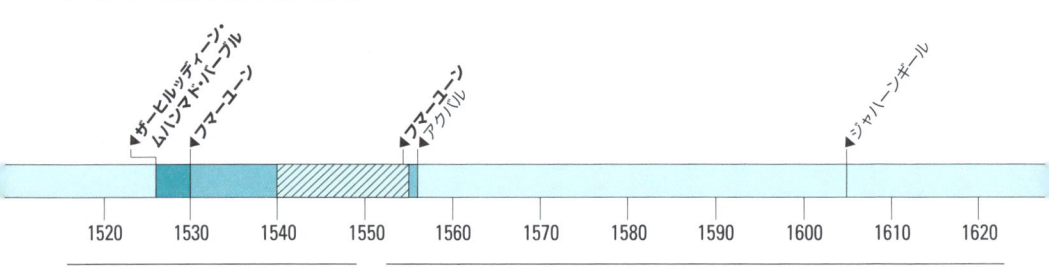

孫で，母方の祖父はモンゴル族の大ハーンで，チンギス・ハーンの13代目の子孫にあたるタシュケントのユヌス・ハーンである。バーブル（「トラ」を意味する）は，ティムールとチンギス・ハーンに代表される輝かしい先祖のことを，生涯忘れたことはなかった。

　バーブルは1494年，まだ12歳のときに父を亡くし，ただちにトランスオクシアナをめぐる覇権争いに巻きこまれた。なかには血縁どうしの争いもあったが，トルコ系ウズベク族との争いがしだいに激化していった。バーブルの目的は彼の「相続財産」であるサマルカンドを奪還することだった。彼にいわせると，サマルカンドは「140年近く（略）我が一族の都市だった」からである。彼はサマルカンドを3度攻囲し，2度征服した。はじめて攻囲戦にのぞんだのは15歳のときだったが，当時の

⇨ムガル帝国は18世紀はじめに，その最大版図を実現した。この地図は領土拡大の経緯を示している。当時はマラータが，西インドでその影響力を示しはじめたころでもあった。インド北部に本拠をおいたデリー・スルタン朝の最大支配領域を示したp.134の地図と比較参照していただきたい。

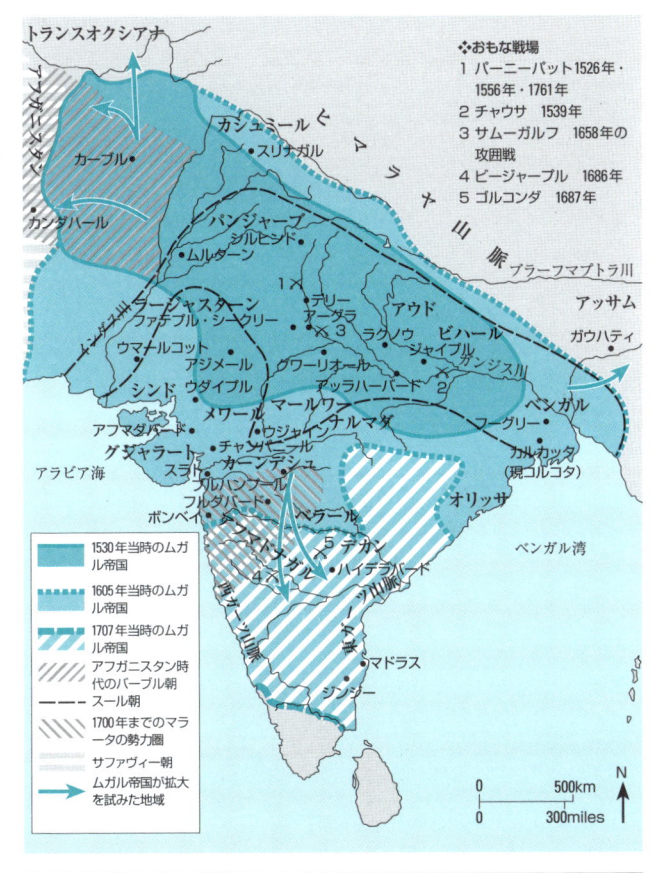

バーブル軍は深刻な困窮状態にあり、かなりみすぼらしかった。だがその後、1504年にカーブルを占拠し、この都市を本拠地にしてからは、バーブルはたびたび、遠征に打って出るようになった。ほとんどの場合、目標は北方のウズベク族で、一時的にトランスオクシアナ奪還に成功したこともあった。

だが、カーブル制圧以降、バーブルは彼自身の言葉を借りると、「ヒンドゥスターンを求める気持ちがやみがたかった」という。彼は士官たちの反対にあって、長いあいだそれを我慢していたが、1519年にようやく反対意見を打ち負かし、最初のインド遠征に着手した。これを手始めに、バーブルは探りを入れる意味で合計4度の遠征を行なっている。

1523年になると、パンジャーブ総督のダウラト・ハーンが、バーブルに全面的な侵略を進言してきた（⇨p.163）。インドではアフガン系のローディー朝に対して、かなりの反発があるのはあきらかで、バーブルにしてみれば願ってもない好機といえた。彼は侵攻の準備にとりかかり、全軍の訓練を行なうとともに、最新の火器技術を習得させた。それから、「我が軍は決意の鐙（あぶみ）に足をかけ、神への信頼の手綱をつかみ、スルタン・イブラーヒームに立ち向かった」とバーブルは記している。

インドの運命は、2度の大戦によって決着した。1526年4月21日、デリー北方のパーニーパット平原で、1万2000のバーブル軍は、1000頭の象部隊を擁する10万のイブラーヒーム・ローディー軍と対峙した。バーブルは巧みな戦術を用いた。守備隊にローディー軍の中央の進撃を阻止させる一方で、騎兵隊にローディー軍の両翼を襲わせ、敵軍を包囲したうえで、浮き足だった敵陣に砲撃を浴びせかけたのだ。正午には、1万6000人にのぼる敵兵が死体となり、バーブルのもとにはイブラーヒーム・ローディーの首が届けられた。バーブルはその首を丁重に扱った。

第2の戦いは、1527年3月、アーグラの西方にあるカーヌワが戦場となった。今回の敵は、ラージプート諸侯連合を率いたメワールのラーナー・サンガと、イブラーヒームの兄弟のマフムード・ローディーだった。敵兵の数は20万。バーブルはパーニーパットの戦いと同じ戦術を用い、この戦いでも火器

の力が勝敗の行方を決した。バーブルはみずからの勝利を称え、敵兵の首を積み上げた塔を造らせた。

このカーヌアの戦い以後、一生を終えるまでバーブルは、領地をすみずみまでまわりながら、比較的気楽な日々を過ごしている。彼は驚くほど好奇心旺盛な人物で、河川や山脈、ラージプートの城砦やヒンドゥー寺院など、ありとあらゆる事象について記しているが、とりわけ動植物に関する記述が目を引く。また、自分が実際に見て失望したものについては、こんなふうに率直に書いている。

「ヒンドゥスターンは、ほとんど魅力がない地域である。そこに住む人びとは美しくないし、礼儀作法もなっていない。気品もなければ勇ましさもない。美術や工芸には調和や均衡が見られない。（略）ヒンドゥスターンですばらしいといえるのは、黄金や金がふんだんにある広い土地だということくらいだ」

バーブルと火器

パーニーパットおよびカーヌワの戦いにバーブルが勝利した大きな要因として、火器の存在があった。ムガル帝国成立を可能にしたのが、ほかの何よりもこの火器だったことは、ほぼまちがいないだろう。

火薬を使った装置は、すでに14世紀から攻囲戦で使われていた。しかし、戦場で火器を使用したのはバーブルがはじめてだった。また、火器を戦場で使用するにあたって彼が用いた戦術は、1514年のチャルディラーンの戦いでサファヴィー朝を破ったオスマン帝国や、1528年のジャム（現在のアフガニスタン中西部、ゴール州）の戦いでウズベク族を破ったサファヴィー朝が用いた戦術とよく似ている。

おもな火器は3種類あって、カザンと呼ばれる四輪の砲車に据えられた一種の迫撃砲、ザルブザンと呼ばれる二輪の砲車に据えられた軽砲〔訳注：口径10センチ以下の砲〕、そして火縄銃だった。銃兵は砲兵隊の援護射撃を受けもった。

バーブルは自身の回想録『バーブル・ナーマ』のなかに、アリー・クリーとルーム・ムスタファという砲兵隊長2人の実験や活動、業績について、詳しく記している。それを読むと、この2人はあまり仲がよくなかったようだが、彼らが駆使した新しい兵器は、数十年かけてインド全域へと普及し、戦いに大変革をもたらすことになる。

⇧1526年のパーニーパットの戦いでは、バーブルが使用したザルブザンという軽量の大砲が、圧倒的な破壊力を見せた。

一方，アフガン族の抵抗は依然として活発で，バーブルはビハールの東部地域のスルタンを宣言したマフムード・ローディーの軍事行動を討伐する必要があった。そしてこの戦いに勝利したあと，彼はついに，楽しみに没頭できる時間を持てるようになった。庭を造り，書物を著し，詩作にふけり，取り巻きと飲み騒ぎ，サファヴィー朝のシャー・タフマースプ（⇨p.277）から贈られた2人の白人奴隷，グルナルとナルグルとの遊びに打ち興じた。しかし，統治に対する態度となると，バーブルは平和よりは戦争にたけた君主であることを露呈した。ローディー朝から獲得した財宝と領土を貴族たちに分けあたえたが，適切な徴税制度は定められなかったのである。

バーブルという男

　きわめて幸運なことに，バーブルと彼が生きた世界を，詳しく教えてくれる2つの書物が残されている。それはバーブル自身の回想録と，彼の娘グルバダンが書いたバーブルの息子フマーユーンの伝記である。むろん，バーブルは行動の人だった。「支配者たらんことを決意し，征服者たらんとの野心を抱く者は，一度や二度ものごとがうまくいかないからといって，何もせずに成り行きを見守るだけではいられない」とバーブルは，若いころの苦難について書いている。

　さらに，彼は白兵戦の場面についても，生きいきとした描写を残している。「ミールザー・クリー・クルカルダシュがフレイル〔訳注：穀物の脱穀に使われていた穀竿を戦闘用に改良した打撃兵器〕で歩兵をひとり倒した。ミールザー・クリーが［道を］横切ったあとで，古参の歩兵がイブラーヒーム・ベグに銃の狙いを定めたが，イブラーヒーム・ベグが『おい！　おい！』と叫びながら横切ったとき，その歩兵が誤って，至近距離で余のわき腹を撃った。銃弾は余の鎧（カルマキ）の板金2枚をつらぬき，撃ち砕いた。余は逃げだした歩兵の背中を撃った」

　バーブルはすぐれた歴史観の持ち主で，歴史に占める彼の家系および彼自身の位置をつねに意識していた。サマルカンドを占領したとき，バーブルは自身の家系がつくりあげたこの都市

の数々の栄光について，歴史的な知識をもりこんだ叙述を残し，デリーを制圧したあとは，わざわざデリーのスルタンたちの墓をめぐっている。そのうえ，バーブルはインド征服における自分の功績を明確に把握していた。彼はこう書いている。「預言者（ムハンマド）の時代から，インド征服を成しとげた者は，余のほかに2人しかいない。ガズナ朝のマフムードとゴール朝のシハーブッディーン・ゴーリー（ムイズッディーン・ゴーリーとも呼ばれる）である。だが，余の功績はこの2人の功績とは比べものにならない」

バーブルの庭園

バーブルはその回想録に，彼の先祖がサマルカンドとヘラートに造ったすばらしい庭園のことを記している。したがって，バーブルがカーブルを征服したあと，ただちに造園に着手したのは不思議ではなかった。彼が造った庭園は10を数え，それに加えて彼の墓として造られた庭園がひとつあった。

バーブルの庭園は，イランのチャハール・バーグ（四分庭園）様式に大きな影響をうけており，正確な角度で設計された水路と歩道が，4つの花壇をつくりだしていた。バーブルがもっとも好んだ庭は，バーグ・イ・ヴァファー（「忠誠の庭」を意味する）だった。バーブルはこの庭にインドから送らせたバナナの木やサトウキビを植えさせた。また，バーブルは「オレンジの実が黄色に色づくとき」の庭の美しさを，うれしそうに回想している。

しかし，バーブルの庭はたんに楽しむための庭ではなく，実用のために造られた庭でもあった。たえず移動する幕営がバーブルの宮廷だったため，庭園に天幕を張ることができたほうが，ずっと好都合だったのである。

インドを征服すると，バーブルはただちに，アーグラ城内とその周辺に庭園を造りはじめ，インドのおもだった都市に四分庭園を造るよう命じた。バーブルはインドで庭園を造るにあたって，流水が不足しているため，明るい見通しは立てていなかったが，水の問題は階段式の井戸を掘ったり，水車を使ったりすることで解決した。そして，バーブルによると「快適とはいえず，調和がどこにも見られなかったインドに，すばらしく調和のとれた，幾何学的な様式の庭園が導入された。インド各地に美しい小さな花壇が見られ，どの花壇にもバラやスイセンが整然と植えられた」という。

⇧バーブルは行く先々の土地で庭園を造った。この絵には彼がもっとも好んだ庭，バーグ・イ・ヴァファー（「忠誠の庭」）の造営を指図するバーブルの姿が描かれている。この庭は1508～09年に，カーブル郊外の南向きの高台に造られた。チャハール・バーグ様式の庭に，水がうまく利用されていることがわかる。

第3章 ムガル帝国

　バーブルが何より楽しみを覚えたのは文学だった。彼の回想録には，随所に自作の詩や他の人びとの詩が記されている。バーブルは側近たちと，どれほど不道徳なことであろうと，心に浮かんだことをなんでも詩にするのを楽しみにしていた。しかし，イスラーム法に関する本を書くことにしたバーブルは，次男が理解しやすいように詩で表そうとして，それまでの楽しみ方が適切ではなかったことに気づいた。そして血痰を引き起こす熱病にかかったとき，その熱病はうけるべくしてうけた神罰だと思ったという。

　彼は書物が好きで好きでたまらず，他国を征服したあとも，最初にしたことといえば，相手の図書館に行って，そこにあるすぐれた書物を奪うことだった。そのうえ，彼は文体に関しても確固とした見解をもっていた。バーブルは息子のフマーユー

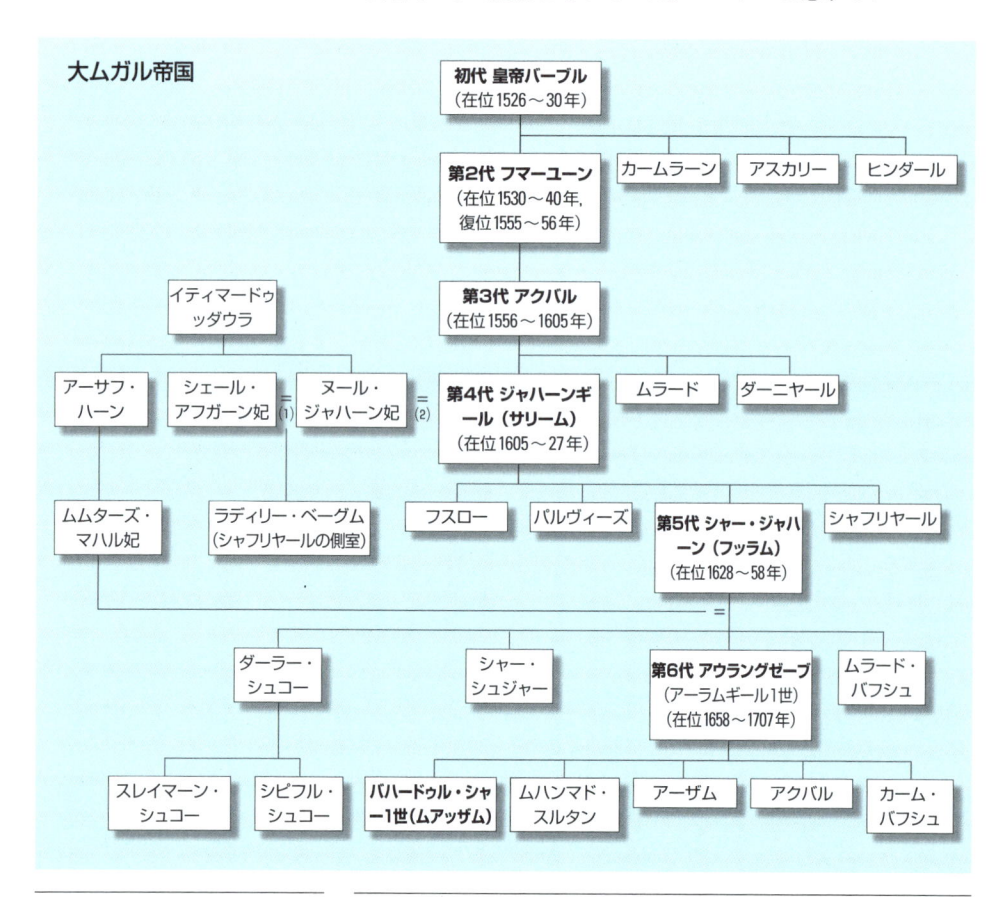

大ムガル帝国

- 初代 皇帝バーブル（在位1526～30年）
  - 第2代 フマーユーン（在位1530～40年，復位1555～56年）
    - 第3代 アクバル（在位1556～1605年）
      - 第4代 ジャハーンギール（サリーム）（在位1605～27年）
        - フスロー
        - パルヴィーズ
        - 第5代 シャー・ジャハーン（フッラム）（在位1628～58年）
          - ダーラー・シュコー
            - スレイマーン・シュコー
            - シピフル・シュコー
          - シャー・シュジャー
          - 第6代 アウラングゼーブ（アーラムギール1世）（在位1658～1707年）
            - バハードゥル・シャー1世（ムアッザム）
            - ムハンマド・スルタン
            - アーザム
            - アクバル
            - カーム・バフシュ
          - ムラード・バフシュ
        - シャフリヤール
      - ムラード
      - ダーニヤール
  - カームラーン
  - アスカリー
  - ヒンダール

- イティマードゥッダウラ
  - アーサフ・ハーン
    - ムムターズ・マハル妃（＝第5代シャー・ジャハーン）
  - シェール・アフガーン妃 (1)＝ ヌール・ジャハーン妃 (2)＝（第4代ジャハーンギール）
    - ラディリー・ベーグム（シャフリヤールの側室）

ンに書き送っている。

「余の求めに応じて，そなたは手紙を書いてきた。だが，そなたは書いた手紙を読み返すことをしていない。というのも，読み返していたならば，自分の書いた手紙が読めないことに気づき，書き直していたにちがいないからだ。そなたの書いたものは，どうにか読めなくはないが，意味がひどくわかりにくい。謎のように書かれた散文など聞いたことがあるだろうか。(略) たぶん，おまえの筆不精は，しゃれた文章を書こうとしすぎるせいではないかと思う。これからは簡単な言葉で，簡潔明瞭に書くようにしなさい。そうすれば，そなたも，読む側も，骨を折らずにすむようになるだろう」

バーブルは，身近な人びとの人間味あふれる一面に喜びを見いだしていた。彼が父親のことを描いている言葉に耳を傾けてみよう。「父は背が低く，ぐるりとあごをおおうひげをたくわえ，肉づきのよい顔をして，肥っていた。身体にぴったりした上着(チュニック)を着ていたので，帯をしめるには太鼓腹をひっこめなければならなかった。帯をしめたあとで，腹部をもとに戻すと，しばしば帯が裂けることがあった。(略) 父はお人よしで，おしゃべりで，話し上手だった。(略) いっしょにいるのが楽しい人で，気のあった仲間に詩を朗誦して聞かせるのも得意だった」

それからバーブルは，パーニーパットの戦いのまえにアフガン軍と小競りあいをしたとき，初陣を飾ったフマーユーンのことを，父親らしく誇らしげに語り，こう言明している。「同じ日にこの陣営で，フマーユーンは剃刀とはさみで，はじめてひげをそった」

度量の大きさは名君の特徴だが，バーブルはその点では，間違いなく評判が高かった。そのせいで，危うく命を落としかけたことさえあった。バーブルはパーニーパットの戦いで勝利したあと，イブラーヒーム・ローディーの母ブーワと，その扶養家族に，気前よく食糧や必需品を支給してやった。だがそれから数カ月後，ブーワは恩を仇で返した。バーブルを毒殺しようとしたのである。

新しいものを試すのが好きなバーブルは，イブラーヒーム・

ローディーの料理人を数人雇い入れ，インド料理を食べてみた。ブーワはひそかに手をまわして，バーブルの毒見役を買収すると，その毒見役に料理人を抱きこんで，バーブルが食べる料理に毒をしこむよう命じた。バーブルは幸いにも，毒をほとんど口にすることなく，激しく嘔吐する程度ですんだ。2日後，陰謀に加担した者たちは罪を白状した。バーブルは次のように書いている。「毒見役は身体をばらばらに切り刻み，料理人は生皮をはぐよう命じた。2人の女どものひとりは象の足下に放り投げ，もうひとりは撃ち殺させた。ブーワは捕縛した。あの女は犯した罪の報いをうけるのだ」

▎女性に敬意を払い，酒を愛したバーブル

　バーブルの回想録には，女性や女性への敬意を表す描写が目立つ。若いころのバーブルにとって，大切な助言者だったのは母方の祖母だった。また，彼はトランスオクシアナの政務に関して，母親の教えを引用している。勝ち目のない戦いが続いた時期，母がどのように苦難を分かちあってくれたかを語り，母の死のことを伝えている。アイーシャ，マスマ，マハムという早い時期にめとった妃たちのことも書き記し，マスマとの結婚については彼女のほうが主導権を握っていたとまで語っている。

　インドで晩年を送ったバーブルは，そのころ叔母たちがインドに来たときのことや，カーブルへ戻ったときのことを書き記している。アーグラでは彼は，金曜日の午後にかならず叔母たちと会うことにしていた。バーブルの娘のグルバダンは，バーブルの姉妹や彼の身内の女性たちがカーブルから到着したことを伝えている。彼女たちが楽に暮らせるように，バーブルは少なからぬ食糧や必需品を支給した。グルバダンは，バーブルの愛妃で彼女の養母でもあったマハムとともに，カーブルからアーグラにやってきたときのことも書いている。グルバダンによると，バーブルはアーグラからの長い道のりをわざわざ，妃と娘を迎えにやってきたという。彼女はバーブルとマハムが夫婦水いらずの時間をもつあいだ，父と会うのをがまんするしかなかったようだ。

バーブルは20代半ばまでは酒を飲むことはなく，ヘラートにいたころは，宴席でもっぱら座をしらけさせるタイプの人間だったと語っている。だが，20代の後半になると日常的に飲むようになり，回想録も宴会の話や，酔った勢いでばかなことを言ったり，愚かなことをしでかしたりした話でいっぱいになる。1527年にラーナー・サンガとマフムード・ローディーの連合軍と対決したとき，バーブルは酒を断つことを神に誓った。彼は書いている。「長いあいだ，余は酒をやめようと思ってきた。つねに法に背いていることで，余の心が晴れることはなかった」。そしてバーブルは金銀の酒杯をすべて打ち壊させると，破片を貧しい人びとに配り，陣営にあった酒もことごとく廃棄させた。兵士たちも君主を見習わざるをえなかった。ところが，1年もたたないうちに，バーブルはそのことを後悔するようになり，次のような言葉を書いている。

禁酒をしたせいで，頭がどうにかなりそうだ。
何をしたらいいのかわからず，混乱のきわみにある。
だれもが飲酒を悔いたのちに，誓いを立てる。
だが，余は誓いを立て，いまになってそれを悔やんでいる。

それからほどなく，バーブルはふたたび酒を飲むようになった。

バーブルの奇妙な最期

バーブルは晩年になって，ときおり病床につくようになった。だが，彼の最期はきわめて変わった形で訪れた。バーブルの娘グルバダンは語っている。まず最初はフマーユーンが病に倒れたことから始まる。このとき，彼の母マハムがフマーユーンをカーブルまで引きとりにいき，「この母と子はイエスとマリアのように，アーグラへと出発した」という。

グルバダンは，アーグラに到着した息子の病が重いのを見てとったバーブルが，マハムと交わした次のような会話を書き残している。「皇妃が言った。『わたしの息子のことで思い悩まないでください。あなたは皇帝です。嘆かれることはないでしょ

バーブルの回想録

バーブルの回想録『バーブル・ナーマ』は、中世イスラーム文化が生んだもっとも傑出した自伝であり、世界的にも最高傑作のひとつといえるだろう。バーブルが回想録を書いた理由はわからないが、このようにのべた箇所はある。
「わたしは不平を言うために、これを書いたのではない。たんに真実を書いただけだ。自分をよく見せようとして書いたこともない。実際に起こったことを書きつづっている。(略)これを読む人びとが、余のことを大目に見てくれるように。これを聞く人びとが、余に非難を浴びせることのないように」

バーブルの回想録は、その後のムガル帝国の皇帝たちから高い評価をうけ、帝国を運営するうえでの精神的基盤となった。その影響をより確実なものにするために、アクバルはチャガタイ・トルコ語で書かれた『バーブル・ナーマ』を、ムガル帝国の公用語だったペルシア語に翻訳させている。多数の写本も制作され、そのなかには宮廷工房で作られた美しい挿絵入りの写本もあった。

現在、バーブルの回想録はかなりの部分が紛失し、日記から写しただけの草稿のような感じをうける最終章は、1529年の途中で終わっている。とはいえ、この回想録は異彩を放ったティムール朝の君主であり、勇敢かつ率直、知的好奇心が旺盛で、人間味あふれ、教養のある行動の人でもあった人物の個性的な声をわたしたちに届けてくれる、きわめて貴重な資料なのである。

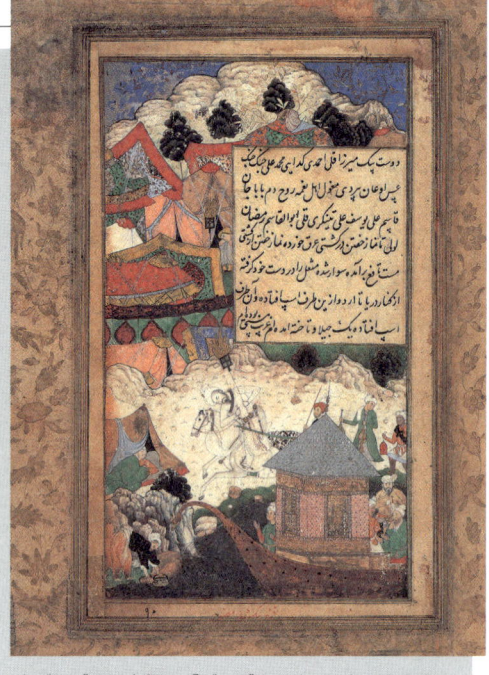

⇧バーブルは自伝の『バーブル・ナーマ』のなかで、1519年に取り巻きと酒を飲み、マジュン(またはマユーン)という中毒性の軽い麻薬をたしなみながら、舟遊びをした日の様子を書いている。ファッルフ・ベクのこの挿絵には、バーブルが、ひきつづき宴会が行なわれることになる幕営に戻る場面が描かれている。回想録によると、「すぐさま酔漢たちは、ばかげたことを話しはじめ、大騒ぎをいくらしずめようとしても、どうにもならなかった」という。

⇨ムガル皇帝たちはムガル朝の正統性と、帝国の権力がチンギス・ハーンから、さらにはアブル・ファズルが自著の『アクバル・ナーマ』であきらかにしているように、モンゴルの神話上の王妃アランゴア(⇨ p.7、p.73)へとさかのぼる血統に由来することを強調しようとした。

この絵では、ティムールが王冠をバーブルに手渡し、それをフマーユーンが見ている。その様子をミールザー・ルスタム、ミールザー・シャー・ルフ、バイラム・ハーンという、バーブルとフマーユーンの父子二代に仕えた宰相たちが見守っている。

うに。ほかにも息子がいるではありませんか。わたしが嘆き悲しむのは、わたしにはこの子しかいないからです』。陛下は答えた。『マハム！ ほかに息子がいようとも、そなたの生んだフマーユーンほど愛した息子はいない。(略)帝国はほかのだれでもなく、あの子に継がせたい。ほかのだれよりも優秀なのだから」

バーブルは何をしたらよいかと助言を求め、お気に入りの相談役が言った。フマーユーンが助かるためには、彼が自分のもっているもののなかで、もっとも価値の高いものを捨てなければならないと。バーブルは言った。「フマーユーンがもっているもっとも価値の高いものは余だ。(略)余がみずから息子の犠牲になろう。あの子は窮地に立たされている。しかも、余は

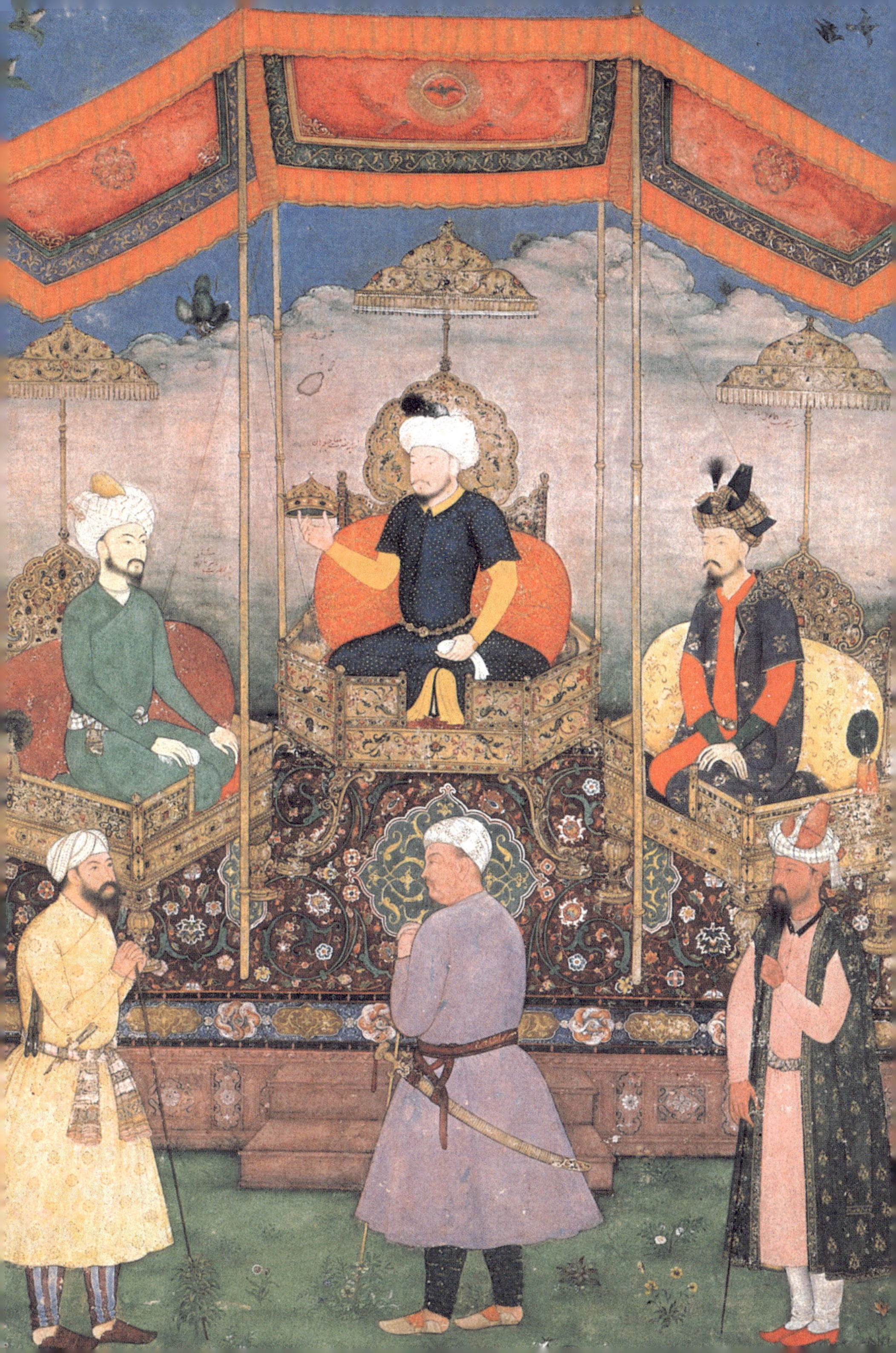

弱っている息子を見守る力をなくしてしまった。だが，息子の苦痛をそっくり引きうけることはできる」

バーブルはそれから，祈りを唱えると，フマーユーンの寝床のまわりを3回歩いた。アブル・ファズルは語っている。「皇帝の祈りを神が聞き届けられたとき，皇帝は奇妙な作用を身体で感じて，大声をあげた。『我々は勝ったぞ！ 勝ったぞ！』」そのとたんに，バーブルは病にかかり，フマーユーンは病から回復したという。そしてバーブルは1530年12月21日に没した。彼がようやくカーブルにある最愛の庭園に埋葬されたのは，1540年代になってからのことだった。

フマーユーン

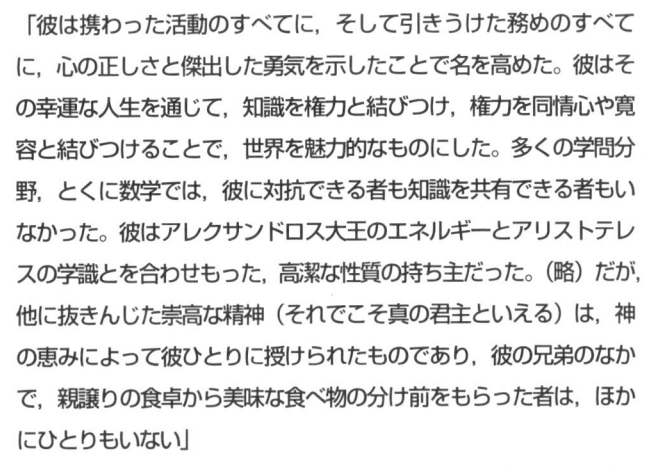

⇧才能に恵まれたバーブルの長男フマーユーン。彼はアフガン系のスール朝に帝国領土を奪われたが，その後，3人の弟たちと戦い，アフガン人と戦ったのち，1555年にようやく失った領土を奪還した。

フマーユーンが，サファヴィー朝イランのシャー・タフマースプ（⇨p.277）の宮廷に滞在した結果，インドにペルシア文化の影響がもたらされることになった。なかでもムガル絵画におよぼしたペルシアの影響は，非常に大きかった。

「彼は携わった活動のすべてに，そして引きうけた務めのすべてに，心の正しさと傑出した勇気を示したことで名を高めた。彼はその幸運な人生を通じて，知識を権力と結びつけ，権力を同情心や寛容と結びつけることで，世界を魅力的なものにした。多くの学問分野，とくに数学では，彼に対抗できる者も知識を共有できる者もいなかった。彼はアレクサンドロス大王のエネルギーとアリストテレスの学識とを合わせもった，高潔な性質の持ち主だった。（略）だが，他に抜きんじた崇高な精神（それでこそ真の君主といえる）は，神の恵みによって彼ひとりに授けられたものであり，彼の兄弟のなかで，親譲りの食卓から美味な食べ物の分け前をもらった者は，ほかにひとりもいない」

アブル・ファズル

フマーユーンに対するアブル・ファズルの大賛辞はおおむね，フマーユーンの統治時代の他の年代記作者からも支持されている。しかし，アブル・ファズルが語っていないのは，この才能に恵まれた君主には，必要な行動をあとまわしにして，宴会や享楽を優先する癖があることだった。享楽のなかには，バラ水を使って小さな球状にした阿片を飲むこともふくまれていた。

皇帝に即位したとき，フマーユーンは不安定な情勢に立たされていた。彼の事実上の領土は，東のジャウンプルからデリー

フマーユーン	
生年	1508年
父	バーブル
母	マハム
妻	ハミーダ（称号：マリヤム・マカーニ），マハチュカク，ベガ，グンワル・ビービー，ビガー・ベーグム
息子	アクバル，ムハンマド，ハーキム
娘	アキカ・ベーグム，バフシバヌー・ベーグム，バフトゥン・ニサー・ベーグム，ファーフルン・ニサー・ベーグム
即位	1530年12月30日，復位：1555年7月23日
没年	1556年1月24日。図書館の階段から転落して死亡。
埋葬地	デリー，フマーユーン廟

をへて，パンジャーブにいたるインド北部にかぎられていた。ジャウンプルの東方にあるビハールには，イブラーヒーム・ローディーの兄弟のマフムードに率いられたアフガン人が，先祖の支配していたデリーをふたたび取り戻そうと躍起になっていた。南方にはグジャラートのスルタン，バハードゥル・シャーが，ラージプート諸侯に勝利したあと，着実にアーグラへと進軍していた。南西には，父のバーブルがカーブルの支配者に任命した弟のカームラーンがいた。カームラーンはじめ，その下の弟たちのアスカリーとヒンダールは，フマーユーンに大げさなほどの忠誠心を表していたが，本心では若きムガル皇子の例にもれず，兄に対抗して，自分たちの目標を達成するつもりでいた。

アフガン人の脅威

フマーユーンは最初にアフガン人の脅威をとり除くことを決め，1531年にラクノウ郊外でマフムード軍を破り，ローディー朝再興の願いに最後通告を渡した。残るアフガン系の重要な指導者は，ビハールのスルタンを自称するシェール・ハーンだけとなった。彼はビハールを統治していたアフガン系のバハール・ハーン・ローハーニに仕え，下級の文官から宰相まで昇りつめた人物である。結果論になるが，このときシェール・ハーンが降服したことに満足して，彼を始末しなかったことが，フマーユーンの大きな過ちとなった。

フマーユーンは次に，グジャラートからの脅威に対処することにした。1535年，グジャラートとマールワーの両地域を制圧し，領土を2倍の広さに拡張したフマーユーンは，その途上で勇敢なところを見せつけた。チャンパニールの大城砦を攻撃したとき，41人目のムガル兵として城壁をはしごで登り，猛攻撃を可能にしたのである。だがその一方で，フマーユーンは楽しみに時間を費やすのを好み，新たに獲得した領土の支配体制を確立する努力を怠った。その結果，ふたたび東方からのアフガン人の脅威に立ち向かわねばならなくなったとき，グジャラートのスルタンが，ムガルに奪われた旧領へ進軍するという事態を招いてしまったのである。

フマーユーンは1537年、いまや強大な脅威となっているシェール・ハーンと対決すべく東方へ進軍する。ところが彼が東方へ遠征しているあいだに、弟のヒンダールが、デリーのスルタンに即位することを宣言した。この行動はフマーユーンの忠実な貴族たちが思いとどまらせたが、グルバダンによると、この動きに呼応するかのように、カームラーンの「覇権を獲得しようという野望」が頭をもたげたのだという。フマーユーンの東征は惨憺たる失敗に終わったが、その後もベンガルで浮かれ騒いで過ごしたせいで事態はいっそう悪化していった。

1539年、シェール・ハーンにまんまとだまされたあげく、フマーユーンはベナーレス近郊のチャウサで敗北し、命からがら逃走した。次の年に、フマーユーン軍はアーグラとラクノウの中間にあるカナウジで、またしても敗北。フマーユーンとその弟たちはシェール・ハーン軍の激しい追撃にあい、カームラーンとアスカリーはカーブルへ、ヒンダールとフマーユーンはシンドおよびラージプーターナの砂漠地帯へと落ちのびざるをえなかった。

亡命と帰還

フマーユーンは援軍を集めようと、この不毛の砂漠地帯で3年の時を費やした。その間に起こった注目すべき出来事は、14歳のハミーダと結婚したことだった。ハミーダはフマーユーンの弟ヒンダールの信仰上の導師の娘である。この結婚をきっかけに、ヒンダールは兄に恨みをもつようになった。彼自身がハミーダに目をつけていたからである。そしてヒンダールはフマーユーンのもとを去り、カンダハールで独立政権を樹立しようとした。

1542年10月15日、ラージャスターンのウマールコートで、ハミーダはのちにもっとも偉大なムガル帝国皇帝となるアクバルを出産した。1543年にインドでは将来の見通しが立たないと判断して、フマーユーンとハミーダは、男性44人と女性2人というごくわずかな側近をともなって、シンドから逃げだし、サファヴィー朝イランのシャー・タフマースプ（⇨p.277）の

保護を求めた。

　フマーユーンはシャー・タフマースプの温かい歓迎をうけ，タフマースプは兄弟3人を皇帝一行の出迎えに向かわせたほどだった。2人の君主は顔をあわせ，たがいを抱きあった。そして「高い地位にあるこの2人の軍人(バシャ)の友情と親交は，1つの殻

デリーのスール朝

　シェール・ハーンは，ローディー朝の創始者バフロール・ローディーに仕えるためにインドへやってきた，アフガン人の孫だった。マフムード・ローディーがフマーユーン率いるムガル軍に破れたあと，残されたアフガン系指導者のなかでもっとも強力だったのが，このシェール・ハーンだった。

　彼はジャウンプルとベナーレス（現在のヴァーラーナシー）からベンガルまでの地域に強力な同盟関係を築きはじめ，この同盟下の地域を基盤に，とうとう1540年にフマーユーン軍を敗走させた。

　軍事面では，シェール・ハーンの治世はラージプートとの戦いに追われることになった。彼は1545年5月22日，カリンジャールの城壁の外で多量の手投げ弾が彼のそばで爆発したときに受けた傷がもとで死んだという。

　フマーユーン軍に勝利したあと，シェール・ハーンは1539年12月にガウルで王位につき，シェール・シャーを名のるようになった。5年余の短い治世に，シェール・シャーはインドの生んだもっとも有能な支配者のひとりであることを証明した。そこにいたるまでの彼の仕事ぶりは並々ならぬもので，彼の一日は午前3時に始まったという。

　シェール・シャーは，個人的な権力の独占を阻む地方行政制度をつくりあげた。耕地面積を測量し，その面積に応じて税の査定を行なう方式に徴税制度を改めた。また，地方の行政官が特定の地方と癒着するのを防ぐために，2年ごとに行政官を交代させた。犯罪についても，村単位で責任を負わせ，裁判は恐怖の念や情実をからませることなく，迅速に行なわれた。軍内部の腐敗を一掃するための措置がとられ，進軍中のシェール・シャー軍は，その移動によって引き起こしたいかなる損害もきちんと弁償したといわれている。

　北部インドを横断する街道を4本建設し，果樹を植え，街道沿いには一定の間隔をおいて1700カ所の隊商宿が建てられた。ルピー銀貨とパイサ銅貨を基準とする安定した貨幣制度を導入し，交易の繁栄をもたらした。イスラーム教の信者ではあったが，シャーはヒンドゥー教徒とイスラーム教徒を公平に扱った。

　彼の行政改革によって基盤がつくられたおかげで，第3代ムガル皇帝のアクバルとその大臣たちは，ムガル帝国の富と権力を築くことができた。シェール・シャーの跡を継いだ息子のイスラーム・シャーは父の行政改革を継続したものの，人望は得られなかった。貴族たちの忠誠心を勝ちとるのではなく，徹底した血の粛清によって，王の権威を重んじるよう要求したのだ。1554年にイスラーム・シャーが没すると，貴族たちは彼の12歳の息子フィールーズを王位につけた。1カ月もたたないうちに，イスラーム・シャーの甥がフィールーズを殺害し，王位を奪った。こうした王族間の権力争いが勃発した結果，アフガン人はフマーユーンに，帝位に返り咲く機会をあたえることになった。

⇨シェール・シャー・スール廟。インドのビハール州ササラームにある。1545年のシャーの死後まもなく完成したこの墓廟は，小さな湖の中央に浮かぶ島に位置し，湖のまわりは花木で覆われた丘陵地帯になっている。まさに傑出した能力をもった支配者が永眠するにふさわしい場所といえる。

のなかの2つの木の実のように緊密だった。2人は意気投合し，友情を深めていったので，陛下があの国に滞在していたあいだは，シャーがたびたび陛下の宿泊所にやってきた。そしてシャーが姿を見せないときは，陛下がシャーのもとへ行かれた」とグルバダンは語っている。

しかし，すべてがうまくいったわけではなかった。タフマースプがスンナ派イスラーム教徒のフマーユーンと側近たちをシーア派に帰依させようと躍起になったときは，厄介なやりとりが交わされた〔訳注：タフマースプがフマーユーンを庇護するかわりに，シーア派への帰依とシーア派をインドの国教とすること，インドを奪還したときはカンダハールをシャーに返還することの3つの条件を提示したという〕。それでも，フマーユーンは快適な1年を送ることができた。先祖が建てた壮大な建築物を見にヘラートに行ったり，狩りや宴会を楽しんだりして過ごしたが，そうした日々のなかでも，ペルシア兵が主力をな

ハミーダ・ベーグム

フマーユーンのそば近く仕えたジャウハールと，フマーユーンの異母姉妹のグルバダンがともに，それぞれの回想録で14歳のハミーダがフマーユーンと結婚したときのことを記している。フマーユーンがこの娘に目をとめたのは，ヒンダールとグルバダンの母親ディルダール・ベーグムが，彼を遊興でもてなしたときのことだった。フマーユーンは即座に言った。「あの娘と結婚する」

しかし，ヒンダールとハミーダは40日のあいだ，皇帝の結婚の申しこみに強固に反対した。フマーユーンはうるさく結婚を迫った。ハミーダは我の強い，生意気な娘で通っていた。フマーユーンが彼女を召しだしたとき，ハミーダはこう言って，御前に出るのを断った。「表敬せよとのことでしたら，ありがたくも先日，敬意を表させていただきました。もう一度，表敬しなければならないとは思えません」。また別の呼びだしに，ハミーダはこんな返答をした。「皇帝に拝謁するのは一度なら法にかなっています。二度は禁じられています。お召しには応じられません」

ディルダール・ベーグムが口を出し，ハミーダに助言した。あなたもいずれは結婚するのだから，皇帝との結婚をいやがることはないでしょうと。ハミーダは答えた。「もちろん，わたしは結婚します。でも，そのお相手は，わたしの手がその方の衿元に届く背丈の方でないと。わたしの手がその方の衣のすそをつかめないような大柄な方であってはなりません」。グルバダンによると，その後も「わたしの母はハミーダにさまざまな助言をあたえた」という。

結局，1541年9月の終わりごろ，フマーユーンとハミーダは結婚した。1542年10月15日にアブル・ファズルの言葉を借りると，「マリヤム・マカーニ〔訳注：ハミーダに授けられた称号：「聖母マリアと同じ地位の」を意味する〕皇后陛下は陣痛にみまわれて，目を覚まされた。その幸先のよい時に，神の副摂政たる類まれな玉のごとき男子〔アクバル〕が栄光に満ちて誕生した」。ハミーダはこの後，アクバルの帝室の偉大なる女家長となっていく。

⇨シンド地方ウマールコートにある石碑。この石碑はフマーユーンの妃ハミーダが1542年10月15日，この場所でアクバルを出産したことを記念して建てられた。

す軍を率いてインドへ帰還するまえに,ペルセポリスの廃墟の真ん中でタフマースプと宴会に興じたことは忘れられない思い出となった。

　1545年にフマーユーンは,弟のアスカリーからカンダハールを奪取すると,もうひとりの弟のカームラーンをカーブルから追放した。その後の9年間,フマーユーンはアフガニスタン東部の覇権をめぐって,アスカリーやカームラーンと争うことになった。これは矛盾した感情をはらんだ覇権争いとなった。兄弟は戦いにさいして,まず愛情と涙を大げさに見せあって大騒ぎしたあとで,たったひとりしか生き残れない権力争いへと戻るのだった。ヒンダールはフマーユーンの幕営にいたところを,カームラーンに夜襲をしかけられて殺された。アスカリーはフマーユーンに捕らえられ,メッカ巡礼を命じられた。これは世間の俗事から追放される者が通常たどる末路だった。カームラーンは兄と最後の食事をしたあとで盲目にされた。

　1554年,シェール・シャーの親族の3人が後継争いを始めたとき,フマーユーンに帝国をとり戻す機会がついに訪れた。フマーユーン軍を指揮したのは,彼とアクバルの父子二代に仕えて武勲を立てた有能な将軍バイラム・ハーンだった。フマーユーン軍はインドに侵攻し,アフガン系スール朝を打ち負かした。そして同年7月23日,フマーユーンはムガル帝国皇帝に復位したのである。

　だが,フマーユーンの治世は長くは続かなかった。1556年1月24日,彼は図書館の屋上で,金星が昇る時刻について占星術師と議論したあと,階下に降りようとした。ちょうどそのとき,近くのモスクから礼拝の時刻を告げ,礼拝に呼びかけるムアッジンの声が聞こえた。礼拝への召集が終わるまで腰を下ろして待とうとしたフマーユーンは,長くゆったりした衣服のすそに足をとられて転げ落ち,石段で頭を打ち,2日後に死去したのである。父のバーブルと同じように,フマーユーンは1つの王国を失い,1つの王国を獲得した。カーブルからやってきて王国を獲得した点も,父と同じだったといえる。

第3章 ムガル帝国

アクバル
在位1556～1605年

▷アクバルは，有能な人物があいついだ大ムガル帝国の歴史のなかでも，もっとも偉大な皇帝だった。49年にわたるその治世で，彼はインド北部にムガルの支配体制を確立し，ムガル朝にその後100年間におよぶ安泰をもたらした。アクバルの治世は現在でも，インドの歴史上もっとも理想的な時代として懐かしまれている。

アクバル	
生年	1542年10月15日，シンドのウマールコートで誕生。
父	フマーユーン
母	ハミーダ（称号：マリヤム・マカーニ）
妻	ルカイヤ, 氏名不詳の女性（カームラーンの娘），ハルハ（アンベールのラージャ，ビハーリ・マルの娘），サリーマ（バイラム・ハーンの未亡人），氏名不詳の女性（ハーンデシュのミーラーン・ムバーラク・シャーの娘），氏名不詳の女性（ビーカネールのラーイ・カルヤン・マール・ラーイの娘），氏名不詳の女性（ジャイサルメールのラワール・ハル・ラーイの娘），その他300人の妻がいたといわれる。
息子	サリーム（のちの皇帝ジャハーンギール），ムラード，ダーニヤール
娘	シャカルン・ニサー・ベーグム，アーラーム・バヌー・ベーグム，シャーザダ・ハーヌム
即位	1556年2月14日
没年	1605年10月25日
埋葬地	シカンドラの墓廟

アクバル

「父は威厳のある風采をしており，背丈は中ぐらいだが，実際より高く見えた。顔色は小麦色で，目と眉は黒い。肌の色は白くはなく，浅黒い。胸は幅広く，手は長く，ライオンのような体をしていた。鼻の左わきに，見た目はなかなか感じのよい，エンドウ豆の半分くらいの大きさのぷっくりしたほくろがあった。（略）威厳のある声はたいへん大きく，話したり説明したりしているときは，とりわけ朗々と響いた。行動や動作は人間離れしていて，神の栄光が彼のなかに顕在していた」

父アクバルについて語るジャハーンギール（サリーム）の言葉，『ジャハーンギール回想録』より

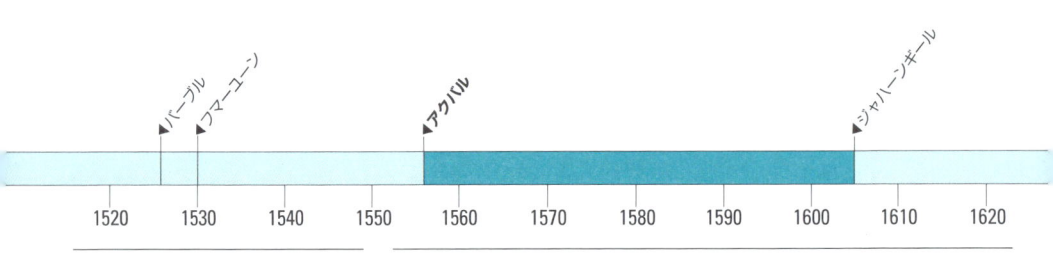

184

アクバルはインドが生んだもっとも偉大な支配者として、前3世紀のアショーカ王と並び称されている。49年におよぶその治世に、アクバルはインド北部全域にムガルの支配体制を確立し、100年以上も命脈を保つムガル朝の権力基盤を築くことに成功した。彼はあらゆる国民が利益を享受できる行政制度をつくりあげ、その行政制度にあわせて、宗教についてもあらゆる信仰を受け入れる施策をとり、最終的にムガル帝国の発展を最優先する体制を構築した。

スール朝の君主たちの成果をもとに、アクバルは農民に生産性を高める意欲をあたえるとともに、国家が莫大な予備の財源を蓄えることができる徴税制度をまとめあげた。彼はそれから、予備の財源をあらゆる分野の芸術の保護に使った。なかでもアクバルが保護したのは絵画と建築で、それが彼の後継者たちの治世に実を結び、ムガル帝国の文化的最盛期を現出することになる。アクバルは絵画と建築を保護することで、現在でも高く評価されている壮麗な文化とすぐれた行政制度を後世に残した。

アクバルは皇帝の地位についたとき、まだ13歳だった。だがそれよりもずっとまえ、もう少しで3歳になるというころ、カーブルで暮らしていたアクバルは、すでにゆるぎない意志と並外れた腕力を証明してみせたという。彼は従兄のイブラーヒーム、つまり叔父のカームラーンの息子と太鼓を取りあって、口げんかをしていた。カームラーンは2人に太鼓をかけて格闘させた。そのときアクバルは「イブラーヒーム・ミールザーと

⇨アクバルは力強く、元気旺盛な、異常に活発な子どもだった。この絵では、カーブルにいたころ、従兄のイブラーヒームと太鼓をめぐって言い争い、叔父のカームラーンが子どもたちに太鼓をかけた格闘をさせている場面が描かれている。アクバルはこの格闘に勝った。

がっぷり組むと、従兄を抱えあげ、地面に投げつけたので、集まっていた人びとが叫び声をあげた」という。

この逸話からもわかるとおり、この幼児は力強く、異常なほど活発な子どもになった。彼の教育を任された人びとはみな手を焼き、4人の教育係がこの子の教育のために、精も魂も尽きはてた状態になったという。アクバルは勉強よりも、猟犬を連れて狩りをしたり、ハトを飛ばしたり、ラクダや馬に乗って競争するのが好きな子どもだった。とくに武術が好きで、弓や射撃の名手でもあった。そのうえ、アクバルは恐れを知らず、若いころ、ほかの者たちがしりごみするような危機に直面したときに、何度も率先して危機に立ち向かったことがあった。たとえば子トラを守ろうとする母トラを殺したり、発情して猛り狂った象を落ちつかせたり、あらゆる予想をくつがえし、激しく凶暴な攻撃をしかけて、前に立ちはだかるものをことごとく攻略した。しかし、さすがに父フマーユーンの急死に際し、まだ13歳とあっては、帝国の実権を握るだけの準備はできていなかった。

アクバル、帝国の実権を握る

そのため、フマーユーンの死後、ムガル帝国の実権は、フマーユーンがアクバルの執政に指名したバイラム・ハーンに引き継がれた。フマーユーンが没したとき、アクバルとバイラムはパンジャーブで軍事行動を行なっていた。バイラムはすぐさま、グルダスプールでアクバルを正式に即位させると、ムガル帝国の権力強化に着手した。

情勢は安定にはほど遠かった。スール朝（⇨p.181）の王侯3人が依然として勢力を保ち、アフガン系王朝の権威回復をもくろんでいた。だが、真に危険な敵はヒンドゥー教徒のヘームーだった。ヘームーはもともとは野菜売りだったが、才能を発揮してアーディル・シャー・スールに仕え、軍総司令官へと昇進した人物だった。フマーユーンが死ぬと、ヘームーはアフガン軍を率いて、アーグラとデリーを制圧し、ラージャ・ヴィクラマーディティヤとして王朝樹立を宣言し、みずからの名前を

刻んだ貨幣を鋳造していた。

　1556年11月5日，バイラム・ハーンは歴史上名高いパーニーパットの戦場で，圧倒的に優勢なヘームー軍と対決した。ムガル軍は両翼を包囲され，敗北寸前の状況に陥ったが，そのとき戦闘象に乗って指揮をとっていたヘームーが目を矢で射られ，意識を失ったため，ヘームー軍は潰走した。バイラムはみずからヘームーの首をはねると，首はカーブルに送り，身体はデリーに送った。多数の捕虜が虐殺され，捕虜の首でモンゴル式の塔が造られた。情勢が安定に向かったと判断したアクバルの母ハミーダと王族の女性たちは，男たちと合流するためにカーブルを出発した。一行がパンジャーブに近づくと，アクバルは幕営から馬に乗り，一日かけて母親を出迎えに行ったという。

　その後，若き君主アクバルが，しだいにみずからの地位と責任を自覚するようになると，彼とバイラムのあいだに緊張した空気が流れるようになった。アクバルの王室の出費と，ベーグム（高位のイスラーム女性）たちがやってきたのちに，アクバルがヒンダールの娘のルカイヤだけでなく，カームラーンの親族の女性とも結婚しようとしたことで，アクバルとバイラムのあいだに面倒なやりとりがあった。バイラムの権勢と自信はゆらぎはじめ，ベーグムたちの存在が事態を悪化させた。母親と有能な乳母マーハム・アナガという相談相手を得て，アクバルは以前ほどバイラムに頼らなくなっていた。そのうえ，マーハム・アナガはアクバルが「ババ・ハーン（父なるハーン）」と呼んだバイラムの失脚を，積極的に働きかけていたようだ。

　アブル・ファズルによると，バイラムは「頭のなかに傲慢の風が吹いていた」ので，危険を察知することができなかったのだという。彼はあるとき，アクバルの象使いに腹を立て，独断で殺してしまった。こうして宮廷内の対立は，まもなく最終段階に入り，1560年，アクバルはバイラムに対して，これまで皇帝一族に仕えてくれたことに感謝の意を表し，「いまは我が一族がみずからの知力で政務にあたるべき時期」であり，バイラムも「国政から身をひき，無上の喜びである巡礼へと関心を向ける潮時」ではないかとのべた。その後，バイラムはメッカに向かう途中，名所を見ようとグジャラートに立ち寄ったとき，

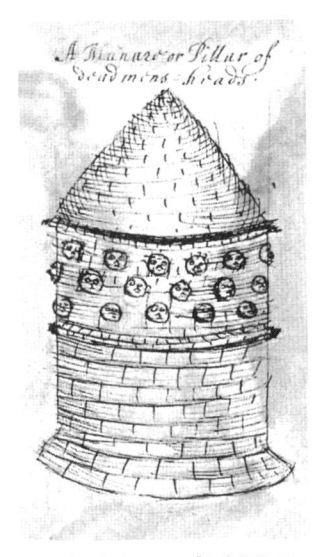

⇧ムガル人は，モンゴル帝国やティムール朝の先祖と同じく，打ち負かした敵の首を使って塔を建てた。17世紀初期にムガル帝国領を旅行したイギリス人のピーター・マンディーは，そうした「首の塔」がまだ建っているのを目撃した。この絵はマンディーが，「人間の首が顔面だけを出す形で，モルタルや漆喰で塗り固められている」塔の1つを描いたもの。

ファテプル・シークリー

「14年から15年の歳月をかけて，野生の動物でにぎわっていたあの小山が，あらゆる種類の建築や庭園，壮大で優美な建物や楽しい場所のある都市になった」とサリーム皇子（のちのジャハーンギール帝）は説明している。

アクバルが首都をシークリーと呼ばれるアーグラ近郊のこの小山に移したのは，ひとつには戦略的な理由から，もうひとつは都市を建設することが，ティムールの血をひくアクバルの創造的な性向を刺激したからであり，また遷都することで自分の体制の正統性を強化するためでもあった。

アクバルのグジャラート征服にちなんで，ファテプル・シークリー（「勝利の都」）と改名されたこの都市は，3×5キロメートルの長方形をなしている。その3辺は城壁，残りの1辺は大きな池で防備が固められている。この低い岩山に建設された都の中心には宮廷地区があり，その南西に金曜モスクが建っている。その当時はムガル帝国最大のモスクで，当時の人びとが賛嘆し，このモスクの正門の優美さをしのぐのは「メッカのモスクのほかにない」といわれた。

このモスクの中央には，聖者サリーム・チシュティー（1572年没）の聖廟がある。スーフィーの長老チシュティーはアクバルが待ち望んだ嫡子の誕生を予言した人物で，1569年に彼の住まいで嫡子サリーム皇子は産声をあげた。こうして，ムガル皇帝はインドのもっとも人気のあるスーフィー教団との関係を確立した。

かなりの部分が現存している建築群は，アクバルの文化開放政策をよく反映している。建築物の多くは，ヒンドゥー建築で好まれた楣式の構法で建てられている〔注：この構法はイスラム建築が特徴とするアーチやドームを用いず，石材を梁や楣（開口部の上の水平材）に用いる構法〕。また，装飾の面でも，デリー・スルタン朝治下に発展したヒンドゥー・イスラーム様式特有の表現形式が活用されている。こうした注目すべき状況のもとで，ムガル帝国を飛躍させる事業の多くが，アクバルとその幕僚たちによってなしとげられたのである。

⇧金曜モスクのブランド・ダルワーザ（凱旋門）。この門はアクバルがグジャラート地方での戦いに勝利したことを祝して，1573年に再建された。階段式の基壇に，グジャラート地方の方角，つまり南向きに建っているこの門は，高さが53メートルあまりに達する。北側の側面には，ペルシア語でこう刻まれている。「イエス・キリスト（イーサー）に幸いあれ。イエス・キリストは言われた。世界はそこを渡る橋である。橋の上に何も建ててはならない」

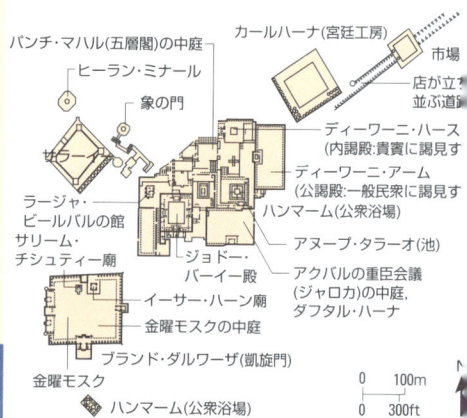

⇧ファテプル・シークリーの中心となる宮廷地区の平面図。この地区は人工池やバザール，多数の建物で囲まれていた。その光景を見て，1610年にこの都を訪ねたラルフ・フィッチはロンドンやローマより規模が大きいと言っている。

⇦ディーワーニ・ハース（内謁殿）という誤った名前をつけられた建物。この建物の目的については学者の意見がわかれているが，注目したいのは，内装と石彫にグジャラートの影響がうかがえることである。この建物は宗教的な象徴として建てられたものかもしれない。

彼に恨みを抱いていたアフガン人の集団によって暗殺された。

　だが，この段階でもまだ，アクバルは完全に自立したとはいえなかった。事実上の行政権はマーハム・アナガが握り，その意をうけた宰相のバハードゥル・ハーンが実務に携わっていたからである。アブル・ファズルはこう断言している。「この崇高な務めには，英知と勇気が必要なのだが，実のところ，マーハム・アナガはその両方の資質を完璧に備えていた」

　ところが，マーハム・アナガは息子のアドハム・ハーンをうまく御することができなかった。そしてアドハム・ハーンはマールワーを攻略したとき，重大な過ちを犯してしまう。彼は，君主に戦利品をすべて送るという慣習を守らなかったのである。アクバルは即座に当然の権利を主張した。さらにアドハム・ハーンは，この過ちに加え，1562年5月，アクバルがマーハム・アナガの子飼いの役人に代えて宰相に任命したアトガ・ハーンを殺してしまった。その騒動で目を覚ましたアクバルは，アドハム・ハーンが後宮(ハーレム)の入口で中に入れてくれと訴えているのを見つけた。アクバルはただちにアドハムを昏倒させると，彼の脳髄が頭から流れだすように，後宮のテラスからアドハムを投げ落とせと命令した。マーハム・アナガはこの衝撃から，二度と立ち直ることができなかった。こうして，アクバルは完全に帝国の実権を掌握したのである。

帝国版図の拡大

　アクバルはほとんど戦場から離れることのない皇帝だった。相次ぐ戦いによって，国家の財政は豊かになり，軍の士気は高まり，民は皇帝の権力を思い知らされることになった。アクバルは首都を一カ所に定めることはなかったが，彼の治世において，ムガル軍は最初アーグラから出陣し，それからファテプル・シークリー，次にラーホール，そのあとはまたアーグラから出陣した。こういうわけで，ムガル帝国の宮廷はほとんどの時期，アクバルの高度に組織化された幕営地にあった。時期に応じて，別々の本拠を用いたことで，結果的にムガル帝国の権力が各地へ拡大していくことになった。

第3章 ムガル帝国

皇帝の幕営

「古くからの慣習で、王のパヴィリオンは（略）そのような場所が見つかる場合には、心地よい開放的な場所に据えなければならなかった。そして右側には王の長男とその側近の貴族たちの天幕が張られる。これらの天幕の場所は、王のパヴィリオンのすぐとなりに位置している。左側には次男とその側近の天幕が配される。（略）

高位の貴族たちは、王の御座所を中心として、左右にわかれた王子たちの外側に場所をあたえられた。さらにその外側に残りの騎兵の天幕群が、指揮官の天幕を囲んで円陣を張る。密集しすぎて混乱が起こらないように、それぞれ指定された場所で、食事をともにするグループごとにわけられる。王や王子たち、高位の貴族たちには、個別にバザールが設けられている。（略）

王とその息子たちのバザールは非常に大きく、品ぞろえも充実していて、穀物やその他の食料を売る店だけでなく、あらゆる種類の商品がある。これらのバザールはまるで幕営地ではなく、どこかの豊かな都市のバザールと見まがうほどだ。バザールはひとつの設計図をもとに設置されるので、2、3日幕営で過ごせば、だれでも自分の住んでいる都市の道路と同じように歩きまわることができる。（略）

軍事行動中は幕営の前面、つまり王族の居住区の入口とは反対側に開けた広大な空き地に、砲兵隊が集結する」

イエズス会士
アントニオ・モンセラーテ

1571年まで、帝国の本拠はアーグラだった。この時期、アクバルはヒンドゥー教徒のラージプート諸侯と重要な同盟を結び、以後この同盟がムガル帝国を支える重要な柱となっていく。すでに1562年には、アクバルはラージプートの不安を払拭するため、アンベールのラージャの娘との結婚に同意していた。その後、1564年にウズベク人の貴族が反乱を起こしたとき、アクバルは貴族階級を拡充する必要があることに気づかされた。ウズベク人はムガル一族の召使だったが、宿敵でもあり、バーブルをサマルカンドから追い払ったのもウズベク人だった。ウズベク人が、アクバルの異母弟で、カーブルの支配者ハキームにインド侵略を誘いかけたため、アクバルは迅速に動いた。まず、異母弟とパンジャーブで対決し、これを打ち負かすと、彼に敵対したウズベク人をひとり残らず殺させた。

この反乱をきっかけにアクバルは、当時ウズベク人とペルシア人に二分されていた外国人の貴族に、頼るべきではないと決断し、インド出身の貴族を新規に登用することにした。そのなかには、インドで代々イスラーム教を信仰してきた家系の出身者もいたが、もっとも重要だったのはラージプートの大氏族の族長たちで、彼らは貴族の仲間入りをするのとひきかえに、娘を皇帝の妃に差しだした。

その結果、1580年には、貴族の構成はペルシア人が47人、ウズベク人が48人、ラージプートが43人になっていた。ラージプートは自分たちの領地の管理をそっくりムガル帝国に委譲した。土地からあがる税収を帝国の行政官が徴収し、それと引き換えに彼らの俸給の支払い額が決められたわけだが、こうしてラージプートはムガル帝国と結びつくことで、名誉と権威という恩恵を得ることになった。

だが、ラージプートたちがすべて、戦わずして屈服したわけではない。1568年、アクバルはチットールの大城塞に籠城したメワールのラーナを包囲しなければならなかった。翌1569年には、チットールとともに海上の交易ルートを押さえていたランタンボール城砦のラーイ・スルヤンとの戦いが待っていた。この2つの大城塞の陥落は、ムガル帝国に反抗することの愚かさを人びとに知らしめる役割をはたした。

1571年、アクバルは首都をアーグラから西へ42キロメートルの距離にある、ファテプル・シークリーに移した。アクバルはこの新しい首都を、みずからの帝国があらゆる文化を受容し、またイスラームの正統性をも兼ね備えていることを示す都市として建設した。この新都から、彼は帝国の版図を南西のグジャラートからアラビア海へと押し広げた。アクバルは繁栄した港町を擁する豊かな沿海地域と、インダス・ガンジス平原の貴重な農産物とを結びつけることで大きな利益が得られると考えたのである。

1573年までに、南西地域は完全にムガル帝国の支配下に入ったため、アクバルは次に東方へ重点を移した。ヒンドゥー教徒の有能な宰相トダル・マルが、ビハール、ベンガル、オリッサのアフガン系政権に対する遠征を指揮し、1576年にはこれらの地域の併合に成功した。だがヒンドゥー教徒とアフガン人の抵抗が最終的に抑えられたのは、1580年代後期になってからのことだと考えられている。

↑ムガル帝国は、ムガル皇帝とラージプート諸侯との密接な関係のもとに築かれた。ラージプートの多くの氏族が、アクバルに娘を嫁がせている。この絵では、ラージプート諸侯が列をつくり、アクバルに忠誠の誓いを立てる順番を待っている様子が描かれている。

1585年にハキームが死ぬと、ウズベク系のシャイバーニー朝ブハラ・ハーン国（1500〜99年）が、カーブル政権にますます脅威をあたえるようになった。ブハラ・ハーン国のアブドゥッラー・ハーン（在位1583〜98年）は、アフガン系部族の協力を得て、ちょうどバダフシャーンを占領したところだった。アクバルは首都をラホールへと移し、カーブルを帝国の直轄地にすると、アブドゥッラー・ハーンと協定を結んだ。アクバルはそれから、アフガン系の部族、とりわけユースフザーイ部族連合の鎮圧にとりかかった。

この戦いは重要な意味をもっていた。戦いに勝利することは，カイバル峠から中央・西アジアへ抜ける重要な交易路を確保することを意味したからである。アクバルはやっとのことで諸部族を支配下におさめた。しかし，ムガル軍もヒンドゥークシュを支配した他の帝国がたどった運命をまぬがれることはなく，1586年2月にブナールの細い山道で大敗をきっしている。

　時期を同じくして，アクバルは北方のカシュミールにも関心を向け，1589年までにはこの地方を完全に掌握し，南方のシンドをも制圧した。1593年にはシンド地方の君主がラホールを訪れ，臣従の誓いを立てている。こうしてインダス川下流域も，カシュミールというヒマラヤ山系の要衝地とともにムガル帝国の版図に入った。

　1598年にアブドゥッラー・ハーンが没した。ウズベク族の侵入という脅威が減少し，ムガル帝国の北西方面は安泰な状況になった。こうして，いつでもアーグラへ戻れるようになると，アクバルは今度はデカン高原の5つのイスラーム王朝と対決するべく南進した。その5つの王朝とは，ハーンデシュ，アフマドナガル，ベラール，ビージャープル，ゴルコンダの諸スルタン朝である。アクバルはすでに懐柔策を試みていた。1591年に彼は，スルタンたちに使節を派遣して，帰順を求めたのである。このとき，5人のうち4人のスルタンがアクバルの要求を拒否し，ハーンデシュのスルタンだけが娘をアクバルの長男サリームの妃に差しだしたものの，彼もまた，その後，忠誠の誓いを撤回した。1595年，アクバルはアフマドナガル領に侵攻を命じ，この遠征はベラール併合をもって終結した。

　その後，アクバルの次男のムラード皇子が指揮をとった第2次デカン遠征は，はかばかしい進捗がみられなかった。そこでアクバル自身が指揮をとり，1599年から1600年にかけて実行されたアクバル最後の戦いで，アフマドナガルとハーンデシュを併合した。こうしてアクバルは40年ほどの治世のあいだに，西のヘルマンド川から東のブラーフマプトラ川まで，そして南のゴダヴァリー川から北に立ちはだかるヒマラヤ山脈まで達する広大な領土を勝ちとったのだった。

アクバルの宗教への関心

アクバル時代の大きな特色は、大多数の住民が非イスラーム教徒で、わけてもその大部分がヒンドゥー教徒だったことと、その事実を前提とした統治政策が行なわれたことである。そしてアクバル個人の大きな特徴は、彼が宗教に深い関心をよせたことだった。彼はイスラーム神秘主義に傾倒し、年を重ねるにつれて信仰への理解を深めていった。一方、アクバルはその治世の早い時期から、偉大な政治家らしい、何事にも寛容な姿勢を見せていた。

1563年、アクバルは戦争捕虜を奴隷にできるというイスラーム教徒の特権を廃止し、翌年にはヒンドゥー教徒に課されていた巡礼税を廃止した。とはいえ、それと同時に彼は正統なイスラーム教徒の気質も持ちあわせていた。規則正しく礼拝を

⇨宗教に並々ならぬ関心をもっていたアクバルは、きわめて寛容な態度で、たえず自分の知識や理解を深めようとした。この絵には、ファテプル・シークリーの「祈りの館」と呼ばれる講堂で、討論会を主宰しているアクバルが描かれている。この討論会には、イエズス会の修道士が2人参加しており、やがて彼らはイスラーム教に対し、激烈な攻撃を始めることになる。アクバルの自由な考えはウラマーから強固な反対をうけることになったが、彼の進歩的な宗教政策は、多宗教国家においては道理にかなったものだったといえる。

第3章 ムガル帝国

アクバルの親族の女性たちのメッカ巡礼

グジャラートを征服し、インド洋に進出してきたヨーロッパ列強諸国と良好な関係が築かれたことで、メッカへの巡礼が容易なものになった。1575年にアクバルの叔母のグルバダンは、帝室の女性たち10人を引き連れて、巡礼に赴いた。当時、巡礼は信仰心だけでなく、勇気のいる行動だった。

サリーム皇子が一行を見送り、一行が1582年に戻ってきたときには、ファテプル・シークリーから60キロメートルほど離れたアジメールまで迎えに行った。あとからアクバルも駆けつけた。アブル・ファズルは、一同に介した皇帝一族がたがいの健康状態を尋ね、再会を喜びあう様子を描写し、メッカから持ちかえった贈り物についてものべている。「温かいもてなしの心があふれていた。その夜、一族は楽しいおしゃべりで夜を明かした」

行ない、メッカ巡礼を支援し、つとめて聖者の霊廟に参拝する。聖者のなかでもとくに重要だったのは、チシュティー教団の2人の聖者、アジメールのムイズッディーンとファテプル・シークリーのサリームだった。アクバルは大きな仕事に着手するまえは、特別な礼拝を捧げることにしていた。

アクバルの宗教への関心が次の段階に入ったのは、1570年代のなかごろだった。このときの関心の度合いはたいへんなもので、アクバルは夜も昼も瞑想に時間を費やすほどだった。神学や比較宗教学を系統立てて学びはじめ、ファテプル・シークリーに討論のみに用いる講堂を設けた。最初、討論するのはイスラーム教の問題にかぎられていたが、アクバルはすぐにウラマー（イスラーム学者）にひどく落胆するようになり、ジャイナ教徒やヒンドゥー教徒、パールシー教徒〔訳注：中世紀、ペルシアからインドへ移住したゾロアスター教徒〕に討論会への参加をすすめ、1580年にはゴアからイエズス会のキリスト教徒を呼びよせた。この時期、アクバルの心はイスラーム教から離れ、イスラーム教以外の考えや慣習を黙認し、みずから折衷主義の宗教を創始しようとしていた。

支配者として、アクバルはしだいに、ウラマーが多宗教国家であるムガル帝国にとって、危険な存在であると考えるようになった。彼はウラマーを支えてきた助成金に再検討を加え、正当だと認められないものは撤回して、ほかの宗教を奉じる聖職者や学者に助成金をあたえはじめた。ついで、1579年にはまず、非イスラーム教徒に課されていた差別的な税のジズヤ（人頭税）を廃止し、その後、信仰上の教義にまつわるあらゆる問題において、最高権限をもつのは皇帝であるとする勅令を発布した。これに反対したウラマーたちは、メッカ巡礼に行って、その地にとどまるようにと告げられた。こうしてイスラームの君主アクバルは、彼の帝国ではあらゆる宗教の信者が公平な扱いをうけるべきであることを明確に示したのである。

1580年代になると、アクバルの精神的な発達は第3段階へと入った。この段階ではアクバル個人が探求していたものが、国家の目的と一体になったように思われる。1582年、宗教論争の場として設けた講堂を閉鎖して、アクバルはディーニ・イ

ラーヒー（神の宗教）の創始を表明した。彼はすでに隠し立てすることなく，太陽崇拝を始めていた。さらに，菜食や禁欲を実行するなど，一連のヒンドゥーの教えを実践していた。このころには日曜日になると，聖なる火のまえで入信希望者たちの入会儀式を行なっていた。

神の宗教の信者となったのは，おもに貴族たちだった。信者たちは生命，財産，信仰，名誉を犠牲として皇帝に捧げることを誓った。彼らが平伏したあとで，アクバルは彼らを立たせると，太陽を象徴する大メダルのついたターバンを信者たちの頭にかぶせ，ターバンの上につけるように彼の肖像画を手渡す。入信者たちはたがいに「アッラーフ・アクバル（神は偉大なり）」と声をかけあい，それに応じて「ジャラ・ジャラルーフ（神に栄光あれ）」と答えるよう求められた。

歴史家たちはアクバルが，こうした正統なイスラーム教とはかけ離れた信徒団体を創始した目的を解明しようと骨を折っている。しかし，ここで注目すべきは，神の宗教が宮廷のなかだけで実践され，信者もほとんどが貴族だったことである。この個人宗教を通じて，アクバルが帝国を動かす貴族たちの団結を強化することをねらっていたのは，ほぼまちがいないだろう。そのために，神の宗教の信者たちに対し，皇帝への忠誠心を何より優先し，他のものへの個人的な忠誠心を抑制することを要求したのである。

行財政の改革

アクバルは戦争と宗教だけに才能を発揮したわけではなかった。アクバルとその幕僚たちは，新しい地方が領土に加わるたびに，それに対応して拡張が可能で，結局100年以上持ちこたえることになる中央集権化した行政組織をつくりあげたのである。その組織の長は皇帝自身であり，その下に，歳入と財政，軍と諜報機関，司法と宗教保護，帝室と公共事業の4つの分野をそれぞれ担当する大臣がおかれた。この構成は地方長官のもとに地方でも踏襲され，地方長官は皇帝に直接報告を行なった。ムガル人貴族が中央でも地方でも高位の役職を独占し，帝室の

> **アクバルの言葉**
>
> 「君主のもっとも崇高な資質は，過ちを許すことである」
>
> 「知識はそれ自体で完成の域に達しているとみなされている。しかし，知識は行動で表されることがなければ，価値をもたない。それどころか，知識は無知よりも価値がないとみなされるだろう」
>
> 「夜襲は臆病者の行ないである」
>
> 「人が自分の胃袋を獣の墓場にすること（肉食）はまちがっている」
>
> 「ひとり以上の妻を求めるのは，身の破滅を招くようなものだ。妻に子どもができなかった場合や男の子を産めなかった場合は，そのかぎりではないが」
>
> 「ある人が（略）[犬に備わっている10の徳のうちの] ひとつでも身につけているなら，その人は聖者だろう」
>
> 「余がわざと神の不興を買うことをしたり，わざと神の喜ばれないことを願ったりしたなら，あの象に余を始末させてほしい。なぜなら，神の不興を買いながら生きるような重荷は，とうてい背負えないからである」

生活様式や礼儀作法を手本とした贅沢な生活を送るようになった。

貴族はすべてマンサブ（位階または官位）を授与された。マンサブとは，帝国の官職位階を意味し，特定地域の徴税権のついた領地を与えられた。また，下位のマンサブ保有者，すなわち貴族の位階を獲得できなかった下級役人もいた。皇帝は最下級の役人をのぞき，官僚の位階や称号，任用をじきじきに再検討していた。官僚は定期的に帝国全域の任地へ異動させられるばかりでなく，ひんぱんにジャーギールを変更させられた。これは官僚が地方に権力基盤を築くのを阻止するためだった。

帝国財政は，ずば抜けた才能をもつ3人の行政官たち，ファズル・アッラーフ・シーラーズィ，ハージャ・シャー・マンスール，ラージャ・トダル・マルが管理していた。俸給は町や地区のような末端の役人にまで支払われ，財政担当者は15日ごとに公庫の差引勘定を書面で報告する義務を負っていた。ムガル帝国は実質的な黒字財政を維持しており，帝国の統治体制の中枢を担っていたのも，効率的な徴税制度だったが，こうした制度はアクバルがスール朝のシェール・シャーの改革をもとに整備したものだった。その目的は国家の収益を最大にすると同時に，耕作者たちに生産性を高めるよう奨励するところにあった。

ラージャ・トダル・マルは改革の実施にあたって欠くことのできない人物だった。彼は新たに標準を定めた度量衡に基づいて，正確な生産高統計を得ようと努力した。耕作地は田畑一枚ごとに測量が行なわれた。耕作者や村を単位として，10年間の収穫高やあらゆる種類の穀物の市場価格に関する資料が集められた。この資料をもとに，地域や作物に対する基準評価額が算出された。国家は作物の性質に応じて，その評価額の3分の1から5分の1を税として徴収した。税金は硬貨で納めなければならなかったので，耕作者は市場に参入せざるをえなかった。20年または30年ごとに，生産と販売に関する資料が集められ，評価額が改定された。ムガル帝国の経済政策は，地方の余剰農産物を国家が買いあげた点と，地方の生産力の増加を奨励した点で，スール朝よりははるかに成功を収めたといえるだろう。

アクバルの関心の広さ

　傑出した支配者だったアクバルは，ひとりの人間としても非凡な人物だった。彼は実に幅広い分野に関心をもっており，木を切ることから領土を獲得することまで，何かを行なうときには，すべて途方もない集中力でそれに取り組んだ。たとえばアクバルは読み書きができなかったが，それでも「博学の士」になった。彼の知識欲は旺盛で，皇帝の図書館には2万4000冊の蔵書があり，そのなかから定期的に本を朗読させ，傑出した記憶力を活かして知識を身につけていった。

　アクバルは書物を制作することも好きで，皇帝図書館の蔵書に加えるべく，傑作といわれる一連の書物を作らせている。そのなかには，古代インドの叙事詩『マハーバーラタ』の挿絵入りの翻訳本や，アクバルの治世に関する偉大な歴史書『アクバル・ナーマ（アクバル年代記）』がある。音楽にも多大な援助をあたえ，ミヤン・ターンセンなど一流の音楽家を宮廷に呼びよせた（現在の北インドの音楽の大部分が，その系譜をさかのぼると，このターンセンに行きつく。彼は文字通り，北インドの古典音楽のルーツともいうべき人物である）。

アクバルと科学技術

　アクバルの宮廷を訪問したイエズス会の修道士は，アクバルがあらゆる種類の工芸品に関心があること，そして工芸に関する彼自身の技術力にもひどく驚かされたという。このことは，アクバルのさまざまな技術革新に関するアブル・ファズルの記述が，真実であることを示している。

　アクバルの技術革新とは，幕営を形成するプレハブ方式の建築物や新しい織物の開発，建物を涼しくする技術，冷水機，造船，短銃や大砲の製造，歯車装置である。たとえば，歯車装置を使って，アクバルは短銃の銃身の製法に進歩をもたらした。この銃身の製法（とくに銃身のクリーニング）は，それ以前はきわめて手間を要する作業だった。アブル・ファズルは語っている。「皇帝陛下は実践的な知識を活かして車輪を発明された。牛に車輪を引かせ，その回転を利用すれば，[短銃]16個の銃身がごく短い時間でクリーニングできるだろう」

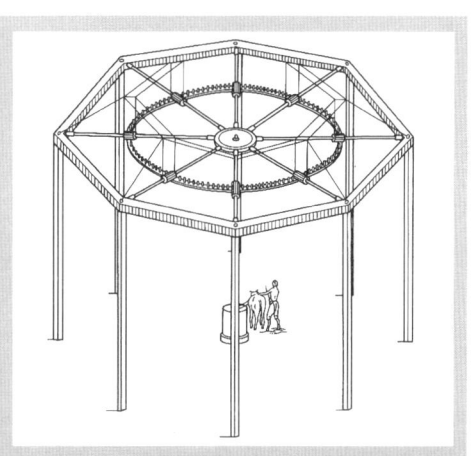

↑アブル・ファズル編著『アクバル・ナーマ』の第3巻『アクバル法令・規則集（アーイーニ・アクバリー）』の挿絵。アクバルが短銃の銃身のクリーニング用に発明した装置を描いている。

アクバルとムガル絵画

アクバルは,強力かつ行き届いた援助によって,ムガル絵画のもつ独特の様式を作りあげた。アクバルは帝国の実権を掌握すると,宮廷工房を設置し,サファヴィー朝に仕えたアブダル・サマドとミール・サイド・アリーを工房の首席に任命した。彼らはアクバルの父フマーユーンが,シャー・タフマースプの宮廷から連れてきた画家だった。

アクバルは工房の画家たちの仕事の進みぐあいに,細心の注意を払った。アブル・ファズルはこうのべている。「1週間ごとに,すべての画家の作品が(略)書記によって,陛下の御前に並べられた。陛下はそれから作品の出来ばえに応じて褒美を授与されるか,または毎月の俸給を増額された」

画家はその業績を賞賛されてしかるべきだとアクバルは思っていたので,個々の絵画に対して,どの画家がどれだけの寄与をしたかを記録するよう文官に命じた。その結果,アブル・ファズルがその当時の一流の画家として挙げた18人の名前だけでなく,宮廷工房が生みだした作品に寄与した100人を下らない画家たちの名前も知ることができる。イスラームの名前とともに,多くのヒンドゥーの名前も見うけられる。この事実は,インドに移ってきたサファヴィー朝の巨匠たちが,洗練されたサファヴィー絵画と,躍動感のある写実的なインド絵画との融合をなしとげるにあたって,多きく貢献したことを示している。

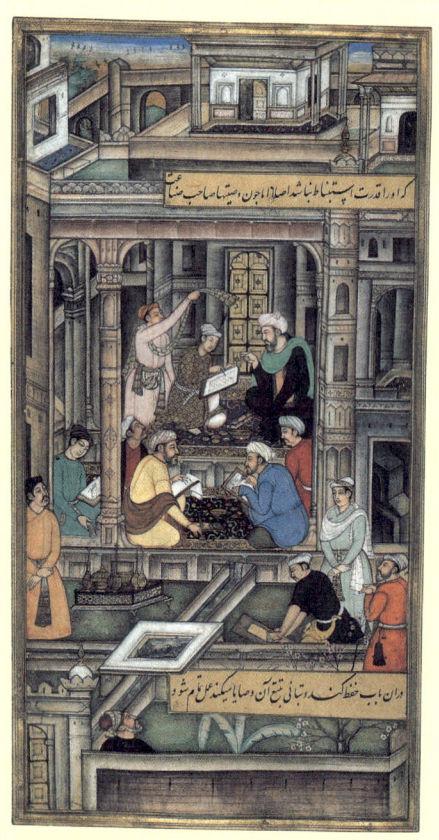

宮廷工房が最初に制作した写本は,アクバルの趣味を反映して,インドやイスラーム世界で伝承されていた物語や寓話だった。注目に値する初期の作品に,挿絵入りの『トゥーティ・ナーマ(オウムの話)』と『ハムザ・ナーマ(ハームザーの物語)』がある。『預言者ムハンマドのおじアミール・ハムザの不思議な冒険』とも呼ばれる後者は,14巻本で,各巻に平等に割りふられた総数1400点の挿絵が収められている。

1580年ごろ,アクバルはしだいに,ムガルの統治体制の目標に美術品を役立たせたいと思うようになった。その発露のひとつが『ラズム・ナーマ』だった。これはサンスクリット語で書かれた古代インドの偉大な叙事詩『マハーバーラタ』を,ペルシア語に翻訳したものである。『ラズム・ナーマ』が1586年に完成したとき,アクバルは貴族たちに自分たちの蔵書用に写本を制作させて,インドの主要な原典に関する知識を領地に広めるように指示した。

〔左頁〕モンゴル帝国やティムール朝の君主にとって, 挿絵入りの書物は, 芸術保護の主な対象であり, また王朝を宣伝する重要な手段でもあった。この絵には, 多数の書物を生みだしたアクバルの宮廷工房で働く, 画家と書家が描かれている。

〔左頁右〕1573年, 勝利を収めたグジャラート遠征からファテプル・シークリーへ帰還したアクバルと, 迎えに出た息子たち。これはアクバルの治世の公式記録である『アクバル・ナーマ』の挿絵。この歴史書はアクバルの命でアブル・ファズルが執筆した。

⇨同じく『アクバル・ナーマ』の挿絵。この場面は, 1569年にラージプートのランタンボール要塞の攻撃を指揮するアクバル(右側のいちばん上の人物)を描いたもの。本書の挿絵では, アクバルは全編を通して活動の中心に描かれ, あらゆるできごとは彼の周囲で展開する。1568年にチットール, 1569年にランタンボールと, あいついでラージプート諸侯の要塞を攻略した結果, ムガル帝国にグジャラート征服への道が開かれた。

　もうひとつの発露は, ムガル皇帝の家系の偉大な業績を世に知らしめ, 皇帝の権力を示すために制作された一連の作品である。イスラーム君主を礼賛する『ターリーヒ・アルフィー(一千年の歴史)』や, チンギス・ハーンとティムールおよびその子孫たちの業績を詳述した『チンギス・ナーマ』に『ティムール・ナーマ』, それからアクバルの祖父バーブルの業績を記録した『バーブル・ナーマ』。アクバルは暗殺した執政バイラム・ハーンの息子に命じて, 祖父の年代記をチャガタイ・トルコ語からペルシア語に翻訳させている。

最後にアクバルの治世に関する長大な記録『アクバル・ナーマ』が制作された。アクバルは1589年3月4日, 友人で博識家のアブル・ファズルに『アクバル・ナーマ』の執筆を命令した。同書にそえられた挿絵は, 『バーブル・ナーマ』や『ティムール・ナーマ』と同じく, 偉大なティムール家の君主たちを, さまざまなできごとの中心に位置づけている。

アクバル自身は歌と太鼓の演奏が得意だった。また当時の教養人のたしなみだった詩作では，アクバルはヒンディー語とペルシア語の両方で詩を作っている。工芸や機械への関心も強く，多くの建築物を建てさせているが，ムガル一族にしてはめずらしく，庭園には特別な関心は抱いていなかった。スポーツはなんでも好きで，格闘とポロ競技がとくに好きだった。ポロの場合は，空中で球を打つことができた。お気に入りの動物は象だった。ハトを飛ばし，調教したチーターを使って狩りをした。さらに，正統イスラーム教徒は眉をひそめたが，アクバルはイスラームの教えでは不浄とされる犬を飼っていた。

またアクバルは，1578年にある事件が起きるまでは狩猟に熱中していた。しかし，この時代の宮廷史家アブドゥル・カーディル・バダウニー（1540～1615年ごろ）によると，パンジャーブ地方のベヘーラの森で10日あまりかけて，勢子（せこ）が狩りの獲物を周囲80キロメートルほどの円のなかに追いこんだと

アクバルとその母

　アクバルは母のハミーダを深く愛し，マリヤム・マカーニ（「聖母マリアと同じ地位の」を意味する）というムガルの称号をあたえたほどだった。彼は格別に母親に敬意を払う努力をし，母の助言に耳を傾けた。アクバルの母への愛情，母にそばにいてほしいとの思いは強かった。アクバルはそうした母への思いを，1589年に以下の詩に託している。

　「この巡礼者はハッジ（聖地巡礼）をはたすために，カーバ［ハミーダ］へ行くかもしれない。ああ，神よ。願わくは，カーバが我々のもとに来たらんことを」

　母のハミーダも，アクバルに負けず劣らず，息子を深く愛していた。ブヘラの猟場でアクバルが一時的な精神錯乱に陥ったと聞くと，彼女は息子の看病をするために，ファテプル・シークリーからブヘラに駆けつけた。1604年の夏には，アクバルとその息子のサリームとの衝突を阻止しようと，ハミーダはサリームの本拠地アッラーハーバードへの進軍はやめてほしいとアクバルに必死の思いで訴えた。遠征の途上で母が重篤な病に倒れたと聞かされたアクバルは，急ぎひき返して，病床の母につきそった。

　8月29日，ハミーダは息を引きとった。宮廷画家のムヒブ・アリーはこう書いている。「陛下の嘆きの深さは言葉では言い尽くせない。陛下は髪もひげも剃り（略）ターバンをかなぐり捨て，悲痛の衣をまとわれた」。ハミーダはデリーのフマーユーン廟に永眠する夫のかたわらに埋葬された。

⇧晩年のアクバルは，愛する母とは死別，息子のサリームとは不和になって，深い悲しみにつきまとわれていた。この線画のやつれはてた様子を見ると，この絵は63歳で没したアクバルの最期の年に描かれたものかもしれない。

き，アクバルは「まったくだしぬけに，異様な興奮状態に陥り，極度の精神錯乱にみまわれ」，狩りを中止した。そして一羽の鳥も一匹の動物も傷つけてはならないと命令したという。

　アクバルには，あけっぴろげで率直な面もあれば，理解に苦しむ面もあったという。おそらく決して他人には見せない内面をつねに抱えていたのだろう。アクバルが偉大な帝王であったのはまちがいないが，アーグラの宮廷に逗留し，アクバルと身近に接することのあったイエズス会士のドゥ・ジャリックは，「彼はすぐれた君主とは，臣民から服従，敬意，愛，恐れを集めることができる人物であることを知っていた」と記している。

　アクバルは地位が高い者であろうが，低い者であろうが，また親しい者であろうが，見知らぬ者であろうが，あらゆる人間を公平に扱った。寝る間も惜しんで政務に励み，若いころは大食漢で，性欲も強かった。7人の妃をもち，後宮(ハーレム)には300人もの女性がいた。だが，年をとるにつれて，欲望を抑えるようになり，禁欲すらしていたという。事実，彼は肉食をやめて，一夫一婦制をすすめている。

　アクバルには息子が3人いた。1569年にアンベールのラージャの娘が出産したサリームと，1570年にバイラム・ハーンの元妻だったサリーマ・ベーグムが産んだムラード，1572年に生まれたダーニヤールである。ダーニヤールの母親はアムベル出身の妃と縁続きの女性だったとされる。アクバルのような偉大な父をもった息子の立場というのは，なまやさしいものではなかったと思われる。ムラードとダーニヤールはともに，深酒がたたって父親より先にこの世を去っている。

　サリームの健康も，飲酒癖と阿片中毒で危険にさらされていた。それが原因で彼は父親に公然と反抗したのだろう。1600年，サリームは父に反逆し，挙兵した。しかし，アクバルから撤退せよとの断固とした命令書を受けとって，本拠地のアッラハーバードへ引きあげた。1602年にサリームは厚かましくも，金曜礼拝で自分の名前を唱えさせ，皇帝として自分の名前を刻ませた硬貨を造らせた。アクバルは仲裁に入ってもらおうと，長年の友であるアブル・ファズルをサリームのもとに差し向けた。ところが，サリームはアブル・ファズルを殺してしまったので

⇧アーグラ近郊のシカンドラにあるアクバル廟。この墓廟の建設を完了することは，アクバルの息子サリーム（ジャハーンギール帝）にとって，きわめて重要な意味をもっていた。この墓廟はアクバル自身の構想により，1604年に着工したが，あまりにも壮大な事業だったため，完成をみたのは死後8年たった1613年のことだった。

アクバル廟は広大なチャハール・バーグ（四分庭園）の中央に位置する。石棺が置かれた墓室は絵画で装飾され，あるヨーロッパの旅行家の話では，キリスト教から題材をとった絵もあったという。墓廟に記されたみごとな刻文の多くは，タージ・マハルの刻文（⇨p.223）を手がけたシーラーズのアマーナト・ハーンが担当した。正門の南面に刻まれた文章のなかには以下のものがある。

　神意をうけて，石工の筆がその庭に書いている。
　これらはエデンの園である。
　中に入り，永遠に生きよ。

ある。

その後，帝室の女性たち，わけてもアクバルの妃サリーマと母ハミーダが父子の仲をとりもとうとしたが，一時的な効果が得られただけだった。この間，サリームの息子のフスローを次期皇帝に推す動きが表面化し，逆に脅威をあたえられる立場になったサリームは，1604年になってようやく，宮廷に顔を出すようにとの説得に応じた。アクバルは息子の顔を平手打ちし，彼を医師の監督下におくと，息子の部下たちを投獄した。

こうして父と子の関係は改善されたが，それからまもなく，アクバルの健康がにわかに衰えた。口がきけなくなったアクバルは1605年10月21日，サリームを後継者に指名した。10月25日，アクバルは63歳で没し，次の朝，アーグラから西に8キロメートルほど離れたシカンドラにみずから用意していた墓廟に安置された。

大ムガル帝国

ジャハーンギール
在位1605〜27年

⇨知性があり，知的好奇心とすぐれた鑑識眼をもっていたジャハーンギールは，大ムガル帝国時代の皇帝のなかでも，きわめて興味深い人物のひとりである。ビチトル作のこの絵では，彼は右手に権力の宝珠をもち，頭部には光輪が描かれている。光輪はヨーロッパ絵画に出会った直後から，神聖さを示す表現として，ムガル帝国の肖像画にとり入れられた。

ジャハーンギール	
生年	1569年8月30日。シークリー（のちの帝都ファテブル・シークリー）のシャイフ・サリーム・チシュティーの館にて。
父	アクバル
母	ハルハ（アンベールのラージャ・ビハーリ・マルの娘）
妻	ヌール・ジャハーン，氏名不詳の女性（ラージャ・マーン・シンの姉妹），サーヒブ・ジャマル（ホージャ・ハサンの娘），氏名不詳の女性（アンベールのラージャ・バグワーン・ダースの娘），ジョド・バーイー（ジョドープルのモタ・ラーイ・ウダイ・シンの娘），カラムシ（ラージャ・ケシュ・ダース・ラートールの娘），ジャガト・ゴサイン（モタ・ラージャの娘），氏名不詳の女性（ラージャ・マーン・シンの孫娘），氏名不詳の女性（ラム・チャンド・バンディラーの娘），マリカ・ジャハーン（ラワール・ビヒムの娘），そのほかに10人の女性。
息子	フスロー，パルヴィーズ，フッラム（シャー・ジャハーン帝），シャフリヤール
娘	スルタヌン・ニサー・ベーグム，ビハール・バヌー・ベーグム
後継者指名	1605年10月21日
没年	1627年10月28日
埋葬地	ラホールのジャハーンギール廟

ジャハーンギール

「彼はたいへん愛想のよい，明るい顔つきをして，（略）偉ぶったところがない。（略）話しぶりも穏やかこのうえなく，（略）王の知恵と善意が，ほかの者たちの悪意より勝っている」

トーマス・ロー
（ジェームズ1世に仕えたイギリスの使節）

アクバルの死から数日後，アーグラではサリームが即位した。このときのことをサリーム自身が，「待ち望んだ玉座につき，偉大なペルシアの王たちがかぶっていた冠を手本に父がつくらせた帝冠を持ってこさせた。そしてアミールがみな，臨席するまえで，余の治世の安泰と幸福を予言する吉兆として，その冠を余の頭にかぶせるよう命じ，それから何時間ものあいだ冠を外さなかった」と回想録に書いている。

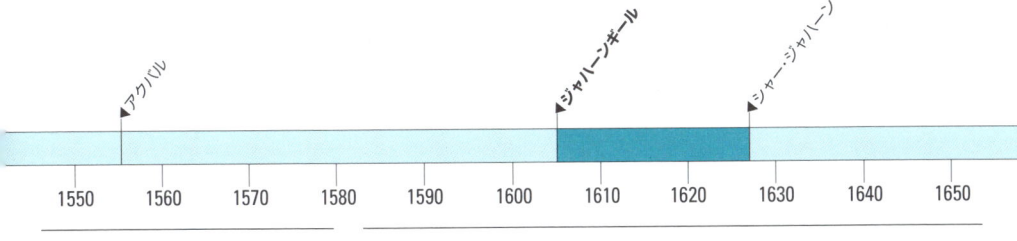

203

即位からまもなく,彼はサリームという名前がオスマン帝国のスルタンと同じであることに気づき,「帝王の務めは世界を支配することであるから」と,名前をジャハーンギール(「世界の支配者」)に改めた。即位後,ジャハーンギールが最初に下した命令は,アーグラ城の胸壁からヤムナー川の河岸まで,「正義の鎖」をつり下げることだった。この鎖には60個の鐘が取りつけてあって,官僚に不当な仕打ちをうけていると感じた者はだれであれ,鐘を鳴らして皇帝の注意を引くことができるのだった。ジャハーンギールは正しい支配者として世に知られることを望んだのである。

即位したとき,ジャハーンギールはすでに36歳になっていた。これは彼の家系を見ても,またその時代の他の例に照らしても,かなり遅い即位だった。ジャハーンギールが1600年に父に反乱を起こした理由の一端も,そんなところにあったのかもしれない。ムガル家の皇子の宿命だといわれるのだが,ジャハーンギールと同じく,彼の息子のシャー・ジャハーン,孫のアウラングゼーブはいずれも,その兄弟ともども,父親と権力争いをしている。幼年時代のジャハーンギールは後宮(ハーレム)の人気者だったようで,とくに継母のサリーマと祖母のハミーダにかわいがられて育ち,父アクバルのじきじきの監督のもとで教育をうけ,文武両道に秀でていることを証明した。12歳になると,彼は実地で軍の指揮と行政を経験することになった。だが,まだ10代とあって,父親と仲たがいする結果になったようだ。

イエズス会士のアントニオ・モンセラテは,その著書『ムガル帝国史』のなかで,アクバルは子ど

⇩偉大な人物が子どもに甘い父親になることは,めったにない。ジャハーンギールは青年期からずっと,父アクバルとの関係は良くなかった。だが最終的に,彼の回想録にはアクバルへの尊敬の念がくり返し語られている。この1614年ごろの細密画からも,そのことが伺える。

もたちを心から愛していたが，彼らが成長するにつれて，荒々しい口調でしか話さなくなり，しばしば手をあげることもあったと書いている。あるとき，後宮の女性たちを幕営に連れてくるのに遅れたことをアクバルに激しく叱責されたジャハーンギールは，アブル・ファズルによると，「自分の天幕に閉じこもって，食事と睡眠を断った」という。

この父と息子のあいだに，あるいは女性にまつわる嫉妬があったのではないかとする説もある。アクバルはジャハーンギールに笑いかけたという理由で，寵愛していた側室のアナールカリー（「ザクロの花」の意）を生き埋めにしたとも伝えられている。いずれにせよ，この強力な父子関係はアクバルの死後でさえも衰えなかった。ジャハーンギールは父をだれよりも尊敬していたと明言しており，その回想録は全編を通じて父の影に覆い尽くされている。

こうしてみると，ジャハーンギールが最初に処理しなければならなかった深刻な問題が，彼の18歳の長男フスローの反乱だったというのも不思議ではない。ジャハーンギールの即位から6ヵ月たったころ，フスローは夜間にこっそりアーグラ城から抜けだし，途中で支援者を集めながら，カーブルへと馬を走らせた。ジャハーンギールはフスローがムガル帝国に敵対するサファヴィー朝イランやウズベク族と結びつくつもりではないかと聞いて，ただちに追っ手を差し向けた。3週間とたたないうちに，若き皇子は鎖につながれてジャハーンギールの前に引きだされた。父帝の前に立たされたフスローは，「がたがた震えながら泣いていた」という。

ジャハーンギールはフスローを投獄し，フスローは目の前で自分に追随した300人にのぼる者たちが串刺しの刑に処されるのを見るはめになった。さらに，フスローが北西へ向かう途中，支援を申しでたシク教の第5代グル（導師）アルジュンも殺された。それから少したって，フスローが獄中で父親の暗殺を企てていたのが露見した。ジャハーンギールは息子の罪はじゅうぶん死に値すると思っていたが，「親の情愛がじゃまをして，余は息子の命を奪うことはできなかった」ため，息子の目をつぶすことにした。

ジャハーンギールの知的好奇心と唯美主義

ジャハーンギールの治世は、強大で壮麗なムガル帝国が、しだいにその姿を現しはじめた時代だった。これはジャハーンギールが独自の統治政策を展開したからではなく、父親の政策を継続し、強化したからだった。そのため彼の治世には、領土の大部分が平和を享受した。

ジャハーンギールの人物像に関しては、多くのことがわかっている。彼の宮廷を訪ねたヨーロッパ人が記録を残しているということもあるが、何よりジャハーンギール自身が興味深い回

トーマス・ロー

ローはムガル帝国に派遣された最初のイギリス使節である。1616年1月にアジメールにいたジャハーンギールに謁見すると、ローは宮廷の移動先に同行して、マールワーのマンドゥー、グジャラートのアフマダーバードへと赴き、1619年2月にイギリスへ帰った。

ローはそれまでのヨーロッパの使節たちより、大きな成功を収めたように見える。それはイギリスが1612年と1615年にポルトガルとの戦いに勝利したため、あきらかにインド洋で一目おかれる勢力となっていたからだろう。

とはいえ、ローは使節としての任務には失敗したと思っていた。帰国するまでに、イギリスとムガル帝国との通商条約を締結することができなかったからである。彼は皇妃ヌール・ジャハーンの兄弟のアーサフ・ハーンを、条約締結の大きな障害とみなしていた。ローはアーサフ・ハーンが、ポルトガルと密接な関係をもっていると考えていたからである。

だが、後世からの視点に立つと、ローは大きな成果をあげている。というのも彼は、ムガル宮廷の日々の営みを活写した日記を残しているからである。たとえば、皇帝の幕営の壮大さや、皇帝が毎日決まった時間に民衆との謁見にのぞむことなど。ローの言葉によると、「その正確さは決まった時刻に時を告げる時計」のようだったという。ローはさらに、宮廷の高い玉座についた皇帝が、いかに威厳に満ちていたか、また、廷臣や官僚たちが、皇帝の座所から正確に測った距離に控えていたことも記している。

ローは皇帝の面前で平伏するのをうまく免れたことや、皇帝の飲み仲間のひとりとして受け入れられたことなども書いている。ただし、飲み仲間の件については、ジャハーンギールの回想録に、ローの言葉を証拠立てる記述は見られない。ローは後宮の女性たちの興味の的にもなっており、「好奇心から、彼女たちは[謁見の間の]前に垂らした葦で編んだ格子の小さな隙間を押し広げて、わたしをのぞき見た」という。彼はヌール・ジャハーン妃の影響力の強さもその目で確かめ、イギリス皇太子(のちのチャールズ1世)に「(妃は)皇帝を支配し、思いどおりに操っています」と報告している。

⇧トーマス・ロー(1581〜1644年)は、ムガル宮廷に使節として赴いたことで知られる。その後、彼はオスマン帝国駐在のイギリス大使を務め、神聖ローマ帝国で起こった30年戦争(1618〜48年)の交渉では、重要な役割をはたした。

大ムガル帝国

↑ジャハーンギールは硬貨に彼自身の肖像を用いることで，人間の像を描写してはならないとするイスラーム教の禁令に反する行為を行なった。アクバルは画家のアブドゥッ・サマドを貨幣鋳造所の責任者にすることで，鋳造貨幣の水準を高めた。ジャハーンギールは手はじめに，12宮を象徴する記号を用いて暦の月の呼び名を表した。こうして，装飾文字だけを刻んだ硬貨から脱却すると，そのあとは彼自身の像へと移行し，さらにこの金貨のように杯をもった彼自身の肖像へと移行した。

想録を残しているからである。その回想録から浮かび上がってくるのは，観察眼が鋭く，思慮深い一方で，遊び好きな面も持つ人物像である。カーブルの庭園で友人たちを招いて酒宴を開いたとき，「余は（略）浮かれ騒いだ勢いで，余と同じ年ごろの者たちに命じた。（略）庭園の中央を流れている小川を飛び越えよと」。そしてジャハーンギールはうまく小川を飛び越えたが，廷臣の多くは水にぬれてしまったという。

特筆すべきなのは，ジャハーンギールが家族（とくに女性たち）や，よく仕えてくれる家臣たちに対しては心やさしい人間だったことだ。ジャハーンギールの回想録には愛情あふれる賛辞が数多く記されている。

ジャハーンギールにとって大事なのは刺激だった。父に似て，彼も果物が好きだった。たとえば，北インドのマンゴーやカシュミールのサクランボなど。食べるものにはうるさく，魚ではローフー（コイ科の淡水魚）がいちばんの好物で，ミルクならラクダのミルクをもっとも好んだ。だが，刺激というなら，ジャハーンギールは酩酊状態が何より好きだったらしい。毎日，阿片をのみ，一時期など酒量が一日に強い蒸留酒20杯まで増えたこともあった。ジャハーンギールはこう書いている。「そういう状態が長く続いたので，飲みすぎるとひどく手が震えて，自分の杯から飲めなくなった。そんなときは，ほかの者が飲ませてくれた」

これではイギリス使節のトーマス・ローが語っているように，ジャハーンギールが友人たちをもてなしている最中に居眠りしたのも驚くにはあたらない。そのうえ，ジャハーンギールは原因不明のかんしゃくにも悩まされていた。かんしゃくを起こすと，この根はやさしい男が残忍きわまりなくなった。馬丁と数人の勢子が狩りの獲物のニルガイ（シカの一種）を逃したとき，彼は馬丁を殺し，勢子たちの膝の後ろの腱を切って，その足を不自由にしている。

ジャハーンギールは知的好奇心も旺盛だった。たとえば，彼は1610年に，11歳のときに狩りを始めてからその年まで自分が楽しんできた狩猟で，どれだけの数の鳥獣を殺したかを計算している。殺した獲物の数は，動物が1万7167頭，そのう

ジャハーンギールと絵画

　ジャハーンギールは，絵画に魅せられた皇帝だった。絵画に精通し，また深くかかわっていた彼の保護によって，ムガル絵画はその絶頂期を迎えた。

　皇帝に即位するずっとまえから，ジャハーンギールは美術品の制作依頼や収集を始めていた。最初は宮廷がラホールにあった1585年から98年の期間，次にアッラーハーバードに自分の宮廷を設けた1600年以降の時期である。ムガル宮廷の画家にヨーロッパの絵画や版画に触れさせたのは，父のアクバルが最初だったが，ジャハーンギールもその方針を引き継いだ。

　1595年のイエズス会士の記録によると，ジャハーンギールはヨーロッパの代表的な宗教絵画をほしがっていたという。イエズス会士たちは，彼が絵を求めるのは信仰上の理由からであってほしいと願ったが，その願いはすぐに断ち切られてしまった。実をいうと，ジャハーンギールは彼の父に売る予定で送られたヨーロッパ絵画の貨物を，途中で押さえたことがわかっている。1580年代から1620年代にかけて，皇帝の保護という強力な後押しを得て，ムガル帝国の画家たちはヨーロッパ絵画から学び，光と影を描いたり，遠近法を用いたりするようになった。

　こうした変化は，できごとをびっしり描きこむ従来の様式から，人物の相互関係と個性の発露を主眼とする簡略な構図への移行とからみあっていた。それにともなって，アクバル時代のみごとな挿絵入りの公式記録から，画集にまとめてもよさそうな個人の絵画や肖像画への流れも見られた。

　さらにイギリスの一流細密画家イサーク・オリヴァーの従兄弟のトーマス・ローが，1616年にムガル宮廷に到着したことで，ムガル絵画の発展はその絶頂期をむかえた。ローは皇帝ジャハーンギールを魅了した絵画をたずさえていた。ムガル宮廷の肖像画家たちが，人目を引く象徴的な画像を描くようになったのは，この時期移行のことである。

　ビチトルが描いたこのジャハーンギールの肖像画（右頁）では，皇帝は王たちよりはスーフィーの導師（シャイフ）に注意を払っている。この作品はムガル絵画における肖像画の最高傑作といえる。ジャハーンギールは時の経過を示す砂時計の上に座り，その足もとにいる天使たちは「おお，王よ。あなたの治世が1000年続きますように」と書いている。このスーフィーはおそらく，シャイフ・フサイン・チシュティーだろう。彼はその当時，アジメールにあるチシュティー教団の開祖ムイーヌッディーンの聖廟の後継者だった。王の権力を象徴するのは，イギリス王ジェームズ1世とオスマン帝国のスルタン・アメフト1世である。画面の左下に描かれている人物は画家自身である。

　ジャハーンギールの自然界への興味もまた，彼の注文に反映されている。鳥や動物を描くように注文し，その多くは皇帝が「時代の奇跡」と称した才能豊かな画家マンスールが担当した。

⇦つがいのツルを描いたマンスールの絵画の複製（17世紀制作）。ジャハーンギールは自然に魅せられていた。そのことは彼が制作させた作品に反映されている。ジャハーンギールはその回想録のなかでも，ツルの交尾について記している。

⇨ビチトル作のすばらしい寓意的な絵画。ここに描かれたジャハーンギールは，王たちよりもスーフィー聖者のほうに好意を示している。

⇦イエズス会士のジェローム・サヴィエルは，ジャハーンギールが画家たちに，キリスト教絵画2点を模写するよう指図するのを見たとのべている。そのときの絵のうちの1点は『キリスト降架』だった。1598年ごろに描かれたこの『十字架降下』が，そのときの絵だった可能性もなくはない。

پادشاه بصورت و معنی است از لطف اله / شاه نورالدین جهانگیر ابن اکبر پادشاه

هرچه در صورت شهان بد روشان قیام / لیک در معنی بدرویشان کند دایم نگاه

ち86頭がトラだった。鳥類は1万3964羽で,そのうちハトが1万348羽だった。ジャハーンギールは生来,観察眼の鋭い人物だった。交尾や巣づくりといったツルの習性を観察したり,象の子がどのようにして足から生まれてくるかを観察したり,さらには動物の体を切開して,動物が食べていたものを調べたり,動物の生理を学んだりすることもあった。カシュミールに行くと,その地方に生えている花や木,果物などを記録した。また,その地方には生息していない鳥類を一覧表にまとめる作業も行なっている。

ジャハーンギールは芸術だけでなく,実生活においても「美の鑑定家」だった。彼の後宮には20人の妃と300人の側室がいたといわれるが,彼女たちは政略上の理由からではなく,見た目で選ばれた女性たちだった。カシュミールの自然もまた,彼の美を愛する心を満たしてくれた。「ここは常春の園だ。(略)心地よい草原に,見る者の目を奪う滝。とうてい言葉では言い表せない」

とはいえ,ジャハーンギールの美的感覚と創造力があますところなく発揮された分野は,やはり絵画だった(⇨p.208)。ヨーロッパ絵画から多くの技法を学びとることに心を奪われ,彼は宮廷工房の作品を人間の行動やできごとを記録するものから,人間の個性を表現したもっと内省的なものへと変えていった。ジャハーンギールは回想録にこう書いている。「余のことで言うと,絵画を愛し,その優劣を判断する訓練を重ねた結果,余の前に作品が届けられると,それを描いたのが物故した画家であれ,存命している画家であれ,ただちにその人物の名を言い当てることができるまでになった」

一方,ジャハーンギールは父や長男(のちのシャー・ジャハーン帝)とはちがって,建築にはさほど関心をもたなかった。しかし,父の墓廟を最初の構想に従って完成にこぎつけ,アーグラ城とラホール城にいくつか建築物をつけ加え,多数の狩猟小屋などを建てている。庭園は彼がこよなく愛した場所だった。

ジャハーンギールの治世では,帝国領土のめざましい拡張は見られなかった。拡張よりは強化に重きがおかれたからである。だが南方のメーワール地方のラージプートは,ようやく制圧す

ることができた。メーワールの敗北によって，地方の勢力者の多くが，ムガル帝国の官僚がいなくなるのを願うよりは，むしろ降服したほうがよさそうだという考えに傾いた。北東方面では，ムガル帝国は毎年のように，アホム族と戦いを交えていた。ビルマのアホム族は，ブラーフマプトラ川流域を南下しようとしていた。北方では，ヒマラヤ山麓のラージプート諸王国に帝国の威光を知らしめることができた。ジャハーンギールはその治世を終えるまで，北西のサファヴィー朝とウズベク系のシャイバーニー朝には警戒を怠らなかった。それでもなお，1622年には戦略上，重要な都市カンダハールをサファヴィー朝のシャー・アッバース1世にふたたび攻略されてしまった。

ジャハーンギールと宗教

　ジャハーンギールの宗教政策は，父のアクバルと同じく，国政と個人的な理由が混じりあったものだった。まず国政を考えると，やはり宗教寛容策をとらざるをえなかった。ジャハーンギール治世の初期には，ヒンドゥー教で神聖視される牛の屠殺を禁止するなど，ヒンドゥー教徒の感情に配慮した施策が導入されている。そのため，学識の深いイスラーム教徒のシャイフ・アフマド・シルヒンディーが，自分は預言者ムハンマドの弟子のよみがえりで，イスラームの第2千年期の再興者であると称して，ヒンドゥー優遇策の撤回を要求し，多数の信者を集めたとき，ジャハーンギールは彼を拘禁するだけにとどめた。しかし，こうした概して寛容な対応も，グジャラートのジャイナ教寺院を破壊するなど，非イスラーム教徒に対するジャハーンギールのいきあたりばったりの暴力行為がだいなしにしている面もある。

　一方，ジャハーンギール個人の信仰となると，そもそも彼に信仰心が存在したのだろうかと疑ってかかる向きも多い。「彼の宗教はみずから創始したものだ」と，トーマス・ローは断言している。伝えられるところによると，ジャハーンギールはヒンドゥー教とイスラーム神秘主義を重んじていたようだ。たとえば，1616年から1620年にかけて，彼は幾度かヒンドゥーの苦行者，ウジャインのゴサイン・ジャドループを訪ねている。

こうした訪問のあとで，ジャハーンギールは書いている。「余は信仰上の務めと神の行ないに関する，崇高な言葉を聞いた」

ジャハーンギールは，父のアクバルが宮廷支配層を掌握するために始めた，ディーニ・イラーヒー（神の宗教）と呼ばれる個人宗教の指導者の地位を維持していた。彼はアクバルが使った太陽と光の表象を引き継ぎ，ヌールッディーン（「信仰の光」の意）の称号を用いた。この宗教において，「弟子」の地位は高く評価されており，たとえば北東の国境地帯でアホム族と戦っていたあるペルシア人貴族の自伝によると，彼は重い熱病にかかったときに，ジャハーンギールが回復させてくれたと信じており，弟子にしてもらえるように祈願している。ジャハーンギールのお気に入りの飲み仲間だったというトーマス・ローは，弟子として認められ，身につけるようにとジャハーンギールの絵姿が刻まれた金のメダルをあたえられた。ローはそれがたいへんな名誉であることを知っていた。

その一方で，父親が行なったように，ジャハーンギールも少なくともその治世の初期には，自分がチシュティー教団の聖者ムイーヌッディーンの弟子であることを認めていた。この聖者の後継者こそが，ジャハーンギールの誕生に中心的な役割をはたし，また聖者の祝福をムガル帝国の威光に付与した人物だった。

⇩父親と同じく，ジャハーンギールはヒンドゥー教とイスラーム教の聖者たちに敬意を払った。1616年から20年にかけて，彼は幾度かヒンドゥーの苦行者を訪ねている。この苦行者は一年中，衣服を身につけずに洞窟に住んでいた。

この絵には，苦行者ゴサイン・ジャドループを訪ねたときのジャハーンギールが描かれている。彼はこの訪問のことを，自身の回想録に書き記している。

ヌール・ジャハーンの権勢

ジャハーンギールの治世でもっとも目につくのは，彼の正妃ヌール・ジャハーンが権勢を誇っていたことで，当時の人間から見ても，後世の人間から見ても，その評価に変わりはない。1611年，ジャハーンギールは42歳のとき，アクバルの未亡人の侍女と恋に落ちた。この34歳の女性は，名前をミフルン・ニサー（「女たちのなかの太陽」の意）と

ヌール・ジャハーン

ジャハーンギールの第一妃は、多くの才能に恵まれた女性で、その才能は国政だけに限らなかった。レースや紋織り、絨毯の図案を描き、詩を作り、ムガルの料理に新しいレシピをもたらし、バラの香油を作った。彼女は慈善活動も積極的に行ない、500人もの両親をなくした女の子に持参金をつけて結婚させてやったといわれる。

おまけに、ヌール・ジャハーンは射撃の名手でもあった。6回撃って、トラを4頭仕留めたことがあったほどだ。ジャハーンギールは誇らしげに書いている。「あんな射撃は、これまで見たことがない。象の背中にとりつけた輿のなかから、(略)6発撃って、1発も外さないとは」

ヌール・ジャハーンは数々の建設事業を援助し、アーグラのバーグ・イ・ヌール・アフシャーン(現在のラム・バーグ)などの庭園も建設した。この庭園はバーブルが造園したバーグ・イ・グル・アフシャーンの敷地内にある。また、帝国の主要な公道に隊商宿も建設している。彼女がアーグラに建てた隊商宿は、2000人以上の客と500頭の馬を収容できたという。この隊商宿はパトナ(現インド、ビハール州の州都)とアーグラを結ぶ公道の終点に位置していたため、皇妃は交易のさかんなインド東部からもたらされる関税を思いのままにすることができた。

だが、彼女が残したもっともすぐれた建築物は、アーグラを流れるヤムナー河岸に、亡き父のために建てた墓廟である。準宝石で象嵌された白大理石の墓廟は、四方を壁面に囲まれた一辺が約165メートルの正方形の庭園の中に建てられ、この傑出した女性の趣味を現代に伝えている。

ラホールにあるヌール・ジャハーンの墓には、次のような墓碑銘がみられる。「この哀れな、見知らぬ者の墓には、ランプもバラも置かないことにしよう。蝶の羽が燃えたり、小夜啼鳥が歌ったりしないように」

〔右上〕ヌール・ジャハーンが父のイティマードゥッダウラのために建てた墓廟。彼女の趣味を反映して、この白大理石の建物は準宝石の紅玉髄やトパーズ、オニキス、碧玉、ラピスラズリなどで装飾されている。

⇦ジャハーンギールの回想録によると、ヌール・ジャハーンは射撃の名手だった。この絵ではマスケット銃に弾をこめる彼女の姿が描かれている。

⇩生涯の愛妃ヌール・ジャハーンを抱くジャハーンギール。宮廷画家ゴーヴァルダンの1620年ごろの作品。

↑ヌール・ジャハーンの名前が刻まれた硬貨。ジャハーンギールの治世が進むにつれ，ヌール・ジャハーンはますます国政に深く関与するようになった。彼女の名前が皇帝の勅令に記されたり，硬貨に刻まれたりするようになった。

いうペルシア貴族の未亡人だった。たいへん美しく，知性にあふれ，気性が激しかった彼女は，たちまち後宮(ハーレム)と夫を牛耳るようになる。彼女は最初，ヌール・マハル（「宮殿の光」の意）と改名したが，それからまもなくヌール・ジャハーン（「世界の光」の意）と名のるようになった。

ジャハーンギールはその回想録のなかで，彼がヌール・ジャハーンの支えをどれほど当てにしていたかをはっきり語っている。あるとき，体調を崩したジャハーンギールは，その事実をヌール・ジャハーンにだけ打ち明けた。「妃ほど余を思ってくれる者はいない」からだった。これとは別の時期に重い病にかかったときも，ジャハーンギールはヌール・ジャハーンを頼りにした。「妃の技術と経験は，医者よりもすぐれている。（略）余には妃のやさしさが頼りだった。妃は余の酒量を大幅に減らしてくれたし，余に向いていないものから遠ざけてくれた」

ジャハーンギールは国政の場面でも，ヌール・ジャハーンの存在をきわだたせることに重きをおいていた。皇帝の勅令には2人の名前が連名で記され，次のような文言とともに彼女の名前を刻ませた硬貨も鋳造させていた。「ジャハーンギール帝の命により，皇妃ヌール・ジャハーンの名を刻むことで，この金貨は何倍もの輝きをあたえられる」

ヌール・ジャハーンの父親は，サファヴィー朝の王家とは遠い縁戚関係にあった。彼は成功を求めてアクバルの宮廷にやってくると，帝室の執事にとりたてられた。ジャハーンギールは彼にイティマードゥッダウラ（「国家の柱」の意）の称号を授け，宰相に任命した。彼は畏怖の念を起こさせる行政官だった。ヌール・ジャハーンがジャハーンギールと結婚した次の年，イティマードゥッダウラの孫娘が皇帝の長男で有能な武将だったフッラムと結婚した。のちにムムターズ・マハル（「宮殿の真珠」を意味する）の名で知られるこの女性は，イティマードゥッダウラの息子アーサフ・ハーンの娘である。

ヌール，アーサフ，フッラム，イティマードゥッダウラという4人組は，ジャハーンギールに大きな影響力をもつ一大派閥を形成した。この姻戚関係は少なくともジャハーンギールにしてみれば，大きな敬意と愛情に満ちたものだった。そのことは，

宰相の妻と宰相その人があいついで死去した1612年のジャハーンギールの発言からもあきらかだ。「ヌール・ジャハーンの取り乱しようは見ていられない」

　宰相が他界するまえから，ジャハーンギールは病気の発作を起こすことが多くなり，ヌール・ジャハーンが君主のようにふるまう機会がますます増えていった。当然のことながら，次期皇帝の座をめぐって，宮廷は張りつめた空気に包まれた。皇帝の息子はみな，候補者だった。盲目のフスローと，アルコールの影響で意識混迷状態のパルヴィーズと，有能だが傲慢な武将のフッラムと，側室の子で少々頭の弱いシャフリヤールの4人である。そのほかに重要な人物をあげると，ムガル帝国のもっとも有力な軍人のマハーバト・ハーンに，ヌール・ジャハーンの弟のアーサフ・ハーンがいた。

　1619年，ヌール・ジャハーンは先手を打った。最初の夫とのあいだに生まれた娘をシャフリヤールに嫁がせたのである。だが，その一手がこの栄華を極めた女性の命とりになる。フッラムは後継者への道が脅かされているのに気づいて，デカン地方で起こった大規模な反乱を鎮圧するように命じられると，フスローを自分に引き渡さなければデカンには出陣しないと主張した。1621年，フッラムはデカンで華々しい勝利を収め，その好機をとらえてフスローを殺害した。

　1622年になって，フッラムが仰天するような事態が起こった。カンダハール奪還をめざす遠征命令がシャフリヤールに下され，それとともにフッラムの領地の一部からあがる地代をシャフリヤールにあたえるというのだ。追いつめられたフッラムは蜂起したが，マハーバト・ハーンに敗北し，皇帝軍の攻撃に苦しめられたあとで，皇妃が決定した条件をのまされた。その条件とは，デカンにとどまり，息子2人を人質として宮廷に差しだすというものだった。

　マハーバト・ハーンはそれ以前にも，ヌール・ジャハーンの影響力のことで皇帝に抗議したことがあった。このときも，「（ジャハーンギールほどの）良識のある，すぐれた皇帝が，みすみすひとりの女に感化されていることに，世間は驚いています」とジャハーンギールに言うと，パルヴィーズの後ろ盾と

⇧晩年のジャハーンギールを描いたハーシムの絵。その容貌から過度の飲酒と阿片におぼれた生活の痕跡が見てとれる。

して覇権争いに加わった。だが1626年、マハーバト・ハーンはジャハーンギールとヌール・ジャハーンの命運を手中にしたとき、非情に徹することができなかった。そうなると、パルヴィーズの陣営から逃げだして、フッラムの陣営に参加する以外に選択肢はない。1626年10月にパルヴィーズが世を去り、覇権争いに残るのはフッラムとシャフリヤールだけになった。

1627年10月28日、ジャハーンギールがカシュミールからラホールへ向かう途中で死去した。この時点で、アーサフ・ハーンは娘婿(むすめむこ)のフッラムを支援することを表明しており、姉のヌール・ジャハーンを幽閉した。さらに人質になっていたフッラムの息子たちをとり戻し、一時的な傀儡としてフスローの息子ダーワル・バフシュを皇帝の座につけると、シャフリヤール軍を打ち破った。

20日後に、その知らせがデカンのフッラムのもとに届いた。彼はただちに北方へ出発し、アーサフ・ハーンに傀儡の皇帝シャフリヤールと従兄弟2人を殺すよう命じた。1628年1月24日、フッラムはシャー・ジャハーン（「世界の皇帝」の意）の称号を名のり、アーグラ城に入った。ヌール・ジャハーンは年額20万ルピーの年金を受けとり、引退生活に入った。彼女はそれから18年後の1645年12月に、この世を去っている。

⇩ラホール近郊のシャーダーラーにあるジャハーンギール廟。ジャハーンギールの死後、ヌール・ジャハーンはこの墓廟の建設に専念した。この廟は400メートル四方の正方形の庭園のなかに建てられた。庭園は小道で同じ大きさの16の区画に分割され、各区画が交差する場所には噴水や池が配されていた。庭園の中央に位置するジャハーンギール廟は、ヌール・ジャハーンが亡父のために建てた墓廟（⇨p.213）の様式にならったものである。

屋根の上には大理石造りのパヴィリオンがあって、建物の長い水平の線に変化をあたえていたが、残念ながら19世紀にとり壊されてしまった。墓廟内部に置かれたジャハーンギールの大理石製のセノタプ（空墓）には、準宝石の象嵌でシクラメンやチューリップが描かれている。その墓廟の近くにヌール・ジャハーンとその弟アーサフ・ハーンの墓廟がある。

大ムガル帝国

シャー・ジャハーン
在位1628～58年

⇨シャー・ジャハーン。この皇帝の時代に，ムガル帝国は国力と文化の最盛期を実現した。

シャー・ジャハーン	
生年	1592年1月5日
父	ジャハーンギール
母	ジャガト・ゴサインが実母だが，アクバル妃のルカイヤに養育された。
妻	ムムターズ・マハル（結婚前の名前はアルジュマンド・バヌー），アクバラーバーディ・ベーグム，ファテプーリー・ベーグム，シルヒンディ・ベーグム
息子	ダーラー・シュコー，シャー・シュジャー，アウラングゼーブ，ムラード・バフシュ
娘	ジャハーナーラー，ラウシャナーラー，ガウハーナーラー
即位	1628年2月14日
没年	1666年2月1日，催淫剤の副作用により死亡。
埋葬地	アーグラ，タージ・マハル

シャー・ジャハーン

「あれほど落ち着き払った表情は，見たことがなかった。かすかな笑みを浮かべることもなく，一瞬たりとも威儀を崩そうとしない人間も，見たことがない。人間にはちがいがあることを認める様子はあるものの，極度の傲慢さと侮りとが混じった顔つきをしていた」

若き日のシャー・ジャハーンについてのべた
トーマス・ローの言葉

1628年2月14日，シャー・ジャハーンはアーグラで皇帝の座についた。同じく2月に，ヌール・ジャハーンの人質になっていた皇子たち，ダーラー・シュコーとアウラングゼーブがアーサフ・ハーンに守られて宮廷へ戻ってきた。こうしてムガル帝国の権力，富，壮麗な文化が頂点をきわめた輝かしい治世が開始された。

しかしこの治世は同時に，ムガル支配の根幹だった宗教寛容

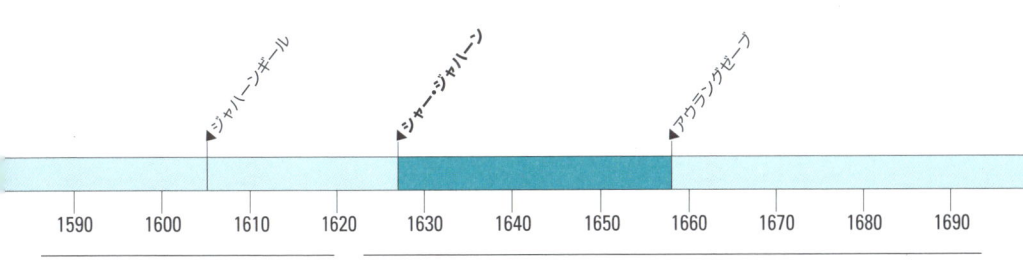

策の破綻が始まった時期でもあった。というのは，インドのイスラーム教徒のあいだで高まりを見せていた信仰復興運動の影響をうけて，シャー・ジャハーンが聖なる法（シャリーア）と調和した施策をとることにしたからである。彼は熱心にイスラーム教の祭日を祝い，メッカとメディナに9回も使節団を派遣している。使節団は現地でインドの物品を売り，その利益を貧しい人びとに施す役目も担っていた。

シャー・ジャハーンはまた，ヒンドゥー寺院やキリスト教会の改修や建設に制約を加えた。1632年，ベンガル地方フーグリー河岸のポルトガル商館区が破壊されたあと，300人にのぼるキリスト教徒が捕らえられた。捕縛されたキリスト教徒の運命について語りながら，宮廷司書のイナーヤト・ハーンは宗教政策の重点が変化したことをあきらかにしている。「信仰にめざめ，不信心者を消そうとされている君主はただちに，学識のある神学者に命令された。捕虜どもにイスラームの教えを説くように。そして，改宗を拒んだ者はひとり残らず処刑せよと」

シャー・ジャハーンは即位した次の年に，あわや一大事になりかねなかった反乱に直面している。反乱を起こしたのは有力な貴族のひとりで，アフガン人のハーン・ジャハーン・ローディーだった。彼はアフガン人貴族たちが反乱に加わることを期待して立ちあがったのだった。ハーン・ジャハーン・ローディーはジャハーンギールの寵臣だったが，武人として不名誉な失策を犯したあと，デカンの総督に任命されていた。彼が任地で最初に犯した失敗は，アフマドナガル王国の君主ニザーム・シャーヒーと偽りの協定を交わし，結果的に帝国領土の喪失を招いたことだった。第2の失敗は，後継争いが起こったときに，シャー・ジャハーン側につくのを断ったことだった。シャー・ジャハーンの即位後，ハーン・ジャハーン・ローディーはぐずぐずして宮廷にはせ参じるのが遅れ，いざ宮廷に参内したときには疑いの目で見られていた。

結局，彼は宮廷から逃げだし，最初はデカンへ向かい，その地でニザーム・シャーヒー軍の司令官になったあとで，パンジャーブへと移った。シャー・ジャハーンの権威に敬意を払って，貴族はだれひとりローディーの味方をしなかった。捕まったあ

と，ローディーの首とその息子の首が皇帝のもとに届けられた。

帝国の拡大

　シャー・ジャハーンは国の内外ともに，ムガル帝国の勢力拡大をめざして努力を続けた皇帝だった。この時代，完全に支配下におかれていなかった地域でさえ，ムガル帝国の権力の重みを感じることになった。こうしてシャー・ジャハーンは，インダス川下流域のシンド地方の人びとを管理し，その地方の牧畜民に課税する制度をつくりあげた。また，ムガル帝国に果敢な抵抗を続けていたラージプートの弱小部族のブンデラ族は，容赦なくムガル体制に組みこまれた。

　国境線を越えた地域では，1646～47年にシャー・ジャハーンは，祖先の夢を実現しようとした。その夢とはサマルカンドをふたたびムガルの支配下におくことだった。だが夢の実現はならず，国境線をカーブルの北方数キロメートルまで広げるのがやっとだった。1649～56年にも何度か挑戦し，そのために特別に大きな攻城砲などを製造したにもかかわらず，シャー・ジャハーンはサファヴィー朝を国境地域の都市カンダハールから駆逐することができなかった。こうして，帝国の版図拡大は北西方面では頭打ちとなった。

　領土のすぐ北に位置するヒマラヤ地方では，シャー・ジャハーンはガルワールとバルチスターンを支配下におくことに成功した。北東方面へは数次の遠征を行ない，ブラーフマプトラ川下流域の制圧に成功した。その一方，アッサム地方のアホム王国の独立を認め，デカン地方でまだ命脈を保っていたビージャープルとゴールコンダの両スルタン朝に，ムガル帝国の宗主権を認めるよう説得した。両スルタン朝はムガル皇帝の名を刻んだ硬貨を鋳造し，皇帝の名を金曜礼拝で唱えさせるよう求められた。ビージャープルのスルタンはなかなか要求に応じようとしなかったため，シ

⇩シャー・ジャハーンが即位してまもなく，ジャハーンギールの寵臣だったハーン・ジャハーン・ローディーがアフガン人貴族を率いて，新皇帝に反旗をひるがえした。この挿絵はシャー・ジャハーンの治世に書かれたみごとな年代記『バードシャー・ナーマ』に収められたもので，ローディーとその支援者たちの悲惨な最期が描かれている。

ャー・ジャハーンはムガル軍に3方面から攻撃させ、ビージャープル領に壊滅的な打撃をあたえた。スルタンは結局、屈辱的な降服に甘んじるしかなかった。

貴族たちはひきつづき、帝国の中枢に居座っていた。1640年代には領土の拡張を反映して、上位の貴族の数がアクバル時代の2倍となる443人にのぼった。しかし、中央集権型の体制に変わりはなく、73人の最高位の貴族が帝国の歳入の約37パーセントを管理し、シャー・ジャハーンの4人の息子だけで歳入の8.2パーセントを管理していた。90人ばかりの貴族、あるいは帝国上層部のうちの20パーセントにあたる人びとがヒンドゥー教徒で、そのうちの73人がラージプート、10人がマラータ出身者だった。マラータが含まれているのは、帝国がこの時期にデカン地方で領土拡張に成功したことを示している。

皇帝と貴族の関係についていうと、シャー・ジャハーンは神の宗教を尊重しながらも、「皇帝の信者」という考えには終止符を打った。その代わり、「皇室の子孫」という考えが生まれ、たとえば高位の貴族は自分たちを代々、ムガル家に仕える家来とみなすようになった。貴族はみな、皇帝への忠誠心や貴族にふさわしい武勲、ペルシア式の礼儀作法、教養人ならではの美術に関する知識に重きをおいていた。そうした貴族と皇帝との関係を象徴的に示しているのが、息子が生まれると、その貴族は皇帝に贈り物を送り、息子の名前をつけてくれるよう頼んだという事実である。

シャー・ジャハーンと臣下の貴族たちは、西はアフガニスタン北部から東はアッサムまで、北はチベット高原の南端から南はデカン高原の中央部まで延びた広大な帝国を支配した。アクバル時代以降、帝国の歳入は2倍になっていた。歳入が増加した理由としては、新たな領土を獲得したこともあるが、生産性が高まったことも大きかった。年間30万ルピー、言い換えると帝国の歳入の7分の1が皇帝の宝庫に入ってきた。シャー・ジャハーンは莫大な資金を軍事行動や建設事業につぎこんだが、それでもなお1640年代には、その統治時代のはじめから蓄積した準備金が、9500万

⇩シャー・ジャハーンは皇帝に即位すると、大理石の壁に準宝石の象嵌をほどこした、独自の様式の建物を建設しはじめた。たとえばラホール城には、現在では「象の門」と呼ばれる「シャー・ブルジ（王の塔）」を建設している。当時は、方形の中庭を囲むこの建物から川の眺めを見渡すことができた。

シャー・ジャハーンは、そのシャー・ブルジの西側に、この写真に見える大理石造りのナウラカ（小亭）を建てている。なだらかな勾配の屋根は、シャー・ジャハーンが皇子時代を過ごしたベンガル地方の様式をとりいれたものである。

ルピー（半分は硬貨で，半分は宝石）に達していた。

美術と建築の後援者，シャー・ジャハーン

　シャー・ジャハーンはその治世のごく初期から，みずからの地位の偉大さを建築や美術で表現するために，惜しげもなく帝国の財源をつぎこんだ。なかでも有名なのが，戴冠式にのぞむにあたって彼が制作を命じた「孔雀の玉座」である。この玉座はムガル帝国の繁栄を誇示しようとしたシャー・ジャハーン時代の気風を，まさに代表するものだといえるだろう。彼は玉座の材料として，860万ルピーの価値のある宝石と140万ルピーの価値のある金を注文し，玉座は7年の歳月をかけて完成した。1635年3月20日にシャー・ジャハーンがはじめてこの玉座に

デリーのシャージャハーナーバード

　1639年4月29日，デリー・スルタン朝時代に諸王朝が建設したデリーの都の近くで，新しい首都シャージャハーナーバード（現オールド・デリー）の建設工事が始まった。1648年4月19日，シャー・ジャハーンは落成式を行なうため，威風堂々とこの新都に入った。
　「入念に設計された宮廷にふさわしい都市」というのが，この都の特徴をよく言い表している。新都の東端からはヤムナー川を見下ろすことができ，2本の大通りが交差するところには，現在「赤い城」と呼ばれる壮大な宮城が建てられた。城壁は外周3キロメートル以上あり，城内にはおよそ5万7000人の人びとが住み，皇帝のあらゆる要求を満たしていたといわれる。
　ラホール門から入り，店が並ぶアーケードを通り抜けると，公謁殿に出る。ちなみにこのアーケードは，いまも往時の姿をとどめている。公謁殿から，孔雀の玉座が置いてある内謁殿に向かうと，壁面に刻まれたシャー・ジャハーンの言葉がある。「もしも地上に楽園があるとすれば，これこそが楽園，これこそが，これこそが」
　内謁殿の奥は皇帝や後宮（ハーレム）の女性たち，皇帝一族の居住区となる。城壁の外は，周壁で囲まれた約2590ヘクタールの都市で，そこには40万の住民が暮らしていた。
　「赤い城」の反対側の小高い丘には，金曜モスクが建っていた。このモスクは当時のインドではもっとも大きいモスクだった。都市内部や周辺地域のおもな開発には，帝室の女性たちが大いに尽力した。皇帝の妃2人，アクバラーバーディとファテプーリーはいくつか重要なモスクを建て，皇帝の娘のラウシャナーラーは都の近郊に広大なシャーリマール庭園を建設，同じく娘のジャハーナーラーは，都の中心に大商人向けの宿泊施設を建てた。この建物はマヌッチやベルニエなど，ヨーロッパからムガル帝国を訪れた旅行者たちの賞讃の的となった。

⇨ヤムナー川を見下ろす城壁から見た「赤い城」。城壁のすぐ後ろの右手にあるのがディーワーニ・ハース（内謁殿），中央がハース・マハル（皇帝の宮殿），左手にあるのがラング・マハル（妃たちの宮殿）。皇帝が一般民衆の前に姿を見せるザール・ジャロカ（黄金のバルコニー）が，画面の中央に見える。

タージ・マハル

シャー・ジャハーン時代のムガル帝国の記録では、タージ・マハルは「光り輝く墓」としか呼ばれていない。この建物に関する記述で、現在の名称タージ・マハルを用いているのは、同時代の外国人だけである。

ムガル文化が生み出したこの最高傑作は、シャー・ジャハーンが愛するムムターズ・マハル妃の墓廟として建築したものである。しかし同時にこの建物は、皇帝の真摯なイスラーム信仰と、イスラームの教えが帝国の中心に据えられていたことを永遠に留める記念碑でもある。

完成までに17年の歳月を要した墓廟は、有名な南門をはじめとする複数の門や中庭、廟建築で構成された大規模な建築複合体の中核を成し、全体を壁に囲まれた庭園のいちばん奥のヤムナー川をのぞむ場所に建てられている〔訳注：建築に要した年数は、15年から20数年まで諸説ある〕。広大な庭園は水路で4分割された伝統的なペルシア式のチャハール・バーグ（4分庭園）である。この建築複合体は「死者が起きあがり、『神の玉座』の下で審判をくだされる『復活の日』の寓意物語として構想された」といわれている。

あらゆる部分が天上の楽園を表すために設計された。砂岩で造られた壮麗な門を抜けると、庭園が開けており、そこを流れる4本の水路は、天国の4本の川を表している。水路が交差する場所には、丈の高い大理石の水槽が配され、こんこんと湧きでる天上の泉を表している。墓廟は『復活の日』に神が審判を行なう玉座で、4隅に立つミナレットは中世の宇宙論に出てくる神の玉座を支える4本の柱を示している。

こうした寓意は、正門と墓廟のアーチに刻まれた『コーラン』の章句によって強調されている。正門に見える『コーラン』第89章は、信者に神の審判が避けられないものであることを思い起こさせるが、それと同時に最後の一節の「我が僕となるがよい。そして、我が楽園に入るがよい」は、神の慈悲をも思い起こさせる。墓廟に刻まれた『コーラン』第36章は、審判の時に何が起こるかを告げている。さらに、人は自分の行ないによって、天国に行くか地獄に行くかを判断されることも告げている。

タージ・マハルの建設には、東方イスラーム世界全域から集まってきた腕のよい職人たちが、膨大な労力をそそぎこんでいる。建築家はラホールのウスタード・アフマドで、シャージャハーナーバードの設計にも重要な役割をはたした人物である。装飾文字を担当したのは、シーラーズの書家アマーナト・ハーン。シャー・ジャハーン自身がこの建設に深くかかわったのも、まちがいないところだろう。それだけでなく、彼は毎年、ムムターズ・マハルが逝去した日にこの墓廟を訪れ、亡き妻を偲んだという。

⇦タージ・マハル廟とその前に広がるチャハール・バーグ（四分庭園）。4本の水路は天国の4本の川を表し、水路が交わる場所はこんこんと湧きでる天上の泉を表している。こうした「復活の日」の寓意を構想したのは、シャー・ジャハーン自身だった。インドの国民的詩人ラビンドラナート・タゴール（1861〜1941年）は、それを「時の頬をつたうひと雫の涙」と表現し、時代を超えてもなお、その輝きを失わないタージ・マハルを称えている。

⇧タージ・マハルはヤムナー川岸に建てられている。近年の発掘調査によって，対岸にバーブル庭園があったことがあきらかになった。この庭園は水を使ったデザインによって，月明かりに照らされた墓廟の影を水面に映すよう工夫されていた。

⇩墓廟の南側のアーチに刻まれた装飾文字。廟の左右に配されたアーチは，『コーラン』第36章「ヤー・スィーン」の章句を示す装飾文字で縁取られている。この章句は「最後の審判の日」にどんなことが起こるかを告げている。装飾文字はシーラーズのアマーナト・ハーン（⇨p.202）が担当した。

⇧準宝石で象嵌された白大理石。この技法はシャー・ジャハーン時代の建築の特徴となっている。

のぼったとき，玉座の表面はダイヤモンドやルビー，エメラルド，真珠で埋めつくされていた。玉座の天蓋のうえでは，ブルーサファイアやその他の宝石をびっしり飾りつけた孔雀が尾羽を広げ，その胸の中央には，サファヴィー朝のシャー・アッバースがジャハーンギールに贈った高価なルビーが埋めこまれていた。

イナーヤト・ハーンはこう説明する。「このルビーには偉大な皇帝ティムール，（略）ミールザー・シャー・ルフ，ミールザー・ウルグ・ベグ，シャー・アッバースの名とともに，アクバル帝，ジャハーンギール帝，そして皇帝陛下御自身の御名も刻まれていた」

同じ年の1635年，シャー・ジャハーンはみずからの事績を書かせた挿絵入りの史書『パードシャー・ナーマ』を制作した。このすばらしい作品の1巻は現存しており，イギリスのウィンザー城王立図書館に収蔵されている。もっとも，この本の挿絵には『アクバル・ナーマ』のようなあふれんばかりのエネルギーは見られず，史書の内容からもシャー・ジャハーンが興味を抱いたことや熱中したものに関する知識は得られない。挿絵はただ勝利した戦いや宮廷儀式を描き，そうすることで宮廷の壮麗さやムガル体制の権威を伝えているのである。

シャー・ジャハーンの権力と美的感覚が表されているのは，ほかの何よりも建築物だったといえるだろう。それによって，白大理石に準宝石の象嵌というムガル様式の真髄がつくりだされた。若き皇子だったころ，彼はアフマダバードやウダイプル，ブルハーンプルで建造物を造らせている。父のジャハーンギール帝は彼がまだ10代のころにカーブル城に建てた建築物にとくに感心したという。皇帝即位後，シャー・ジャハーンはチシュティー教団の創始者ムイーヌッディーンの聖廟があるアジメールのほとんどの建築を手がけた。この教団の後継者たちはムガル帝国の権力と密接に結びついていて，シャー・ジャハーンはムイーヌッディーン廟のなかに庭園や小亭，金曜モスクを建てている。

即位後の10年間に，彼はグワーリオール，ラホール，アーグラの各城砦に大改築を行ない，ラホールでは宮廷儀式の効果

をあげるために，アクバルおよびジャハーンギール時代の建築に手を加えた。アーグラでは，アクバルとジャハーンギールが建てた建築物の多くに代えて，白大理石の建物または化粧漆喰(しっくい)仕上げの建物を建設している。彼のほかの宮殿と同じように，川を見下ろす白大理石の建物はすべて，シャー・ジャハーン個人が使用する建物だった。そしてラホールと同じく，改築のおもな目的は，儀式を通じて皇帝の威厳を最大の効果をもって知らしめることだった。実のところ，ラホールでは満足のいく成果があがらなかったため，シャー・ジャハーンは都をデリーへ移し，新都シャージャハーナーバードを建設して，その中心に理想的な儀式の環境を生みだしてくれる宮殿を建てることになった。

そのほかにも，彼は数棟の狩猟小屋と，シルヒンド，ラホール，スリーナガルに庭園を造った。とはいえ，シャー・ジャハーンがなしとげた最大の業績は，彼が妃のムムターズ・マハルのために建築したあまりにも有名な墓廟，タージ・マハルである。

シャー・ジャハーンとムムターズ・マハル

シャー・ジャハーンは生まれながらの支配者だった。母親はラージプートの王女ジャガト・ゴサインだが，生まれると同時に実母から引き離され，祖父アクバルの妃で子どもがいなかったルカイヤ・ベーグムに養育された。シャー・ジャハーンはアクバルの寵愛をうけるようになり，彼のほうも祖父を愛し，息を引きとったアクバル帝のそばから離れようとしなかった。

若き皇子に成長したシャー・ジャハーンは早々に，彼が才能に恵まれた武人であり，支配者であることを証明した。その後，年を重ねるにつれ，堂々たる風格――黒いあごひげをたくわえた顔，身のこなし，ペルシアの宮廷風の礼儀作法――を備えるようになった。シャー・ジャハーンは強烈な権力者意識をもっており，寵愛する若い貴族がうそをついて，命令に従わなかったことがわかると，ただちにその貴族を撲殺させたこともあった。ムガル家の人間にしてはめずらしく，ほとんど酒は飲まず，飲むのは父に強引にすすめられたときに限られていた。

シャー・ジャハーンと貴族の夫人たち

シャー・ジャハーンが臣下の貴族たち（ジャファル・ハーンとハリールッラー・ハーン）の夫人と親密な関係にあったことは，広く世間に知れ渡っていた。マヌッチは書いている。彼女たちが宮廷に参内するとき，物ごいたちが大声で，ジャファル・ハーン夫人に呼びかけた。「シャー・ジャハーンの朝飯さん！　わしらのことを思いだしてくれ！」

そして，ハリールッラー・ハーン夫人が通りかかると，物乞いたちは叫んだ。「シャー・ジャハーンの昼飯さん！　わしらにお助けを！」

しかし，夫人たちはこれを聞いて，侮辱とは受けとらず，施しをあたえるように命じたという。

シャー・ジャハーンの好きなものは，狩猟，踊り子，音楽，歌うことで，歌については，美声だったと伝えられている。そして，宝石も好きだった。

シャー・ジャハーンには妃が4人いたが，父のジャハーンギール帝と同じように，ひとりの女性を熱烈に愛していた。その名は，ムムターズ・マハル。彼女は父の最愛の妃ヌール・ジャハーンの姪だった。イナーヤト・ハーンはこう語っている。「あの名高い妃が，皇帝陛下の喜びを極端なまでに独占していたので，陛下はほかの妃には，亡き皇妃にそそいだ愛情の千分の一の愛情すら感じていないだろう」

2人が結婚したのは1612年。そのときシャー・ジャハーンは20歳で，ムムターズ・マハルは19歳だった。それ以後，2人はつねに仲むつまじい夫婦であり続けた。そして叔母のヌール・ジャハーンと同じく，ムムターズ・マハルもまた，政務にかかわるようになる。彼女が多くの子宝に恵まれたのは幸いだったといえる。なぜならムムターズは，自分の息子たちのライバルが生まれるのを恐れて，ほかの妃たちの子どもを流産させるよう求めたからだ。結局ムムターズは14人の子どもを出産し，そのうちの7人が無事に育った。皇子がダーラー・シュコー，シャー・シュジャー，アウラングゼーブ，ムラード・バフシュの4人，皇女がジャハーナーラー，ラウシャナーラー，ガウハーナーラーの3人である。

1631年6月17日，出産がもとでムムターズ・マハルがあの世に旅立つと，シャー・ジャハーンは絶望にとらわれた。イナーヤト・ハーンはこう記している。「まる1週間，陛下は深い悲しみのあまり，公の場にお出ましにならず，国事を遂行されることもなく，（略）この不幸のあとは，以前のように音楽をきかれることも，歌われることも，上質の下着をお召しになることも，なさらなかった。涙が乾く間がないほど泣かれたせいで，眼鏡を着用せざるをえなくなられた。また，以前はあごひげと口ひげに，わずかに白いものが見えるくらいだったのが，数日にうちに深い悲しみのせいで，その3分の1が白くなってしまった」

だが，実はほとんど一夫一婦婚のようだったムムターズとの

関係から解放されたあと，シャー・ジャハーンは好色にふけるようになったようである。側室をふやし，臣下の貴族の妻と関係をもち，年に一度，女性の品定めをする8日間の市を開き，そこで好みの女性を選んだ。シャー・ジャハーンの治世の終わりごろ，ムガル帝国を訪れたヨーロッパ人は，宮廷の醜聞をたっぷり仕入れることになった。そうした醜聞のなかには，シャー・ジャハーンの美しく，才能のある長女ジャハーナーラーにまつわるうわさもあった。マヌッチによると，「彼が愛していた」ジャハーナーラーは，父親の近親相姦の相手でもあったという。

結局，シャー・ジャハーンはこうした性欲によって，その身を滅ぼすことになった。1657年9月，収斂作用のある催淫剤を飲んだシャー・ジャハーンは体を壊してしまったのである。マヌッチはこう記している。「（シャー・ジャハーンは）61歳という老齢にもかかわらず，依然として若者のように快楽を求めていた」。そして皇帝の病に回復の見こみがないとわかったときから，シャー・ジャハーンの息子たちのあいだで激しい皇位継承争いが始まったのである。

皇位継承争い

ここで，シャー・ジャハーンの皇位をめぐって争った顔ぶれについて説明しておこう。まず，42歳のダーラー・シュコー。シャー・ジャハーンはこの長男を後継者に指名し，自分のそばから離そうとしなかった（彼といっしょに過ごすのが好きだったのだろう）。ダーラーは教養人であり，まじめな学者でもあった。とくに目を引くのは，彼が重要なヒンドゥー教の聖典『ウパニシャッド』をペルシア語に翻訳させたことと，彼自身が著作のなかで（6冊の著作があった），ヒンドゥー教はその本質においてイスラーム教と同じであると論じていることである。

ダーラーはスーフィーやイエズス会士，ヒンドゥー教の神秘主義者と話をするのが好きだったため，当時の人びとのなかには，ダーラーのことをイスラーム教徒ではないと考える者もいた。だが，それはおそらく誤解だといってよい。彼の偏りのない考え方と宗教に対する幅広い関心は，曽祖父のアクバルから

⇧ダーラー・シュコー（1615〜59年）。彼の名前は「栄誉ある教師」を意味している。シャー・ジャハーンとムムターズ・マハルのあいだに生まれた長男で，父親の寵愛をうけ，皇位継承者に指名された皇子である。イスラーム神秘主義に傾倒した知識人で，ラホールのカーディリー教団〔訳注：アブドゥル・カーディル・ギーラーニーが12世紀にバグダードに創始したイスラーム神秘主義教団〕のスーフィー聖者ミアン・ミールの弟子だった。

彼が自分の思想の中心にすえたのは，ヒンドゥー教とイスラーム教のあいだに，共通した神秘主義的言語を見いだそうとする試みだった。こうした知的探求の過程で彼が生みだした作品のなかには，サンスクリット語からペルシア語に翻訳したヒンドゥー教の聖典『ウパニシャッド』や『マジマウル・バフライン（2つの大洋の混合）』がある。後者はヒンドゥー教徒とイスラーム教徒が共有できる神学的，精神的な基盤を見いだそうと試みた著作である。ダーラーは絵画や音楽，舞踊を保護した。だが，彼の弟のアウラングゼーブは，兄がかかわったものはなんでも嫌っていた。

受け継いだものだった。

　ダーラーが直面した難問は，ムガル社会に以前にもましてイスラーム復興運動の気運が広まっていたということである。そのうえ，彼には心の温かさと礼儀正しさだけでは補いきれない欠点があった。気位の高いダーラーは，人の助言に耳を貸すことも，身を屈して宮廷の有力貴族たちに親交を求めることもしなかったのである。加えてもうひとつ，彼は軍を指揮する能力にも欠けていた。

　このダーラーの最大のライバルは，39歳のデカン総督アウラングゼーブだった。彼は寡黙な一方で，目標を達成するためには精力的な行動を惜しまない人物だった。世間に自分の才能と英知を認めさせたいと願っていたが，日々の生活は禁欲的で，信仰心にもあつかった。イスラーム神秘主義よりは，公的な学問に関心が深く，イスラーム正統派（スンナ派）の熱心な支持者だった。当然のことながら，彼はダーラー・シュコーがインドからイスラーム教を排斥しかねないことを危惧していた。アウラングゼーブは北西方面およびデカン地方に遠征を行なったとき，軍司令官としても支配者としてもすぐれた力量をもつことを証明した。だが，マヌッチによると，父シャー・ジャハーンに愛されていないという事実が，彼の心をかたくなにしていたという。

　次に，アウラングゼーブよりは小粒のライバルたちに話を移そう。シャー・ジャハーンの次男のシャー・シュジャーは，当時41歳で，ベンガル総督を務めていた。有能な人間であることはあきらかだったが，歌と踊りと女性という父の弱点を受け継ぎ，昼も夜も勝手気ままに過ごしていた。シャー・ジャハーンの４男ムラード・バフシュは33歳，グジャラート総督だった。彼は武勇で名を馳せた有能な軍人だったが，判断力に欠け，次から次に楽しいことを追い求める人間だった。２人の皇女も争いに参加した。シャー・ジャハーン一族の家母長だったジャハーナーラーはダーラーの側につき，十人並みの顔立ちだが知性にひいでたラウシャナーラーはアウラングゼーブの側についた。ダーラーの側には彼の息子のスレイマーンとシピフルも加わった。

激しい戦いになるのは必至だった。だれもが，この争いが終わったとき，成人男子がひとりしか残らないことを知っていたからである。最初に動いたのはシャー・シュジャーだった。父の死期が近いと信じた彼は，みずから皇帝に即位し，金曜モスクで自分の名を唱えさせ，硬貨を鋳造させた。それからまもなく，デリーへと出陣した。1658年2月，シャー・シュジャーは死をまぬがれたものの，ダーラーがデリーから派遣した軍のまえに敗れ去った。グジャラートではムラード・バフシュが皇帝を即位し，スラト城砦を占拠した。この城砦で発見した財宝に力を得て，彼もまたデリーへと進軍した。このころには，シャー・ジャハーンが病から回復したが，もはや手遅れだった。皇子たちはすでに，流血の争いへと踏みだしていたのである。

アウラングゼーブは，ほかの兄弟よりは慎重だった。彼ははっきり優位に立つまで，皇帝に即位するつもりはなかった。父が病に倒れたとの知らせをうけると，アウラングゼーブはすぐさま弟たちと密書のやりとりを始め，後継争いに勝利した暁には，パンジャーブ，アフガニスタン，カシュミール，シンドの諸地方をあたえると約束して，ムラードと同盟を結んだ。彼はまた，デカン地方の貴族たちを味方につけるために，熱心な書簡のやりとりにも着手している。2月にアウラングゼーブとムラード連合軍は皇帝が派遣した討伐軍を破った。その後，6月

⇨シャー・ジャハーンは1628年に即位式を行なったとき，年長の息子たち，すなわちダーラー・シュコー，シャー・シュジャー，アウラングゼーブに謁見した。30年後，この3人の兄弟にいちばん下の弟ムラードを加えた4人の皇子たちが，皇帝の座をめぐって命を賭けた争いをくり広げることになる。

8日，アーグラ近郊のヤムナー河岸に広がるサムーガル平原で，連合軍はダーラー率いる5万の軍勢と対決した。戦いの序盤では，一方はシピフル，もう一方はラージプートが指揮する両翼軍の突撃が功を奏し，ダーラー軍に有利な戦況だった。ところが，ダーラーはその後の攻撃をためらい，アウラングゼーブに部下を落ち着かせる時間をあたえてしまった。

戦いに決着がついたのは，ダーラーのハウダー（天蓋つきの輿）にロケット弾が当たり，彼が馬に乗り換えて戦おうと，乗っていた象から降りたときだった。空っぽのハウダーを見たダーラー軍は，敗戦のしるしだと思いこみ，退却してしまったのである。ダーラーは北方のラホールへ逃走した。アウラングゼーブはまっすぐにアーグラ城へ入り，父を捕虜にすると，城内の大量の弾薬と国庫を管理下においた。6月12日，アウラングゼーブはムラードを出し抜き，彼を捕らえて，弟の軍を乗っとった。彼は7月31日，デリーのシャリマール庭園でアーラムギール（「世界の奪った者」の意）の称号を名のり，ムガル皇帝を即位した。とはいえ，彼はアウラングゼーブの名で一般には知られている。

⇩1658年のサムーガルの戦いを描いた挿絵。ハウダー（輿）がロケット弾に当たったあと，ダーラー・シュコーが象から降りて馬に乗り換え，戦いを続けようとする重要な場面が描かれている。

　ダーラー・シュコーの軍勢は空っぽのハウダーを見て，彼が象から落下したと思い，撤退した。画面の右のハウダーのなかに座っているのがアウラングゼーブ，右下には戦場から逃げだすムラード・バフシュが描かれている。

アウラングゼーブ
（アーラムギール1世）

在位1658〜1707年

⇨大ムガル帝国の最後の皇帝アウラングゼーブ。彼は帝国の統治に全身全霊を打ちこんだ。信仰心があつく，この絵でも正座した姿で描かれている。禁欲主義者でもあり，みずから貴族のために作った帽子と，装飾文字で書かせた『コーラン』の売上げや，デリー近郊に買った小さな農場からの収益だけで生活費をまかなおうとした。

アウラングゼーブ

生年	1618年11月3日
父	シャー・ジャハーン
母	ムムターズ・マハル
妻	ディルラス・バヌー・ベーグム（シャー・ナワーズ・ハーンの娘），ラハマトゥンニサー，ナワーブ・バイ（カシュミールのラージャ・ラジューの娘），アウランガバディ・マハル，ウデプーリ・マハル（ダーラー・シュコーの元妃）
息子	ムハンマド・アーザム，ムハンマド・アクバル，ムハンマド・スルタン，ムハンマド・ムアッザム，シャー・アーラム（バハードゥル・シャー1世），ムハンマド・カーム・バフシュ
娘	ゼーブンニサー，ズィナトゥンニサー，ズブダトゥンニサー，バードゥルンニサー，ミフルンニサー
即位	1658年7月31日，称号はアーラムギール1世（「世界を奪った者」の意）
没年	1707年3月3日，老衰死。
埋葬地	デカン，クルダーバードにあるシャイフ・ザイヌル・ハク廟のかたわらの屋根のない墓

アウラングゼーブ

「父上には，偉大な征服者はかならずしも偉大な王ではないということを，思いだしていただきたいと思います。（略）臣民を公平に治めることを第一義とする者が，真に偉大な王なのです」

シャー・ジャハーン宛てのアウラングゼーブの書簡

皇帝となったアウラングゼーブが最初に着手したのは，皇帝の座をねらって彼に戦いを挑む可能性のある血縁の者たちを一掃することだった。なかでも1658年の夏の時点で，もっとも急を要するのは，ラホールへ逃れ，同地で軍を召集していたダーラー・シュコーを始末することだった。アウラングゼーブはダーラーを追撃し，ダーラーは南方のムルターンへ退却した。

そのとき，アウラングゼーブはシャー・シュジャーがベンガ

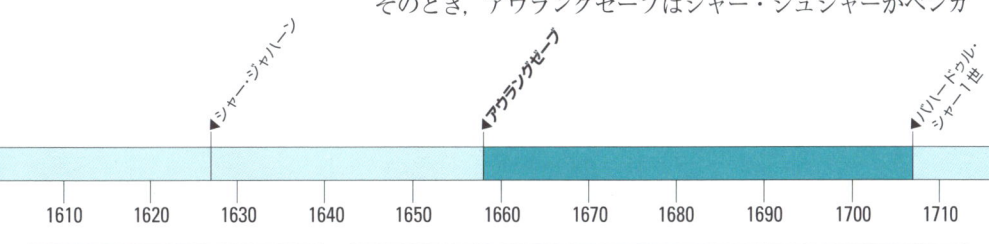

ルから出陣し、アーグラへ進軍する準備を整えているとの報告をうける。1658年11月、アウラングゼーブはアーグラを守るため、配下の将軍たちにダーラーの追撃を任せて、急ぎアーグラにとって返した。1月にアウラングゼーブはアッラハーバードに近いカラで、シャー・シュジャー軍に遭遇した。兵力でも大砲の数でも圧倒的優位に立っていたアウラングゼーブ軍だが、あやうく負け戦になるところだった。カーフィー・カーンは、アウラングゼーブの勇気と沈着冷静さ、加えて強固な意志がなければ、軍勢を立て直し、勝利をたぐりよせることはできなかったと語っている。アウラングゼーブは自分が乗っていた象の足を縛りつけて、部下に自分が逃げられないことを周知させたという。

その後の1年4カ月のあいだ、アウラングゼーブ軍はベンガル一帯でシャー・シュジャー軍を攻め立て、シャー・シュジャーは結局、東方の海賊王国アラカンへ逃げるしかなかった。結局シャー・シュジャーは1661年、アラカン王国の王を倒そうと謀ったのちに殺害されている。

アウラングゼーブはふたたび、ダーラー・シュコーとの戦いに戻った。ダーラーはそのころ、グジャラートからアーグラに向かって進軍中だった。3月の中旬、アウラングゼーブはアジメール城外の丘陵地帯でダーラー軍と対決し、3日あまりにおよぶ激戦のすえにダーラー軍を打ち破った。ダーラーはふたたび逃走し、執拗につきまとう皇帝軍に悩まされながら、グジャラート、シンドを逃げのび、ようやくボラーン峠まで4～5キロメートルという地点にたどり着いた。ボラーン峠を越えれば、アフガニスタンから、さらにはイランへと逃げられるかもしれない。ダーラー・シュコーはここで、かつて命を助けてやったアフガン族の族長を頼った。ところが、このアフガン人は感謝の念を示すことなく、ダーラーとその息子のシピフルを、アウラングゼーブの部下に引き渡したのである。

それから40日後、ダーラー親子はみすぼらしい象の背中にすえた天蓋なしのハウダーに座って、デリー市中を引きまわされた。2人の背後には抜き身の剣をもった兵士が配されていた。救出を試みる動きが見えたら、ただちに2人を殺すためである。汚れはて、打ちひしがれたダーラーとシピフルは、「赤

い城」の前で真昼の太陽の下，2時間も待たされた。マヌッチはこう語っている。「物悲しい光景だった。彼を見た者はだれしも，哀れみを感じずにはいられなかっただろう。あれほど強力で，あれほど裕福で，あれほど名高く，あれほどの権力を握っていた皇子が，このように短いあいだに悲惨の淵へ突き落とされるとは」

　アウラングゼーブはダーラーの処遇について，貴族たちと話しあった。貴族のほとんどが，イスラーム教への裏切りを理由に，ダーラーを死刑に処すべきだという意見だった。なかでも強硬に死刑を主張したのは，ダーラーの姉妹のラウシャナーラーだった。次の日，ダーラー・シュコーは処刑された。首を落とされた彼の遺体はデリー市中を引きまわされたのちに，フマーユーン廟に埋葬された。シピフルはグワーリオール城砦に幽閉され，二度と城外に出ることなく一生を終えた。

　だが始末すべき身内は，まだ残っていた。ダーラーの長男スレイマーンは，スリーナガルのラージャのもとに避難していた。アウラングゼーブにスレイマーンの引き渡しを強要されると，ラージャは引き渡しに応じるしかなかった。スレイマーンもまた，グワーリオール城砦に幽閉され，阿片を溶かした水を飲まされて，まもなく死亡した。ダーラーの妃たちはアウラングゼーブと結婚しなければならないと告げられ，グルジア生まれのウデプーリ妃はアウラングゼーブと結婚して，やがて彼の5男となるカーム・バフシュを産んだ。しかし，もとは踊り子で，ダーラーに寵愛されるようになったラナディルは結婚を拒み，美貌を消し去るために自分の顔をずたずたに切り裂いた。

　こうしてアウラングゼーブの兄弟のなかで生き残っているのは，グワーリオール城砦で幽閉の身となっている弟のムラード・バフシュだけになった。1661年にムラード救出のくわだてが露見し，対処する必要性が高まった。アウラングゼーブは例によって，たんにムラードを殺すだけでは気がすまなかった。報復としてムラードを処刑するのでなければ満足しないと言って，ムラードに父親を殺された男が聖なる法のもとに正義を求めるように手配し，その息子に処刑を執行させたのである。

　最後に残ったのは，アウラングゼーブがアーグラ城に幽閉

した父のシャー・ジャハーンだけになった。老いた皇帝は日々，アーグラ城の窓辺に座り，ヤムナー川の対岸にある愛妃の墓廟タージ・マハルを見つめて過ごした。アウラングゼーブは一度として父に会いにいくことはなかった。実をいうと，1652年以降，父に会っていなかったが，書簡のやりとりはしていた。彼は横柄な語調で，父親がダーラーを愛し，自分のことは愛してくれなかったと不平を書き送っている。アウラングゼーブは肉皿にのせたダーラーの首を父に送り届けることで，父に精神的な復讐をはたした。マヌッチによると，その皿のふたをとったとき，シャー・ジャハーンは「一度だけ叫びを発すると，前のめりに倒れこみ，顔を食卓に打ちつけた。その拍子に顔が金の食器にぶつかり，歯が何本か折れてしまった。だが，皇帝は死んだように打ち伏したままだった」という。

　その後も，老皇帝はさまざまな卑劣な行為にみまわれた。アウラングゼーブはシャー・ジャハーン個人の宝石をとりあげようと，父をしつこく追及した。そのため，シャー・ジャハーンはまともな上履きを手に入れたり，ヴァイオリンを修理に出したりする程度の出費もままならなくなった。それでも，シャー・ジャハーンは王宮の居室で身近な女性たちに囲まれて，余生を送ることができた。とりわけ，長女のジャハーナーラーは愛情のこもった世話をしたようである。

　1666年2月1日，シャー・ジャハーンは74歳の生涯を閉じた。1657年に継承争いを招いたときの病が再発し，それが命とりになった。その当時，性欲の衰えを回復するために飲んだ薬の副作用で排尿障害を起こしていたのである。慣習に従って，王宮の壁が破られ，遺体はその破れ目を通り抜け，そこから船でタージ・マハルへと運ばれ，ムムターズ・マハルの遺体の横に安置された。シャー・ジャハーンの臨終の床で，ジャハーナーラーは父を説得し，アウラングゼーブに許しをあたえる手紙に署名させた。

支配者アウラングゼーブ

　アウラングゼーブが血塗られた手で権力をつかんだことは，

多くのヒンドゥー教徒やイスラーム教徒が彼に悪評を加えたこととあいまって，その悪名を定着させることになった。多くの人がアウラングゼーブを怪物に仕立てあげようとしたが，彼の実像はそれとはかけ離れたものだったようである。

アウラングゼーブは，もともとたいへん勇敢な人物で，14歳のときに怒り狂った象に立ち向かい，その勇気を実証してい

ジャハーナーラー・ベーグム

ジャハーナーラーは，シャー・ジャハーンとムムターズ・マハル夫妻の長女として生まれた。彼女もまた，すぐれた能力をもつムガル家の女性のひとりだった。美しく，学識があり，政治的手腕を備えていた彼女は，母の死後，シャー・ジャハーンの家族を統率し，父がその生涯を終えるまで，亡き母に代わって父の伴侶を務めた。

ジャハーナーラーの地位の高さは，彼女が母親の動産の半分を相続したことにも表れている。ちなみに，残りの半分は彼女の兄弟姉妹6人で分配された。ジャハーナーラーの年間給付金が60万ルピーから100万ルピーに増額されたことや，彼女が皇帝の印璽の保管を任されたことからも，彼女の地位の高さがわかる。父親の愛情は，シャー・ジャハーンがじきじきに娘の世話をしたことにも表れている。ジャハーナーラーのドレスに火がついて，彼女がひどい火傷をしたとき，火傷が治るまでの9カ月間，シャー・ジャハーンが娘の着替えをしてやっているのである。

ジャハーナーラーは豊かな財産のおかげで，数々の建築事業に資金を出すことができた。彼女はアーグラ，デリー，ラホール，カシュミールに，モスクや隊商宿，庭園を建設している。ジャハーナーラーはすぐれた政治的見識をいかし，その一生を通じて権力の中枢から外れることはなかった。皇位継承争いが起こると，中心人物としてダーラー・シュコーを支持したが，このとき彼女は次のように断言したといわれている。

「わたしはダーラー・シュコーをとても愛しています。あの容姿も内面も大好きなの。わたしたちはじつのところ，2つの肉体をもったひとつの魂，2つの物質的な形をもったひとつの精神みたいだわ」

だがアウラングゼーブは，ジャハーナーラーが憎らしいダーラーをひいきしているからといって，彼女を賞賛する気持ちに水をさされることはなかった。シャー・ジャハーンの死後，アウラングゼーブは彼女にパーディシャー・ベーグムの称号をあたえ，「女性の第一人者」にすると，彼女の給付金を170万ルピーに引きあげた。さらに，デリーの壮麗な邸宅をジャハーナーラーにあたえて，しばしば彼女のもとを訪ねた。

ジャハーナーラーは1681年，67歳で逝去した。信仰心のあつい女性で，チシュティーとカーディリーの両神秘主義教団を支援した。彼女はデリーのシャイフ・ニザームッディーン廟域に埋葬された。

⇧デリー，ニザームッディーン廟の域内にあるジャハーナーラーの墓。彼女の希望で，墓石には次のような言葉が刻まれている。「わたしの永眠の場所には，ぜいたくな天蓋をのせないでください。卑しい心の持ち主の墓には，この草が最高の覆いなのです」

⇧アウラングゼーブが勇敢だということは、広く知れ渡っていた。1633年6月、シャー・ジャハーンとその息子たちは、皇帝専用の巨大な戦闘象、スダーカルとスラト・スンダルが戦うのを見ていた。戦いの最中に、スダーカルがアウラングゼーブに向かって走ってきた。『パードシャー・ナーマ』のこの挿絵には、そのときこの若き皇子が槍を象の額に突き刺した場面が描かれている。象はこのあと、アウラングゼーブの乗馬を牙で突き刺したため、皇子は怒り狂う象と地上で戦わざるをえなくなり、廷臣たちが皇子を救おうと駆けつけた。

『パードシャー・ナーマ』はこの逸話を次の言葉でしめくくっている。「皇帝はムハンマド・アウラングゼーブ皇子を愛情こめて胸にひきよせると、感きわまって皇子に口づけをして、ありとあらゆる褒美と「バハードゥル(勝者)」の称号を授けた」

る。一度だけだが、情熱的な恋におぼれたこともある。30代の前半に、彼はヒンドゥーの踊り子に夢中になり、音楽や快楽を追い求める生活にひたりきっていた。その踊り子が死ななければ、そういう生活を続けていたかもしれない。

だが、皇帝に即位すると、アウラングゼーブの情熱はすべて、国政につぎこまれた。彼は統治という務めをおもしろみのない、感情とは無縁の義務感をもって受け入れた。禁欲主義をつらぬき、値段の安い衣服を着て、宝石はほとんど身につけなかった。アウラングゼーブはみずから貴族たちのために作った帽子や、装飾文字で書かせた『コーラン』の売り上げ、さらにはデリー近郊に購入した小さな農場の収益だけで、私的な生活費をまかなおうと努力した。

皇帝の地位が磐石になると、彼は人間味のある温和な態度を表すようになった。とりわけ、身分の低い者たちには思いやりを見せるようになった。謙虚に生まれついたアウラングゼーブは、自分にはきびしかったが、他者の弱点には寛大だった。この皇帝が多面性を備えた人物だったことは、彼が息子たちに宛てた手紙があきらかにしてくれる。たとえば、良馬を好み、ペルシア語の詩に堪能で、果物が好物で、そして何より、彼はよ

い統治体制の原則と実践を広めたいという強い欲求をもっていた。1704年,グジャラートにいたアーザム皇子宛ての書簡を引用しよう。

「高位の息子よ,[そなたは]アフマダバードのナヴァーという警察官を火砲および王宮の監督に任命した。この男はハゲタカのごとき[すなわち,賄賂をうけとる]親戚や友人を『パテール(村長)の役職』につけている。上にのべた監督の権力に不満をもつ者は,そなたの宮廷に入る許可を得られない。盗人やならず者があの男の女婿の仲間になって,神の民[我々の臣民]を苦しめている。我々は最後の審判の日に,いかなる申し開きができるだろうか。聖なる神は正しい。(略)暴君に権力をあたえ,虐げられている民に正義が行なわれるのを差し止めることで,みすみす圧制を許しているのは我々ではないだろうか」

アウラングゼーブの宗教政策

だが,アウラングゼーブの書簡のなかでもっとも多い話題は,神への恐れだった。つまり,彼の治世でもっとも中心的な問題は,正統派信仰の問題だったということになる。実際,アウラングゼーブは父が始めた政策を引き継ぎ,アクバルがめざした宗教寛容策と平等な統治から,イスラーム国家として,聖なる法に従い,イスラーム教徒の利益のための統治,不信心者の改宗を目的とした統治への転換を完了した。

そのため,アウラングゼーブはアクバルが始めた慣習,つまり夜明けに民衆のまえに姿を見せて,民衆からの崇拝を得るという慣習をやめた。挿絵つきの年代記というムガル帝国の偉大な伝統にも終止符を打ち,父から受け継いだ画家集団を解散した。建設計画もおおむね,宗教関係の建物に限定された。宮廷でイスラーム教以外の祝典を行なうことは,飲酒や阿片の摂取と同じく禁止された。それと同時に,ヒンドゥスターン音楽の発達に多大な貢献をはたした保護も打ち切りとなった。

主要な都市や町には風紀取締官が置かれた。アクバル統治下で領地や影響力を剥奪されたウラマーは,失ったものをとり戻すことになったが,これには高位の貴族たちが不満を示した。

さらにアウラングゼーブは，正統派イスラーム教徒の正しい行ないを明確に示すために，イスラーム法学者の見解を集めた『ファターワーイェ・アラームギーリ（アーラムギールの教令集）』の作成を命令した。

インドのイスラーム支配者が500年にわたって，賢明にも寛容策を採用してきたことを考えると，人口の圧倒的多数を占める非イスラーム教徒に対するアウラングゼーブの行動には，かなり偏った印象をうける。比較的新しい寺院や修復後まもない寺院は破壊され，ヒンドゥー教徒が聖廟や祭礼に行くたびに課される巡礼税が復活した。ヒンドゥー教徒はイスラーム教徒の2倍の国内関税を払うことになり，地方長官たちはヒンドゥー教徒の官吏に代えて，イスラーム教徒を配属するよう指示された。

なかでも，もっとも物議をかもしたのが，アクバルが廃止した非イスラーム教徒に課されるジズヤ（人頭税）の復活だった。この施策に対し，デリーの民衆は抗議行動を起こし，「赤い城」の城壁まで押しよせた。しかし，この施策によって，イスラーム教に改宗する気になった者もいた。アウラングゼーブは忙しいなか，わざわざ改宗者たちに祝辞をのべ，褒美をあたえていた。

アウラングゼーブの宗教政策は，イスラーム教徒以外の社会集団との関係に緊張をもたらすことになった。1660年代に，シーク教の若きグル（導師）テーグ・バハードゥルがパンジャーブからアッサムまで，インド北部を横断する精力的な布教

⇩中庭から見たラホールの「バードシャーヒー・モスク」。アウラングゼーブが芸術活動を援助した数少ない分野のひとつは建築だった。彼はシャー・ジャハーンが用いた赤砂岩や高価な白大理石などの建材を敬遠し，レンガや未加工の石を好んだといわれている。

アウラングゼーブが建てたもっともすばらしい建物は，彼にふさわしくモスク，すなわち南アジアでも有数の規模を誇るこのラホールの「バードシャーヒー・モスク」である。屋根に乗る3基の大ドームは，とくに評価が高い。

活動を開始した。この地域では最大の農民カーストのジャート族の多くが、シーク教に改宗し、なかにはイスラーム教から改宗した者もいた。アウラングゼーブはこの動きを認めるわけにはいかなかった。1675年、テーグ・バハードゥルは逮捕され、死刑に処された。シーク教徒はムガル体制の敵となった。

　アウラングゼーブの態度はラージプートの名門氏族との関係にも、深刻な問題を引き起こした。1679年、皇帝がアクバルの時代からムガル皇帝に臣従していたラージプートのラートール族に対して敬意を欠いた態度をとったうえに、ラートール族の君主に、貴族になりたければイスラーム教に改宗せよと要求したことから、反乱が起こった。ムガルの軍事組織はこの反乱をすばやく鎮圧し、その間に寺院の多くを破壊したが、ラートール族は以後、ゲリラ戦を展開することになる。

　時を同じくして、アウラングゼーブが寵愛するアクバル皇子が姉妹のゼーブンニサーと協力して、父に反旗をひるがえした。皇子はひそかにラートール族と接触していたのだった。アクバルは、アウラングゼーブの偏狭な行為はムガル帝国の崩壊をもたらすというラージプートの考えに我が意を得て、1681年1月1日、みずから皇帝即位を宣言した。だが、軍を率いたアウラングゼーブはやすやすと息子を打ち負かし、アクバルはやむを得ずマラータの領土に逃げこみ、そこからイランへ落ちのびて、その地で没した。学識のある女性だったゼーブンニサーは幽閉され、財産と給付金をともに失った。ラートール族はその後もゲリラ戦を続け、アウラングゼーブの治世を通じて抵抗をやめなかった。

帝国の繁栄

　ここで注意しておかなければならないのは、ときに反乱が起こったにもかかわらず、アウラングゼーブの統治時代にもムガル帝国の富は増え続けていたということだ。アウラングゼーブ時代の末期には、国家の歳入要求額は1300万ダーム〔訳注：ダームはムガル通貨の基本となる銅貨。40ダームが1ルピー銀貨に相当する〕を上回り、600万ダームを下回っていたアク

バル時代の2倍以上に増加していた。この増加は、歳入要求額の引き上げと新しい領土の征服によるものだったが、開墾によって着実に耕地面積が増えていたことや、高価値の換金作物の生産への動きも貢献している。

当時の換金作物は、染料のインディゴ（藍）、綿花、砂糖、阿片、タバコ、トウモロコシなどだった。現金経済の急速な成長は、地方領主や村の有力者が資産を蓄積できるようになったことを意味する。新たな繁栄のきざしは、インド北部にカスバと呼ばれる小さな町がぞくぞくと現れたことからもわかる。カスバはマーケットや金貸業、穀物取引の中心地であり、退職した官僚や軍士官、ウラマーの気に入りの住まいでもあった。彼らはいわばイスラームのジェントリ〔訳注：郷紳。イギリスの貴族階級の下の階級で中流上層階級〕のような社会階層を形成していく。

もうひとつの繁栄のきざしは、インドの特定地域でイギリス、フランス、オランダを相手国とする対外交易がさかんになり、これをムガル側も奨励したことである。農産物や手工業製品、とくに織物の交易はめざましい発展をとげた。アウラングゼーブの時代には、沿岸地帯とそれに近接する内陸地域は対外交易によって、みちがえるほど変わっていた。変貌をとげた地域をあげると、グジャラート地方のスラト、コロマンデル沿岸のマドラス、クリシュナー川とゴダヴァリー川にはさまれた北部コロマンデル沿岸地域、ベンガル地方に近接するフーグリー港などがある。1660年以降の100年間に、イギリスとオランダは年平均で34トンの銀と0.5トンの金を船で輸送し、ムガル帝国から購入した物品の支払いにあてている。

アウラングゼーブの戦い

アウラングゼーブには帝国の繁栄を維持する必要があった。帝国財政は、ほとんど絶え間のない戦闘状態に耐えなければならなかったからである。北方方面については、アウラングゼーブは父の時代の国境線をほとんど押し広げることができなかった。北東方面では、1660年代はじめに、アホム王国と交戦し、ブラーフマプトラ川流域のガウハティまで領土を広げることが

できたが，この領土は20年しか保持できなかった。とはいえ，彼はベンガル湾沿岸で，ムガル帝国の権力を東方のアラカン王国に思い知らせることには成功している。

北西方面では，カーブルの地方長官がイランおよび中央アジアへといたる交易路の確保と，国境地域に住む部族間の和平を維持するのに苦労していた。1660年代から70年代にかけて，部族が起こした反乱が頻発し，ムガル帝国が派遣した討伐軍のなかには，全滅した軍や甚大な損失をこうむった軍もあった。交易路を確保するためには，アウラングゼーブ自身が注意を払い，たびたび賄賂を使う必要があった。北東へ，さらなる領土の拡大をはかるのは無理な情勢だった。

だが，実際に領土拡大の可能性があったのはデカン地方だった。アウラングゼーブは即位後まもなく，マラータのシヴァージーという非凡な能力をもった人物と対決した。シヴァージーは，デカン地方のヒンドゥー教徒を一大勢力としてまとめあげると，西ガーツ山脈からインド西端のコンカン海岸へといたる地域に，多数の砦を結んだ防衛網を基盤とする王国を建てた。彼は大胆にも，ムガル帝国の領土を幾度となく襲撃し，そのなかには西インドでもっとも重要な港だったスラトでの略奪もふくまれていた。スラトは人口20万の都市で，シヴァージーは

アウラングゼーブ宛てのシヴァージーの手紙

シヴァージーはジズヤ（人頭税）の復活に対し，皮肉をこめて抗議の手紙を書いた。彼は，自分は皇帝の幸福を祈る者として，この手紙をしたためたとのべ，現在の繁栄は，ジズヤを課さなかった3人の皇帝たち――アクバル，ジャハーンギール，シャー・ジャハーンの努力の賜物だということをアウラングゼーブに気づかせようとした。

「しかし，陛下の御世には，城砦や地方の多くが陛下のものではなくなり，残りもまもなく同じ運命をたどるでしょう。というのも，我が方には，城砦や地方の破壊に手心を加えるつもりはまったくないのですから。帝国農民は圧政に虐げられ，どの村でも収穫が減少しています。収穫が1ラク［10万ルピー］あった場所でわずか1000ルピー，1000ルピーあった場所ではわずか10ルピーというありさまです。しかも，それがひどく骨を折った結果なのです。皇帝や皇子たちの宮殿が極貧の状態に陥ったなら，高官や官吏がどのような状態にいたるかは，想像にかたくありません。軍が反乱を起こし，商人がぐちをこぼし，イスラーム教徒は泣き叫び，ヒンドゥー教徒は無理難題をふっかけられて苦しみ，大多数の人びとは夜食べるパンにも事欠き，昼間は［怒りのあまり］自分たちの頬をたたいて真っ赤にする。そんな治世なのです。

皇帝ともあろう方が，このような惨状にある者たちに，ジズヤというさらなる辛苦を押しつけことができるものでしょうか。悪評が西から東へ，またたくまに広がって，史書に記されるでしょう。物乞いの器を欲しがるヒンドゥスターンの皇帝は，バラモンやジャイナ教徒，ヨーガ行者，ヒンドゥー教の苦行者サンニャーシーやバイラーギー（世を捨てた人），貧民，物乞い，破産して悲惨な境遇にある人，飢饉にみまわれ，物乞いの財布を奪いとることが勇気の見せどころとなった人，そんな人びとにジズヤを課して，ティムールの名と名誉を汚したと」

⇧マラータの英雄シヴァージー（1630〜80年）は，幾度となくデカンのムガル帝国の領土に大胆な襲撃をしかけた。アウラングゼーブにとってみれば，彼は消えることのない悩みの種だった。ムガル帝国はシヴァージーを傘下にとりこむことも，武力で打ち負かすこともできなかった。シヴァージーはこの世を去ったとき，強固なマラータ王国を残し，マラータ人はその後もムガル領への襲撃をやめなかった。

ここで1000万ルピーの価値がある戦利品を手に入れている。

　アウラングゼーブは早急に対策を講じ，1665年，圧倒的多数のムガル軍の前にシヴァージーは降服し，ムガル皇帝の臣下となった。しかし，ごく短期間，ムガル帝国の宮廷にとどまったあと，彼は降服したことを悔やみ，自分の領地へ逃げ帰った。2年後，アウラングゼーブはシヴァージーを許し，高位の貴族にとりたてたが，シヴァージーはそれからまもなく，2度目のスラト略奪をはじめ，スルタン王朝のビージャープルやムガル帝国領を襲撃したのである。2度目のスラト略奪では，彼は650万ルピーの戦利品を手に入れたという。

　シヴァージーは1674年，ムガル帝国からの独立を表明すると，ヒンドゥー教の儀式にのっとり，おおぜいのバラモン（司祭階級の人）が列席するなか，ヒンドゥー教を奉じるマラータ王国の王位についた。その後，シヴァージーはゴールコンダ朝のスルタンと協定を結び，ムガル帝国との戦いに際して，ゴールコンダ朝の協力をとりつけた。1680年にシヴァージーは強固な王国とムガル領を襲撃する慣習を残して，この世を去った。1681年，マラータ王国はシヴァージーの息子シャンバージーが受け継いだ。

　アウラングゼーブが版図拡大をねらってデカン方面へ注意を向けたのは，ちょうどこの時期のことだった。彼はその後の一生を，このデカン遠征に費やすことになる。アウラングゼーブは帝国の首都をデリーからデカンへ移し，長いあいだ，その場所がどこであろうと皇帝の幕営が首都となった。

　アウラングゼーブには南下する必要があった。その理由は，ひとつにはそのころ，シャンバージーの宮廷にかくまわれていたアクバル皇子が象徴する脅威に反撃するためであり，ムガル領へのマラータ軍の襲撃を阻止するためでもあった。マラータ軍との戦いは4年を過ぎても，ほとんど進展が見られなかった。そこで，アウラングゼーブは攻撃の矛先をデカンの他のスルタン朝へ向けた。彼は1685年にビージャープル，1687年にはゴールコンダを征服した。1688年にはふたたび，マラータ王国との戦いを開始し，運命を決する交戦で，アウラングゼーブはシャンバージーとその宰相を生け捕りにした。イスラーム教徒

を殺した罪で死刑を宣告された2人は、めった切りにされて死に、遺体は犬の餌になった。こうして1689年までに、アウラングゼーブはムガル領の4分の1にあたる57万平方キロメートルの土地を版図につけ加えていた。イスラーム王朝の威光がここまで南へと拡大したのは、ムハンマド・ビン・トゥグルク時代以来のことだった。

　戦いに勝利したあと、アウラングゼーブは新たに征服した領土に、ムガルの行政制度をしく仕事に着手した。だがゴールコンダでは比較的たやすく進行したものの、マラータに妨害をうけたビージャープルでは思うようにいかなかった。インド南東部の沿岸地域では事態はさらに悪化した。ムガル帝国は8年にわたって、この地域の支配権をマラータと争い、ようやく1698年になって、重要な城砦ジンジーを攻略することができた。しかし、デカン西部ではマラータがひきつづき、深刻な問題であることに変わりはなかった。アウラングゼーブは聖戦を宣言し、一年一年、マラータの牙城を包囲していった。

　すでに80歳を超えたこの並外れた男は、たびたび攻囲戦の陣頭指揮をとった。要塞は次々に、買収と武力による圧迫を組みあわせたムガル軍の戦略のまえに落ちていった。ところが、アウラングゼーブが敵の拠点に集中しているのにつけこみ、マラータがデカン地方のいたるところを襲撃しはじめたのである。こうした混乱状態に陥ったために、ハイデラーバードからグジャラートおよびインド北部へといたる長距離の隊商路が、1702年から04年まで途絶えてしまうことになった。デカン西部ではマラータが、安全を保証する代わりに定期的に保護料を徴収していた。地方の有力者たちはしだいに、忠誠を誓う相手をムガル帝国からマラータへと変えはじめ、マラータはその後、襲撃の場所をさらに北へ、グジャラートやマールワーへと移していった。

帝国の弱体を招いたデカン戦争

　アウラングゼーブは、その後もインド北部へ戻ることはなかった。彼が49年におよぶ治世のうち、後半の26年間を帝国の

本拠地から離れて過ごしたという事実は，ムガル帝国の根幹に大きな影響をあたえた。ムガルの貴族はデカンで働く者と北部で働く者に二分され，北部にとどまった貴族はめったに宮廷に出仕しなかった。そして彼らはしだいに，皇帝の家族の一員としての儀式にしばられることもなくなっていった。

ムガル貴族のなかには，軍人として奉仕する義務から逃れ，土着化する者もいた。彼らは気心が知れるようになったマラータの指導者たちを相手にするほうが気楽に思えたのだろう。デカン出身者が多数，貴族にとりたてられた。64人はビージャープルとゴールコンダの支配層に属した人びとで，96人がヒンドゥー教徒のマラータ人，あわせて貴族全体の16パーセントあまりを占めていた。マラータ貴族はだれひとり宮廷に出ることはなく，宗教を同じくする北部のラージプートとはちがって，高度なペルシア文化の洗礼をうけることもなかった。新入りの貴族の数の多さと，費用のかかるマラータとの戦いとがあいまって，貴族の生活を支える割り当て金の大幅な減少へとつながった。

アウラングゼーブはとりつかれたようにマラータと戦い続けた。その結果，帝国の重心はデカンへ移り，皇帝の威光をほかの地域にまでいきわたらせることが難しくなった。17世紀の終わりごろ，オランダ，フランス，イギリスの各東インド会社が，インド亜大陸沿岸に足場を得て，独断的な行動をとるようになった。1690年代，アウラングゼーブはボンベイのイギリス人がイギリス国王の肖像を刻んだルピー硬貨を鋳造するのを阻止できなかった。1702年には，アウラングゼーブの臣下が，マドラスのイギリス人居留地で皇帝の権力を行使することができなかった。

1690年代にはベンガルで深刻な暴動が起こり，その地方の余剰農産物がデカンに届かなくなった。アウラングゼーブは秩序をとり戻すために，孫のアズィーム・ウッシャーンを派遣した。また，バラモンからイスラーム教に改宗し，ムルシド・クーリー・ハーンという称号を授かった才気あふれる人物を孫といっしょに送って，歳入の回復にあたらせた。長い目でみると，ムルシドのほうが皇子よりも支配者としてすぐれていることが

> **マヌッチが描く「老いてなお，陣頭指揮をとるアウラングゼーブ帝」**
>
> 「老いた王は（略）いまも行軍中に身振りを使って，戦いに向ける熱意を見せる。パランキーン（6人で肩上で運ぶ一緒のカゴ）に座ったまま，剣を鞘から抜いて，空を切り，今度は別の方向にもう一度，空を切る。それから，ずっと笑みをたやさず，剣を布で磨くと，鞘に戻す。同じことを弓でも行ない，いまでも矢を放てることを示す。
>
> だが，ほとんどの時間，彼は前屈みになって座っている。頭をひどく落としているので，あごひげが胸に届いて，ひげがまるで喉から生えているように見える。士官が嘆願書を提出したり，何か起こったことを報告したりするときには，ゆっくり頭をあげて，背筋をのばす。彼は聞き返す余地のない対策をあたえ，いまもなお，実に細かい点まで軍を監督している」

わかり，アウラングゼーブの同意を得たうえで皇子は国政の中心から外された。ムルシドはアウラングゼーブが没するまえに，自立できるだけの地位を築いていた。

時代をさかのぼって1680年代には，アーグラ周辺に住むジャート族農民が，デリーとデカンをつなぐ公道を旅する貴族や商人の隊列を略奪していた。1687年にアウラングゼーブが秩序を回復するために孫を送りこむと，ジャート族は策略を用いてムガル軍に勝利をおさめ，政権がジャート族に設定した歳入要求額に対する怒りに興奮して，「偉大な征服者アクバルの墓廟へ行進した」とマヌッチはのべている。

「生前の彼に抵抗しても，なんの効果も得られなかった。そこで，彼らはアクバルの墓で恨みをはらした。略奪の手始めに，彼らは大きな青銅の門を突破すると，高価な宝石や金銀の（略）硬貨を奪い，運びだせないものは壊していった。アクバルの遺骨を引きずりだすと，腹立たしげに火に投げこみ，遺骨を燃やしてしまった」。もちろん，アウラングゼーブは激怒した。だが，その当時は誰も気づかなかっただろうが，このジャート族の行ないは，きわめて極端な方法で，来るべきムガル帝国の崩壊を象徴的に表すものだったのである。

悲劇的な晩年

アウラングゼーブの晩年は悲劇というしかないものだったが，それは父親であるシャー・ジャハーンの悲劇とはおもむきが異なっていた。アウラングゼーブはしだいに，自分の統治は失敗だったと感じるようになり，自分が死んだときに皇位継承争いが起こるのではないかという不安を抑えられなくなっていった。

アウラングゼーブは80代の後半になってもまだ，みずから軍事行動を行なっていたが，そうした戦いに明け暮れる日々も，1705年5月に中断することになった。手足に激しい痛みを感じ，倒れてしまったのである。彼は12日間，公の場に姿を見せなかったが，驚いたことにその後，回復し，デリーに向かって出発した。だが，1706年1月にはアフマドナガルで天幕を張り，その地にとどまることになった。

あきらかに衰えの見えるアウラングゼーブを介抱したのは，娘のズィナトゥンニサーと，妃のウデプーリだった。それでも，彼の頭はしっかり働いていた。息をひきとる2週間まえに，アウラングゼーブは2人の息子，アーザムとカーム・バフシュを帝国の別々の地域へ送った。「鎖を解かれた2頭のライオン」をいっしょにしておくような危険は，冒せなかったのである。宮廷の占星術師が悪い星の影響を消すために，象1頭とダイヤモンド1個を寄贈するようにすすめたとき，アウラングゼーブはその助言をしりぞけ，ヒンドゥーの慣習に従って4000ルピーを慈善施設に送った。帝国は息子たちで分割するようにというのがアウラングゼーブの遺言だった。さらに，埋葬は質素にして，費用は帽子作りと『コーラン』の写本で得た収入でまかなってほしいとも言い残した。

1707年3月3日，アウラングゼーブはその生涯を終え，翌日，フルダバードにあるスーフィー聖者ザイヌル・ハクの墓のそばに埋葬された。アウラングゼーブの墓は周囲を石で囲まれた屋根のない土造りの墓である。このイスラーム正統派（スンナ派）の教えに従った質素な墓と，アウラングゼーブ以前の皇帝たちの壮大な墓廟とは実に対照的で，彼がほかの皇帝たちとは一線を画していることがよくわかる。死を迎える数日まえに書いたアーザム皇子宛ての書簡では，アウラングゼーブの言葉は苦い挫折感を帯びている。

「そなたとそなたのそばにいる者たちが平穏であるように。老いて（略）手足から力が去った。余はひとりで［この世に］来て，よそ者として［あの世へ］行く。（略）余は臨機応変に統治する才を欠いていた。民の幸福を気にかけることもなかった。［余の］貴重な人生はむなしく過ぎていった。神はこの世におられるが，余は神を見ていない。（略）［帝国］軍は混乱に陥っている。（略）それでも，［神の］恵みと慈悲のおかげで，強い希望はもっている。しかし，みずからの行動を振り返ることはできない（［すなわち，自分の過去の行動のせいで恐れている］）。（略）見たところ，ベーグム［ズィナトゥンニサー］は深く悲しんでいるが，神があの娘を守ってくださる。女が浅薄な学を身につけたところで，失望以外になんの実も結ばない。さらば，さらば，さらば」

⇧『コーラン』を読む晩年のアウラングゼーブ。彼はその生涯を終えるころ，自分の人生は失敗だったという思いにとりつかれていた。

ムガル帝国後期
1707〜1858年

バハードゥル・シャー1世
在位1707〜12年

ジャハーンダール・シャー
在位1712〜13年

ファッルフ・シヤル
在位1713〜19年

ムハンマド・シャー
在位1719〜48年

アフマド・シャー
在位1748〜54年

バハードゥル・シャー1世	
生年	1643年10月29日
父	アウラングゼーブ
母	氏名不詳（シャー・ナワーズ・ベーグムの娘）
妻	不明
息子	アズィーム・ウッシャーン，ジャハーンダール・シャー，ラフィ・アッシャーン，ジャハーン・シャー
娘	ミフルンニサー，アズィーズンニサー，ヌール・アル・ベーグム
即位	1707年
没年	1712年2月18日，ラホールにて。
埋葬地	デリー，シャー・アーラム・バハードゥル・シャーのムハッジャール（クトゥブ・ミナールの後ろにあるバフティアル・カーキ聖廟の近く）

バハードゥル・シャー1世

「度量の大きさ，気前のよさ，底ぬけの人のよさ，過ちには情けをかけ，罪を許す。そういう点にかけては，歴史に名を連ねる君主，とくにティムールの血をひく君主のなかに，バハードゥル・シャーと肩を並べ得る君主はほとんどいない。悪徳には染まっていないが，国の防衛や，領土の統治および管理となると，ひとりよがりで，投げやりになる。機知にとんだ皮肉屋たちは，この君主の即位の日をもじって『シャーヒ・ビーカーブル（無能な王）』という異名をつけた」

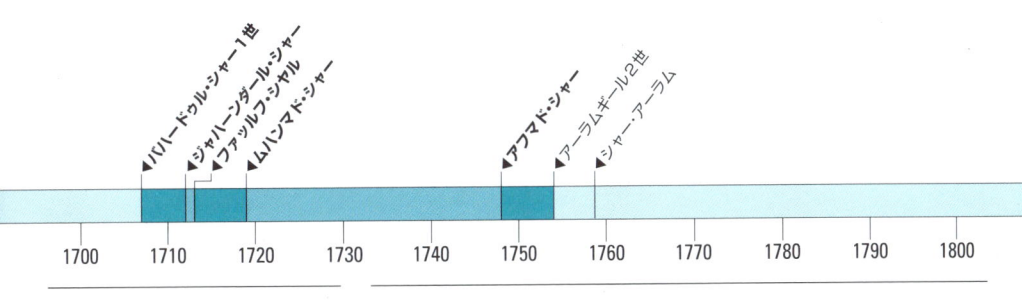

ハーフィー・ハーン

↑アウラングゼーブの長男ムアッザムは、バハードゥル・シャー1世として、父の跡を継いだ。皇帝の座につくために、彼は弟を2人、甥を2人、あの世に送らなければならなかった。

アウラングゼーブが恐れていたとおり、彼の死後、継承争いが起こった。アウラングゼーブの長男ムアッザムは、猛烈な速さでアフガニスタンからアーグラへ駆けつけると、国庫を押さえ、1707年6月に弟のアーザムとその2人の息子を打ち負かし、亡き者にした。翌1708年にはデカンのハイデラバードで、カーム・バフシュとの戦いに勝利した。カーム・バフシュは戦傷がもとで死んだ。

こうしてムアッザムは、バハードゥル・シャーの称号のもとに玉座についた。彼の治世には、国政を揺るがしかねない問題が姿をあらわしていた。バハードゥル・シャーが多数のインド人を貴族にとりたてたことに、トルコ系とイラン系の貴族が憤慨し、君主の利益よりは自分たちの利益を優先するようになっていたのである。そのうえ、領土の各地で反乱が頻発していた。デリーおよびアーグラ周辺では、ジャート族の反乱が起こった。ラージプートは自分たちの領地の支配権を握り、パンジャーブではシーク教徒、ついで1713年以降、マラータがデカンで反乱を起こした。

このような継承争いと反乱軍との戦いは、帝国の財源に巨額の出費を強いることになった。ハーフィ・ハーンが断言している。「帝国には出費をまかなうだけの収入がない」。バハードゥル・シャーは5年の治世の後、68歳で病没した。

ジャハーンダール・シャー	
生年	1664年
父	バハードゥル・シャー1世
母	不明
妻	正妃、ラール・クンワール(吟遊楽士の娘)
息子	アズィーズッディーン・ハーン(アーラムギール2世)
即位	1712年3月29日
没年	1713年2月11日、ファッルフシヤルの命令により絞殺された。
埋葬地	デリー、フマーユーン廟

ジャハーンダール・シャー

「ファッルフ・シヤルがアーグラへ近づいたとき、ほとんどの人が彼の軍勢とジャハーンダール皇帝軍とを見くらべて、後者の勝利を予想した。ところが、皇帝が育ちの悪い女をえこひいきし、粗野な連中とつるむのを好み、生まれの卑しい名もない者たちを引き立てたことに、イランやトルコ、モンゴル系(略)の貴族は愛想をつかしていた。階級の高低を問わず、あらゆる軍人は、ファッルフ・シヤルの勝利に希望を見いだした」

ハーフィー・ハーン

バハードゥル・シャーがまだ臨終の床にあるうちに、4人の息子が帝位をめぐって戦いを始めた。ベンガルの統治を任されていたアズィームは、財源も豊かで、軍の規模も大きかったため、勝者となる可能性が高いと思われた。しかし、3カ月にわたる戦いが終わってみると、3人の兄弟を抹殺し、頂点に立ったのはジャハーンダール・シャーだった。

この放蕩者のもとで、帝国の土台はいっそう弱体化することになる。継承争いで敗者の側についた貴族がはじめて処罰され、財産没収または死刑に処せられた。さらに皇帝は、実権をまるごとワジール（財務大臣）に譲っておいて、まもなくそのワジールを追い落とす陰謀をたくらみはじめるといった具合だった。その後、吟遊楽士の娘を第一妃にして、貴族たちを憤慨させた。

こうした状況に、亡きアズィーム皇子の息子ファッルフ・シヤルがベンガルで軍を招集し、パトナで皇帝への即位を宣言した。彼はビハールおよびアッラーハーバードの地方長官たち、つまりフサイン・アリー・ハーンおよびアブドゥッラー・ハーンのサイイド兄弟と同盟を結び、この3者連合軍はデリーへ出陣した。ファッルフ・シヤルはジャハーンダール・シャー率いる大軍と対峙したが、敵軍は分裂しており、軍の士気は衰えていた。ジャハーンダール・シャーを打ち負かしたファッルフ・

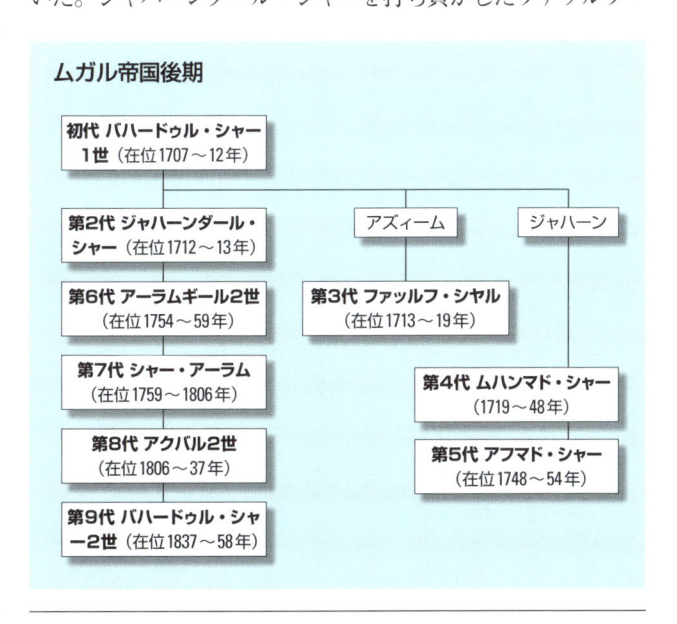

> ### ジャハーンダールの、生まれの卑しい取り巻きたち
>
> 「もうひとつ、皇帝の話が上流の人びとのあいだで取りざたされ、それが町から町へと広まっていった。皇帝はときどき、妃や数人の取り巻きといっしょに二輪馬車に乗って、バザールや酒場に遊びにいくことがあった。
>
> ある夜、皇帝は寵愛する第一妃と例のごとく二輪馬車で出かけた。2人は酒を浴びるように飲み、したたかに酔って、正体をなくしてしまった。馬車が宮殿の入口に着いたとき、ラール・クンワール妃は泥酔していたので、皇帝のことなど気にもかけずに馬車から降りると、ベッドに入って眠りこんでしまった。
>
> ひとりでは動けない状態だった皇帝は、馬車のなかでぐっすり眠っていた。馬車の御者は家に戻り、馬車を片づけた。［朝になって］ラール・クンワール妃はしらふに戻ると、皇帝がそばにいないのに気づいて、泣きわめいた。家臣が四方八方を駆けまわり、ようやく馬車のなかにいた皇帝を見つけだした」
>
> ハーフィー・ハーン

ムガル帝国後期

- 初代 バハードゥル・シャー1世（在位1707〜12年）
  - 第2代 ジャハーンダール・シャー（在位1712〜13年）
  - アズィーム
    - 第3代 ファッルフ・シヤル（在位1713〜19年）
  - ジャハーン
    - 第4代 ムハンマド・シャー（1719〜48年）
    - 第5代 アフマド・シャー（在位1748〜54年）
- 第6代 アーラムギール2世（在位1754〜59年）
- 第7代 シャー・アーラム（在位1759〜1806年）
- 第8代 アクバル2世（在位1806〜37年）
- 第9代 バハードゥル・シャー2世（在位1837〜58年）

シヤルは、皇帝を絞殺し、遺体は「赤い城」の城門の外に放置し、腐敗するがままに任せた。玉座にのぼる資格のあるムガルの皇子たちは、ことごとく盲目にされた。

ファッルフ・シヤル

「ファッルフ・シヤルは、自分の意志というものをもたない人物だった。年が若く、実務の経験もなく、国政に身を入れることもなかった。彼は祖父や父から遠く離れたベンガルで育った。ファッルフ・シヤルは人の意見に頼りきりだったが、それは彼自身が決断する能力に欠けていたからである。幸運に恵まれて皇帝の座をつかんだが、その気の弱い性格は、ティムールの血統の活力に満ちた先人たちにくらべるとかなり異質で、狡猾な人間の話を聞くにも、用心してかかるということがなかった」
ハーフィー・ハーン

⇧アウラングゼーブの曾孫ファッルフ・シヤルは、権勢を誇ったバルハ・サイイド家に操られた気弱な君主だった。ファッルフ・シヤルの時代にムガル帝国の勢力は衰え、歳入は減少していった。

　ファッルフ・シヤルがその治世の手始めに行なったのは、バルハ・サイイド家の協力に報いることだった。アブドゥッラー・ハーンはワジール（財務大臣）、フサイン・アリー・ハーンはミール・バフシー（軍務長官）に任命された。まさに最初から、ファッルフ・シヤルは大きな失策を犯したとハーフィー・ハーンは語っている。というのも、ワジールの職は、「たいへん責任のある要職で、かつての王たちがその高い地位を授けたのは、賢明かつ高潔な人物で、驚くほど忍耐強く、豊富な経験をもち、寛容で温厚、その資質が長い経験によって試された人物」だったからである。

ファッルフ・シヤル	
生年	1683年
父	アズィーム・アッシャーン（バハードゥル・シャー1世の息子）
母	不明
妻	インディラ・クンワール（ジョードプルのラージプート王女）
息子	不明
即位	1713年1月10日
没年	1719年，絞殺された。
埋葬地	デリー，フマーユーン廟

　それからまもなく，サイイド家の者たちがこの治世に次なる失策をもたらした。ファッルフ・シヤルの帝位継承に反対した貴族たちを大量に虐殺したのだ。こうして恐怖が宮廷を覆い尽くした。時がたつにつれ，ファッルフ・シヤルはしだいに，皇帝とサイイド家との関係を損ないたいと思っている助言者たちの意見を頼りにするようになった。そうこうする間も，シーク教徒やラージプート，ジャート族，マラータによる反乱があいつぎ，皇帝は反乱軍を金で抱きこむために大きな譲歩をせざるをえなくなった。広範囲におよぶ飢饉も発生し，歳入は急激に減少し，政権は必要な費用を支払うことができなくなっていった。

　たまりかねて，ファッルフ・シヤルは1719年，フサイン・アリー・ハーンに宮廷に出仕するよう命令した。この命令に身の危険を察したフサイン・アリー・ハーンは，長期に軍事遠征を行なっていたデカンから，軍を率いて首都に戻ってくると，デリーの近郊に宿営を設けた。ハーフィー・ハーンはこうのべている。「彼はそこで反逆の腹づもりをあきらかにした。太鼓を騒々しくたたくよう命令して，公然と抵抗したのだ。なぜなら，皇帝の居城の近くで［家臣の］太鼓をたたかせるのは，はなはだしく規律に反する行為だったからである。皇帝に対する不満を言いながら，フサイン・アリー・ハーンは天幕に入ると，もはや自分は君主の家臣ではない，と何度も言った」

　フサイン・アリー・ハーンは兄弟とともに，赤い城の城門を管理下におくと，皇帝に会うために城内へ堂々と歩いていった。アブドゥッラー・ハーンが皇帝に言った。「我々が陛下にあれだけ尽くしたというのに，恩知らずにも，その労に何ひとつ報いようともせず，悪意と疑いと裏切りを返してくるとは」。そしてサイイド兄弟は帝国のあらゆる要職を独占することを要求した。ファッルフ・シヤルは後宮（ハーレム）へ逃げこんだ。サイイド兄弟は皇帝を追いかけ，屋上の隅に隠れていた皇帝を見つけた。皇帝は引きずりだされ，目をつぶされたあとで幽閉された。その後，脱出計画が露見したため，ファッルフ・シヤルは殺され，フマーユーン廟に埋葬された。

ムハンマド・シャー

「彼は美しい若者で，数々のすばらしい資質を備え，知性も抜きんでていた。(略)彼の母親は国務に精通し，知力と臨機応変の才を持った女性だった」

ハーフィー・ハーン

↓30年間，皇帝の座にあったムハンマド・シャーは，この絵でもわかるように，ひたすら快楽，とりわけ後宮(ハーレム)での快楽に没頭した皇帝だった。ムハンマド・シャーの治世に，ハイデラーバード，アワド，ベンガルの諸州が独立し，デリーはナーディル・シャーに略奪された。このとき，大量の財宝とともに「孔雀の玉座」もイランへ運ばれ，ムガル帝国の威光は著しく損なわれることになった。

ファッルフ・シヤルを廃位したあと，サイイド一族はアウラングゼーブの子孫を2人，傀儡の皇帝として即位させたが，どの皇帝も早世してしまい，ようやくムハンマド・シャーの出番となった。ムハンマド・シャーはバハードゥル・シャーの末の息子ジャハーン・シャーの息子で，彼の治世の始まりは，公的にはファッルフ・シヤルが廃位された日となっている。最初，ムハンマド・シャーはサイイド一族の傀儡でしかなく，家臣はみなサイイドの息のかかった者ばかりで，サイイド一族の許可がなければ，何ひとつできなかった。

傀儡の立場を抜け出すチャンスは，イラン系とトルコ系の貴族たちが，インド・イスラーム教徒であるバルハ・サイイド一族が彼らを完全に無視してムガル朝を転覆させるつもりではないかと恐れていたところにあった。ムハンマド・シャーとその母親はいつでも，イラン系やトルコ系の貴族から連絡を受けられるようにしていたのだ。その後，イラン系とトルコ系の貴族は，ファテプル・シークリーに近いフサイン・アリー・ハーンの宿営で彼を暗殺し，その首をムハンマド・シャーに送り届けた。皇帝はフサイン・アリー・ハーン軍の指揮をとり，アブドゥッラー・ハーンと戦うべく行軍を開

ムハンマド・シャー

生年	1702年8月17日
父	ジャハーン・シャー（バハードゥル・シャー1世の息子）
母	クードシヤ・ベーグム
妻	マリカ・イ・ザマーニー（ファッルフ・シヤルの娘）、サヒーバ・マハル、ウドハム・バイ
息子	アフマド・シャー
即位	1719年9月
没年	1748年4月26日
埋葬地	デリー、ニザームッディーン・アウリヤ廟のなかのムハンマド・シャーのムハッジャール

ムハンマド・シャーとナーディル・シャーの和平交渉

「次の日、ムハンマド・シャーはみずからペルシアの幕営に出向き、（略）2人の距離が近づくと、シャー自身が進みでて、ペルシアとムガルの両宮廷で慣例となっている作法が忠実に行なわれた。2人の君主はたがいに手をとりあって、謁見用の天幕に入ると、横並びに置いたマスナド（玉座）に座った。その様子はまるで、2つの太陽が東から昇ったかのようでもあり、2つの輝く月が光を同時にそそいでいるかのようでもあった。（略）

6時間におよんだ交渉のあいだじゅう、礼儀や親善が忘れられることはなかった。（略）このように交渉が進行したため、兵士たちも落ち着きをとり戻し、豊かさが回復することや、愛するシャージャハーナーバードへ帰還できること、友人たちと交流できることを喜びともに期待した。

ところが運命は、このような甘い希望をせせら笑った。というのも、さらなる苦しみと流血が彼らを待ちうけていたからである」

ムヒーリス

始した。

昼に始まった戦いが決着したのは翌日の昼だった。アブドゥッラー軍は敗北し、捕らわれたアブドゥッラーはその後、毒殺されたようである。こうしてバルハ・サイイド一族の野心もついえ、ムハンマド・シャーが実権を掌握した形になった。ところが、彼は後宮（ハーレム）で快楽におぼれることや、気晴らしに動物を戦わせたりすることを好み、帝国の運営はワジール（宰相）たちの手に委ねられた。だが宰相のひとりで、1742年から48年までその要職にあったカムルッディーンもまた、怠け者で大酒飲みだった。

このような状況下、ムガル帝国は崩壊へと向かっていった。パンジャーブ州の支配権は徐々に、シーク教徒やヒンドゥーの地方有力者へと委譲されていったうえに、この州はますます北西方面から侵略をうけるようになっていた。インド西部については、ムハンマド・シャーはマラータと協定を結び、領地の税収の35パーセントをマラータの収入とすることに同意した。マラータの世襲職だったペーシュワー（宰相）が王国を構築し、その領土を着々と拡大できるだけの状況が生みだされた。それと同時に、マラータは略奪する範囲をデリーやカルカッタ（現コルコタ）まで広げていた。

デカン東部のハイデラーバードでは、ムハンマド・シャーがサイイド家と戦ったときに支援したトルコ系貴族のひとり、ニザームル・ムルクが1724年にニザム王朝を樹立した。この王朝は1948年まで存続することになる。豊かなベンガル州では、ムルシド・クーリー・ハーンが律儀に、税収入をデリーの中央政権に送っていたが、1727年以降は、ムルシドの後継者がそれを拒否し、ベンガルは地方長官が治める州から、世襲王朝へと変わった。アワドでも同じようなことが起こった。1722年にアワドの地方長官に任命されたイラン系貴族のブルハーヌル・ムルクが王朝を樹立し、この王朝は1858年までその命脈をつないだ。

このような失政によって、どれほど帝国の弱体化が進んでいたかは、すぐにあきらかになった。1737年にはマラータがはじめてデリー近郊を略奪し、1739年にはナーディル・シャー

(⇨p.311)がインドに侵攻して,デリーから160キロメートルほどの地点でムガル帝国軍を打ち破った。ナーディル・シャーは1736年にイランのサファヴィー朝を倒し,アフシャール朝を興した人物である。ムハンマド・シャーはこれ以上の抵抗は無駄と判断し,ナーディル・シャーとの交渉にのぞんだ。

2人の君主は威儀を正し,別々にデリーに入城した。そのとき,思いがけない大惨事が起こった。デリーの住民がイラン軍に対して反撃に出たのだ。ナーディル・シャーはみな殺しを命じた。その光景を目撃した者はこう説明している。「長いあいだ,通りには遺体が散乱していた。まるで,枯れた花や葉に覆われた庭園の小道のように。町は灰燼(かいじん)に帰し,平原はあたり一面,火に焼き尽くされた」

皇帝の宝庫は空になり,「孔雀の玉座」は運び去られた。この玉座は運ばれた先で壊される運命だった。市中で生き残った家の者には身代金が課された。ナーディル・シャーは途方もない財宝とともにイランへ戻り,あとには,かつての強大な権力をしのばせるだけとなった無力なムガル皇帝が残されたのである。

ほかにもさまざまな勢力が,ムガル帝国の弱体化に注目しはじめていた。1748年,もとはナーディル・シャーの護衛隊の指揮官だったアフマド・アブダーリー率いるアフガン軍が,はじめてインド北西部を侵略した。同様の侵略は1760年まで続き,その間,アフガン軍の侵略は10回あまりに達した。ムガル軍はアワドのナワーブ(太守)の援軍を得て,アフガン軍に勝利を収め,さしあたり脅威をとり除くことができた。

ムハンマド・シャーが没したのは,こうした時期のことだった。そのとき息子のアフマド・シャーは,軍とともにアフガン軍を追撃中だった。アフマドが到着するまで,皇帝の死を隠す必要があった。皇帝の遺体は,王宮の厨房から盗んだテーブルクロスに包み,ヨーロッパ製の大時計のなかに入れて庭園に埋められたという。

アフマド・シャー

「アフマド・シャーはすぐれた知性の持ち主ではなかった。青年期から大人になるまでの期間はずっと後宮(ハーレム)で過ごし，国事や統治にかかわることは，いっさい経験したことがなかった」

アノン『アフマド・シャー伝』より

⇩アフマド・シャーは父のムハンマド・シャーに似て，後宮での女遊びに熱中し，後宮の外のことを顧みなかった。アフガン系ドゥッラーニー朝のアフマド・アブダーリーが何度もムガル領を略奪した。アフマド・シャーの治世が終わるころには，ムガル皇帝は，貴賤や貧富を問わず，実権を掌握した者たちに操られる傀儡になっていた。

皇帝に即位すると，アフマド・シャーはハイデラーバードのニザムの息子ガーズィー・ウッディーンをミール・バフシー（軍務長官）に任命し，アワドの君主サフダル・ジャングをワジール（宰相）に任命した。彼らは有能な貴族だった。しかし，政権の主導権を握ったのは，宦官の筆頭で，亡きムハンマド・シャーの後宮監督官だったナワーブ・ジャウド・ハーンだった。

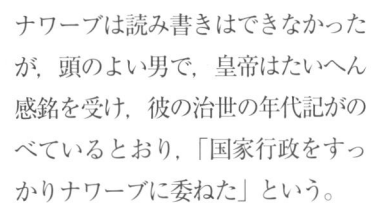

ナワーブは読み書きはできなかったが，頭のよい男で，皇帝はたいへん感銘を受け，彼の治世の年代記がのべているとおり，「国家行政をすっかりナワーブに委ねた」という。

そのうえ，ナワーブはアフマド・シャーの母親で，もと踊り子のウドハム・バイと長く関係をもっていたので，彼女といっしょに国政を牛耳ることになった。さらに，これも年代記作者がのべているように「皇帝は，気楽に遊び暮らしていられるこの状況を好ましいと思っていた。皇帝がゼナーナ（後宮）を大きくしたので，後宮は1キロ半あまりの長さになった。まる1週間，皇帝は男とまったく顔をあわさずに過ごすこともあった」

アフマド・シャーが現実世界のできごとを意に介さずに過ごしているあいだに，アフマド・アブダーリー

アフマド・シャー	
生年	1725年12月24日
父	ムハンマド・シャー
母	ウドハム・バーイー
妻	不明
息子	ビダル・バフト
即位	1748年4月15日。1754年，財務大臣に廃位され，盲目にされた。
没年	1775年1月1日
埋葬地	デリー，アクバルの母のマリヤム・マカーニ廟（カダム・シャリーフ・モスクの前にある）

はムガル帝国への侵略を続けていた。1751～52年の3度目の侵略のあと，パンジャーブのムガル人君主が，忠誠を誓う相手をアフガン人の王に変えた。カシュミール州とムルターン州もアフガン軍の手中に入り，アフマド・アブダーリーはヘラートからラホールにいたる地域の住民を支配下においた。

その間に，しだいに小さくなっていくムガル帝国は，ばかげた権力闘争の渦中にあった。最初は，宰相でアワドの君主だったサフダル・ジャングと彼を支持するイラン系の貴族が，ナワーブ・ジャウド・ハーン，ウドハム・バーイー，皇帝とそれを支持するトルコ系貴族と対立した。1752年8月，サフダル・ジャングがナワーブを暗殺させたが，トルコ系貴族より優勢な立場に立って，自派の推す候補者を帝位につけることはできなかった。彼は宰相職を失い，アワドへ退却した。

次の権力闘争は，宰相を務めるサフダル・ジャングの後継者と，マラータと手を結んだガーズィー・ウッディーンとのあいだに起こった。1754年6月5日，ガーズィー・ウッディーンは自分に宰相職をあたえるようアフマド・シャーに指図すると，ジャハーンダール・シャーの年老いた息子アズィーズッディーンをアーラムギール2世の名で皇帝の座につけた。それから，彼はアフマド・シャーとその母親の目をつぶした。これ以後，ムガル皇帝は権威こそ維持し続けたものの，その実態は，インド北部の実力者に操られる傀儡となってしまった。

アーラムギール2世	
生年	1699年ごろ
父	ジャハーンダール・シャー
母	ラール・クンワール
妻	ズィナト・マハル、ほかに数人の妃
息子	シャー・アーラム、ほかに4人の息子
即位	1754年6月2日
没年	1759年11月29日、宰相の命令により殺害される。
埋葬地	デリー、フマーユーン廟

アーラムギール2世
在位1754〜59年

シャー・アーラム
在位1759〜1806年

アーラムギール2世

「今度の皇帝は56歳で，（略）彼は居室から出ると，いつも石造りのモスクか，一般用の広場に入って，決められた5回の礼拝の時間に祈りの言葉を唱えた。もっぱら歴史書を読むのに没頭し，踊りを見たり，歌を聞いたりすることはあまり好きではなかった」

アノン『アーラムギール2世伝』より

　皇帝を意のままに操るようになったガーズィー・ウッディーンにしてみれば，理論上は何事も自分の意向を通すことができるはずだった。ところが，彼が宰相を務めた5年ほどのあいだ，思うように事は運ばなかった。問題の核心は，ガーズィー・ウッディーンには，収入源を確保してくれるはずの軍に支払う資金を調達する能力がなかったところにあった。ガーズィーは彼が実権を握るときに協力したマラータに報酬を支払うこともできなかったので，マラータはデリー郊外を略奪した。それに加え，彼はアーグラ周辺の帝国領土にその勢力を拡大しているジャート族を阻止することもできなかった。

　また，アフガン系ロヒラ族がデリーの東方および北方地域を支配下におさめるのを食い止めることもできなかった。デリーの情勢はますますきびしくなり，皇帝の家族は哀れな存在にな

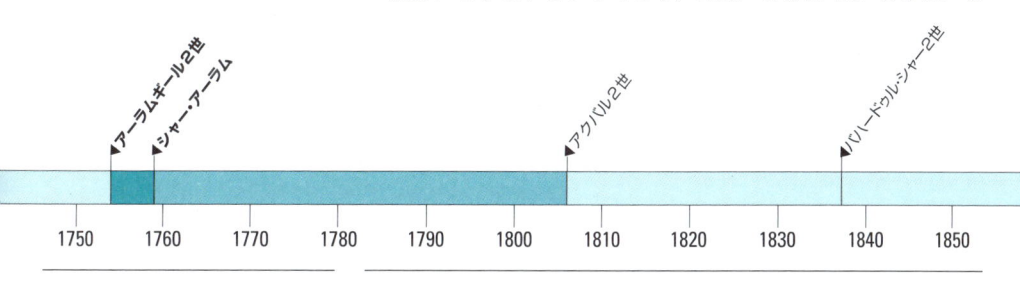

りはてた。バダフシャーン出身のトルコ人兵士で編成されたガーズィー・ウッディーンの特別部隊が、給与の未払いを理由に反逆を起こしたことがあった。このとき彼らはガーズィー・ウッディーンの服を引きはがし、半裸にした彼を通りから通りへと引きずりまわし、くり返しこぶしでなぐったあと、地面に座らせ、支払いのことで罵倒の言葉を浴びせたのだ。

その後、1756年にガーズィー・ウッディーンは、アフガン系ロヒラ族からラホールを奪還して、状況を改善しようと努めた。このころ、ロヒラ族を率いるナジーブ・ハーンはアフマド・アブダーリーといつでも連絡をとれるようにしていた。ガーズィー・ウッディーンの軍事行動は挑発以外の何ものでもなかった。アフマド・アブダーリーはデリーを奪取することでその挑発に応じ、自分の名前で金曜の説教を読ませると、丁重に帝国をアーラムギール帝に返還した。デリーは徹底的に財宝や美しい女性たちを略奪され、住民の多くが殺害された。

ガーズィー・ウッディーンは宰相の職から追われ、その後、まもなく復職したが、そのころにはナジーブ・ハーンがデリーにおける事実上の権力者となっていた。アフマド・アブダーリーはアーグラや、その周辺地域にあるヒンドゥー教の聖地マトゥラとブリンダバンで略奪と殺戮を続けていた。彼は2万8000頭の動物にのせた略奪品とともにアフガニスタンに戻っていった。このとき、ムガルの王女20人も連れ去られ、そのなかにはアフマド・アブダーリーが妃にするつもりで伴ったムハンマド・シャーの娘もいた。アーラムギール2世はもはや、覇権争いをくり広げる野心家たちが、自分の統治権に正統性をあたえるために、思いのままに動かすことのできる手駒にすぎなくなった。

1759年11月29日、ガーズィー・ウッディーンは自分の手駒がアフマド・アブダーリーの手に渡るのを恐れ、アーラムギール2世がスーフィー（神秘主義者）に会いたいと思って訪れたフィローズ・シャー・コートラ（フィローズ・シャー・トゥグルクが建設した都城）で皇帝を殺させた。皇帝の遺体は都城の下の河岸に投げ捨てられ、その後、フマーユーン廟に埋葬された。

ムガル帝国後期

シャー・アーラム

「貴族や家臣の裏切りによって，こうした混乱が起こり，だれもがそれぞれの土地で君主の名のりをあげ，たがいに争っている。強者が弱者を支配し，（略）欺瞞と策略に満ちたこの時代にあって，余がその務めや忠誠心を信頼できる者は，イギリスの長官以外にはだれひとりいない」

1768年，東インド会社に宛てたシャー・アーラムの書簡

⇩シャー・アーラムはアーラムギール2世の息子のなかでは，もっとも年長で，もっとも有能な人物だった。それでも，当時の北インドにおける複雑な権力闘争のもと，敗者となる運命を回避することはできなかった。シャー・アーラムの治世には，皇帝自身もその家族も，かつての家臣のせいで屈辱をなめることになる。

1765年にシャー・アーラムは，イギリスにベンガル，ビハール，オリッサの徴税権をあたえ，イギリスは東方進出の橋頭堡を築くことができた。また，1803年にイギリスはデリー郊外でマラータ同盟軍に勝利し，イギリスの北インド支配が確立した。

シャー・アーラムはアーラムギール2世の長男で，あらかじめ皇帝の位を受け継ぐよう定められていた人物だった。父アーラムギール2世が死去したとき，シャー・アーラムはすでに30歳になっていた。才能があり，宗教に精通し，アラビア語，ペルシア語，トルコ語，ウルドゥー語に熟知し，学問好きで，探究心に富んでいた。

まだ皇子だったころ，彼は宰相のガーズィー・ウッディーンにつけ狙われていた。宰相はこの皇子が，いずれ自分の権力奪取のじゃまになると判断したのである。デリーにあった皇子の邸宅は，ガーズィー・ウッディーンの部下に包囲され，皇子は宰相の部隊を突っ切って，かろうじて逃げだした。その後の14年間，シャー・アーラムは先祖のバーブルやフマーユーンのように，自分の正統な世襲財産を奪還するために苦闘する皇子として過ごした。

1759〜61年，シャー・アーラムはビハールとベンガルの地で，ムガル皇帝の権威を確立しようと軍を率い，3度の遠征を行なった（⇨p.264）。最初の遠征のあと，父アーラムギール2世が殺害されたとの知らせを受けて，彼

シャー・アーラム	
生年	1728年6月15日
父	アーラムギール2世
母	ズィナト・マハル
妻	セヴェラル
息子	ジャワン・バフト、アクバル、スレイマーン・シュコー、アフサン・バフトほか多数。
即位	1759年12月25日
没年	1806年11月10日
埋葬地	デリー、シャー・アーラム・バハードゥル・シャーのマハッジャール（クトゥブ・ミーナールの後ろにあるバフティアル・カーキ聖廟の近く）

は1759年12月24日、皇帝即位を宣言した。ガーズィー・ウッディーンは彼を傀儡の皇帝に仕立てあげようとしたが、その試みは9カ月後に頓挫した。1761年、イギリスが領土に権威を確立しようとするシャー・アーラムの計画に引導を渡し、ビハールとベンガルにおけるイギリスの権利要求を認めるかわりに、日額1800ルピーの手当をあたえられることになった。

1761～62年には、アワドのナワーブ（のちに宰相となる）と手を結び、デリー進出をはかったものの、失敗する。1764年には、ふたたびナワーブとともにビハール侵攻に打って出たが、ブクサールでナワーブ軍が壊滅的な敗北をきっした。その結果、1765年8月16日にアラーハーバード条約が締結され、これによって、イギリスはシャー・アーラムに年額280万ルピーの価値のあるアワドのコラとアラーハーバードの両区域をあたえることになった。また、シャー・アーラムはイギリスにビハール、ベンガル、オリッサという広大な地域のディワーニ（徴税権）を授けるかわりに、さらに年額260万ルピーがあたえられることになった。これ以後、シャー・アーラムは、イギリスからの年金受給者となった。

1765年から71年までのあいだ、シャー・アーラムはアラーハーバードの居城で、まずまず快適な生活を送った。しかし、デリーに帰還したいという思いは消えなかった。イギリスは彼がデリーへ帰還できるよう助力するとたびたび約束したものの、約束をはたそうとはしなかった。

そうしたなか、1768年に急を要する事態が起こる。デリーの王宮をシャー・アーラムのために守っていたアフガン人の実力者ナジーブ・ハーンが、健康状態の衰えによって、王宮から追いだされたのである。皇帝は帝室の女性たちの身の安全が気にかかった。ひんぱんに皇太后から心痛をつづった手紙が届いたことで、皇帝の憂慮は深まる一方だった。イギリスの助力はあてにならなかったため、シャー・アーラムはマラータと協定を結ぶことにした。多額の現金を支払うかわりに、マラータ軍が皇帝のために帝都の安全を確保することになった。1772年1月3日、シャー・アーラムはデリーの南東6キロメートルほどの場所で、皇太后と皇子数人との再会をはたし、馬上の皇帝は

彼らを伴って帝都に帰還した。

1772～82年のあいだ，デリーではイラン系の貴族のミールザー・ナジャフ・ハーンがしだいに国事を牛耳るようになった。軍人でもあり政治家でもあったミールザー・ナジャフ・ハーンは，デリーにおける皇帝の権威を確保し，最新の軍事技術に遅れをとらないこと，そして有能なヨーロッパの士官を雇うことを重視していた。こうして，彼はシーク教徒に勝利し，ジャート族を粉砕し，アフガン系ロヒラ族の野心に断固とした措置をとり，マラータの略奪からデリーを守ることができた。1782年にミールザー・ナジャフ・ハーンが死んだとき，デリー政権の権威はパンジャーブ地方のサトレジ川からアーグラの南の密林にいたる地域と，ガンジス川からジャイプルにいたる地域で回復をはたしていた。

だが1782～89年になると，物語は無秩序から悲劇へと移っていく。第一に，ミールザー・ナジャフ・ハーンの副官4人が彼の役割を引き継ごうとして争った。その後，1784年に秩序は回復した。マラータの族長マハジー・シンディアがシャー・アーラムを支援して，副官たちの分派争いを平定し，相当な貢ぎ物とひきかえに帝国の摂政と総司令官の役目をつかんだのだ。この取り決めは上首尾に運んだ。しかし，その状況もシンディアが1787年にラージャスターンのラルソトでラージプートとの戦いに敗北し，彼の権力が弱まったところで終わった。ここぞとばかりにシンディアに敵対する勢力，とりわけヒンドゥー教徒が帝国の摂政を務めていることに憤慨していたイスラーム教徒が，シンディアの追い落としに結集したからである。

グラム・カーディルの報復

シンディアが一時的に失脚した結果，ロヒラ族の族長でナジーブ・ハーンの孫でもあったグラム・カーディルが，1788年7月18日から10月2日までのあいだ，デリーを占拠する事態にいたった。報復がその時代の風潮だった。グラム・カーディルは故ムハンマド・シャー帝の妃だったマリカ・イ・ザマーニーから，120万ルピーの支払いを受けていた。彼女はシャー・

アーラムの父帝アーラムギール2世が彼女の継子アフマド・シャーを盲目にした恨みを晴らし、シャー・アーラムにかえてアフマド・シャーの息子ビダル・バフトを皇帝にしたいと思っていた。それとは別に、グラム・カーディルは個人的な恨みも持っていた。10年まえにミールザー・ナジャフ・ハーンがロヒラ族の城砦を略奪したことで、シャー・アーラムに報復したいと思っていたのだ。おまけに、彼は自分のことを「神の下す罰」を実行する者であると信じ、部下の勇ましいアフガン人とともに、脆弱なムガル人を一掃するつもりだった。

デリーに入ると、グラム・カーディルは「赤い城」を支配下におき、4000人の部下を城内とその周辺に配置した。シャー・アーラムの居室につかつかと歩いていくと、皇帝と皇子たちの武装を奪いとり、ビダル・バフトを帝位にのぼらせた。アフガン兵は宮殿の略奪を始めた。財宝を探しだすために、宦官はなぐり殺され、召使いの女性たちは拷問をうけ、皇帝と皇子たちは灼熱の太陽の下に置き去りにされた。皇帝が不満を言うと、彼は地面に投げ倒され、盲目にされた。次の日、皇帝がグラム・カーディルをののしると、グラム・カーディルと部下のアフガン人は素手で皇帝の眼球をえぐりだし、3人の皇子たちの目をつぶした。そのまた次の日、皇帝が目のあたりから血を流しながら、地面にころがっていると、グラム・カーディルが皇帝のひげをつかんで言った。

「わたしがこういう厳しい扱いをするのも、おまえが過ちを犯したからだ。こうして命を助けてやったのは、神のおぼしめしがあればこそだ。さもなければ、良心にとがめることなく、おまえの手足を引きちぎっているところだ」

このころには、3日間飲まず食わずだった皇帝の家族から死者が出るようになったが、グラム・カーディルは彼らを死んだ場所にそのまま埋めるよう命じた。それから、ムガルの皇子たちの鼻をそぎ落とし、彼らが痛みに耐えながら、踊り歌うのを見て喜ぶのだった。皇子たちにしてみれば、なんという屈辱だっただろう。

グラム・カーディルは帝室の女性たちに辱めをあたえ、礼節のおきてをことごとく踏みにじった。彼の後宮(ハーレム)に入れられた

グラム・カーディルの残忍な行為

「グラム・カーディルは皇帝にとびかかり、その胸にのしかかると、カンダハル・ハーンとプルディル・ハーンが皇帝の両手をつかみ、彼らの仲間2人が皇帝の足を押さえつけた。カンダハル・ハーンが皇帝の眼球を片方もぎとり、あの血に飢えた、見境のない無法者は、皇帝が泣き叫んでいる最中に、自分の両手で皇帝のもう一方の眼球をえぐりだした。

グラム・カーディルはそのあとで、3人の皇子たち、つまり、アクバル、スレイマーン・シュコー、アフサン・バフトの目を針でつぶすよう命じた。帝室の女性たちが仕切り幕の奥から出てくると、グラム・カーディルの足下にひざまずいて、慈悲を願ったが、彼は女性たちの胸を足蹴にして、追い払うと（略）その後まもなく、彼は画家を呼びつけて言った。『ただちに、おれの肖像をかけ。短刀をもって、シャー・アーラムの胸にのしかかり、やつの目をえぐりだしているところだぞ』

その後、グラム・カーディルは自分の従者に、シャー・アーラムや息子たちに対し、食べ物も水も運んではならないと命令した」

ハーイル・ウッディーン

女性もいれば、グラム・カーディルいわく「勇ましい男を産めるかもしれないから、アフガン人にあたえよう」ということで、彼の部下にあたえられた女性もいた。財宝のためとあれば、だれひとり彼の追及から逃れられなかった。協力関係にあったビダル・バフトとマリカ・イ・ザマーニーでさえも、その例外ではなかった。ビダル・バフトは宝石を引き渡さざるをえず、マリカ・イ・ザマーニーがこれ以上、引き渡すような財産はないと言うと、グラム・カーディルは部下を後宮に送りこみ、それまでの侵略者があえて実行してこなかった行為、すなわち女性たちの衣服を脱がせ、床を掘り起こし、壁をくまなく探させた。あとには金目のものはいっさい残っていなかった。このとき彼は、2億5000万ルピー分の戦利品を手に入れたといわれている。

　2カ月後、食料が不足をきたして、グラム・カーディルはデリーから撤退せざるをえなくなった。ロヒラ族が撤退した翌日、シンディア軍がデリーに入った。グラム・カーディルの味方は追撃をうけて捕らえられ、発見された戦利品は皇帝一族に返還された。金曜の説教はふたたび、シャー・アーラムの名前で唱えられた。それから5カ月たって、グラム・カーディルは捕縛され、殺害された。シャー・アーラムが求めたとおり、グラム・カーディルの眼球と鼻、耳が皇帝のもとに届けられた。1803年まで、マラータ同盟〔訳注：1708年にマラータ王国を中心に結成されたマラータ諸侯連合〕が提供してくれた権力の傘の下で、ムガル帝国はなんとかもちこたえることができた。

　1784年にイギリスでインド法が成立し、インド亜大陸は東インド会社による支配から、イギリス政府が任命したインド総督のもと、政府による直接支配へと移行することになった。1803年にイギリス軍の総司令官ジェラルド・レイクは、デリー城壁の下でマラータ同盟軍に勝利し、シャー・アーラムはイギリスの保護下に入ることになった。ムガル皇帝にはじめて拝謁したとき、レイクの目に映った光景は、ムガル朝がどれほど没落していたかを示している。レイクの従者が記している。「偉大なアクバルやアウラングゼーブの子孫が、年老い、盲目となって、権威をはぎとられ、貧しい境遇に追いやられて、ぼろぼろになった小さな天蓋の下に座っている。この天蓋は皇帝の威

儀のかけらであり，人間の誇りの形骸である」。シャー・アーラムは1806年にその生涯を終えた。

1761年のパーニーパットの戦い

シャー・アーラムが財産を回復しようと，ビハールおよびベンガルに遠征を行なっていたとき，デリー北方のパーニーパットも大規模な戦いの場となっていた。1526年にバーブルがイブラーヒーム・ローディーに勝利し，1556年にはバイラム・ハーンがヘームーを打ち破ったこの古戦場で，1761年1月14日にくり広げられた戦いは，ムガル帝国にとっても，インドにとっても，その将来に大きな意味をもつ戦いだった。

この日，マラータ同盟の大軍が，ナジーブ・ハーンやアワドの君主シュジャー・ウッダウラなどのイスラーム連合軍を指揮するアフマド・アブダーリーに完敗した。昼まではマラータ軍が優勢だったが，アフマド・アブダーリーの軍勢の突撃によって，形勢は逆転した。おもだった族長をはじめ，3万のマラータ人が戦死した。アフガン人の王の幕営では，あらゆる天幕の外に敵兵の首が山と積まれた。

だがアフマド・アブダーリーは，この勝利を活かすことができなかった。反乱を起こした部隊のせいで，帰国せざるをえなかったのである。とはいえ，彼は実質的にマラータの威光を衰えさせるとともに，マラータからインド北部に武力介入する力を奪った。こうして，アフマド・アブダーリーがこの地域に権力の空白を生みだした結果，イギリスがベンガルから北西方面へと勢力を拡大し，最後のムガル皇帝たちの保護者となることができたのである。

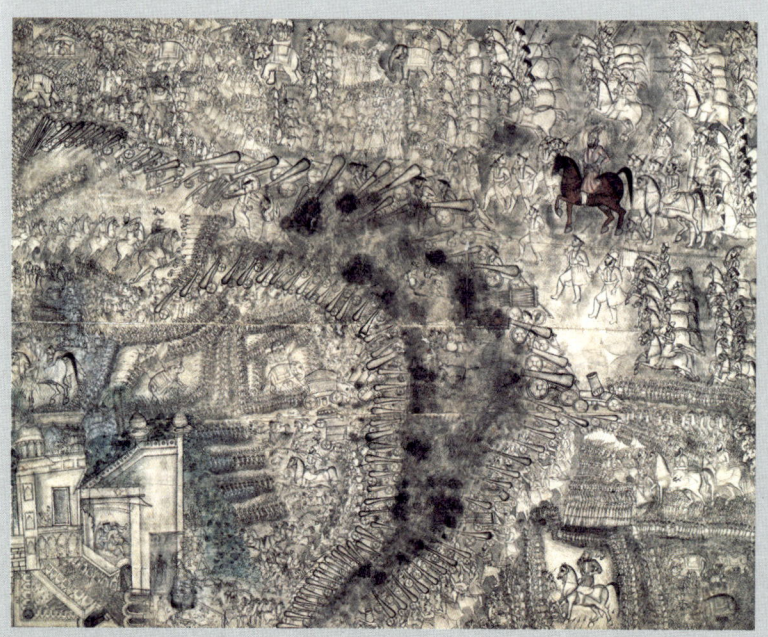

⇦1761年のパーニーパットの戦い。この絵では，マラータ軍がパーニーパットの町のまわりを塹壕で固めていることがわかる。長く防備を固めているあいだに，マラータ軍はひどい飢餓状態に苦しんだ。画面右手に見える色付の馬上の人物が，軍を率いるアフマド・アブダーリー。

ムガル帝国後期

アクバル2世
在位1806～37年

バハードゥル・シャー2世
在位1837～58年

⇨アクバル2世と廷臣たち。アクバル2世の治世には、ムガル皇帝はイギリスからの年金受給者にすぎなくなっていった。そうしたなか、皇帝はもっぱら、その精力を儀式と行列にそそぎ、広大な宮殿「赤い城」で外見をとりつくろおうとしていた。

アクバル2世	
生年	1760年4月23日
父	シャー・アーラム
母	不明
妻	ラール・バイ
息子	バハードゥル・シャー・ザファール
即位	1806年11月19日
没年	1837年9月28日
埋葬地	デリー、シャー・アーラム・バハードゥル・シャーのマハッジャール(クトゥブ・ミーナールの後ろ、バフティアル・カーキーの聖廟の近く)

アクバル2世

「穏やかで、慈悲深い君主である。だが、不運だった父帝や先帝が過ごした困難な時代よりは、イギリス政府の保護のもとで統治するほうがふさわしい人物といえる」

トーマス・メトカルフ

　シャー・アーラムの息子のアクバル2世はムガル帝国皇帝の地位を受け継いだとき、1805年にイギリスとのあいだで締結された条約のもと、デリー近郊のわずかな地域の税収入と、月額9万ルピーをあてがわれることになった。デリーでさえも、皇帝の裁判権は「赤い城」のなかだけに限られ、イギリスの裁判所で言い渡された死刑判決を確認することしかできなかった。

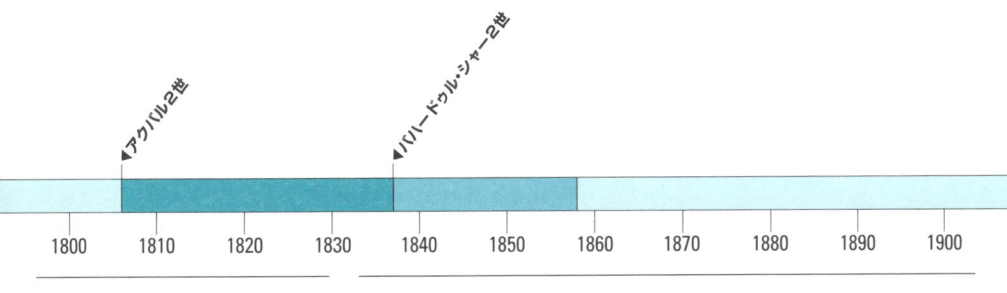

▲アクバル2世
▲バハードゥル・シャー2世

1800　1810　1820　1830　1840　1850　1860　1870　1880　1890　1900

アクバル・シャーのやさしい態度

「19世紀後半にインド北部のイスラーム教徒の指導者となった若きサイイド・アフマド・ハーンは、皇帝のやさしい態度について語っている。まだ子どもだったサイイド・アフマド・ハーンは、寝過ごしたため、遅れて宮廷に着いた。

『陛下はわたしに目をとめられると、陛下のそばに立っていたわたしの父に、あれはそなたの息子かと尋ねられた。父はつつしんで、そうですと答えた。陛下は黙ったままで、廷臣たちはみな、陛下が宮殿に入られるのを待っていた。

陛下はタシビー・ハーナ（赤い城のハース・マハルにある皇帝用の礼拝室）まで行かれると、ときおり御前会議が開かれる基壇に座り、従者に宝石箱を持ってくるように言いつけられた。わたしもそのときには、皇帝のそば近くに来ていた。皇帝はわたしを招きよせられると、やさしくわたしが遅れた理由を尋ねられた。集まっていた人びとはわたしに、陛下に謝って、お許しを乞うようにと言った。

だが、わたしは黙っていた。皇帝にもう一度、尋ねられたとき、かろうじて寝過ごしましたと答えた。陛下は笑みを浮かべ、これからは早く起きるようにと言われた。それから、陛下はわたしの手を放された。わたしはまわりの人びとから言われるままに、陛下に敬意を表した。皇帝は慣例にのっとって、わたしに礼服を授けられ、わたしは贈り物を皇帝に差しだした。それから、皇帝は立ち上がって、宮殿に戻っていかれた。陛下がわたしにやさしい態度をとられたので、宮廷中の人びとが父に祝いの言葉をかけた』」

ハリー

予想にたがわず、イギリス政府の役人との関係には、きびしく、屈辱的なものもあった。

皇帝は宮廷儀式や大きな祝祭の日に、目をみはるような行列をつくって民衆のまえに出ることに、ほとんど全精力をそそいだ。皇帝や大臣たち、皇子たちが象に乗り、それに各種部隊の兵や楽士が徒歩で随行する。こうした行列が威勢のよい音をたてながら、通りをねり歩くのだ。ヒーヴァ主教は1824年12月31日に、皇帝に拝謁したときのことを回想して、何もかもが汚く、ぼろぼろだったと回想している。さらに、宮廷の官吏の大げさな言葉づかいと、目の前にいる哀れな「ティムール」の子孫とのあいだの隔たりのことも思いだしている。堂々たる公謁殿は「壊れた輿や空っぽの箱に占領され、玉座はハトの糞で埋め尽くされているので、装飾がほとんど見わけられない。シャー・ジャハーンはこうした自分の子孫の運命を（略）予想もしなかっただろう」

イギリスと講和を結んだのちに、帝室の財産は減少していったが、帝都の富は増加していた。デリーは重要な交易品の集積地となり、人口は15万に増加した。デリー市民は治安が確保されたことに安心して、市の城壁の外にバンガローを建てはじめた。こうしたバンガローがのちに「デリー・ルネサンス」と呼ばれる学問の開花をうながす場所を提供した。1837年9月、

アクバル2世は81年の生涯を閉じた。

バハードゥル・シャー2世

「［叙任の］儀式は，内謁殿に近接するタシビー・ハーナ（礼拝室）において，インド総督代理が執り行なった。皇子は即位にあたって，バハードゥル・シャーの称号を用いた。彼は穏やかで，才能はあるが，嘆かわしいことに，虚弱で，優柔不断，皇帝の重要性に対するひどく誤った考えに感銘をうけ，屈辱的な思いをさせられることが多く，ときに地方当局と問題を起こすことがある」

トーマス・メトカルフ

⇩バハードゥル・シャー2世の肖像画。イギリスのインド総督代理トーマス・メトカルフの『デリー・ブック』より。バハードゥル・シャー2世の治世には，ムガルの権威は「赤い城」だけに限られ，そのうえ制約がほかにもあった。たとえば，バハードゥル・シャー2世は，戴冠用の宝玉を家族にあたえるにも，インド総督代理の許可を得なければならなかった。

バハードゥル・シャー2世は，父のアクバル2世と同じく，宮廷儀式や行列に没頭した。そのほかに彼が熱中したものとしては，凧揚げと詩作があった。詩を作るときの雅号は，勝利を意味する「ザファル」だった。同時代の傑出した詩人ガーリブ（1797～1869年）は，1847年から宮廷詩人となり，1854年以降は皇帝の詩作の指導をした。幸運にも，ガーリブは多くの詩や書簡を残し，彼と皇帝とのユーモアあふれる関係を教えてくれている。

ガーリブが詩の一編を次のように結んだ。「ガーリブ，おまえは神聖なる愛という深遠な主題について，みごとな詩を書く。おまえの酒好きさえなければ，聖人の列に加えていただろうに」。それに応じて，皇帝は言った。「いや，友よ。もしそうだとしても，あなたを決して聖人の列に加えるべきではない」。それに対して，ガーリブが答えた。「皇帝はいまでさえ，わたしを聖人の列に

バハードゥル・シャー2世	
生年	1775年10月24日
父	アクバル2世
母	ラーイ・バーイー
妻	タージ・マハル・ベーグム，ズィナト・マハル，ほかに4人の妃と数人の側室
息子	ミールザー・ムガル，ヒズル・スルタン，ホージャ・スルタン，ミールザー・ファトフ・アル・ムルク，ジャワン・バフト，ほかに11人の息子と31人の娘
即位	1837年
没年	1862年11月7日
埋葬地	ミャンマー，ヤンゴン（旧名ラングーン），ズィワカ通り6のシュエダゴオン・パゴダ近くに埋葬された。

イギリス女性の見たデリー

「手短に言うと，デリーはたいへん示唆に富み，道徳について考えさせられる場所です。権力と富が生んだあれほど並外れた遺物がすでに消滅し，現在も消滅しつつあるのです。そして，わたしはなぜか，わたしたち忌まわしいイギリス人は『やってしまった』，それを売買し，利益をあげ，すっかりだいなしにしてしまったと思いました」

　　　　　　　　エミリー・イーデン

加えてくださっている。聖人であることにのぼせあがっていなければ，こんなふうには話せません」。だが，実はガーリブは，皇帝の文体は簡単にまねできるとして，皇帝の詩人としての才能をあまり買っていなかったといわれている。

　1854年，イギリスはバハードゥル・シャー2世が死んだあと，その後継者は皇帝ではなく，諸侯に格下げすることを決めていた。さらに，皇帝の家族はデリーを明け渡すこと，手当ても減額することが決まっていた。ところが，こうした決定が実行に移されるまえに，兵士の反乱が起こった。イギリス東インド会社のセポイ（インド人傭兵）が，過去20年間にイギリスがインド北部に押しつけてきたさまざまな不満に火をつけたのである。

　1857年5月，セポイはデリーを占領し，ムガル帝国の復活を宣言した。バハードゥル・シャー2世はセポイの傀儡となり，セポイに身をゆだねる以外に選択肢はなかった。デリーをイギリスが包囲攻撃しているあいだ，バハードゥル・シャー2世はヒンドゥー教徒とイスラーム教徒の協力関係を維持しようと全力を尽くした。1857年9月にイギリス軍がデリーをふたたび奪取すると，ぞっとするような無差別虐殺，略奪，破壊行為が始まり，市民は全員，追い払われてしまった。そしてヒンドゥー教徒は1858年1月まで，イスラーム教徒は1859年1月まで，デリーに戻ることを許されなかった。

　イギリス軍がデリーに侵攻したとき，皇帝の家族は城壁から8キロメートルほど離れたフマーユーン廟へ逃げこんだ。このとき不正規軍の士官ウィリアム・ホドソンが皇帝一族を捕らえる任務を買ってでた。この士官は，彼と交渉したズィナト・マハル皇妃に，投降すれば一族の命は助けてやると約束したといわれている。ウィリアム・ホドソンは皇帝一族を農夫の荷車に乗せて，市の中央にあるチャンドニー・チョークへ運んでいった。その当時デリーに滞在していたハリエット・ティトラーによると，チャンドニー・チョークに着くと，「ホドソンは大音声で言った。『人でなしども，出てこい。撃ち殺してやる』。それを聞いた皇子たちは，両手をあげて懇願した。『サーヒブ（御主人様），命は助ける約束だったでしょう』」。ホドソンはこう答

⇨最後のムガル皇帝バハードゥル・シャー2世。この写真は一般に，皇帝が亡命生活を送ったラングーンで撮影されたものと考えられている。実際には，1858年にデリーで裁判をうけたあとに撮影された可能性が高い。偉大なるバーブルやアクバルの時代からすると，まさに隔世の感がある姿といえる。

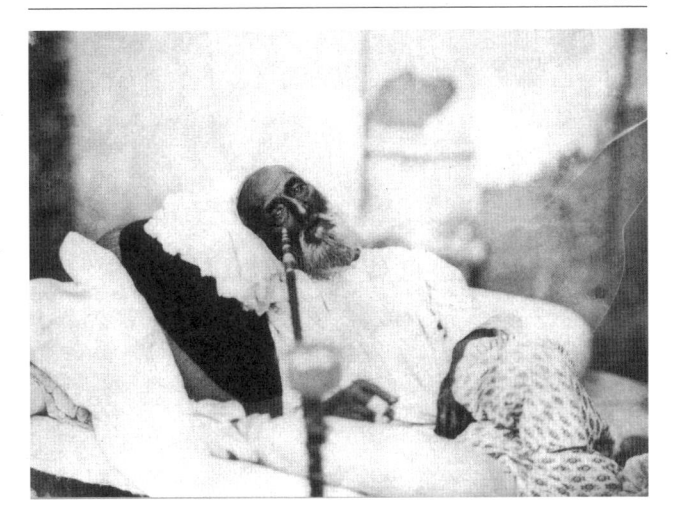

えた。『そんな約束はしていない。ズィナト・マハルには，あの女の息子とおまえたちの父親の命を助けると約束しただけだ』」

こうしてムガルの皇子たちは撃ち殺された。バハードゥル・シャー2世は反逆罪に問われ，赤い城で裁判にかけられた。彼はラングーン（現ミャンマーのヤンゴン）に追放され，1862年，その地で87歳の一生を終えた。こうして，史上最大の王朝のひとつが，ついに終焉を迎えることになった。老皇帝が亡命先で書いた詩の行間には，悲哀がただよっている。

　　わたしはだれの目の光でもない
　　だれの心の芳香でもない
　　わたしはだれの役にも立たない
　　ただのひと握りの土，そんなものだ

サファヴィー朝
1501〜1773年

シャー・イスマーイール１世
（在位1501〜24年）

シャー・タフマースプ
（在位1524〜76年）

シャー・イスマーイール２世
（在位1576〜77年）

ムハンマド・ホダーバンデ
（在位1577〜88年）

シャー・アッバース１世
（在位1588〜1629年）

シャー・サフィー１世
（在位1629〜42年）

シャー・アッバース２世
（在位1642〜66年）

シャー・スレイマーン
（在位1666〜94年）

シャー・スルタン・フサイン
（在位1694〜1722年）

ギルザイ族支配とサファヴィー朝末期
（1722〜73年）

アフシャール朝
1736〜96年

ナーディル・シャー
（在位1736〜47年）

シャー・ルフ
（在位1748〜50年　復位1750〜96年）

ザンド朝
1751〜94年

カリーム・ハーン・ザンド
（在位1751〜79年）

ザンド朝末期
（1779〜94年）

カージャール朝
1796〜1925年

アーガー・ムハンマド・カージャール
（在位1796〜97年）

ファトフ・アリー・シャー
（在位1798〜1834年）

ムハンマド・シャー
（在位1835〜48年）

ナースィルッディーン・シャー
（在位1848〜96年）

ムザッファルッディーン・シャー
（在位1896〜1907年）

ムハンマド・アリー・シャー
（在位1907〜09年）

アフマド・シャー
（在位1909〜25年）

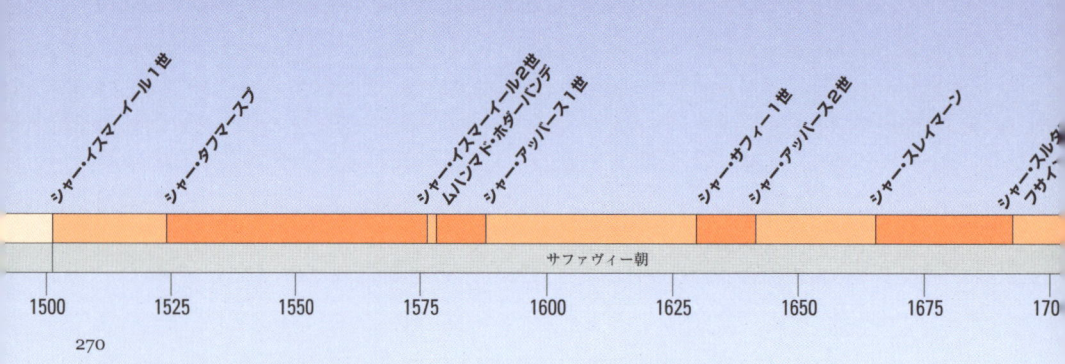

シャー・アッバース1世　　ナーディル・シャー 　　カリーム・ハーン・ザンド 　　アフマド・シャー

第4章
サファヴィー朝, アフシャール朝, ザンド朝, カージャール朝
1501〜1925年

　1501年に成立したサファヴィー朝とその後継王朝は, 20世紀の近代イランの成立に向けて, その基盤を整備した王朝だった。そして1925年, レザー・ハーン・パフラヴィーがカージャール朝最後の王アフマド・シャーを廃位し, パフラヴィー朝を創始したとき, イランは近代世界の扉を開けることになる。

　サファヴィー朝は近代国家としてのイランの土台を築き, 国境線を確立し, 実戦的な常備軍と中央集権化した行政府を組織した。さらにサファヴィー朝は, イスラーム教シーア派を国教とした王朝でもあった。サファヴィー朝統治下では, 交易によって巨大な富がもたらされ, 宮中の人びとや多くの平民が芸術を支援するようになった。そのため, たぐいまれな芸術の花を咲かせることができたのである。

　18世紀になると, サファヴィー朝はマフムード率いるアフガン軍に倒され, そのあとにはいずれも短命に終わった2つの王朝, つまりアフシャール朝とザンド朝が樹立された。その後の混乱期をへて, 新しい王朝であるカージャール朝が興った。カージャール朝は強力な政権を樹立したものの, しだいに商業と政治の両面で外圧を受けるようになり, 大国との協調を強いられるようになった。19世紀から20世紀初頭にかけて, 北西からは帝政ロシア, 南東からはイギリスがイランへ進攻してきた。そしてイランの人びとは, 自分たちの世界と大国との関係がしだいに強くなり, 大国の影響力が増大したことに気づかされるのである。

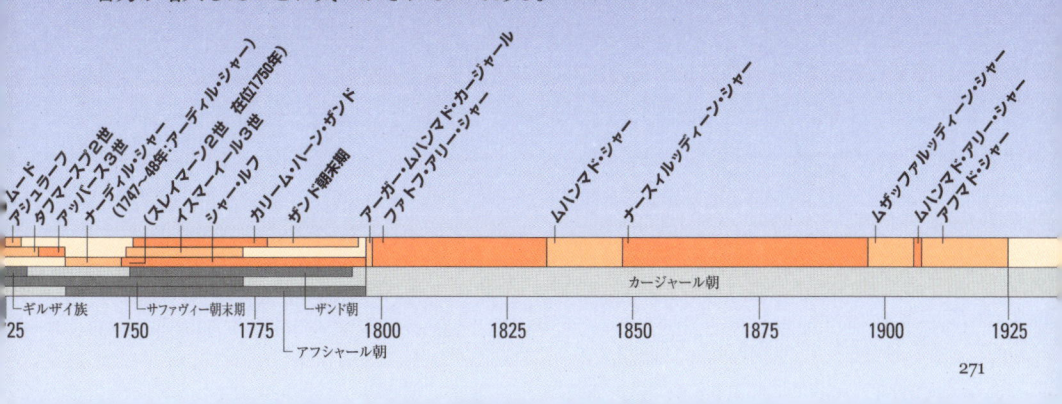

第4章 サファヴィー朝,アフシャール朝,ザンド朝,カージャール朝

⇨イスファハーンのチェヘル・ソトゥーン宮殿の壁画。サファヴィー朝の創始者シャー・イスマーイールが,ウズベグ族との戦いでシャイバーニー・ハーンのウズベグ人騎兵を殺す場面が描かれている。

サファヴィー朝
1501〜1773年

シャー・イスマーイール1世
在位1501〜24年

シャー・タフマースプ
在位1524〜76年

シャー・イスマーイール2世
在位1576〜77年

ムハンマド・ホダーバンデ
在位1577〜88年

シャー・イスマーイール1世	
生年	1487年7月12日
父	シャイフ・ハイダル
母	アーラム・シャオ(白羊朝の君主ウズン・ハサンとキリスト教徒の妻ディスピナとのあいだに生まれた娘)
妻	タジルー・ハーヌム(キジルバシュのマウシッラ族出身),氏名不詳の女性(グルジア人),氏名不詳の女性(スルタン・ハリール・シルヴァンシャーの娘)他。
息子	タフマースプ,サム・ミールザー,バフラム・ミールザー,アルカス・ミールザー
娘	ハニシュ・ハーヌム,パーリ・ハーン・ハーヌム1世,パーリ・ハーン・ハーヌム2世,シャーザーデ・スルターヌム,ほかにもう1人。
即位	1501年夏
没年	1524年8月23日
埋葬地	アルダビールにある一族の聖廟

シャー・イスマーイール1世

「シャー・イスマーイールは,年のころは30歳ばかり,長身で中肉,顔は丸く,きれいにひげを剃っている。(略)明るく快活で,たいへん美しい顔立ちをしている。かなりの税収があって,たいへんな資産家だったが,気前よく財産をばらまいたせいで,いまではすっかり貧しくなっている。彼がどれだけの散在をしたかは,とても計算できない。世界のどこにも,この男を満足させるだけの歳入を得られるところはない。彼は莫大な財宝をもっていたが,オスマン帝国が攻めてきて,彼を打ち破り,その財産をそっくり奪い去ってい

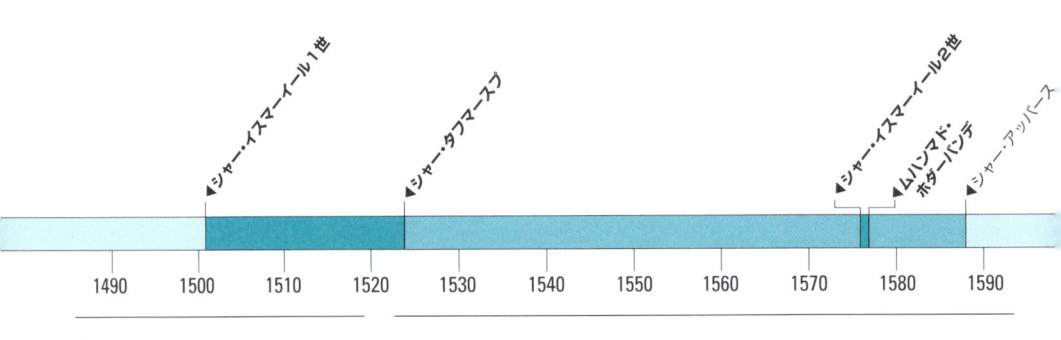

った」
シャー・イスマーイールの宮廷に派遣されたポルトガルの使節の所見（1515年の「ドキュメントス・エルシダテ」

　シャー・イスマーイールはサファヴィー神秘主義教団の世襲の教主の家系に生まれた。サファヴィー教団の創始者はサフィー・ウッディーン（1334年没）といい，教団の名称サファヴィー（「サフィーの人びと」の意）はこの人物に由来する。サフィー・ウッディーンの先祖は，アゼルバイジャン地方のアルダビールという町に住み，信仰心にあついことで広く知られていた。シャイフ・サフィーの功績は，アルダビールだけで伝えられてきた信仰を，広くアナトリア東部，シリア，イラン，コーカサス一帯から，モンゴルの貴族にまで弟子を抱える信仰へと変えたことにある。やがてアルダビールにあるサフィーの聖廟には，多くの巡礼が参拝するようになり，信者の寄進によって教団は豊かになった。

　15世紀中ごろには，サフィーの後継者のジュナイドが追放され，彼はその後，シリアやアナトリアのトルコ系遊牧民のあいだで新しい信者を獲得していった。こうした信者たちは過激シーア派の教えを受け入れ，シーア派が初代イマームとするアリーと，ジュナイドを聖なる存在と考えていた。追放生活からアルダビールに戻ると，ジュナイドは政略上，トルクメン人（中央アジアのトルコ系遊牧民）の部族連合国家アク・コユンル（白羊朝）（⇨p.92）の指導者ウズン・ハサンの姉妹と結婚した。当時，アク・コユンルはタブリーズを都として，イランのほとんどの地域を支配していた。

　ジュナイドの結婚と同時に，息子のハイダルはウズン・ハサンの娘と結婚した。サファヴィー朝特有の12面体の赤い帽子を考案したのはハイダルだった。12の面は12人のイマームを象徴するといわれている。この赤い帽子から，サファヴィー教団の信者となったトルクメン人の部族連合がキジルバシ（「赤い頭」の意）と呼ばれるようになり，やがてキジルバシは精鋭の騎馬軍団として，サファヴィー朝軍の主力を占めるようになる。

サファヴィー朝

- 初代 イスマーイール1世（在位 1501～24年）
- 第2代 タフマースプ（在位 1524～76年）
- 第3代 イスマーイール2世（在位 1576～77年）
- 第4代 ムハンマド・ホダーバンデー（在位 1577～88年）
- 第5代 アッバース1世（在位 1588～1629年）
- ムハンマド・バーキール
- 第6代 サフィー1世（在位 1629～42年）
- 第7代 アッバース2世（在位 1642～66年）
- 第8代 スレイマーン（サフィー2世）（在位 1666～94年）
- 第9代 スルタン・フサイン（在位 1694～1722年）

（1773年まで王統）

第4章 サファヴィー朝,アフシャール朝,ザンド朝,カージャール朝

　1490年代,アク・コユンルはサファヴィー教団を敵視するようになり,対決姿勢をとりはじめた。ハイダルは戦死し,アク・コユンルはハイダルの後継者のスルタン・アリーを獄中で毒殺した。アリーの弟のイスマーイールはそのとき7歳だったが,教団の教主の座につき,カスピ海沿岸のギーラーンへと難を逃れた。1499年,12歳になったイスマーイールは,まだ若いからと思いとどまらせようとする助言者たちを無視して,ギーラーンから出陣し,アク・コユンルに戦いを挑んだ。

　イスマーイールは1年半かけてトルクメン人の信者を招集した。そのなかには遠くシリアやアナトリアからはせ参じた者たちもいた。1501年,7000人のイスマーイール軍は3万人のアク・コユンル軍を打ち破った。それから,イスマーイールはタブリーズを制圧し,1501年夏にシャー(王)の位にのぼると,イスラム教シーア派の一派である十二イマーム派をサファヴィー朝の国教とすることを宣言した。

　1501年にはシャー・イスマーイールの支配地域はアゼルバイジャンだけだったが,1510年には支配地域を,アナトリア東部,イラクのシーア派の聖地となっている諸都市,ホラーサーン地方をのぞくイラン全域へと拡大した。この時点でシャー・イスマーイールは,16世紀を通じてサファヴィー朝を苦しめることになる強国に直面することになった。北東では台頭めざましいウズベク系シャイバーニー朝が,イランに侵入して略奪を行なっていたのである。

⇩サファヴィー帝国の地図

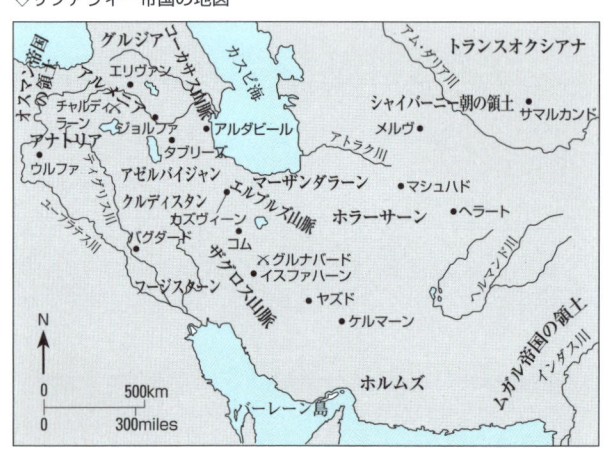

　1510年にシャー・イスマーイールはメルヴの戦いで,ウズベク軍に勝利し,軍を率いていたムハンマド・シャイバーニーは戦死した。シャー・イスマーイールはシャイバーニーの頭蓋骨で金の酒杯をつくり,この酒杯をわざわざ侮辱するために,オスマン帝国のスルタンに送りつけた。ムガル皇帝のバーブルを支援し,サマルカンド奪還をはたさせようという

シャー・イスマーイールの詩

シャー・イスマーイールは「中国」を意味する「カタイ」という筆名で，詩を作っていた。その詩を読むと，彼が信者たちに神聖視されることを望んでいたことが，はっきりとわかる。

　我はまさに神なり，まさに神なり，まさに神なり！
　来たれ，道に迷う盲いた者たちよ，真理を見よ！
　我こそは,世に語られる絶対者(アゲンス・アブソルートゥス)の代理なり

（英訳：ウラジミール・ミノルスキー）

↑装飾用プレート。金の象嵌のある金属製のこのプレートは，シャー・イスマーイールの名前と「1507〜08年」と年代が記された帯とそろいの腕章に用いられていたもので，チャルディラーンの戦いのあとに，オスマン帝国軍がイスタンブールへもち去った戦利品のひとつ。

試みは失敗したものの，シャー・イスマーイールはアム・ダリア川にそって，サファヴィー朝とシャイバーニー朝との国境を定めることに成功し，ヘラートとホラーサーン地方を領土に組みこむことができた。

北西方面ではオスマン帝国が，アナトリア中部でキジルバシがオスマン支配に反発して反乱を起こしたことと，アナトリア東部をサファヴィー朝が支配していることを不快に思っていた。オスマン帝国はシャー・イスマーイールに最後通告を送りつけると，キジルバシに対して，殺害または国外追放という過酷な弾圧を行ない，シャー・イスマーイールと対決すべくアナトリア東部に進軍したのである。1514年8月23日，ヴァン湖の北方のチャルディラーンの地で，オスマン軍はサファヴィー朝軍に壊滅的打撃をあたえ，シャー・イスマーイールは数百人の部下とともに敗走した。

このときオスマン帝国軍が勝った理由は，第一にサファヴィー朝軍の2倍の兵力を擁し，数のうえで圧倒したことがある。ついで，サファヴィー朝側が傲慢にも，シャー・イスマーイールが無敵の王であると信じていたため，戦闘開始の日の夜明けまで飲み騒いでいたこと。さらに，オスマン帝国軍が野砲をたくみに使ったことがあげられる。12年後のパーニーパットの戦いで勝利したバーブルのように，オスマン帝国軍は野砲をもち，敵方は野砲をもっていなかった。そのうえ，オスマン帝国側は野砲を横一線に並べて防壁を造り，弓を武器とするサファヴィー朝の騎馬軍団はそれを突破することができなかった。このことは，中央アジア草原の遊牧民が用いてきた古い戦法が終焉したことを意味していた。

オスマン帝国はタブリーズを占領し，書物や絵画など獲得した大量の戦利品をイスタンブールへ送った。しかし，サファヴィー朝はまもなく，首都のタブリーズへ戻った。オスマン帝国の兵士が故郷から遠く離れたタブリーズで越冬するのをいやがったからである。それでもやはり，この敗北はシャー・イスマーイールにとっては大きな打撃だった。彼は喪に服し，黒い服を着て，軍旗も同じ色に染めた。公務からも身を引いた。そこで，国の統治はイラン系の文官，とくにワキール（太守）の手

に委ねられた。

　シャー・イスマーイールは戦場で軍を率いることもやめた。ある年代記作者は言う。「彼がやることといえば、狩猟か、さもなければバラ色の頬をした若者たちを侍らせ、赤ブドウ酒をがぶ飲みしながら、音楽や歌声に耳を傾けることくらいだった」。その結果、信者のキジルバシにおよぼすシャー・イスマーイールの威光がしだいに衰えていった。もはや彼は、神の化身や無敵の王であるとは見なされなくなった。

　1524年8月23日、シャー・イスマーイールは死去し、アルダビールの一族の聖廟に埋葬された。彼の功績は大きかった。近代イランの国境（その一部は19世紀に失われるが）を確定し、サファヴィー朝が国家の基礎とする3本の柱を確立した。その第一の柱は、トルクメンの部族集団であるキジルバシで、サファヴィー朝軍の主力をなし、部族の指導者たちは地方の長官や宮廷の役職を占めた。キジルバシはその後も、強大な勢力でありつづけたが、支配しやすい勢力ではなかった。

　第二の柱は、官僚組織だった。イランの十分に確立した行政制度は、サファヴィー朝の体制とそれより古くからあったトルコ系遊牧民の制度のあいだで、イラン中部の諸都市がつねに供給してきた多数の役人に支えられ、完成されたものである。もちろん、ムガル帝国の宮廷のように、トルコ系とイラン系、軍人と官僚とのあいだの対立関係はあった。

　第三の柱は、シーア派の教えだった。当時、大多数のイラン人はスンニ派の信者だったが、シャー・イスマーイールは剣にものをいわせて、シーア派の信仰を押しつけたのである。反抗の代償は死だった。シーア派のウラマー（イスラーム学者）が、バーレーンやイラク、レバノンから神学や法の手引きをしてもらうために招聘された。こうしたウラマーはイランでは、イランの人びとのことに配慮し、外

⇩アゼルバイジャン東部のアルダビールにあるサフィー・ウッディーン廟。サフィー・ウッディーンはサファヴィー神秘主義教団の始祖で、サファヴィー朝を建国したシャー・イスマーイールはその子孫にあたる。この廟はサファヴィー教団のもっとも重要な崇拝対象として、巡礼の地であり富が集まる場所でもある。これらの建物はシャー・タフマースプが建立した。

国の介入に抵抗しながら、大きな権力をもつ宗教的支配層の中枢を形成していくことになる。だがその一方で、正統な教えの保護者であるウラマーと、「隠れイマーム」（⇨p.285）の化身であり、地上をおおう神の影であるとして、絶対的な権威を主張するサファヴィー朝のシャーとの関係は、かならずしも順調にはいかなかった。

シャー・タフマースプ

「シャー・タフマースプは、金や所有物、財宝をためこむことに関しては、きわめて欲深い人物だった。チンギス・ハーンの侵略以後、いや、イスラーム教の出現以後、イランおよび中央アジア諸民族の支配者のなかで、シャー・タフマースプほど財宝を蓄えることに熱心だった王はいない」

シャラーフ・アッディーン・ビトリシ
（クルディスタンのロージャーキー朝の君主）

シャー・タフマースプは、シャー・イスマーイールとその寵妃タジルー・ハーヌムの長男として、1514年2月22日に生まれた。幼年期は、キジルバシの太守の保護下におかれ、ヘラートの洗練された環境のなかで過ごした。1522年にタブリーズへ戻ると、タブリーズの図書館付属工房の長スルタン・ムハンマドのもとで絵画を学んだ。また、ポルトガル人のアントニオ・テンレイロに1524年のナウルーズ（イラン暦の新年。春分が元日にあたる）の祭りで、したたかに酒を飲んでいることに気づかれている。

1524年に父シャー・イスマーイールが没したあと、キジルバシの族長たちが摂政の職をにぎろうと争ったため、シャー・タフマースプが実権を掌握したのは1533年のことだった。彼はイラン人をワキール（副王）に任命し、弟のバフラム・ミールザーを軍司令官にすると、自分の従兄弟であり、子どもの名付け親でもあったキジルバシ筆頭のシャムルーを処刑した。このことにより、キジルバシの族長たちは自分の立場が危ういことを思い知らされた。

⇧イスファハーンのチェヘル・ソトゥーン宮殿内部の壁画（部分）。ここにはシャー・タフマースプ（画面右手に座っている）が、庇護を求めてきたムガル皇帝フマーユーン（画面左）をもてなしている場面が描かれている。シャー・タフマースプはその治世の初期には、芸術に多大な支援を行なった。

シャー・タフマースプ	
生年	1514年2月22日
父	シャー・イスマーイール
母	タジルー・ハーヌム
妻	スルターナ・ベーグム(キジルバシのマウシッラ族出身),グルジア出身の妃4人,チェルケス出身の妃2人,コーカサス山脈南部のダゲスタン出身の妃1人,ほかに側室が4人
息子	イスマーイール,ムハンマド・ホダーバンデ,ハイダル,ほかに10人。
娘	ガウハル・スルタン・ハーヌム,パーリ・ハーン・ハーヌム,ハディージャ・ベーグム,マリヤム・ベーグム,ザイナブ・ベーグム,ほかに9人。
即位	1524年
没年	1576年5月14日
埋葬地	マシュハドに埋葬されたが,のちにシャー・アッバースがイスファハーンに移した。

　シャー・タフマースプの治世の最初の20年間は，父王の時代と同じく，北東のウズベク人と北西のオスマン帝国からの脅威が大きな問題だった。1520年から30年にかけ，ウズベク人が5度にわたってホラーサーンに侵略したが，それはすべて撃退することに成功した。ただし一度だけ，1528年のジャムの戦いでは敗北しそうになっている。そのとき不利な戦況が勝利に転じたのは，タフマースプ自身の勇気と指導力のおかげだった。サファヴィー朝もまた，野砲をもっていなかったウズベク族に対して，効果的に野砲を使うようになっていたため，ウズベク族からの脅威はしだいに弱まっていった。

　一方，スレイマーン1世率いるオスマン帝国軍は，依然として深刻な脅威であり続けた。1534年から20年間にわたり，サファヴィー朝は4度の侵略に耐え，タブリーズは2度も占領された。1534年の時点では，サファヴィー朝側は7000の兵しかいなかったのに対し，オスマン帝国側は9万の兵を擁していた。とはいえ，圧倒的な大軍をまえにしたタフマースプは，その戦いをみごとに切り抜けた。正面対決を回避し，焦土作戦を用いて，敵を苦しめたのである。オスマン軍は糧食に不足をきたし，長くのびた兵站線が機能しなくなり，退却せざるをえなくなった。

　結局1555年にタフマースプは，スレイマーン1世と「アマシヤ条約」を結んだ。この和平条約によってタフマースプは，シーア派の聖廟のあるイラクの諸都市とひきかえに，残りの治世の西方面における安定を手に入れたのである。

　1540年，シャー・タフマースプは4次におよぶ北方遠征に着手し，キリスト教国のグルジアへ侵攻した。遠征の目的のひとつは，もちろん戦利品だった。グルジアの教会は金や銀の製品の宝庫だったうえに，新たに獲得した領土からの歳入も入ってきた。この遠征のもうひとつの成果は，それを最初から目的にしていたかどうかはわからないが，多数のグルジア人，チェルケス人，アルメニア人を捕虜としたことだった。彼らはトルコ人とイラン人が対立するサファヴィー朝において，やがて「第三勢力」を形成するようになる。捕虜たちはイスラーム教徒に改宗することを求められたうえで，宮廷に入り，文官や武官の

地位を得た。美しさで評判が高いグルジアやチェルケスの女性は、王の後宮（ハーレム）へ引き抜かれ、彼女たちは宮廷政治で重要な役まわりを演じるようになっていった。

美術と宗教

シャー・タフマースプの治世の前半に、この王の関心と保護によって、イランの美術は隆盛期をむかえた。タフマースプは挿絵入りの書物に魅せられており、まだヘラートにいたころから、並々ならない愛着を抱いていた。それはタブリーズに戻っても変わらず、偉大な画家ビヒザード（⇨p.100）とその弟子を多数、タブリーズに連れてきて、ビヒザードを宮廷画家の首座にすえた。

1524年、タフマースプはその時代を代表する傑作を制作させた。それが、すばらしい挿絵258点を収録した『シャー・ナーマ』である。タフマースプは書物の制作に細心の注意を払っていたので、行軍中（彼の治世の最初の20年間はほとんどが行軍中だった）も、自分の宿営の近くに画家用の天幕を張らせていたほどだった。シャー・タフマースプの弟のバフラム・ミールザーと、異母弟のサム・ミールザーもまた、美術の保護に大きな役割をはたした。1540年代にタフマースプが美術への関心をなくしはじめたとき、従来どおりの支援をあたえ続けたのは、この弟たちや他の王族たちだった。

シャー・タフマースプの治世の後半は、その気風が前半とは大きく変化した。軍事遠征には終止符が打たれ、オスマン帝国の脅威から離れるために、首都はカズヴィーンへと移動した。この都市は東のインド、ホラーサーンから、西のアゼルバイジャン、アナトリアを結ぶ交易路に位置していた。タフマースプはこの新しい都でほとんどの時間を過ごし、同時に正統派の性格の強い宗教政策を実施するようになった。1530年代には飲酒と同性愛を禁じることで、正統派への傾倒を示した。1555年には有力な貴族に対し、イスラーム法が禁ずる行為をすべて絶つことを要求し、「偽りのない悔い改めに関する勅令」を発布した。こうしてしだいに宗教上の厳格主義が強まるにつれ、

⇩シャー・タフマースプの水晶の玉璽（ぎょくじ）。イスラーム暦963年（西暦1555〜56年）に制作されたもので、文字が左右反対に彫られている。本文は、シャー・タフマースプと初代イマームのアリーとの関係、およびシーア派の教えがサファヴィー朝支配の中心的役割を担っていたことを強調している。玉璽はサファヴィー朝や同時代の支配王朝にとって、統治に不可欠の道具だった。

芸術家や音楽家，詩人は宮廷の奉仕から放免されていった。

シャー・タフマースプは国政をなおざりにし，何年も王宮に閉じこもっていた。大いに関心をもっていたのは金銭だった。タフマースプは硬貨や物資を大量にためこんでおり，彼が没したとき，王の宝庫には38万トーマーン（イランの貨幣単位。1トーマーンは10リアル）に相当する金貨や銀貨に，3万人の兵士の装備ができるだけの武器や武具が収められていた。タフマースプがもうひとつ大きな関心をもっていたのは女性で，そのほとんどがグルジアとチェルケスからの奴隷だった。タフマースプは彼女たちに国事について相談するようになり，彼女たちは彼を思うように操るようになっていった。

一般に，歴史家はシャー・タフマースプにきびしい評価を下している。彼は強欲だったとか，偏屈だったとか，裏切り者だったというのが，その理由である。裏切り者というのは，彼の庇護を求めてきたオスマン帝国のバヤジード王子とその息子たちをスレイマーン1世に引き渡し，みすみす殺させてしまったことがあるからである。しかし，シャー・タフマースプはキジルバシの勢力を抑えこむことに成功し，無傷の状態で王国を次代に継承し，イラン美術の偉大な作品のひとつを生みだした。こうしてみると，彼にそれほど悪い評価をあたえるべきではないだろう。シャー・タフマースプは，1576年5月14日に没した。

↑模様入りのシルクの織物。シルクの織物は，シャー・アッバースの経済戦略において重要な位置を占める交易品だった。このシルクの織物の切れ端には，騎兵とその小姓と捕虜の図柄が見える。これはおそらく16世紀中ごろ，空引機(そらひきばた)という初期の手織り機で織られた装飾織物と思われる。

シャー・イスマーイール2世	
生年	1533年，または1534年
父	シャー・タフマースプ
母	スルターナ・ベーグム
妻	氏名不詳の女性（シャー・タフマースプの姪）
息子	不明
即位	1576年8月22日
没年	1577年11月24日
埋葬地	マシュハド

シャー・イスマーイール2世

シャー・タフマースプの晩年には，王位継承をめぐって宮廷に2つの派閥が生まれていた。2つの派閥はともにキジルバシの部族で構成されていたが，一方は，グルジア人の母親が産んだ王子を王位につけようともくろむ宮廷のグルジア人グループ，もう一方はまったく同様の目的をもつチェルケス人のグループである。

その結果，グルジア系の王子もチェルケス系の王子も殺害されて，2派はともにトルコ系の王子イスマーイールで妥協するしかなかった。イスマーイールはただちに，目につくかぎりの王家の男子をことごとく盲目にするか，亡き者にし，自分に敵

対していると思ったキジルバシも処刑した。1577年11月，シャー・イスマーイール２世は，妹のパーリ・ハーン・ハーヌムによって毒殺された。

ムハンマド・ホダーバンデ

ムハンマド・ホダーバンデ	
父	シャー・タフマースブ
母	スルターナ・ベーグム
妻	氏名不詳の女性（ギーラーンの名士の娘），ハイルン・ニサー・ベーグム（マフディ・ウリヤ）
息子	ハームザー，アブー・ターリブ，アッバース
即位	1577年11月
没年	1595年
埋葬地	不明

　他王家の男子として生まれたムハンマド・ホダーバンデは，生まれつきほとんど目が見えなかった。シャー・イスマーイール２世が彼とその３人の息子を抹殺しなかったのは，そのことが理由だったのかもしれない。キジルバシはホダーバンデを王位につける以外に選択肢はなかったが，その後すぐに，キジルバシの族長たちの会議を通じて国政を牛耳っていたパーリ・ハーン・ハーヌムと，ホダーバンデの妃のマフディ・ウリヤとのあいだに権力闘争が起こった。王妃は国政の指導的立場に２人の女性が座る余地はないと考えて，パーリ・ハーン・ハーヌムを絞殺させた。

　完全に実権を掌握したマフディ・ウリヤは，行政府にイラン人を登用し，キジルバシをおとしめた。やがて，キジルバシは王に公式の申し立てを提出し，王はキジルバシと妥協を図ろうとしたが，マフディ・ウリヤはみずからのやり方や方針を変えるのを拒んだ。結局キジルバシの一団は，この問題を勝手に処理することを決め，後宮（ハーレム）に突入すると，王妃を絞殺した。

　こうしたサファヴィー朝中枢の弱体化に乗じ，1578年にはオスマン軍がイラン北西部に侵攻し，戦闘を開始する。この戦いは1590年まで終結しなかった。北東方面では，ウズベク人がホラーサーンに侵入してきた。だがこうした間も，キジルバシの貴族たちは権力をめぐって策謀をめぐらせていた。ついに，キジルバシのムルシド・クーリー・ハーンがホダーバンデの息子のアッバースを擁し，カズヴィーンへと進軍して，ムハンマド・ホダーバンデを廃位した。1588年10月１日，アッバースは王位にのぼった。

初期のサファヴィー朝絵画

『バーブル・ナーマ』を見てもわかるとおり、挿絵入りの写本は、ティムールの血を引く支配者にとって、何より貴重な私蔵品だった。写本は持ち運びが簡単だったので、持ち主は領土を移動したり、遠征に赴いたりする先々にも、それらをもっていくのがつねだった。

もちろん写本は、戦利品としての価値も高く、1514年にオスマン帝国がタブリーズを占領したのちに、歴史のあるトルクメン王朝の図書館から、多くの作品がイスタンブールのトプカピ宮殿図書館へと運びこまれた。

シャー・タフマースプの時代には、画家や書家、彩飾師、本文のための罫線引きや金粉をふりかける職人といった芸術家が、行軍にも同行したため、王は書物の制作を注意深く見守ることができた。さらに、タフマースプおかかえの芸術家集団は、デザイン・スタジオの機能もはたすことになった。彼らの成果を金属細工師や鞍職人、宝石細工師、織工などの職人が利用することで、表現媒体の枠をこえて、統一された意匠が生みだされたからである。

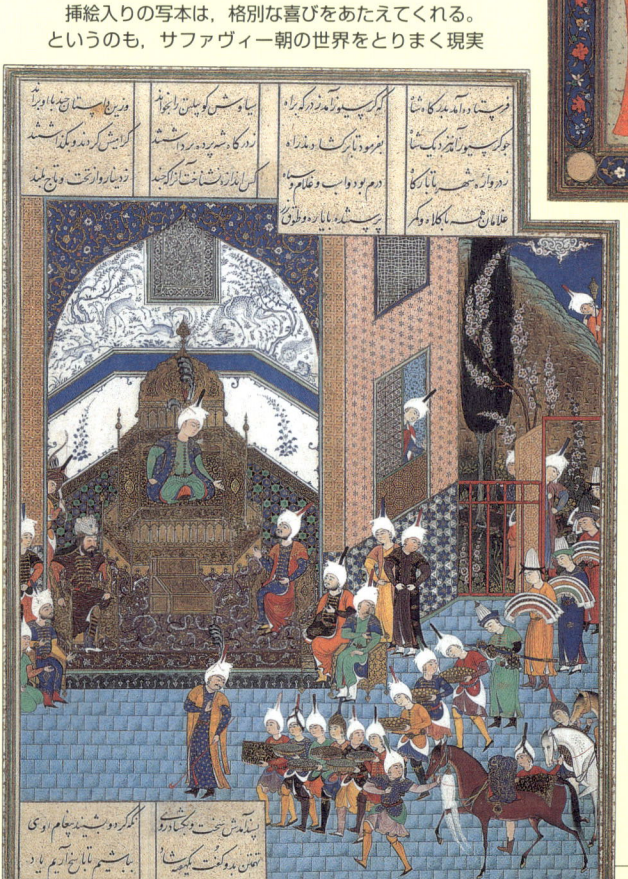

挿絵入りの写本は、格別な喜びをあたえてくれる。というのも、サファヴィー朝の世界をとりまく現実

⇧王子と小姓。書家のドゥスト・ムハンマドが編集した画集より。この画集は弟のバフラム・ミールザーに贈るためにシャー・タフマースプが注文したもの。2人の人物は、どちらが王子で、どちらが小姓かがはっきりわかるように描写されている。サファヴィー家に仕えた貴族の子どもは、能力よりは美しさを重視して選ばれたといわれている。

⇦シャー・タフマースプが制作させた『シャー・ナーマ』は、1520年代から30年代にかけて、王室図書館の工房が手がけた一大事業だった。これは258点にのぼる挿絵のうちの一点で、バルフ宮殿で即位したシャー・カイ・カーウースの息子のスィヤーウシュが、イランの宿敵トゥーラーンの支配者の息子と条約締結の条件について話しあっている場面を描いている。その様子を左手にいる英雄ロスタムが見つめており、同時にトゥーラーン人が、執事長のきびしい監督のもと、スィヤーウシュの前に贈り物を運びこんでいる。

が，目に見える形ではほとんど残されていない現在にあって，これらの挿絵は，あくまで理想化された姿ではあるが，当時の生きいきとした現実を，わたしたちに見せてくれるからだ。そこには「サファヴィー宮廷の日常生活を構成するものが，衣服から酒杯まで，絨毯から玉座まで，詳細に描かれている」と，大英博物館イスラーム美術収蔵部部長のシェイラ・キャンディは語っている。

シャー・イスマーイール1世が幸運だったのは，その当時としては最高の図書館だったタブリーズのトルクメン人王朝の図書館を引き継ぐことができた点だった。また，イル・ハーン国とジャラーイル朝の伝統を継承できた点でも運がよかった。シャー・タフマースプは，ビヒザードとその弟子たちをヘラートからタブリーズへ連れてきた。その結果，このイスラーム絵画を代表する巨匠は，宮廷画家の首座として，ティムール朝とトルクメン人王朝の表現様式を融合させることに成功した。それがひいては，1530年代に生まれた独特のサファヴィー朝絵画の表現様式へとつながったのである。

表現様式の発展は，シャー・タフマースプの『シャー・ナーマ』に見てとれる。この書には1522年から30年代後期にかけて描かれた258点の挿絵が収められている。3人の画家が次々に引き継ぐ形で，この事業の指揮をとり，あわせて15人の画家が挿絵の制作にたずさわった。次に制作されたのがニザーミーの『ハムサ（5部作）』で，これもシャー・タフマースプの命をうけて，1539〜43年に制作された。この書に収められた14点の挿絵は，サファヴィー朝絵画の頂点をきわめたと見なされている。1540年代には，サファヴィー朝の画家のもっと若い世代が画集用の肖像画を描きはじめた。

シャー・タフマースプの絵画への興味がうすれるにつれ，有力な画家のなかには，ムガル帝国やオスマン帝国の宮廷へ移っていく者も出るようになった。彼らはそれぞれ新しい場所で，絵画の発展に大きな影響をあたえることになる。

⇧『ライラとマジュヌーン』の物語は，ニザーミーの『ハムサ（5部作）』の一篇である。主人公のカイスは学校でライラに恋をし，そのせいで学校友だちからマジュヌーン（狂人）と呼ばれるようになる。ライラも学校をやめることになった。

この挿絵には，老婆に連れられたマジュヌーンが，野営地にあるライラの天幕に近づく場面が描かれている。ミール・サイイド・アリー作のこの絵は，多くの情報やできごとを伝えている。女性たちは洗濯をし，料理を作っている。ライラの一族の天幕は召使の天幕とはちがい，張り綱までもが立派だ。マジュヌーンと老婆がライラの天幕に近づくと，男の子たちが2人に石を投げつけ，赤茶けた色の手足をした犬が吠えている。

第4章　サファヴィー朝, アフシャール朝, ザンド朝, カージャール朝

シャー・アッバース1世

在位1588～1629年

⇨シャー・アッバース1世は, サファヴィー朝の歴代の王のなかで, もっとも偉大な王だった。彼は国境地帯の安全を確保し, 諸部族に対して強力な王権を行使した。活気に満ちた経済を確立し, みずから指揮をとってイラン美術にも見事な花を咲かせた。シャー・アッバース1世の死から80年ほどたったころ, フランス人旅行家のジャン・シャルダンはこうのべている。「この偉大な君主がその生涯を終えたとき, ペルシアの繁栄も終わりを告げた」

この肖像画は, ムガル皇帝ジャハーンギールが, この肖像画を描かせるために, 使節とともにサファヴィー朝の宮廷に派遣したビシン・ダースの作品。

シャー・アッバース1世	
生年	1571年1月27日
父	ムハンマド・ホダーバンデ
母	ハイルン・ニサー・ベーグム（マフディ・ウリヤ）
妻	ヤハン・ベーグム
息子	ムハンマド・バーキール, ハサン, ホダーバンデ, イスマーイール, イマーム・クリー
娘	6人
即位	1588年10月1日
没年	1629年1月19日
埋葬地	カシャーンにある第6代イマーム, ジャファール・アル・サーディクの子孫のイマーム廟

シャー・アッバース1世

「余が王となったからには, スルタン・ムハンマド・シャー[ホダーバンデ]の時代の慣わしは忘れよう。これからは, 何事も王が決定する」

シャー・アッバースの言葉
（歴史家イスカンダル・ムンシー・ベグの著作より）

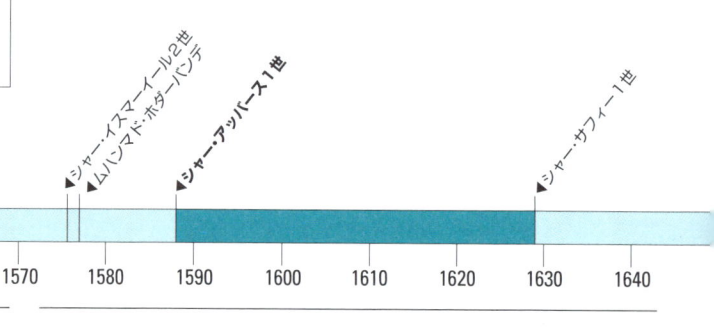

17歳で玉座についたとき，シャー・アッバースはむずかしい立場におかれていた。北西方面の領土の多くはオスマン帝国に占領され，ウズベク人はふたたびホラーサーン地方を略奪していた。中央政府はここ数年，機能しておらず，シャー・アッバースの父ホダーバンデは，王妃を殺したキジルバシを裁きにかけることもできなかった。アッバース自身も擁立当初は傀儡であり，彼の後見人だったキジルバシのムルシド・クーリー・ハーンの意向に従わざるをえなかった。アッバースの王国は，トルコ人とイラン人との対立や，キジルバシの部族間の対立で分裂状態にあったのである。

アッバースには3つのおもな任務があった。ウズベク族を北東方面から駆逐すること，オスマン帝国を北西方面から追い払うこと，最後に領土内のいかなる勢力にも勝る王権を確立することである。そして即位した年に直面した危機への対応によって，アッバースの王にふさわしい資質がすぐにあきらかになる。というのは，ムルシド・クーリー・ハーンがみずからワキール（王の代理人）の称号を用いていたところ，重装備のキジルバシの一団が，彼を暗殺して実権を掌握するために宮殿に乱入した。そのときアッバースは主導権を握り，事態の収拾にあたり，ワ

シーア派

シーア派はもともと，イスラーム教の初期カリフに対抗する政治運動として始まった。シーア派の人びとは，預言者ムハンマドの唯一正統な後継者は，ムハンマドの従兄弟で娘婿でもあったアリーの子孫だけだと主張した。したがって，「党派」を意味する「シーア」（シーア・アリー）というのは，つまりはアリーの派のことである。

シーア派の人びとは『コーラン』の公式な解釈とともに，ムハンマドからアリーへ，そしてアリーからその後継者へと秘密の解釈が伝えられていると信じるようになった。そこで，権威のある指導ができるのは，秘密の知識を伝えられ，イマーム，もしくはイスラーム共同体の指導者に任命されたアリーの後継者だけだとしている。

代々のイマームはしだいに，超人間的な存在と見なされるようになった。そのことはイマームが，アダム以来の預言者たちを通じて彼らに降りてきた，「神の光」の化身であるという考えによく表れている。ついで，イマームは絶対にまちがうことがなく，罪を犯すこともないという考えも生まれた。

シーア派の分派でもっとも重要な十二イマーム派は，12人のイマームを認めているが，その最後のイマームとなるムハンマド・アル・ムンタザル（救世主を意味するマフディーの名でも知られる）は，873年ごろ泉に消えたといわれている。彼は隠れイマームと呼ばれ，再臨が待ち望まれている。

対するスンナ派は，宗教上の権威を，聖なる法を支持するイスラーム共同体の合意においている。シーア派はそれを無謬のイマームにおき，イマームへの信仰はシーア派の信条の第3項目となっている〔訳注：シーア派の信条は，神の唯一性，神の正義，イマーム，預言者，来世の5項目〕。スンナ派の人びとは必要な指導のすべてを『コーラン』と伝承，聖なる法から受けとる。他方，シーア派はイマームとイマームの代理を通じて，世代が引き継がれていくにつれて，指導（解釈）も更新される可能性がある。

第4章　サファヴィー朝，アフシャール朝，ザンド朝，カージャール朝

⇧1612年にシャー・アッバース1世が，アルダビールの一族の聖廟に，1205点の中国の磁器と6点の翡翠(ひすい)を寄贈した。アルダビールの寄贈品にはすべて，このシャー・アッバースの刻印が打たれ，寄贈品であることが記録されている。文言は「聖王［初代イマーム・アリーのこと］の奴隷，アッバースがシャイフ・サフィーの聖廟に寄贈する」とある。

キールの命を救って，シャーを愛する者は自分の側につき，敵対する者たちを宮殿から追い払うようキジルバシに呼びかけた。その後，反アッバース派のキジルバシは処刑された。それから少したって，アッバースはムルシド・クーリー・ハーンも暗殺した。こうしてアッバースは，冷静な判断力と残忍さをもって，国を支配する意志と能力があることを広く示したのである。

国外の脅威への対策

実権を掌握してまもなく，シャー・アッバースは本腰を入れて，国外の脅威に取り組むことにした。北東と北西の敵国を同時に処理するだけの力がないことは十分にわかっていたので，シャー・アッバースは1590年にきわめて現実的な手段をとった。オスマン帝国と屈辱的な条約を締結したのである。その結果，サファヴィー朝の古都タブリーズをはじめ，イラン北西部の領土はほとんど失ってしまった。それでも，たったひとつ面目が保てたといえるのは，アルダビールとサファヴィー家の聖廟の支配権を回復したことだった。

こうして，北西方面の障害をとりのぞくと，アッバースは北東方面では積極策に出た。だが，1590年にホラーサーンに進軍したものの，慎重に軍の配備と陣形を整えて対戦するのは避けていた。ところが1598年にウズベク系シャイバーニー朝の王が死ぬと，王位継承争いが起こって，状況が一変する。アッバースはこの好機を逃さなかった。ウズベク軍は都市から都市へと退却しながらも，サファヴィー軍が地方から引きあげたら，いつでも失地を回復できると考えていた。

一方，アッバースは，あくまで戦いを交えようとしていた。そして彼は最終的に，退却すると見せかけて，それから驚くべき速度で反転すると，シャイバーニー軍を決戦可能な広々とした場所で捕まえた。戦いはどちらが勝つかわからない状態だったが，アッバースが200人の近衛軍団に1000人の敵方の近衛軍団を攻撃させたとき，はじめて勝負がついた。シャーバーニー軍は総崩れとなり，うまいぐあいに一突きでシャイバーニー朝の王に傷を負わせたアッバースが，勝利をつかんだのである。

そして1600年までには，地方のウズベク人の族長たちと同盟関係を築くことで，アッバースは北東の国境地域に安定をもたらすことができた。

1603年，アッバースは北西方面での攻勢に出た。そしてすばやくサファヴィー朝の古都を奪還したが，20年にわたりオスマン帝国の占領下にあったタブリーズは，すっかり荒廃していた。1605年，アッバースはタブリーズ郊外のスーフィヤンでオスマン軍に壊滅的な敗北をあたえた。また，1607年までには，かつてアマシヤ条約（1555年締結）でオスマン帝国がサファヴィー朝の領土だと認めた領土を，すべて奪還することに成功した。

オスマン帝国がこれらの領土におけるサファヴィー朝の支配を認めたのは1618年になってからだったが，彼らはアッバースが1623年にバグダードを占領したとき，さらなる損失を認めざるをえなくなった。バグダードを奪いとったアッバースは，みごとな防御戦を指揮し，その結果，1626年にオスマン軍は隊列を乱して撤退し，多数の戦死者を出した。

■シャー・アッバースによる中央集権化

アッバースの成功と，その体制が彼の死後100年ものあいだ存続したおもな理由は，キジルバシと都市のイラン人勢力との均衡を保つために，アッバースが中央政府に「第3勢力」を生みだしたことにあった。彼はシャー・タフマースプの時代に開始された変革を引き継ぎ，それを大きく発展させる形で，チェルケス人やグルジア人，アルメニア人の奴隷を宮廷や行政，軍の中枢にすえたのである。

彼が治世の初期に何より優先して行なったのは，約4万の兵からなる常備軍を組織することだった。常備軍の編制は，おおむね奴隷からなる騎兵部隊とマスケット銃で装備した歩兵部隊，砲兵部隊，奴隷のみが所属する近衛部隊だった。奴隷を主力とする軍団の台頭は，中央政府におけるキジルバシの影響力の低下を意味した。もはやキジルバシは，かつてのように王宮に突入して王に命令するような力は，もたなくなった。実のところ，

シャー・アッバース治世下のすぐれた将軍2人，グルジア人のアッラーヴェルディー・ハーン，アルメニア人のカラチャカイ・ハーンは，いずれも奴隷出身者だった。

　キジルバシの勢力の衰えは，新規の常備軍にかかる費用を確保するためにとられた施策に，はっきりと表れている。キジルバシはそれまで，徴税権つきの所領からあがる収益で，自分たちの軍団と政権内の役職を維持するための費用をまかなっていたが，そうした彼らの所領が奴隷の監督下にある王領地へと移し変えられたのである。だが，このような大きな改革も，徐々に進められたため，反乱を回避することができた。こうして最終的には，イランの広大な地域が王領地となった。シャー・アッバースの治世が終わるころには，地方長官の地位の半分が奴隷出身者の手に渡っていた。

⇩シャー・アッバースは熱心に交易を奨励し，人種を問わずあらゆる外国人を，みずからの領土に迎え入れた。この絵の右上の角には，次のような文章が記されている。「気高く，神聖な，卓越したシャー・アッバースの要望により描かれたロシア大使の肖像」
　この肖像画のロシア大使は，1588〜89年に在職したグリゴーリ・ワシルチコフか，または1594〜95年に在職したアンドレイ・ツヴェニゴロドスキーのどちらかだろう。

交易を奨励したシャー・アッバース

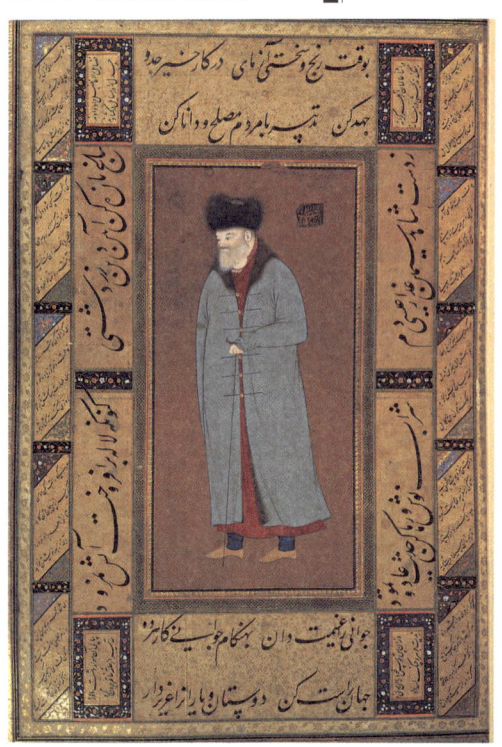

　だがアッバースは，統治体制の健全化を図るには，領地の税収だけに依存する状況を改めるべきだと考えていた。そのため彼は，可能なかぎりの手段を用いて，交易を発展させようとした。たとえば，市場に出す商品の製造を奨励し，とりわけ絨毯と織物の製造を助成した。主要な交易路に隊商宿を建設し，交易を促進するために，外国人なら，イギリス人，オランダ人，ポルトガル人，フランス人，ロシア人，インド人，ユダヤ人，アルメニア人と，人種を問わず，だれでも歓迎した。こうして，16世紀にヨーロッパの交易ルートが，陸路を基盤とした古来の「絹の道(シルク・ロード)」からインド洋へ大きく方向転換した状況を，最大限に活用しようとしたのである。

　シャー・アッバースの対外交易政策の鍵を握っていたのは，アルメニア人だった。

芸術家レザー・アッバースィー

シャー・アッバースは、祖父のシャー・タフマースプが信仰生活に入ったときに閉鎖した王室図書館を復活させた。彼が雇った一流の芸術家のなかに、レザー・アッバースィー（1565年ごろ～1635年）がいて、王室図書館がイスファハーンに移されたとき、その責任者となった。レザーは王の広場にあるシャイフ・ロトフッラー・モスクと王のモスクの装飾文字を担当したが、彼の名をもっとも高めたのは、細密画家として、同時代の画家たちと17世紀のサファヴィー朝絵画を代表する様式を発展させたことだった。

レザーは挿絵入り写本の制作が衰退するとともに、挿絵とはちがって、一枚の画紙に男女を問わず宮廷に仕える若者や、労働者やスーフィーなどの老人を描く、独立した絵画を制作した。美術品の鑑定家たちは、この時期から、以前よりすぐれた自然主義が、サファヴィー朝絵画にもちこまれたと力説している。この時期は、ヨーロッパの影響がしだいに感じられるようになったころでもあった。

⇦ヨーロッパふうの服を着て、犬にワインをなめさせている若者の肖像。この絵は、イスファハーンにおけるヨーロッパの影響が強まっていたことを感じさせる。

⇧読書する若者の肖像画。レザー・アッバースィーの1620年代の作品。

1604年、彼は数千のアルメニア人家族をアゼルバイジャン地方アラス河岸のジョルファという町から、イスファハーン郊外にあたるザーヤンデ川の南側の地域に移住させた。このアルメニア人居住区はニュー・ジョルファーと呼ばれた。

アッバースの目的は、アルメニア人が蓄積していたすぐれた交易の手腕を、サファヴィー朝のために活用させることだった。彼はアルメニア人に特権をあたえ、キリスト教の信仰も許可した（彼らの新しい聖堂の装飾用に資金を寄付することまで行なっている）。アルメニア人は自分たちの居住区を、ほぼ自治区として運営することを許されていた。さらにアルメニア人は、その能力を向上させ、国家および王家の繁栄に寄与できるように、実質的に無利子の融資をうけることができた。彼らはヨーロッパ全域で交易を行ない、なかには非常に裕福になった

者たちもいた。アルメニア人のもっとも重要な交易品は絹だった。絹は王家の専売とされていたため，王家の財政に巨額の現金をもたらすことになった。

サファヴィー朝イランにはたえず，ヨーロッパのあらゆる国の人びとが滞在しており，シャー・アッバースは彼らを喜んで迎え入れていた。1602年に聖アウグスティノ修道会の会士3人がゴアからやってきたとき，アッバースはイスファハーンに修道院や教会を建てる許可をあたえ，教会の場合は，アルメニア人のときと同じく，装飾用の資金を寄付している。聖アウグスティノ会士はスペイン王の代理を務めていた。

その年から4年前，アッバースがシャイバーニー朝との戦いに勝利して，カズヴィーンに帰還したとき，2人のイギリス人，アンソニーとロバート・シャーリーを長とする総勢26人のヨーロッパ人の一団が彼を待っていた。アンソニーはローマ教皇，神聖ローマ皇帝，フランス王，スペイン王，スコットランド王，ポーランド王，イギリス女王，ヴェネツィア元首，トスカーナ大公に宛てた親書を携えて，ヨーロッパへ派遣された。彼は共通の敵となるオスマン帝国のスルタンに対抗するため，これら

奴隷

シャー・アッバースと，その後継者である17世紀末までのサファヴィー朝の君主たちは，繁栄を謳歌することができた。その繁栄期に中心的な役割をはたしたのは，「王室の奴隷（グラマニー・ハッサイ・シャリファ）」たちだった。

部族の結束の強い社会を治めていた中世および近代初期のイスラーム王朝の支配者たちは，しばしば部族の忠誠心に対抗するため，主人と奴隷の強力なきずなを利用した。このきずなは，預言者ムハンマドがほかの宗教の信者をイスラーム教に改宗させるときに，改宗者を奴隷にし，その後，彼らを解放することで信頼を獲得したという話にもとづいている。イスラーム世界の王室では，家内で使われた奴隷が軍人奴隷へ身分を引きあげられることは，めずらしくなかった。軍人奴隷は，アッバース朝やマムルーク朝，オスマン帝国の場合と同じく，宮廷で教育をうけ，兵士や行政官として職業生活に入る。

サファヴィー朝の奴隷は，王室を意のままに操り，軍や財政部門の要職を独占するようになった。宮廷に仕えた奴隷たちは，サファヴィー朝の他の有力者たちと肩を並べ，イスファハーンのチャハール・バーグ大通りに大邸宅を建てていた。著名な奴隷をあげると，イスファハーンの王家の建物の建築を監督したムヒッブ・アリー・ベグ，3代にわたって一族がホラーサーンの地方長官を務め，マシュハドの政治・文化に影響力をふるったカラチャカイ・ハーン，ファールスの地方長官から軍総司令官へと昇進したアッラーヴェルディー・ハーン，マーザンダラーンの地方長官から宰相までのぼりつめたサルー・タキなどがいる。

奴隷との関係がきわめて強かったため，シャー・アッバースは息子たちに権力を委ねることには強い警戒心をもつ一方，権力を奴隷に委ねることにはなんの抵抗もなかったようである。彼らがいかに重要な地位にあったかは，アッラーヴェルディー・ハーンやカラチャカイ・ハーンのような傑出した奴隷が，サファヴィー王家の人びとだけが埋葬される場所だったマシュハドのイマーム・レザー廟の聖域に埋葬されていることからもわかる。

の支配者たちに協力を求めることになっていた。

　一方，ロバートは担保としてイランにとどまった。結果的にアンソニーは完全に失敗し，イランに戻ることもなかった。だが，ロバートは1627年にイスファハーンで死期を迎えるまで，シャー・アッバースの宮廷とヨーロッパを結ぶ重要な存在でありつづけた。

　そのころには，イギリス，なかでも東インド会社の活動がめだつようになっていた。16世紀を通じて，ポルトガルがホルムズを拠点に，イランの海岸線と沿岸貿易で強力な影響力を保持していた。ところが，1616年にシャー・アッバースが東インド会社にイラン全域で自由に交易する権利をあたえたことから，イギリスはシャー・アッバースと協力して，ポルトガルをホルムズから追い払うつもりだと見なされるようになった。事実，1622年にイギリスはそれを実行に移し，それ以降，イギリスはホルムズで課される関税をシャー・アッバースと折半することになった。ポルトガルの勢いはここで衰え，このあとイギリスは，17世紀を通じてオランダと激しい競争を繰り広げたあと，18世紀になってついにインド洋の覇権をつかむことになる。

サファヴィー朝の第3の柱，シーア派の教義

　シャー・アッバースが復興させたサファヴィー朝において，奴隷とアルメニア商人がその重要な2本柱とすれば，第3の柱は，シーア派の教義と，それを幅広い支持基盤をもった権威ある思想体系へ作りあげる助力をしたウラマーの存在だった。シャー・アッバースはイランをシーア派社会にしようとした前任者たちの成果に，新たな努力をつけ加えたのである。

　イラク各地にあったシーア派の学問の中心地から，学者たちをイランに招聘し，教義の正統な解釈を普及させる活動にとりくませた。なかでもおもな試みは，一般の人びとが読みやすい本をペルシア語で書いて，知識を社会全体が得られるようにすることだった。そのなかでもっとも重要だったのは，一般向けの法に関する概論『ジャーミ・イ・アッバーシー』だった。法

はシャーの領土に住む民族間の本質的に異なる要素を統合し、さらに国家と社会を統合するうえでも大きな役割をはたすことになった。法はサファヴィー朝の思想体系において、きわめて重大な位置を占めていた。なぜなら、シーア派の思想を広く社会に伝えたウラマー、なかでも身につけた論証術を用いて、法を新しい状況に適合させたムジュタヒド（法学者）たちが、大きな権力の座を占めるようになっていったからである。だが、シャー・アッバースが生きていたあいだはまだ、法学者たちが権威を主張しすぎることはなかった。

シャー・アッバース時代の象徴、イスファハーン

　ほかの何にも増して、シャー・アッバースの治世の象徴といえるのは、王都イスファハーンである。このまちがいなく近世でもっとも美しい都市に、カズヴィーンから都を移すことに決めた理由については、正確なところはわかっていないい。50年間、サファヴィー朝の首都だったカズヴィーンが大都市に発展しなかったのに対し、かつてセルジューク朝の首都だったイスファハーンはすでに大都市だった。

　そのうえ、イスファハーンは立地条件もよかった。イラン中部の標高1500メートルの高原に位置しており、ザグロス山脈を水源とする豊かな水にも恵まれた肥沃なオアシス都市だった。最新の研究では、シャー・アッバースが遷都を決めたのは、早くも1590年のことで、1602年からイスファハーン旧市街の南側に大きなマイダーン（広場）を囲む形で新しい首都を開発しようと決意していたという。

　イスファハーンには、イラン人に加え、ヨーロッパ人やインド人、ユダヤ人、アルメニア人の居住区があり、さらに中国や中央アジア、トルコからの商人が出入りする一大交易センターだった。同時に重要な宗教センターでもあり、シーア派の指導的な学者の一族が移住してきた。宮廷があまり移動しなくなるにつれて、イスファハーンは行政府が常置される場所となった。

　『ペルシア紀行』を著したフランス人旅行家のジャン・シャルダンは、この都市の外周は約38キロメートル、12カ所に門が

イスファハーン

　シャー・アッバース政権の首都イスファハーンは，ムガル皇帝たちのファテプル・シークリーやシャージャハーナーバードのように，実質的には新都だった。これはシャー・アッバースの最初の構想とはちがっていた。彼は最初，金曜モスク（ジャーミ・マスジッド）のそばの「古い広場（マイダーン・イ・ハルーン・ウィラヤート）」の周辺地域を改装しようと思っていたのである。ところが，資産を失うのを恐れた都市商人たちの反対にあって，シャー・アッバースは旧市街の南側に新市街を建設することに決めた。設計にあたって，シャー・アッバースの補佐をしたのはシャイフ・バハー・アッディーン・アミリ。彼は，神学者，哲学者，『コーラン』注釈者，法律家，天文学者，教師，詩人，技師と多彩な才能をもつ，イランのレオナルド・ダ・ヴィンチとでもいうべき人物だった。

　新市街の設計は，2つのおもな特徴をもっていた。ひとつは「王の広場」で，正式名称のマイダーン・イ・ナクシ・イ・ジャハーンは「世界の肖像の広場」を意味する。この広場の北側の出口は王のバザールへとつながり，全長2.4キロメートルあまりの長く延びたバザールの先に「古い広場」がある。そして，2つめの特徴がチャハールバーグ大通りである。市の西側のダウラト門（「帝国門」の意）から4キロメートルほど延びて，南側の山岳地帯のふもとまで続いている。王宮はこの大通りと王の広場のあいだにある。チャハールバーグ大通りに沿って，4列の平行したプラタナスの並木が走り，その中央の水路を水が流れている。徒歩と乗馬用に別々の道が設けてあった。この大通りの両側には廷臣，諸外国の外交官，後宮の女性たちの邸宅や民衆の娯楽に用いる東屋のある庭園になっていた。チャハール・バーグ大通りはやがて，シャー・アッ

⇩アッラーヴェルディー・ハーンの橋（三十三橋とも呼ばれる）。チャハール・バーグ大通りはこの橋を通って，ザーヤンデ川の対岸へと延びている。この橋を建設したのは，1598年にサファヴィー朝軍の総司令官となり，1613年に死去するまで同じ地位にあったグルジア人奴隷で，橋の名称はこの人物の名前に由来する。

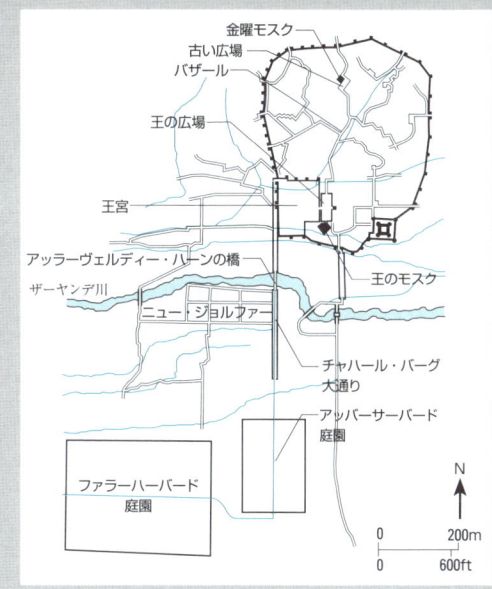

バースの軍総司令官アッラーヴェルディー・ハーンが建設したすばらしい橋を通って，ザーヤンデ川を渡る。右手に見えるアルメニア人居住区のジョルファーを通り過ぎ，アッパーサーバード庭園に達する。チャハール・バーグ大通りは夕涼みをする場所として，イスファハーンの貴族や市民に人気があった。

⇧イスファハーンの地図

⇩街路樹に縁どられたチャハール・バーグ大通り

王の広場

　王の広場は、サファヴィー朝を代表する都市イスファハーンの中心に位置しており、宗教・経済・政治上の活動が一堂に会するでもあった。この広場は縦507メートル、横158メートルの壮大な規模を誇っている。

　広場の内周には水路が走り、その水辺に並ぶプラタナスの木が緑陰をあたえてくれる。南側にはイラン建築の偉業のひとつにあげられる「王のモスク」が立ち、北側はバザールへの入口になっている。広場の西側には「アリ・カプ門」（「至高の門」の意）を入口とする王宮地域が位置し、シャーはアリ・カプ門の上のバルコニーから広場で催される行事を見ることができた。東側には、シャー専用の「ロトフッラーのモスク」があるが、このモスクもイラン建築の偉業のひとつである。

　王の広場には、昼間は市が立ち、商人たちの露店が周囲の壁をびっしり埋め尽くす。夜ともなると、楽師や講談師、曲芸師、娼婦、行商人が商売に精をだし、広場に活気がみなぎる。ここは宗教行事の場でもあって、たとえばムハッラム（イスラーム暦の第1月）のときには行列をつくって祝う。大がかりな見世物、つまりポロ競技や競馬、閲兵式、花火、模擬戦、外国の使節との謁見にも、この広場は使われた。

⇧「王の広場」とバザールの地図。図の下部にある「王のモスク」（現在は「イマームのモスク」）がメッカの方向を向くよう、王の広場に対して斜めに建てられている。広場の反対側はバザールの入口になっており、長さ2.5キロメートルの曲がりくねったバザールの道を抜けると、ようやく市の金曜モスクのそばにある「古い広場」に出る。

♪ 王の広場は、昼間は市場として用いられるが、王の儀式や競技に使われることもあった。シャー・アッバースが建てたポロ競技のゴールの大理石柱は、いまも立っている。

⇨「ロトフッラーのモスク」このシャー専用のモスクは、広場の西側にある「アリ・カプ門」の向かい側に建っている。

⇧アリ・カプ門から見た「王のモスク」。この巨大な建物は、表面がすべて豪華なタイルで覆われている。着工から完成まで35年を要したこのモスクは、「ロトフッラー・モスク」とともに、イラン建築の頂点をなす建物と考えられている。

⇨王宮地域への入口となるアリ・カプ門は、その建物自体が宮殿であり行政の中心でもあった。屋上バルコニーは特別観覧席の機能をもっており、そこから王の広場で催される行事を見ることができた。このアリ・カプ門の内部の部屋には、非常に美しい装飾がほどこされていた。

あり，モスクが162，マドラサ（学院）が48，隊商宿が1802，公衆浴場が273あって，人口は60万と記している。水路がめぐらされ，数多くの庭園があったので，遠くから眺めると森のように見えたというこの都市は，何にも増して人びとが安楽に暮らせる場所だった。まさに有名な言葉の通り，「イスファハーン・イ・ニスフ・イ・ジャハーン（イスファハーンは世界の半分）」だったのである。

シャー・アッバースの功績

1588年に絶望的な情勢のなかで統治を始めたシャー・アッバースだったが，1629年にその生涯を終えたときには，イランは世界の強国の座についていた（彼の治世以降，イランがその地位についたことは，まだない）。シャー・アッバースは国境線を確立し，経済振興をはかり，交易をとくに奨励し，イラン美術の保護が盛んに行なわれる状況を生みだした。交易と美術の両面で中心となったのは，美しい首都イスファハーンだった。シャー・アッバースはそのうえ，サファヴィー朝の支柱を建て直し，中央集権化した強力な統治機構と，それに適合した思想体系を築きあげた。その統治機構のおかげで，後継者たちの弱体化した治世下にあっても，サファヴィー朝は100年近くのあいだ持ちこたえることができたのである。

ロバート・シャーリーが，シャー・アッバースについて，こうのべている。「この人物の人となりは，たとえば理解力にすぐれているところなどを見ても，その社会的役割に適したものといえる。たいへん見栄えのよい，均整のとれた体つきをしていて，力強く活動的だ。顔色は召使のようにいくぶん黒く，それが日に焼けてますます黒くなっている。内面は，きわめて王にふさわしく，賢明で勇ましく，寛大で穏健，情け深い。また，行き過ぎに思えるほど正義を重んじている。そのほかにも王にふさわしく，慢心や虚栄心はなく，王にあるまじき罪や行為にふけることがないといった美徳も備わっている」

このほかにも，つけ加えておくべき資質がある。シャー・アッバースは知的好奇心が強く，イスラーム教やキリスト教の神

学者から，西欧の商人や外交官まで，会う機会のあった多くの人びとと会話を交わした。指導力にもすぐれており，家臣はこの王のために全力を尽くした。彼は変装をしてイスファハーンの街路を歩くなど，庶民的な面もあり，民衆から愛されていた。美術に鑑識眼をもっていたことは，彼が手がけた建築物が証明している。

　こうしたシャー・アッバースの途方もない活力は，周囲の者を奮い立たせたが，その一方で，不忠な行ないには情け容赦がなかった。実際，反乱を恐れるあまり，シャー・アッバースは大きな失敗を犯すことになった。その失敗とは，息子たちの処遇である。彼はまず，当時の習慣に従って，息子たちを地方長官に任命した。もっとも，未成年のうちは，キジルバシの族長が彼らの後見を務めることになっていた。ところが，一度反乱が起こったあとは，シャー・アッバースは息子たちを後宮(ハーレム)に閉じこめてしまった。相手といえば宦官と女性だけの後宮で，息子たちは俗事には関知せずに育った。彼らが後宮の外に出るのは，シャー・アッバースに随行して遠征に出るときだけだった。息子を遠征にともなうのも安全対策のひとつだった。

　こうして反乱の目を摘むのがサファヴィー朝の慣習となり，その結果として，指導力に乏しい王族たちが次々と生みだされることになった。結局，シャー・アッバースの息子はだれひとり，父の跡を継ぐことができなかった。1615年，シャー・アッバースは長男のムハンマド・バーキールが陰謀をくわだてていると思いこみ，息子が風呂から戻ってきたところを刺し殺させた。陰謀をくわだてていることが発覚したほかの息子2人は，目をつぶされた。残る2人は父より先に死んだ。シャー・アッバース自身は1629年1月19日，マーザンダラーンの夏の離宮でその生涯を終えた。

シャー・サフィー1世

在位1629～42年

シャー・アッバース2世

在位1642～66年

シャー・スレイマーン

在位1666～94年

⇨シャー・サフィー1世は残忍で，意志の弱い支配者だった。とはいえ，シャー・アッバース1世から引き継いだ有能な行政官たちがいたため，サファヴィー朝は繁栄を維持することができた。

シャー・サフィー1世	
生年	1610年ごろ
父	ムハンマド・バーキール（シャー・アッバース1世の息子）
母	ディルラム・ハーヌム
妻	アンナ・ハーヌム（チェルケス人）
息子	スルタン・ムハンマド（即位名はシャー・アッバース2世）
娘	マリヤム・ベーグム
即位	1629年2月17日
没年	1642年5月12日
埋葬地	コム

シャー・サフィー1世

「これまでペルシアに，これほど残酷で流血をいとわなかった王がいなかったことは確かである」

クルシンスキー修道士『カルメル修道会年代記』

シャー・サフィーは，暗殺されたムハンマド・バーキールの息子，つまりシャー・アッバースの孫にあたる。彼の性格については，情報源によってかなりのちがいがあり，一部からは，とくにシャー・サフィーの支持を得ていたキリスト教徒たちからは，寛大で魅力的，愛想のよい人物と評されている。しかし，その他の評価では，国の利益のためにはやむをえない面もあったとはいえ，無慈悲で残酷な君主だったと評されている。

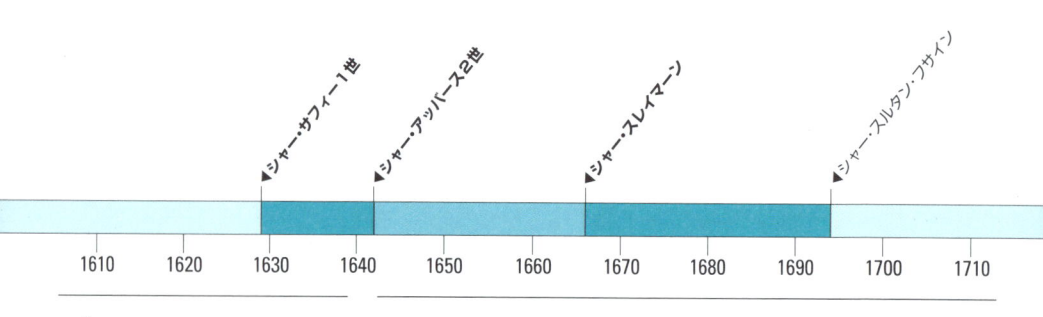

⇩野外で饗応をうける若者。1636年に制作された『バーキー詩集』より。この詩集はシャー・サフィーのために制作されたと考えられている。

事実、シャー・サフィーは即位後わずか5年のうちに、祖父に目をつぶされたおじ2人をふくむ王族の男子を、ことごとく暗殺したとされる。シャー・アッバース1世から引き継いだ高官の多くも、同様の運命にみまわれた。とりわけ衝撃的だったのは、グルジアおよびイラン北西部の下級役人と陰謀をくわだてたという不確かな理由によって、イラン南部の大部分を統治していたイマーム・クリー・ハーンとその息子を処刑したことである。イマーム・クリー・ハーンは祖父アッバースに仕えた軍総司令官アッラーヴェルディー・ハーンの息子だった。このイマーム・クリー・ハーンの処刑によって、その所領からあがる莫大な税収入が王室の財源に移ることになった。

一方、良い事績としては、王室図書館の工房を維持したことがあげられる。この王室工房は祖父アッバースが、絨毯や織物以外の高価な交易品の意匠を考案させるために復活させたものだった。さらにシャー・サフィーは、輸出に課した税収の目減りを補うために、王家の専売としていた貴重な絹をアルメニアの専売とすることに同意した。

だが、シャー・サフィーの指導力の欠如は、まもなく旧来の敵国にも知られるところとなる。1633年にはオスマン帝国がアルメニアのエリヴァンを占領し、タブリーズの市街を破壊した。1639年にはバグダードも占領して、イラク全土とシーア派の聖地がある諸都

市をふたたび制圧した。これらの地域は，はるか後世の第一次世界大戦終結時まで，オスマン帝国の支配下に入ることになる。ホラーサーンとその北東部では，11回にわたってジャーン朝ブハラ・ハーン国の侵略にさらされた。約14年前にシャー・アッバースが征服したカンダハールも，1638年にムガル帝国に攻略された。

こうして次々に領土を失ったにもかかわらず，国庫の歳入は空前の水準に達していた。その秘密は，シャー・アッバース時代から受け継ぎ，しかもシャー・サフィーの気まぐれな殺戮をまぬがれた官僚たちの卓越した行政手腕にあった。そのなかでもっとも重要な人物が，サルー・タキ（「美しい髪のタキ」の意）という名で知られたミールザー・ムハンマド・タキである。彼はシャー・アッバースの治世下，マーザンダラーンの大規模な公共工事計画をとりしきった人物で，シャー・サフィーは1634年に彼を宰相に任じている。

無私無欲な清廉の士として名を知られたミールザー・ムハンマド・タキは，そのすぐれた行政手腕のゆえに他人からは好感をもたれなかった。しかし，1642年にシャー・サフィーが麻薬中毒をまぎらすために飲んだ大量の酒がもとで死去したとき，シャー・アッバース時代より領土が縮小したとはいえ，サファヴィー朝イランは比較的統治がうまく行なわれ，ひきつづき繁栄を誇っていたのである。

シャー・アッバース2世	
生年	1633年ごろ
父	シャー・サフィー
母	アンナ・ハーヌム
妻	ナキハト・ハーヌム
息子	サフィー（スレイマーン），ミールザー，ハムザー・ミールザー
即位	1642年5月12日
没年	1666年10月25日あるいは26日
埋葬地	コム，父の墓所のすぐ近くに埋葬された。

シャー・アッバース2世

「この王は肉欲におぼれるあまり，国政をかえりみなかった。(略)『飲酒』による喉の炎症が，アッバース2世の直接の死因である。(略) その他の点では (略) 公平で寛大，高潔な君主だった。西欧人が好きで，キリスト教の伝道師を放任しておいてくれた」

『カルメル修道会年代記』

1642年5月12日，アッバース2世は8歳半のときに父から王位をうけついだ。この即位は，幼いシャーの祖母とサルー・タキの尽力によるものだった。サルー・タキは宦官だったので，

↑シャー・アッバース2世は裁判に情熱を燃やしただけでなく、酒にも情熱を燃やした人物だった。サーンソン修道士は語っている。
「態度は物柔らかだったが、それでも威厳があった。その声は力強く、耳に快かった。穏やかに話し、きわめて人当たりがよく、おじぎをすると、少しは返礼をしようと思うのか、いつも笑みを浮かべながら、丁重にうなずくのだった」

後宮に出入りができたのである。

アッバース2世が幼くして即位したことは、ある意味では幸運だったといえる。後宮（ハーレム）内だけで育つのではなく、政務に必要な教育をうけることができたからである。彼は馬術や狩りやポロに熱中し、宗教書が十分に理解できるまで読み書きを学んだ。そして、シーア派の神学に終生、関心をもちつづけるだけの基礎を身につけた。イランの画家だけでなく、ヨーロッパ人の画家からも絵の手ほどきをうけた。また建築にも関心をもったが、それは自身も建築の後援者だったサルー・タキの影響によるものだろう。

シャー・アッバース2世が表舞台に登場したのは、ある残酷な事件がきっかけだった。1645年、彼が12歳のとき、サルー・タキがキジルバシの族長たちによって暗殺されたのである。数日後、アッバース2世は暗殺者たちを処刑した。このときを境に、彼は統治にのめりこんでいった。その統治にみられるひとつめの特徴は、王領地の拡大と、それにともなう王室財源の増加によって、王権を確固たるものにしたことである。

2つめの特徴は、曽祖父シャー・アッバース1世の血を受け継ぎ、裁判に情熱をそそいだことである。彼は週のうち3日、軍事および民事の裁判をとりしきった。さらに2日間を費やして、領土全域からの苦情を聞いた。アッバース2世がしばしば現場に介入して、役人から不当な扱いをうけていた農民やその他の領民を守ったのは、こうした努力の結果だった。ヨーロッパ人たちは、イランの農民の生活はヨーロッパよりも、はるかによいと見ていた。アッバース2世はおおむね、宗教問題には寛大で、とくにキリスト教徒にはかなりの自由をあたえていた。唯一の例外はユダヤ教徒で、彼らはイスラーム教への改宗を求められた。

一方、対外関係については、アッバース2世は消極策をとった。オスマン帝国に奪われた領土をとり返そうと試みることはなく、その治世に獲得した領土は、1648年に奪還したインド

第4章 サファヴィー朝, アフシャール朝, ザンド朝, カージャール朝

との交易ルートの要衝, カンダハールだけだった。この消極策が裏目にでて, サファヴィー朝の常備軍, とりわけ砲兵隊が弱体化していった。その一方で, ヨーロッパ諸国の貿易会社（東インド会社), とくにイギリス, フランス, オランダのイランへの進出は勢いを増していた。大きな流れでいえば, 当時のイランはヨーロッパに門戸を開きはじめていたのである。イランの交易商人がヨーロッパへ赴き, 逆にヨーロッパの商人たちもイラン領内, なかでも王都イスファハーンに滞在するようになった。その様子は絵画に描かれ, 画風にも影響をあたえた。

美術と建築の保護

シャー・アッバース2世がイスファハーンに残した2大建築物のひとつには, ヨーロッパの影響がはっきり表れている。チェヘル・ソトゥーン宮がその建物である。「チェヘル・ソトゥーン」とは「40本の柱」という意味だが, 実際の柱は20本で, 残りの20本は宮殿のまえに広がる長方形の池に映しだされるという趣向だった。この優美で印象的な謁見用の建物は, アリ・カプ宮殿地域にある。謁見の間とそれに隣接した部屋を飾る多くの壁画のなかには, 近隣諸国に対するサファヴィー朝の寛大さを描写したものや, 文学に題材をとったもの, ヨーロッパ風

⇩イスファハーンにあるチェヘル・ソトゥーン宮。シャー・アッバース2世が1647年に完成させたこの宮殿は, 謁見の間にある6点の大きな壁画で知られる（そのうちの2点は, ⇨p.272とp.277参照)。現存する部屋の装飾はいずれも, アリ・カプ門の装飾と似ており, 壁画の一部にはヨーロッパ風の服装をした男女を描いたものもある。

サファヴィー朝

↑貴婦人が鉢に入っているワインを飲む犬を眺めているところ。はっとするほどのしどけない姿態は、当時のイスファハーンの社会が扇情的な雰囲気を帯びていたことを示している。これはミール・アフザール・トゥナの作品で、1640年ごろ、イスファハーンで制作された。

絵画におけるヨーロッパの影響

シャー・スレイマーンの治世下、絵画はひきつづきシャー・アッバース2世の時代に始まった西欧化の流れをたどることになった。宮廷画家たちはヨーロッパの版画に精通し、そこから学ぶことを奨励された。この流れのなかで指導的な立場にあったのは、ヨーロッパの版画の模写とともに、個性的な貴族の群像を描いたアリー・クリー・ジャッバダールと、陰影や衣服の繊細なひだ、空をゆく鳥の群れなどの描写に技量を発揮したムハンマド・ザマンだった。

市場で売られる絵も西欧化の流れに追随し、キリスト教を題材にしたヨーロッパの版画にならった絵も登場するようになった。こうした絵はアルメニア人の注文によって描かれたものだろう。ある画家は作品に次のような署名をしている。「ヨーロッパ風の絵を描くバフラムの息子にして、ヨーロッパ風の絵を描くジャンニ」

の絵画もふくまれている。

アッバース2世が残した2つめの建築物は、ザーヤンデ川にかけられた美しいハージュ橋である。水門の役目もはたすこの橋の中央には、八角形の東屋が位置し、両端に八角形を半分に割った形の東屋（あずまや）がある。そのほかにも、アッバース2世はイスファハーン、カーシャーン、カズヴィーン、コムの金曜モスクの改修を支援し、マシュハドとコムのシーア派聖廟とアルダビールのサファヴィー家の霊廟の建築にも貢献した。

この時代の絵画は、サファヴィー朝社会の本質的な変化と、外部からの影響に対する開放的な姿勢を反映したものとなった。この時代の技法や表現様式には、直接的な影響であれ、ヨーロッパの影響をうけて発展したムガル絵画を通じた影響であれ、さまざまなヨーロッパ絵画の特徴が見うけられる。明暗法を試みた作品もいくつか残されており、ヨーロッパ風の建物を背景に、花や草がヨーロッパの植物画のような緻密な筆致で描かれている。なかでもレザー・アッバースィーの作品は、多くの画家たちの原点になったといわれている。

絵のテーマはもはや、宮廷工房で好まれた英雄物語やイラン文学の傑作ではなく、日常生活のひとこまや、伊達男、ピクニック、恋人たち、ヨーロッパ人、織物商、頭をかいている老人などとなった。このような絵は、鑑定家や貴族、商人たちが収集して、一冊の画集にまとめられた。そうしたなかには、開放的なエロティシズムを表現した絵もあった。

当然のことながら、ウラマーたちは宮廷のふしだらな風潮に異議をとなえた。飲酒や肖像を描くことも禁止しようとしたが、うまくいかなかった。ウラマーたちは、アッバース2世がキリスト教を容認していることや、イスラーム教徒の訴訟手続きに積極的に介入してくることに不快感をあらわにした。フランス人旅行家のシャルダンが、あるウラマーから聞いた話を伝えている。そのウラマーは王たちが不当で、不信心だと言い、また

自分たちの務めは，もっとも学識の高いウラマーの命令のみに従って行動することだとも言ったという。これはアッバース朝の将来に向けての，大きな警告だったといえる。

結局，シャー・アッバース2世は度を過ぎた飲酒が原因で，1666年10月25日あるいは26日に32歳で没し，父の墓所のすぐそばに埋葬された。彼の治世をもって，サファヴィー朝の繁栄はその頂点に達したといえるだろう。

シャー・サフィー2世／シャー・スレイマーン	
生年	1647年
父	シャー・アッバース2世
母	ナキハト・ハーヌム
妻	不明
息子	アッバース，フサイン，そのほかに5人。
娘	シャール・バヌー
即位	1666年11月1日，2度めの即位：1668年3月20日
没年	1694年7月24日
埋葬地	コム

シャー・スレイマーン

「彼は即位した当初は，暴君にままあるように，性質のよさを前面に出し，父祖である英傑たちにも引けをとらなかった。ところが，取り巻きの甘言に耳をかたむけ，怠惰に身をまかせるようになると，統治を投げだしてしまった。残酷な所業におよび，酒におぼれ，暴飲暴食，好色にふけり，言語道断な搾取を行なうようになった」

ジョン・フライヤー（イギリス人旅行家）

1666年11月1日，スレイマーンは19歳で王位についた。チェルケス人奴隷を母にもったスレイマーンは，王になる準備といっても，後宮(ハーレム)の女性や宦官に囲まれて日々を過ごしただけで，世事にはまったく疎かった。彼は父親の弱点だった飲酒癖と麻薬依存，好色をすべて受け継いでいた。おまけに短気，怠惰，迷信深さという，父にはなかった弱点も持ちあわせていた。その反面，彼は平和を愛し，人をひきつける魅力の持ち主だったことでも知られている。

スレイマーンは即位すると，まずシャー・サフィー2世を名のった。だが即位後，次々と悲惨な出来事が起こった。飢饉や疫病の頻発，大地震，物価の高騰，カスピ海沿岸地域へのコサック人の侵入，さらにはみずからも病に倒れたのである。このような惨状は，即位の日どりを決めた占星術師がまちがっていたからだということになり，あらためて即位の日どりが設定された。彼は1668年5月20日に2度目の即位にのぞみ，シャー・スレイマーンを名のった。

まもなく，スレイマーンには国政に対する意欲が欠けている

ことがあきらかになった。彼は後宮に引きこもり，国事の処理は大臣たちに任された。ところが，時がたつにつれて，朝の謁見の慣習がなくなり，シャーに近づくことはますます難しくなっていった。スレイマーンは国事について，取り巻きの女性や宦官に相談するようになり，後宮の中に内密の行政機関が確立された。国家の官僚は，後宮の行政機関が決めたことを実行するだけの存在になり，国政は宦官や側室，王女たちのおもちゃと化してしまった。その結果，権力の濫用がまかりとおり，弾圧や腐敗に歯止めがかからなくなってしまった。国益を無視した行政判断が横行し，軍は無用の存在となっていった。

　1694年2月24日に，シャー・スレイマーンはイスファハーンで没した。死因は資料によって異なり，痛風や大酒を飲んだすえの脳卒中，長年の不節制などの諸説がある。シャー・スレイマーンが，先祖からの輝かしい遺産を浪費したことは疑う余地がない。しかし，彼は国土の平和を保ち，華麗な王室を維持した人気のある君主でもあった。また絵画の鑑識眼にもすぐれ，イラン美術のさらなる西欧化に主導的な役割をはたしたことも功績のひとつだったといえるだろう。

⇩28年余にわたる統治期間に，先祖の遺産をすっかり浪費してしまったシャー・スレイマーン。この絵では，廷臣たちとともに描かれている。1670年ごろのアリー・クリー・ジャバッダールの作品。

シャー・スルタン・フサイン

在位1694～1722年

⇨怠惰で，ひどく妻に甘く，信仰心にあつく，結局は大酒飲みになりさがったシャー・スルタン・フサインの治世下，サファヴィー朝は崩壊し，1772年にイランより兵力の劣るアフガン系のギルザイ族に征服された。この絵には，1721年に新年［ナウルーズ］の贈り物を配るスルタン・フサインが描かれている。1721年，イスファハーンで制作された。ムハンマド・ザマンの息子ムハンマド・アリーの作品。

シャー・スルタン・フサイン	
生年	不明
父	シャー・サフィー2世（シャー・スレイマーン）
母	不明
妻	多数
息子	タフマースブ，ムハンマド，サフィー
即位	1694年8月6日
没年	1726年，アシュラーフ・ギルザイによって処刑された
埋葬地	不明

シャー・スルタン・フサイン

「シャー・スレイマーンには，王位継承の資格をもつ腹ちがいの息子が2人いた。年上の息子がアッバース・ミールザー，年下の息子がフサインである。フサインは身体に障害があるため不利だった。両脚がひどく曲がっていたうえに，偏平足だったのである。そのため，生まれつき野心とは縁がなく，孤独を愛し，『コーラン』を読むことに没頭していた。そこで彼は『ダルヴィーシュ（托鉢僧）』というあだ名で呼ばれた」

『カルメル修道会年代記』

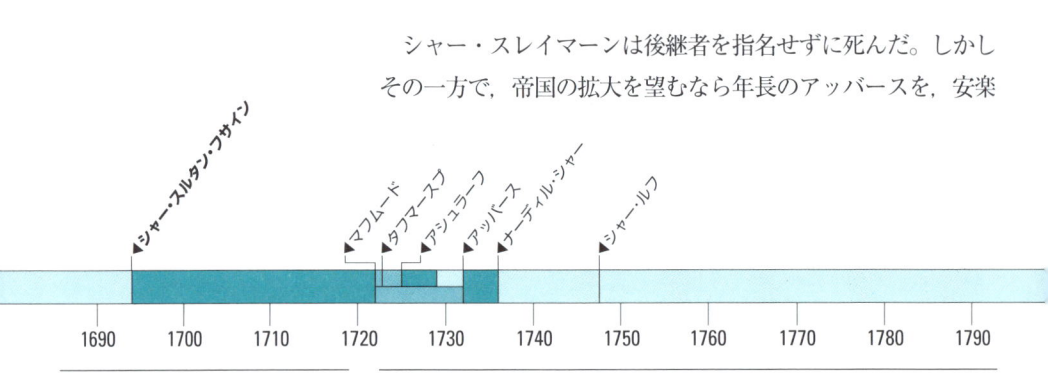

　シャー・スレイマーンは後継者を指名せずに死んだ。しかしその一方で，帝国の拡大を望むなら年長のアッバースを，安楽

サファヴィー朝

> **スルタン・フサインの後宮**
>
> 「この王の命ずるままに『後宮(ハーレム)』を維持することは，国家にとって大きな負担だった。その費用は歴代の王たちが後宮に使った費用の3倍に達していたからである。
>
> 『後宮』に置かれた女性の人数にしても，驚くほど贅沢で華美なその暮らしぶりにしても，歴代の王のどの治世にも見られなかったものだった。なにしろ，この王が即位して最初に手がけたことは，ペルシア中の美しい女性を残らず探しだし，『後宮』に連れてこさせることだった。(略) そして，世界中の好色な王の頂点にたつためには，どんな出費もいとわないと公言してはばからなかった。(略)
>
> 後宮の女性たちにはそれぞれ担当する宦官と専用の侍女がつけられ，化粧や必需品にかかる費用には際限がなかった。(略) こうした「後宮」の維持費用のほかに，シャーは嫁ぐことになった女性には相当な額の持参金をあたえ，廷臣だけでなく，宮廷に仕える下級の役人や宮廷の料理人までつけてやった」
>
> デュ・セルソー修道士『カルメル修道会年代記』

な時代を望むならフサインを選ぶようにと，廷臣たちに告げていた。スレイマーンの死を知ったフサインのおばのマリヤム・ベーグム王女は，穏やかで従順なフサインを推すほうが今後の利益につながると，宦官たちを強引に説得した。こうして，好戦的で男らしく，冷静で有能なアッバースの王位継承の望みは，怠惰で妻の言いなりで，信仰心にあつく，ゆくゆくは大酒飲みになるフサイン支持者のまえに潰えてしまったのである。

1694年8月6日，フサインは正式に即位した。こうしてふたたび王が周囲の権力者の言いなりになる時代が開始された。即位式を主宰し，若い王に剣を授けたのはイスラーム教の導師(シャイフ)で，当時もっとも学識のある神学者だったバーキール・マジュリシーだった。サファヴィー朝の社会でウラマーたちが権威を増しつつあった情勢を反映して，マジュリシーはフサインに大きな影響力をふるった。マジュリシーは，飲酒を禁じる法をはじめ，厳密な解釈に基づいたイスラーム法を執行するようフサインを説き伏せ，サファヴィー家が代々継承してきた信仰であるにもかかわらず，現在は正統から外れているとして，イスラーム神秘主義に反対する立場をとった。政策はしだいにシーア派の正統な教義に従わない者たちに対し，不寛容になっていった。イスラームの学問における偉大な功績のひとつだった哲学が弾圧され，キリスト教徒やユダヤ教徒の生活が困難になり，スンナ派の人びとはシーア派への従順を強いられているように感じた。

後宮(ハーレム)の実力者たちは，マジュリシーに報復するため，フサインに酒を教え，王族の弱みである飲酒癖につけこもうとした。この策略は，みずからも酒豪だったマリヤム・ベーグム王女の主導で実行に移された。こうしてマジュリシーの不寛容策は打破されたが，それがうまくいったのは，シャーの地位にかかわる考え，つまりシャーは無謬であるという考えを効果的に使ったからだった。

とはいえ，その多くがイランの国境地域に住んでいたスンナ派への圧迫が弱まることはなかった。また，ヘラートのアブダーリー族(のちのドゥッラーニー族)とカンダハールのギルザイ族が反乱をおこした。両者ともにアフガン族の一部族である。

1720年になるとコーカサス、クルディスタン、フージスターンの情勢が不穏になる一方で、オマーンがペルシア湾沿岸地域を脅かしはじめた。

しかし本当の危機は、だれもが予想しなかったギルザイ族によってもたらされた。1704年にギルザイ族が起こした反乱が鎮圧されたとき、サファヴィーの宮廷に囚われの身になった指導者のミール・ワイスは、サファヴィー朝体制の弱点を看破した。ミール・ワイスの息子マフムードが父の情報によって、強力なサファヴィー朝と対戦する気になったのはまちがいない。マフムードは1719年にイランのケルマーンに進軍したとき、地方長官が逃げだしたのを知って、サファヴィー朝の弱さを実感したが、このときはカンダハールに反乱がおきて、ただちに帰還せざるをえなかった。

1721年にマフムードはふたたび進軍を開始した。このときもケルマーンとヤズドの占領に失敗したが、なおもイスファハーンに向って進撃をつづけた。1722年5月8日、マフムードの軍勢1万8000はグルナーバードの平原で、重砲兵部隊を擁する4万2000のサファヴィー軍と対峙した。その日の夕刻にはサファヴィー軍は散り散りになってイスファハーンに退却した。将軍たちの統率力のなさが、大きな犠牲を生んだのだった。ついで長期の攻囲戦が始まり、苦難のなかで何千人もが飢えや疫病、あるいは脱出に失敗して死んでいった。

10月になってフサインはマフムードに降伏した。10月23日、フサインはマフムードにあとを託し、退位を宣言すると、君主の象徴である宝石のついたサギの羽根飾りを手ずからマフムードのターバンにつけた。その2日後、フサインはマフムードの左側に随行し、ともに馬に乗ってイスファハーンの市街へと入った。

こうして、サファヴィー朝の栄光の時代は終わりを告げた。フサインの功績としては、ひきつづき王室図書館の工房を援助したことがあげられる。フサインの名を冠した建物も建設された。ひとつはイスファハーンに建設した新たな宮殿、もうひとつはファラハーバードに建てた娯楽施設である。さらにフサインの母は、サファヴィー朝最後の大建設工事の資金を提供し、

⇨イスファハーン，チャハール・バーグ・マドラサの西側からの眺め。1706年から14年にかけて，シャー・スルタン・フサインの母によって建てられた。「マダーリィ・シャー・マドラサ」の名で知られる，サファヴィー朝最後の宗教施設である。このマドラサにかかる費用を補うために，隊商宿とバザールの施設が併設された。

フサインの母はティムール朝やムガル帝国の女性たちと同じように，宗教施設の建築を支援した。この複合施設の意義は，その規模の大きさと，それを可能にしたサファヴィー朝の後宮の女性たちの富と権力を象徴している点にある。

1706年から1714年にかけてチャハール・バーグ・マドラサとそれに付属する隊商宿とバザールからなる複合施設を建てさせた。

だが，こうした功績をのぞくと，フサインはサファヴィー朝を衰退させた元凶だったといえる。フサインは統治能力に欠けていただけでなく，後宮やウラマーからの影響力を増大させ，行政組織の腐敗と軍の衰退を招いた。スルタン・フサインは幽閉の身となっていたが，1726年にマフムードの後継者アシュラーフによって処刑された。

ギルザイ族の支配とサファヴィー朝末期の君主たち　1722－73年

ギルザイ族が支配した時期は，わずか7年にも満たなかった。ギルザイ族はイランのほぼ全域を制圧しようとしたが，その試みは失敗し，ついには混乱状態に陥った。スルタン・フサインが失脚したあとも，長いあいだサファヴィー朝の威信が消えなかったのはまちがいない。そして，王位を奪った者たちの心には，不安が根強く残っていた。

フサインの息子であるタフマースプ王子を支援しようというカズヴィーンの市民たちの動きは，マフムードをイスファハーンにおける多量虐殺へと駆り立てた。彼はこのとき，サファヴィー朝の要人をほぼ300人，その息子たち200人，イラン人近衛兵を3000人殺害した。サファヴィー家の第二王子のサフィーが逃亡すると，**マフムード（在位1722〜1729年）**は残りの

イスファハーンの要人や兵士を殺戮したマフムード

「マフムードは1723年1月25日に約300人の要人を晩餐に招くと、彼らが宮殿に到着するやいなや、25人ばかりを除いて、むごたらしく殺害し、衣服をはぎとったあと、死体を『王の広場』に放りだした。2日後には有力者の息子たち200人を街の郊外で殺戮した。それはまるで野ウサギを殺すようだったと、年代記の筆者はのべている。

1723年1月31日には、同じ運命が近衛兵たちを襲った。新たな王に忠誠を誓った3000人におよぶペルシア人が、ピラフや肉のもてなしをうけていた。彼らは食べているあいだに、武器をとりあげられ、宮殿の庭でアフガン族に殺された。先代の王に従っていた兵士はひとり残らず見つけだされ、見つかりしだいその場で殺された。

クルシンスキー修道士
『カルメル修道会年代記』

王子たちを捜索し、見つかった王子たちの首をみずから落とした。マフムードは1725年に殺害され、その甥にあたる**アシュラーフ（在位1725〜1729年）**がとってかわった。

アシュラーフはすぐにマフムードの支持者を、みずから属するアフガン族もふくめて処刑し、自分の兄弟を失明させた。幽閉されていた先王スルタン・フサインにオスマン帝国が支援の手をさしのべることを危惧し、1726年にスルタン・フサインの首もはねた。このような所業の結果、政情が不安定になり、1729年に、アシュラーフはナーディル・クリー・ベグ・アフシャール（のちのナーディル・シャー：⇨右頁）に敗れ、1730年に処刑された。

ギルザイ族が支配した7年のうちに、サファヴィー朝の王を僭称する者が18人におよび、アフシャール朝の初期にはさらに12人の僭称者が現れた。そのなかには本物のサファヴィー家の王子も何人かふくまれていた。スルタン・フサインの皇太子タフマースプはカズヴィーンに逃れ、1722年11月にその地で**タフマースプ2世（在位1722〜32年）**としてみずから王を宣言した。イラン北部で亡命生活を送っていたタフマースプは、アシュラーフを破った有能な将軍、ナーディル・クリー・ベグ・アフシャールと盟約を結び、その力をかりてイスファハーンで王位に返り咲いた。

その後1723年にタフマースプがオスマン帝国に敗れると、ナーディルは酒におぼれた無能力者として王を追放した。サファヴィー家のカリスマ性を知っていたナーディルは、それでも傀儡が必要だと考え、タフマースプの生後8カ月の息子**アッバース3世（在位1732〜36年）**を傀儡として王位にすえた。この幼王の治世は1736年まで続いた。サファヴィー家の最後の傀儡となったのは、**イスマーイール3世（在位1750〜73年）**だった。イスマーイール3世はカリーム・ハーン・ザンド（⇨p.320）のお飾りに過ぎなかった。

アフシャール朝
1736〜96年

ナーディル・シャー
在位1736〜47年

シャー・ルフ
在位1748〜50年，復位1750〜96年

⇧ナーディル・シャーは目ざましい戦いぶりで各地を征服し，世界にふたたびイランの国力を見せつけた。しかし，民衆を虐げたため，彼が死去したとき，人びとは喜んだ。

ナーディル・シャー	
生年	1688年11月16日
父	イマーム・クリー・ベグ
母	不明
妻	氏名不詳の女性（アビーワルドのババ・アリー・ベグの上の娘），氏名不詳の女性（ババ・アリー・ベグの下の娘），ラズィーヤ・ベーグム（シャー・スルタン・フサインの娘），氏名不詳の女性（ブハラのアブル・フェーズの娘）
息子	レザー・クリー，ナースィッラー，イマーム・クリーなど5人
即位	1736年春
没年	1747年6月20日，みずからの軍に殺害された。
埋葬地	マシュハド

ナーディル・シャー

「将軍の長男が，（略）ハマダーンを治めていたとき，貧しい市民の家を引き倒して，広場(マイダーン)を広くしたのち，馬に乗って競技を楽しんだ。（略）このとき彼は，父のタフマースプ・クリー・ハーン将軍［ナーディル・シャー］の許可をとっていなかった。将軍がバグダードへの最後の攻撃を終えて帰還すると，くだんの家の持ち主が将軍にじかに苦情を申し立てた。将軍はまだ係争中だというのに，その場で息子を絞殺するよう命じた。処刑後，（略）息子は生きている兆候を見せて，息を吹き返した。そのことを知らされた将軍はふたたび，息子の殺害を命じた」

レアン・ドロス修道士『カルメル修道会年代記』

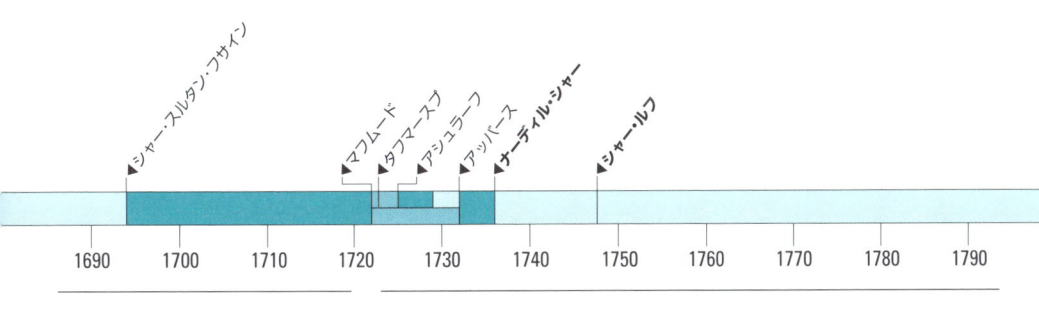

ナーディル・シャーの残虐行為

「あれは2年前,すなわち1745年12月28日,あの暴君がペルシアの王位を簒奪して,はじめてイスファハーンに入ったときのことだ。この日は『幼子の日』〔訳注:ヘロデ王の命令でベツレヘムの2歳以下の男児が虐殺された日〕だった。

ヘロデ王に増して残虐な,この第二のヘロデ王は,イスファハーンに到着すると即刻,不当な裁きの場を開いた。その場に座るのはたったひとり。あの暴君こそが告発人であり,目撃者であり,裁判官なのだ。強欲が弁護人を務め,残虐が官憲,暴君の自由裁量が法だった。ただちにさまざまな口実の下で,身の毛もよだつ大量殺戮が開始された。イスファハーンの長官,ニュー・ジョルファー(アルメニア人居住区)の市長など,国家の重要人物が多数処刑された。

むごたらしい光景が街のいたるところで展開され,とくに『王の広場』では,あらゆる階級の人びとが宮廷の役人の手で拷問にかけられた。それは暴君の命令により,金品を巻きあげるためだった。鼻や耳を切り落とし,目玉をくりぬき,手足を切断する,あるいは棒で足の指の爪をすべて,たたき落とすなどの行為が,日常茶飯事だった」

バグダード司教
『カルメル修道会年代記』

生涯を通じて勇敢な指揮官であり続けたこの非情な男は,1698年11月16日,ホラーサーン北部の高地に位置するダストギルドという要塞の町で生まれた。サファヴィー朝が治安を守るために,アゼルバイジャンからホラーサーンに移住させたトルコ系のアフシャール族の出身である。ナーディル・クリー・ベグは若いころ,ホラーサーンの交易ルートを通行する商人たちを盗賊から守って暮らしを立てていたといわれるが,やがてアビーワルドの地方長官が率いる軍の下士官になり,地方長官の娘と結婚した。それと同時に,未亡人だったナーディルの母も地方長官と結婚した。

ナーディルは1720年代初頭,この地方の拠点であるカラト要塞を支配下におくと,中央の勢力が崩壊したのをいいことに,外交と武力を駆使して,敵対勢力を制圧したり,滅ぼしたりした。そしてすぐに,有能な指揮官として,ホラーサーンの支配権をうかがうだけの力をつけていった。

1720年代の半ばになると,マーザンダラーンのキジルバシの族長ファトフ・アリー・ハーンの機嫌をうかがっていたタフマースプ2世は,ナーディル・クリー・ハーンの助力があれば,イスファハーンで王位を奪回できるのではないかと考えた。この2人が顔をあわせたとき,タフマースプはナーディルを「タフマースプ・クリー・ハーン」(「タフマースプの奴隷であり支配者」の意)と改名させた。1727年,ナーディルはタフマースプの認可を得て進撃し,ホラーサーンの主要都市マシュハドを占領した。その後,ヘラートを制圧してイラン北東部の足場を固めると,イスファハーンでギルザイ族のアシュラーフに勝利し,タフマースプを王位につけた。さらにタフマースプの妹と結婚して,その地位を磐石のものにした。

1730年から36年にかけて,ナーディルは自分の軍事行動に正統性をあたえるため,サファヴィー朝を利用した。彼は卑屈な「奴隷」とはほど遠い男だった。1730年にはアフガン族の一部族のギルザイをイランから追い払い,ムガル皇帝ムハンマド・シャー(⇨p.252)に国境を閉鎖して,ギルザイ族を領内に入れないように要請した。この年には,ナーディルはオスマン帝国からハマダーンを奪回することにも成功している。2年

後にタフマースプ2世がオスマン帝国に敗北して,屈辱的な条件で講和を結ぶと,ナーディルは大軍を率いて,イスファハーンへと行進し,大混乱のなかでタフマースプ2世を退位に追いやった。その後,タフマースプ2世をホラーサーンに護送し,王宮の居住区を占拠すると,タフマースプ2世の息子をアッバース3世として王位につけている。

デュ・セルソー修道士は1740年にこう記している。「1732年8月28日,タフマースプ・クリー・ハーンは,(略)チェヘル・ソトゥーン宮に豪華な揺りかごを置くように命じた。幼い王はその揺りかごに寝かされ,揺りかごの横にターバンと王の象徴たる羽根飾りと軍刀が置かれた。そのあと,クリー・ハーンは法学者(ムッラー)と預言者の子孫のサイイド家の人びとを呼びよせ,せいぞろいした軍士官の面前で祈りを捧げたのちに,全員で[幼い]王の即位を祝った」

ナーディル・ハーンの即位

ナーディルは1733年,インドからバスラを経由して地中海にいたる交易ルートを支配するため,オスマン帝国に戦いを挑み,バグダードを占領した。1734年にはイラン南部で,ナーディルが統治を任せた男が反乱を起こしたが,これを鎮圧する。同じ年にナーディルはアゼルバイジャンまで勢力を伸ばしてきたスラブ人と戦い,1735年5月,ロシアとガンジャ条約を結

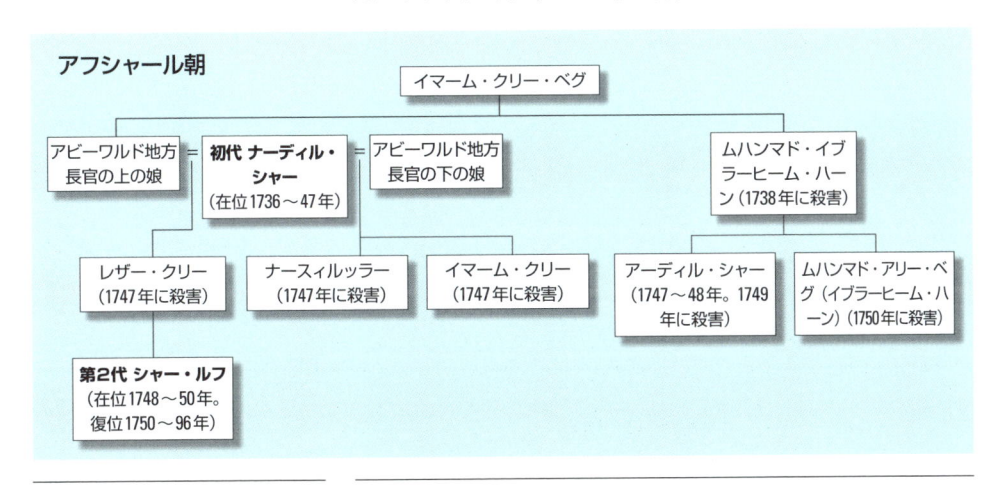

アフシャール朝

```
                    イマーム・クリー・ベグ
                           │
   ┌───────────────────────┼───────────────────────┐
アビーワルド地方 = 初代 ナーディル・ = アビーワルド地方    ムハンマド・イブ
長官の上の娘      シャー            長官の下の娘      ラーヒーム・ハー
                 (在位1736〜47年)                   ン(1738年に殺害)
   │                      │                              │
┌──┴──┐        ┌─────────┼─────────┐           ┌─────────┴─────────┐
レザー・クリー    ナースィッラー    イマーム・クリー    アーディル・シャー    ムハンマド・アリー・ベ
(1747年に殺害)   (1747年に殺害)   (1747年に殺害)   (1747〜48年。1749  グ(イブラーヒーム・ハー
                                                年に殺害)        ン)(1750年に殺害)
   │
第2代 シャー・ルフ
(在位1748〜50年。
復位1750〜96年)
```

んだ。これによってイランははじめて、ロシアと国境を接することになった。

1736年1月、ナーディルはイランの族長や有力者をアゼルバイジャンのムガン平原に集めて大集会を開き、拍手喝采を得て王位につこうとしたが、ことは思惑通りには進まなかった。ナーディルが野営地一帯にスパイを放つと、年老いた法学者が、サファヴィー朝から王座を奪ったナーディル一族はかならず病に倒れるだろうと言ったのが天幕越しに聞こえてきた。翌日、その法学者は参加者全員のまえで絞殺された。有力者たちは首にひもをかけられ、ナーディルのまえに引きずりだされると、忠誠を誓わせられた。こうして3週間がすぎ、イラン暦の新年〔訳注：太陽が春分点を通過する時刻〕があける直前に、ナーディルは王位につくことができた。

⇩馬上で戦うナーディル・シャー。この絵は、アリー・クリー・ジャバッダル（⇨p.303）の子アブドゥル・ベグの息子のムハンマド・アリーが描いたものと思われる。ナーディル・シャーは当時アジアで最強の軍を率いていたとされる。

ナーディル・シャーとイスラーム教の新しい宗派

即位式の直前に、ナーディルはイランに新しい信仰をもたらすことを表明した。というのも、このときナーディルは、2つの大きな問題をかかえていた。第一の問題は、依然としてサファヴィー朝と結びついている宗教的な威光で、その威光がイラン人の多くがシーア派に改宗する動機と密接に関係していることだった。第二は、そのせいで国境地域に住むスンナ派のアフガン族やトルコ系民族の扱いがむずかしくなっていることだった。そこでナーディルは、オスマン帝国の大使やシーア派以外の宗派の代表者のまえで、新たにジャファル派を創始することを宣

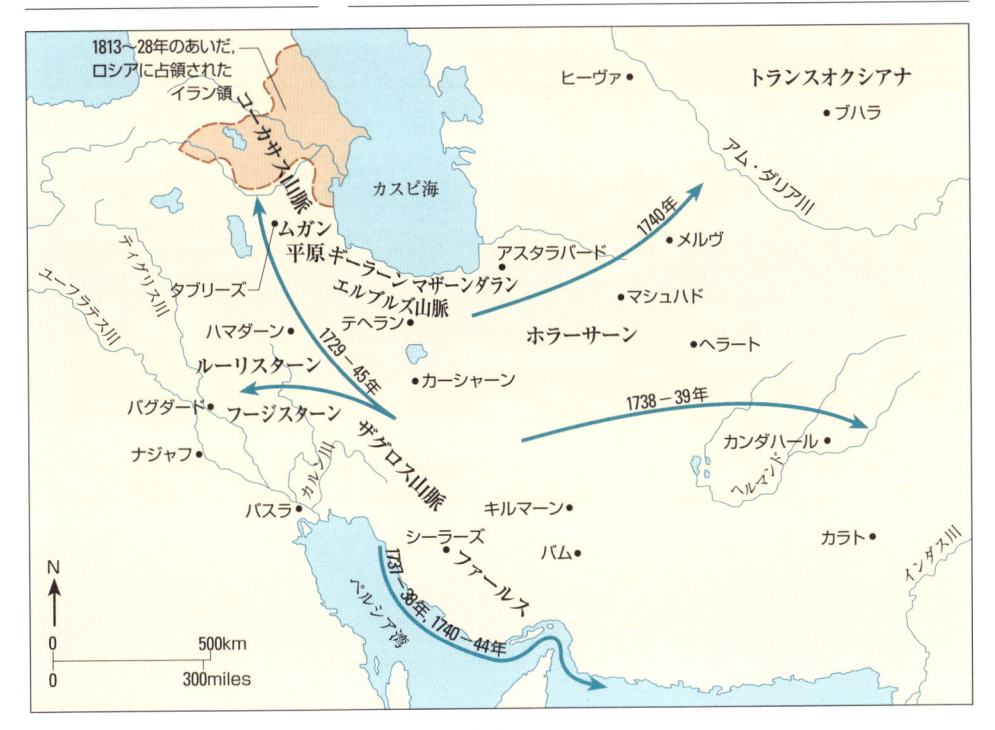

↑この地図を見ると、ナーディル・シャーが、わずか12年間の統治期間に、いかにしてアフガン族に勝利し、ムガル帝国を打破し、ウズベク人を征服し、オマーンに侵略し、北東方面のオスマン帝国に対してイランの国力を見せつけたかがわかる。

言したのである。

　ナーディルの主張は次のようなものだった。イラン人は第6代イマームのジャファル・ッサーディクをはじめ、イスラーム教徒ならだれでも受け入れることのできるイマームたちを信仰する。信者は最初の3人の正統カリフを呪うシーア派の慣習をやめなくてはならない。ジャファル派の信者をイスラーム教の第5の宗派として認めなくてはならない、今後は4つの宗派だけではなく5つの宗派が、毎年一回行なわれるメッカのカーバ神殿への巡礼を認められてしかるべきだ、というものだった。

　オスマン帝国はイスラーム共同体の創設当初までさかのぼるシーア派とスンナ派の対立、そしてナーディルの王国の統合を妨げている両派の不和を克服するために、この途方もない試みを正式に認めることを期待されていた。ところが、オスマン帝国はこれを拒否し、決定的な支持を得ようというナーディルのもくろみをふいにしてしまった。

ナーディル・シャーの作戦行動

　攻勢に転じたナーディルは, 彼がもっとも得意とする略奪めあての軍事制圧に専念した。みずからが有能な兵士であったナーディルは, 兵士は十分な給与さえあたえれば, 忠誠心が高まることをよく知っていた。1736年の秋に, 彼は兵士の給与をあげ, 3年がかりの遠征に資金を提供するようイスファハーンの商人たちに要求した。

　1737年の3月, ナーディルはふたたびカンダハールを占領し, 1738年にはムハンマド・シャーがアフガン族の支配に失敗したことを口実にしてムガル帝国の領土に侵攻し, 1739年2月24日, ムガル軍をカーナルの戦いで破った。3月12日, ナーディルは堂々とムガル帝国の首都デリーに入り, 略奪を開始した。市民の反抗とそれに対する仕返しが大虐殺を引き起こし, 組織的な略奪をまねいた。3月27日までにナーディルは, イランにおいて3年間にわたる免税と, 兵士たちには未払いの給与の支給, 6カ月分の給与に相当する特別手当の支給を可能にするだけの戦利品を獲得した。撤退するときには, アウラングゼーブのひ孫を息子ナースィルッラーの嫁にさしだすように要求した。

　ナーディルはさらに, 周囲の国との国境線の確定にものりだした。1740年にはブハラとヒーヴァを占領し, イランの旧敵であるトランスオクシアナのウズベク族を打ち破った。1741年にはペルシア湾を制圧するために利用していたアラブ人の水夫が反乱をおこしたのを契機に, 自前の海軍の創設をはじめた。インドから船を調達し, 膨大な木材をカスピ海沿岸の森林からペルシア湾沿岸まではるばる輸送した。1742年になるとロシアが独占している交易権を打破するために, カスピ海で艦隊の編成を開始した。同じ年にシーラーズ随一の富豪タキ・ハーンにオマーン侵略を命じた。残念ながら, 2年後にタキ・ハーンは反旗をひるがえし, オマーンの港市マスカットから反乱軍を率いて, イラン南部へ進攻した。

　1744年7月にはナーディルは, コーカサス地方でオスマン帝国との戦いを再開したが, スルタンにインドからダンスをす

る象を贈らせるという懐柔策も功を奏して，1747年1月に和平条約を結んだ。2つの国は相互に国境線を承認し，永遠の講和と相互の宗教上の利益を尊重することを約束した。この協定にはナーディルのジャファル派については一切触れられていなかった。ナーディルはこれをとうに放棄していた。

晩年にむかうとともに，ナーディルはしだいに不安に駆られるようになった。一説によると，それは暗殺計画が発覚したせいだという。その事件によって，彼は息子のレザー・クリーの目をえぐりだすよう命じることになった。この時期あきらかなのは，ナーディルがしだいにイランの市民を虐げるようになっただけでなく，徴税役人を拷問にかけるほど徴税に執着したという事実である。当然のことながら，民衆の蜂起が頻発するようになった。セバスチャン神父は1748年8月16日付けのイスファハーンからの書簡で，ナーディルの最期を次のように書いている。「残忍な男がこの冬に都にきてやったことは，邪悪にも人びとの手足を切断し，首を絞め，人びとに火をつけ，生き埋めにすることだけだった。そのすべてが金を奪うためだった。（略）おのれの冷酷な所業に満足すると，この浅ましい男はケルマーンの町に行き，（略）同じ所業におよんだ。さらにホラーサーンの中心都市のマシュハドに行き，暴虐のかぎりをつくし，はねた首で7基の高い塔をつくった。そこで甥のアリー・クリー・ハーンの2人の息子を生き埋めにし，その母親と妻の目をくりぬいた。ナーディルはマシュハドからさらに別の場所に向けて出撃した。その道すがら，こともあろうに護衛兵4000人を皆殺しにしてやろうと思った。しかし，兵士たちは非道な王のたくらみに気づき，勇気のある兵士10人が夜陰に乗じて王の天幕に入り，剣で暴君をめった切りにした。そして，その肉片を領内の各地に送ったが，切り落とした首は槍の先につけて意気揚々とねり歩き，物笑いの種にした」（『カルメル修道会年代記』）

シャー・ルフ	
生年	1734年
父	レザー・クリー・ベグ（ナーディル・シャーの息子）
母	ファーティマ・スルタン・ベーグム（シャー・スルタン・フサインの娘）
妻	不明
息子	ナーディル・ミールザー，アッバース・ミールザー，ナースィルッラー・ミールザー，イマーム・クリー・ミールザー
娘	不明
即位	1748年，復位1750年
没年	1796年，アーガー・ムハンマド・カージャールの拷問により死亡
埋葬地	ダムガン

シャー・ルフ

「ペルシアからの情報によれば，帝国の情勢はますます悪化し，生きるためのパンさえなくなるほど飢饉が猛威をふるっているという。

> かわいそうな宣教師たちは，どのように飢えをしのいでいるのだろう。彼らからの音信は，すでに何カ月も途絶えているので，よくわからない」
>
> 1749年1月15日付のバグダードのエマヌエル司教からの書簡『カルメル修道会年代記』

ナーディル・シャーの財宝をめぐり拷問をうけたシャー・ルフ

「強い物欲は権力への執着心と同じく，アーガー・ムハンマド・ハーンの心のなかに刻みこまれていた。とりわけ財宝への所有欲が強かった。盲目のシャー・ルフは貴重な宝石を息子たちにさえあかさず，隠しもっていると信じられていた。その財宝をアーガー・ムハンマド・ハーンから要求されたが，シャー・ルフは所持していないと否定した。そしてそれがまちがいないことをおごそかに誓って，君主なら誓いを信じるべきだと説いたが，それは無駄な努力だった。

シャー・ルフはありとあらゆる拷問にかけられたが，苦痛をあたえればあたえるほど，隠し場所が次々とあかるみに出たときけば，この哀れな王子に対する憐れみもほとんど消えてしまう。井戸に沈められたり，壁に埋めこまれたりした貴金属や宝石が見つかった。そして，最後にシャー・ルフの頭に練り土で作った環がのせられ，そのなかに煮えたぎった鉛が注がれると，シャー・ルフは苦痛に耐えかねて特大サイズのルビーとラスターのありかを白状した。

これはかつて，アウラングゼーブの王冠をかざった由緒あるもので，アーガー・ムハンマドが狙っていたものだった。これをきくと王は大喜びして，シャー・ルフの拷問をやめるよう命じ，わざわざ苦しい思いをして不愉快な状況をつくった張本人として，王子を非難したといわれている。王の非難はさほど公平さを欠いたものではなかった」

ジョン・マルコム

アリー・クリー・ハーンがおじの殺害にかかわった可能性は，十分に考えられる。たしかにアリー・クリー・ハーンには殺害の動機があったし，ナーディルの死後，すばやく実権を掌握し，生き残ったナーディルの息子たちを処刑していることも事実である。しかし，レザー・クリーの13歳の息子シャー・ルフは，サファヴィー朝の流れをくむという理由で免除された。シャー・ルフの母はスルタン・フサインの娘だったのである。ナーディルの死から2週間たって，アリー・クリー・ハーンはアーディル・シャーとして即位し，2種類の敵と対峙することになった。

一方は，17世紀にアゼルバイジャンのマーザンダラーンに移住させられたトルコ系民族のカージャール族だった。アーディル・シャーはこれを制圧し，カージャール族の族長の幼い息子をとらえて去勢した。この息子はその後，アーガー・ムハンマド・シャー・カージャール（⇨p.326）となった人物である。

もう一方の敵は，弟のイブラーヒームだった。イブラーヒームはイスファハーンの治安のために派遣されてから，アーディルに対する謀反をたくらんでいた。イブラーヒームは目的をはたし，アーディルを盲目にした。しかし，ホラーサーンの有力者たちが介入し，1718年10月にシャー・ルフを即位させた。シャー・ルフが擁立された理由としては，サファヴィー朝の血筋を引いていたことと，さらにはシャー・ルフが祖父の財宝をたくみに利用したことがあげられる。アーディル・シャーはマシュハドに送られ，亡きナーディルの妻だった女性の命令で殺された。その後まもなく，弟のイブラーヒームも同じ運命をたどった。

1750年には，カージャール族の族長たちがシャー・ルフを退位させ，マシュハドのイマーム廟の守護者であり，サファヴ

↑マシュハドにある第8代イマーム、イマーム・レザーの聖廟の眺め。マシュドはおおぜいの巡礼者が訪れるイランでもっとも神聖な都市だが、同時にナーディル・シャー廟のある場所でもある。ナーディルの孫シャー・ルフもこの都市に住み、ホラーサーン地方を約50年にわたって統治したが、それは名目だけの地位で、まだ10代のときに目をつぶされたルフは、祖父の側近だった貴族一派の道具に過ぎなかった。

ィー朝の末裔でもあるサイイド・ムハンマドを後釜にすえた時期があった。サイイド・ムハンマドはスレイマーン2世として数カ月の間、王位についた。シャー・ルフが盲目にされたのはこの時期だった。しかし、シャー・ルフが盲目であることは障害にはならず、彼は祖父の息のかかった一派によって復位し、この一派の傀儡となった。かつてナーディル・シャー軍の司令官だったアフマド・アブダリーがこの一派を掌握し、近代アフガニスタンの基盤を築くことになった。

アフマド・アブダリーはシャー・ルフが祖父から受け継いだ財宝の一部を奪い、インドのムガル帝国への侵略に使った。しかし、彼とその息子や孫は、アフガニスタンの支配者として、シャー・ルフの住むホラーサーンを保護領とし、彼の命をながらえさせた。それでも1796年になると、アーガー・ムハンマド・カージャールがマシュハドを占領し、シャー・ルフを拷問にかけた。その後、この哀れな男はその一生を終えた。

ザンド朝
1751〜94年

カリーム・ハーン・ザンド

在位1751〜79年

⇨ カリーム・ハーン・ザンドは1750年代の初頭からシーラーズを拠点にして，イラン中央部の大半，西部，南部にその勢力を広げていった。ナーディルの狂気じみた治世のあとに，平和をもたらし，交易を奨励し，新たな繁栄を実現したカリーム・ハーン・ザンドは，人びとから愛情をもって記憶されている。

カリーム・ハーン・ザンド	
生年	1705年ごろ
父	イナーク・ハーン
母	不明
妻	不明
息子	ムハンマド・ラヒーム，アブル・ファトフ，ムハンマド・アリー，イブラーヒーム，サリフ
即位	1751年，軍総司令官の地位につき，のちに摂政になった。
没年	1779年3月1日
埋葬地	はじめシーラーズに，次にテヘランに，最後にアン・ナジャフに埋葬された。

カリーム・ハーン・ザンド

「ペルシア，というよりも，イスファハーンとカリーム・ハーンが支配した地域は，完全に平穏をとりもどし，生活費も安くなった。しかし，人材と財源は払底していた。国外に去ったカトリック教徒たちがもどってくる気配もまったくない。彼らはカリーム・ハーンが死ねば，新たな騒動と反乱が起こるだろうと予測しているからだ。（略）だが，カリーム・ハーンは『シャー』の称号への野望はなく，たんなる地方長官であることを望んでいた」

1763年7月5日，イスファハーンにて
コルネリウス司教『カルメル修道会年代記』

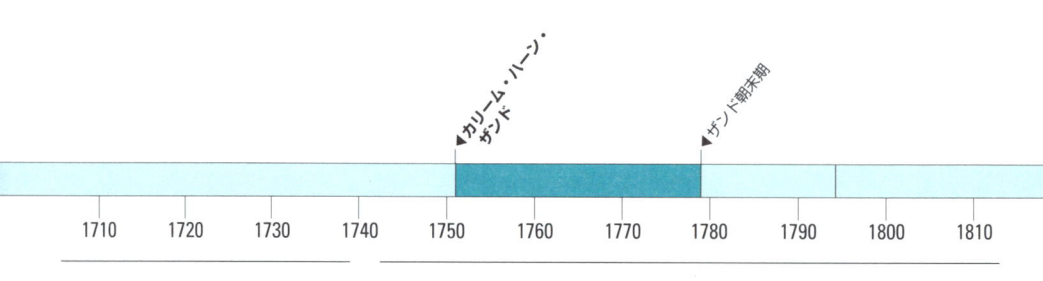

カリーム・ハーン・ザンドが，みずから語る若いころの逸話

「貧乏な兵隊だったころの話だ。ナーディル・シャーの宿営で金に困り，馬具商から金の模様を打ちだした鞍を盗んだことがあった。アフガン人の隊長が修理のために出していたものだ。すぐに鞍を盗まれた馬具商が投獄され，つるし首の宣告をうけた。わたしは良心の呵責に耐えかねて，鞍を置いてあった場所にもどし，様子を見ていた。すると馬具商の妻が，それを見つけた。そして狂喜の叫びをあげてひざまずき，鞍を返した男が一生懸命に生きて，金の模様を打ちだした鞍を百個もつことができるようにと祈った」

カリームはほほ笑みながら，次のように結んだ。

「この老いた女の真心こもった祈りのおかげで運が向いて，わたしはあの老女が祈ったとおりの輝かしさを手にすることができたのだ」

ジョン・マルコム

ザンド一族は，イラン西部のザグロス山脈地帯出身の少数民族だった。彼らは冬のあいだはハマダーン周辺の平原で暮らしていたが，ナーディル・シャーの治世にホラーサーンに移住させられた。そしてナーディルが殺害されるとすぐに，ナーディル軍の指揮官だったカリーム・ハーンは，一族を率いて父祖の地にもどった。ここを拠点に彼はナーディル死後の権力闘争に加わった。

1750年に，カリーム・ハーンはイスファハーンを占拠し，サファヴィー朝の傀儡王子をイスマーイール3世として即位させた部族同盟の三頭政治の一角として台頭した。バクティアリ族（イラン南西部に住む遊牧民）の指導者のアリー・マルダーンが摂政を務め，イスファハーンの有力者アブル・ファトフがこの都市の長官となり，カリーム・ハーンは軍総司令官としてイラン全土を掌握する役割をになった。その年のうちにアリー・マルダーンがアブル・ファトフを殺害し，三頭政治は崩壊した。カリーム・ハーンはアリー・マルダーンをイスファハーンの市外に追放し，イスマーイール3世を意のままに動かし，イランの実権を握る者として広く認められるようになった。

1751年から63年にかけて，カリーム・ハーンはイランの覇権をめざして，イラン領内の強力な部族と戦った。敵はイスファハーン一帯に権力をまだ保っているバクティアリ同盟のアリー・マルダーン，カスピ海南岸部を支配するムハンマド・ハサン，アゼルバイジャンで権力をつかんだギルザイ系アフガン族のアーサド・ハーンだった。1754年にはアリー・マルダーンを抹殺したが，1755年から59年にかけてカージャールと戦ったときは，はじめはイスファハーンに侵攻してきたカージャールに敗れて，シーラーズに撤退した。

しかし1757年，カージャールの攻撃に対して，シーラーズを守りぬいたカリームは，逆にカージャールをカスピ海沿岸まで追いつめ，1759年にその中心都市アステラーバードを占領して，ムハンマド・ハサンを殺害した。その息子アーガー・ムハンマド（⇨p.326）を人質として宮廷にともない，大量の戦利品を手にして引きあげた。1762年に，カージャールと同盟関係を結び，イラン北西部の大半を制圧していたアーサド・ハ

↑廷臣に囲まれたカリーム・ハーン・ザンド。彼が王にふさわしい服や宝飾品を身につけていない点に注目してほしい。カリーム・ハーンは，このようにみずから摂政の地位にとどまり続けたが，周囲の廷臣たちがあきらかにカリーム・ハーンに敬意を表していたことが，この絵からもうかがえる。周囲の人物のなかには，カリーム・ハーンの弟，盲目のサーディク・ハーンもいる。この肖像画はムハンマド・サーディクの作と考えられている。

ーンがカリームに投降して，大きな脅威がなくなったため，カリームは翌1763年にはイラン西部を完全に支配下におくことができた。その後，カリームは領土の拡大に専念したが，軍事行動はシーラーズからの指揮のもとに行なわれるようになり，カリームは1765年以降，シーラーズを離れることはなくなった。

　1766年，ザンド軍がシーラーズ南部の広大な山岳地帯のルーリスターンを制圧した。交易による収入をはかるには，たえずペルシア湾岸地域に目を配る必要があった。カリームはその軍事力によって，かならずしもオマーンのイマーム（世襲教主）たちに権力を認めさせることに成功したわけではなかったが，その統治の後半にはペルシア湾の港市のシャイフ（導師）

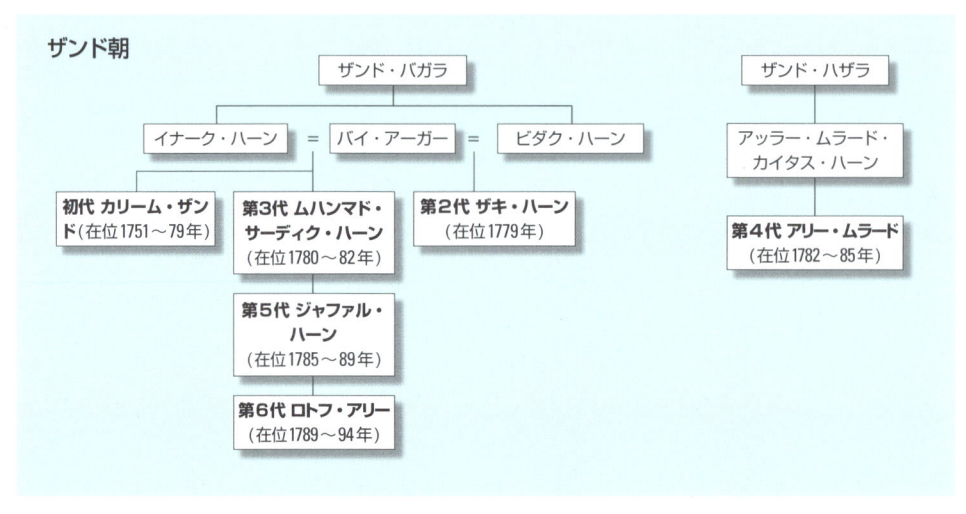

ザンド朝

```
                    ザンド・バガラ                          ザンド・ハザラ
                         |                                    |
   イナーク・ハーン ＝ バイ・アーガー ＝ ビダク・ハーン    アッラー・ムラード・
         |                                                カイタス・ハーン
 ┌───────┼────────┐                    |                      |
初代 カリーム・ザンド  第3代 ムハンマド・   第2代 ザキ・ハーン    第4代 アリー・ムラード
(在位1751〜79年)    サーディク・ハーン    (在位1779年)        (在位1782〜85年)
                   (在位1780〜82年)
                         |
                   第5代 ジャファル・ハーン
                   (在位1785〜89年)
                         |
                   第6代 ロトフ・アリー
                   (在位1789〜94年)
```

⇩ムハンマド・サーディクの作と考えられているこの絵には，若い恋人たちの姿が描かれている。2人のたたずまいから，140年ほどまえのサファヴィー朝時代に特有のエロティシズムと官能美が感じられる（⇨ p.303）。衣装や宝石，カットグラスのデカンターからも，18世紀のシーラーズの上流階級の生活ぶりがうかがえる。絵は壁がんに飾るために上部が切り取られている。

の多くが，ザンド朝の支配をうけいれるようになった。1774年以降，カリームはオスマン帝国が支配するイラクに目をむけ，1776年4月16日にバスラを占領したが，イランの巡礼者のために要求したシーア派の聖廟への公式な入場許可は得られなかった。1779年3月1日，カリームはまだすこぶる活動的だったが，70歳で死去した。

ザンド朝の支配領域は，その全盛期には，サファヴィー朝の版図のおよそ半分にまで達したが，カリームはつねに摂政の立場を維持し，イスマーイール3世が死去した後も王位につくことはなかった。そのため，サファヴィー朝をひいきにしていたイラン人からも大きな支持を得ていた。ナーディル・シャーが戯れにスンナ派まがいのジャファル派の信仰を提唱したときも，カリームは旧来からのシーア派を支持したことに敬意をもたれていた。イスラーム神秘主義者にイランへの帰国を促したことについても，一部の厳格な神学者をのぞいては全面的な支持を得ていた。とりわけ人心に広く訴えたのは，1722年から60年代の初めにかけて，ナーディル・シャーの狂気じみた略奪や内戦で国土が荒廃したあとに，カリームがとった繁栄を回復する施策だった。

カリームはイランを繁栄させ，イラクからシーア派信徒たちが帰国するよう促すことで，またキリスト教徒やユダヤ教徒がイランに

住むことを歓迎することで、イランの人口を増加させた。交易はヨーロッパの商社やシーラーズに隊商宿をもつインド商人たちによって促進された。古きよきサファヴィー朝時代の官僚の道徳規範がある程度復活し、都市はふたたび活気をとりもどした。富は芸術の保護にも費やされ、サファヴィー朝の伝統と、これから最盛期を迎えるカージャール朝の伝統に架け橋をかける手助けをした。シーラーズは防備が強化され、街は美しい庭園で面目を一新した。カリーム・ハーンは人民の幸福を第一に考えたよき支配者として、イラン人の心に刻みこまれている。

だがもちろん、そんなカリームにも弱点はあった。1670年代の初めごろには、一時ストレスのために落ちつきをなくし、猜疑心に襲われたこともあった。しかし、カリームが温かみのある、寛大で賢明な人物だったという記憶は、永遠に失われることはないだろう。

ザンド朝の末期の君主たち 1779～94年

カリーム・ハーンが没すると、その一族はただちにカリームが築きあげた遺産を破壊しはじめた。まず、シーラーズを制圧した**ザキ・ハーン（在位1779年）**は、イスファハーンを掌握した一族のひとりと対決するために進軍する途上、極悪非道な行ないにおよんだため、部下の兵士によって殺害された。次に**ムハンマド・サーディク・ハーン（在位1780～82年）**がシーラーズを占領したものの、やはり一族のアリー・ムラードに包囲され、シーラーズが陥落すると息子たちとともに殺害された。ただし息子のひとりジャファル・ハーンだけは、事前にアリー・ムラードと内通していたため、殺害を免れた。

新たな支配者**アリー・ムラード（在位1782～85年）**は、アーガー・ムハンマド率いるカージャール軍の巻き返しにみまわれた。アーガー・ムハンマドはカリームが亡くなった日の翌朝、シーラーズを脱出していた。アリー・ムラードは懸命に戦ったが1785年にマーザンダラーンで死亡した。アリー・ムラードがイラン北部で戦いに追われている間に、**ジャファル・ハーン（在位1785～89年）**はイスファハーンを占拠したが、カージ

↓ロスタム・ハーン・ザンドの肖像。彼は、カリーム・ハーン・ザンドの異母兄弟であるザキ（在位1779年）の孫。この絵も壁がんにあうように上部が切りとられている。この絵はムハンマド・サーディクの作と考えられている。

ャール軍の進撃をうけてシーラーズへと敗走した。1789年にジャファル・ハーンは、部下に裏切り行為をしたせいで、部下によって殺害された。

そのあとを継いだ**ロトフ・アリー（在位1789～94年）**は、父を殺害した犯人たちからシーラーズを奪回し、カージャールの攻撃によく耐えた。数度にわたる攻防ののち、ロトフ・アリーの不意をついてケルマーンで背信行為がおきた。アーガー・ムハンマドによってケルマーンの男は全員殺されるか、目をつぶされ、2万人にのぼる女や子供たちは軍隊に奴隷として引き渡された。ロトフ・アリーはバムの町で捕らえられ、目をつぶされ、拷問をうけた。その後、死刑に処されるためにイスファハーンに連行された。

カージャール朝
1796〜1925年

アーガー・ムハンマド・カージャール
在位1796〜97年

ファトフ・アリー・シャー
在位1798〜1834年

ムハンマド・シャー
在位1835〜48年

⇨アーガー・ムハンマド・カージャール（右）と、その宰相ハッジ・イブラーヒーム。正式に統治をしたのはわずか1年だったが、それに先立つ18年もの間、アーガー・ムハンマドはイラン全土にカージャールの権威を確立するために奔走した。

13歳で去勢されたため、体はすらりとしており、ジョン・マルコムによると「王を世襲する立場にあったこの人物は、離れて見ると14歳か15歳の若者に見えた。顔にはひげがなく、しわが多く、年をとった女のようだった。表情はつねに陰気で、顔が曇っているとき、といってもほとんどのときがそうなのだが、恐ろしく威厳にみちていた」という。

あるときマルコムが宰相ハッジ・イブラーヒームに、アーガー・ムハンマドが人間的に勇敢であるかとたずねると、「勇敢ですとも。ですが、思い出せるかぎりで、その勇敢さをしめす機会はありませんでした。頭をつねに働かせているので、手がするべき仕事が残っていないのです」と答えたという。

アーガー・ムハンマド・カージャール	
生年	1734年ごろ
父	ムハンマド・ハサン・カージャール
母	不明
妻	不明
息子	なし。13歳で去勢された。
即位	1796年
没年	1797年6月16日、召使に殺害された。
埋葬地	アン・ナジャフ、イマーム・アリー廟

アーガー・ムハンマド・カージャール

「おまえたちの望みに従って、わたしが即位したなら、おまえたちははじめのうちは、苦痛と困難を背負うことになるだろう。わたしがペルシアのもっとも偉大な王でない以上は、王の称号を得てもなんの喜びもない。おまえたちの請願を苦しみと疲労とともに受けるだけだ」

アーガー・ムハンマド・ハーンが有力者たちから
王位につくことを請願されたときの言葉
ハサン・イ・ファサイ
『ファールス・ナーマ・イ・ナースィリー』

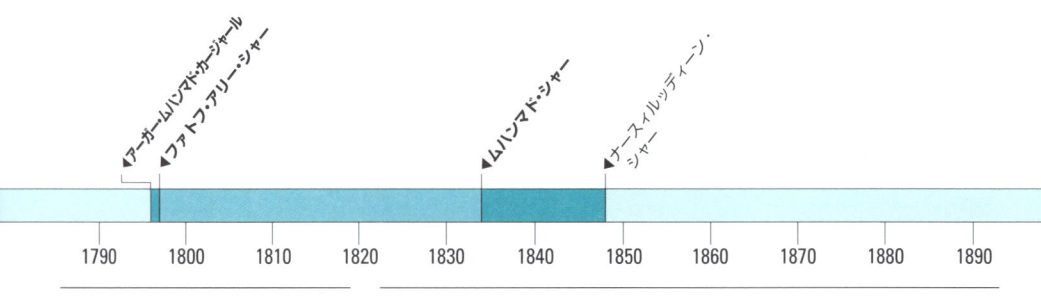

カージャール朝

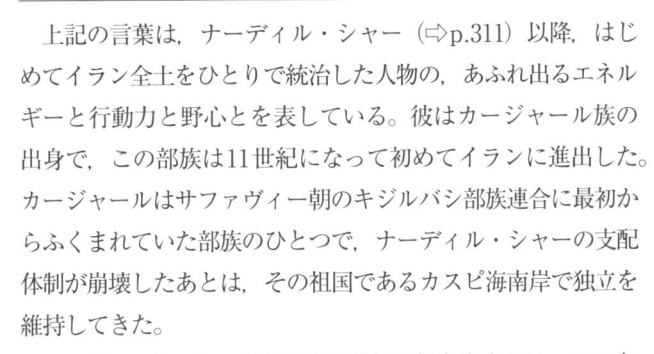

上記の言葉は，ナーディル・シャー（⇨p.311）以降，はじめてイラン全土をひとりで統治した人物の，あふれ出るエネルギーと行動力と野心とを表している。彼はカージャール族の出身で，この部族は11世紀になって初めてイランに進出した。カージャールはサファヴィー朝のキジルバシ部族連合に最初からふくまれていた部族のひとつで，ナーディル・シャーの支配体制が崩壊したあとは，その祖国であるカスピ海南岸で独立を維持してきた。

アーガー・ムハンマドが歴史に最初に顔を出すのは，1747年，13歳でナーディルの甥アリー・クリー・ハーンに去勢されたときのことである。次は，カリーム・ハーンがカージャール朝の都アスタラバードを制圧し，アーガー・ムハンマドを人質としてシーラーズの宮廷に幽閉したときのことである。ここでアーガー・ムハンマドはカリーム・ハーンの厚遇をうけ，学問にいそしんだといわれる。

1779年にカリーム・ハーンが死去すると，その翌日，アーガー・ムハンマドはシーラーズを逃れ，みずから王国を樹立しようとした。彼はまず，これまで王国の樹立を阻んできた同族のライバルとの戦いから開始した。1785年までの数年間，アーガー・ムハンマドは，カスピ海南岸とエルブルズ山脈一帯に権力基盤を固めることに力をそそいだ。1785年からはイラン中央部の制圧にのりだし，2年間の戦いで大きな成果をあげてイスファハーンとテヘランを占領し，都をテヘランに定めた。1794年にはファールスとケルマーンを併合した。

次にアーガー・ムハンマドが精力をそそいだのは，イラン北西部だった。ロシアが国土を南部に拡大するにつれて，その脅威がしだいに強まっていたのである。もうひとつはイラン北東部だった。シャー・ルフが依然としてマシュハドにあって，ホラーサーンを支配していた。マシュハドは旧来のイラン各地のなかでもっとも聖なる都だった。

1795年にアーガー・ムハンマドは，ロシアと同盟

⇩ファトフ・アリー・シャーはその37年の治世で，過去100年間に見られなかった平和と繁栄を，イランにもたらした。この絵は1806年7月11日に皇帝ナポレオンへの贈り物として，フランス使節アメデ・ジョベールに託されたものである。ファトフ・アリー・シャーはみずからの権力と威光を世に広めるために，このような絵を数多く描かせている。また，シャーの肖像は筆箱，鏡入れなどあらゆる種類の品物に描かれた。

カージャール朝

```
ファトフ・アリー・ハーン
（1726年没）
    │
ムハンマド・ハサン
（1759年没）
    │
┌───┴───┐
初代 アーガー・ムハ    フサイン・クリ
ンマド・カージャール   ー（1777年没）
（在位1796～97年）         │
                    第2代 ファトフ・
                    アリー・シャー（在
                    位1798～1834年）
                         │
                    アッバース・ミ
                    ールザー（1833
                    年没）
                         │
                    第3代 ムハン
                    マド・シャー（在
                    位1835～48年）
                         │
                    第4代 ナースィル
                    ッディーン・シャー
                    （在位1848～96）
                         │
                    第5代 ムザッ
                    ファルッディー
                    ン・シャー（在
                    位1896～1907年）
                         │
                    第6代 ムハンマド・
                    アリー・シャー
                    （在位1907～1909年）
                         │
                    第7代 アフマ
                    ド・シャー（在
                    位1909～25年）
```

関係にあったグルジアを制圧し，その首都チフリスで大虐殺を行なった。それは彼が以前ケルマーンで行なった虐殺と，同じような規模の虐殺だった。その後，1796年にアーガー・ムハンマドはシャーの位につくことに同意し，ムガン平原で戴冠式が挙行された。そこは60年前にナーディル・シャーが即位した場所だった。それからまもなく，ホラーサーンの制圧におもむいたアーガー・ムハンマドは，巡礼者として歩いてマシュハドに入ると，第8代イマームの聖廟に行き，嗚咽しながら地面に口づけをした。

その翌年，ロシアの南下を阻止するためにコーカサスに遠征中，アーガー・ムハンマドは召使が2人，王の居室でけんかをしているのを見つけた。ただちに処刑するように命じたが，とりなしをうけて処刑を翌日に延ばすことにした。しかし，それが大きな失敗だった。うかつにも，明日に処刑をひかえた召使に身のまわりの世話をまかせたまま眠りにおち，刺し殺されてしまったのである。亡骸は3日間，シャー・アブドゥル・アジムの聖廟に安置されたあと，永眠の地ナジャフに運ばれ，イマーム・アリー廟に埋葬された。

ファトフ・アリー・シャー

「特別な儀式ともなると，ペルシアの宮廷の豪華さにまさるものはどこにもない。きわめて厳格なしきたりにのっとって，壮麗な場面がくり広げられる。国政のいかなる部分にも，形式や儀礼を厳密に守ること以上に重視されているものは，何もない。そうしたことが，君主の権力と栄光のために不可欠と考えられているのだ」

ジョン・マルコム

アーガー・ムハンマドの兄弟フサイン・クリー・ハーンの息子ファトフ・アリー・ハーンは，王位継承者に指名されていた。おじが暗殺されたことを知ると，地方長官を務めていたシーラーズから逃れ，1797年8月15日にテヘランに入った。ただちにおじの殺害者を捕らえ，そのうちひとりの体を切り裂いた。だが彼は同時に，イラン北東部におきた反乱にも対処しなけれ

ファトフ・アリー・シャー	
生年	1762年ごろ
父	フサイン・クリー・ハーン
母	不明
妻	158人の名前が記録されている
息子	ムハンマド・アリー, ハサン・アリー, ムハンマド・クリー, アッバース・ミールザー, フサイン・アリー, アリー・ミールザー, ズィル・アル・スルタン, ファトフ・アリー・ミールザーなど, 生まれた男のうち約60人が成人した。
娘	48人
即位	1798年3月21日
没年	1834年
埋葬地	コム

ばならなかった。そのため, ファトフ・アリー・ハーンがテヘランの宮殿で即位したのは, 1798年3月21日になってからのことだった。その後37年にわたる統治時代は, イランに過去100年間見られなかった平和と繁栄をもたらすことになった。

イランがそのような繁栄を謳歌したのは, 皮肉なことにファトフ・アリー・シャーの不精な性格のおかげだった。彼は, 必要に迫られたときには意欲をみせたが, 生来, 温和でエネルギーに乏しく, 民衆を苦しめるほど強欲な人物ではなかった。あえてエネルギーというなら, それはサファヴィー朝の先祖たちのように酒や麻薬に費やされるのではなく, もっぱら女性たちに費やされたといえるだろう。彼は数多くの女性を妻とし, 一説によると60人の息子と48人の娘を産ませたといわれている。信仰心はまずまずあったが, 特別な才能や勇気に恵まれていたわけではなかった。その一方で, 王にふさわしい風格とたいへん美しい顔立ちをしており, 威厳があって, 友好的だった。

ファトフ・アリー・シャーが王にふさわしい風貌をもっていたことは, なかなか役に立った。この王の治世のおもな特徴は, 王の権力と威厳を守るために, 自分の姿を活用したことだったからである。彼は期せずしてイランの偉大な伝統を守ることになった。ササン朝の王たちはみずからの肖像を石に刻む伝統があったが, 彼も同じことをしたのである。とりわけ目立つのは, 数多くのシャーの等身大の肖像画や, テヘランのゴレスターン宮殿（バラの宮殿）に見られるように, 宮殿の各部屋をイランの栄光の日々を描いた情景で飾った装飾である。すべては外国からの客人に感銘をあたえるためのものだった。しかし, この王の画像は筆箱や鏡入れといった広く社会一般で使われる品物にも使われている。

大臣たちが堕落していて不公正だというヨーロッパの訪問者からの批判はあったが, 当時の倫理基準に照らしてみると, 彼らはおおむね有能だったといえる。隠れイマーム（⇨p.285）が不在のあいだは王の統治には正統性がないと信じるようになり, 抑圧された人びとの権利のために立ちあがろうとしたウラマーも, 日常の業務では王室の関係者と協力するのにやぶさかではなかった。

> **ウラマー：民衆の利益の擁護者**
>
> 「聖職者階級［ウラマー（神学者）］にはムジュタヒド［法学者］と（略）カーディー［裁判官］（略）もふくまれ，この人びとは絶対的な権限をもつ王から無力な民衆を守る，かけがえのない盾とされていた。この階級の上位にある者は，意のままに，大半の民衆に共通する問題をとりあげて審理を行ない，人びとの不安を解消した。民衆はいかなる事案についても訴え出る権利を認められていた。その審議の場では，困惑した権力側が武力行使に出ないかぎり，法や裁判に対する怒りが渦巻いていた」
>
> ジョン・マルコム

有能な地方長官や宰相も，数多く出現した。たとえば1823年から25年までと，1823年から34年までの2度にわたって宰相を務めたアブドゥッラー・ハーンについて，ジェームズ・フレイザーは次のようにのべている。「その才能，誠実さ，人気，王の利益に執着するという点において，廷臣のなかで彼に比肩しうる者はいない」

対外関係

ファトフ・アリー・シャーの治世には，2つの重要な課題があった。対外関係と，継承問題である。ファトフ・アリー・シャーは治世の早い時期から，フランスとイギリスが自国の影響力を強めようと張りあっていることに気づくとともに，ロシアを北方の脅威であると考えていた。ナポレオン戦争でイギリスがフランスを破ったことで，イランは地政学的に第一次世界大戦の終結まで，南からはイギリス，北からはロシアの圧迫にさらされることになった。

1812年にイランは，イギリスと相互不可侵条約を締結した。この条約でイランは，イラン領土を横切ってインドに侵入するヨーロッパの勢力を，すべて阻止することに同意し，イギリスはイランがヨーロッパ諸国の侵略をうけたときは，イランを支援することを約束した。だがこの条約も，ロシアとの戦いではまったく役に立たないまま終わり，1813年にロシアとのあいだにグリスタン条約が締結され，イランはグルジアとカスピ海の権益をロシアに委譲することになった。

ロシアの脅威に対抗するため，ファトフ・アリー・シャーは2つの性質の異なる軍隊を編成した。王のゴラーム（奴隷）と呼ばれた近衛軍，遊牧騎馬軍団，市長によって召集された民兵といった旧来からの軍の編制に加えて，1813年に皇太子アッバース・ミールザーによって編制された新たな軍隊である。こうしてヨーロッパ式の訓練をうけ，武装した騎兵と歩兵からなる常備軍が編成された。しかし現状に対する認識が十分でなかったため，1826年から28年にかけてアッバース・ミールザーは，これらの軍隊を率いてロシアと破滅的な戦争をしたすえ，トル

カージャール朝

⇧アッバース・ミールザー王子は，みずからカージャール朝に近代的軍隊を創設するべく努めた。この絵は1812年2月13日のスルターナバードの戦いを描いたものと思われる。絵の左手のロシア兵の斬り落とされた首のまえにいるのが，アッバース・ミールザー。このときカージャール軍は勝利したが，1826～28年の戦いでは惨敗した。

コマンチャイ条約を結んで，さらにイラン北西部の領土を割譲し，莫大な賠償金を払うことになった（⇨p.315地図）。

　この失敗はファトフ・アリー・シャーの後継者の立場にあったアッバース・ミールザーにとって，非常に重い負担となったが，逆におおぜいの兄弟や甥たちにとっては，自分たちにもチャンスがあるかもしれないと思う原因になった。ファトフ・アリー・シャーはアッバース・ミールザーの信望を回復させようと決め，1831年にケルマーンとヤズドの暴動を鎮圧させた。翌32年にはホラーサーンに派遣され，侵入してきたトルコ系民族を処罰し，扱いのむずかしい族長たちを掌握し，メルヴとヘラートを占拠して，輝かしい実績をあげた。

　しかし，王子が1833年に死去したため，ファトフ・アリー・シャーはアッバースの息子ムハンマド・ミールザーを王位後継者に指名した。1834年10月，ファトフ・アリー・シャーはイスファハーンで没し，だれもがすぐにも内戦が起こるのではないかと恐怖におののいた。ファトフ・アリー・シャーの遺体はハーレムの女性たちにとり囲まれ，生きているように見せかけて，かごに乗せて北へ運ばれた。ムハンマド・ミールザーは急ぎテヘランに駆けつけ，そこではじめてシャーの死が公表された。

ムハンマド・シャー

「ハッジ［アカシ］は，亡き王［ムハンマド・ミールザー］の激しい気性を完全に抑えこんだ。神秘主義，神への畏敬，禁欲主義を手段にして，ハッジは亡き王に自分が聖者のひとりであることを納得させた。亡き王は外見上も本質的にも，偉業を達成するだけの素質をそなえていたので，ハッジの説得をうけいれ，その高貴な心に慈愛の種をまいた」

> ジャハーンギール・ミールザー
> ムハンマド・シャーの異母兄弟で歴史家。病のため失明

⇩ムハンマド・シャーの肖像。ムハンマド・シャーはその治世のほとんどの期間，かつて家庭教師だったイスラーム神秘主義者の言いなりだった。

ムハンマド・シャーは祖父の死の知らせをうけると，事態を収拾するために，イギリスとロシアの使節に守られながらタブリーズを出発して，テヘランに向かった。1835年1月，ムハンマド・シャーは正式に即位した。このときイギリスが彼にどれだけ肩入れしたかは，シャーの軍を強化するために2万ポンドを貸与したこと，軍事顧問を派遣したこと，さらにはムハンマド・シャーの戴冠式に使節が列席したことを見ても明らかである。彼は即位後，数カ月間は，王を僭称するおじや従兄弟たちへの対応に追われた。

イギリスがムハンマド・シャーを支援したことを考えると，1837年に彼がヘラートに進攻したとき，アフガニスタンとインドがロシアの脅威にさらされるとして激しい怒りを表明したのは当然だった。だが，ムハンマド・シャーはこれまでカージャール一族が長いあいだ踏襲してきた政策を実行したに過ぎなかった。結果的に，この進攻は失敗に終わり，アフガン人の抵抗に

ムハンマド・シャー	
生年	1808年1月5日
父	アッバース・ミールザー
母	氏名不詳（軍総司令官（ベグレルベギ）ムハンマド・ハーンの娘，カージャール族デヴルー氏族の女性）
妻	マリク・ジャハーン（カージャール族カヴァンルー氏族の女性）
息子	ナースィルッディーン
娘	マリクザダ（のちのイザト・アッダウラー）
即位	1835年1月
没年	1848年9月5日，慢性の痛風による合併症で死亡
埋葬地	コム

打ち勝つことはできなかった。

ムハンマド・シャーの治世の大半は，追放されたカージャール王族の一部がバグダードで起こした陰謀に対処することに費やされた。陰謀のひとつは，アーガー・ハーンおよびヤズドとケルマーンのイスラーム教イスマーイール派が起こした反乱へつながった（反乱の首謀者はボンベイに追放された）。またペルシア湾にそそぎこむシャトル・アラブ川の水利権と，イラクにあるシーア派聖廟へのイラン人の巡礼に関する処遇をめぐって，オスマン帝国との関係も緊張していた。

ムハンマド・シャーの治世でもっとも目立つのは，彼が宰相ハッジ・ミールザー・アカシの言いなりだったことである。最初に宰相を務めたのは，有能なカイム・マカムだったが，1年もたたないうちに，ムハンマド・シャーはナガリスターン宮殿の地下室で宰相をひそかに絞殺させた。これには彼の少年時代の家庭教師だったイスラーム神秘主義者のアカシが関与したといわれている。アカシは宰相職を引き継ぎ，ムハンマド・シャーの治世を通じて宰相の地位にあった。ムハンマド・シャーは宗教に関心が強く，アカシを信仰の師と仰ぎ，指導的な立場にあるウラマーたちの教えに従うことを拒否した。これがきっかけとなって，ウラマーたちはカージャール王家をはっきりと敵視するようになり，ウラマーとの対立がその後のカージャール朝支配の特徴となった。

ムハンマド・シャーは1848年9月5日，40歳で没した。慢性になっていた痛風の合併症による死だった。

第4章 サファヴィー朝，アフシャール朝，ザンド朝，カージャール朝

ナースィルッディーン・シャー

在位1848〜96年

⇨ 1844年，テヘランのマダム・ラバトが描いたナースィルッディーン・シャーの肖像。彼は48年間にわたって統治を続け，ヨーロッパ列強が覇権を争う時代にあってイランを発展に導いた。

ナースィルッディーン・シャー	
生年	1831年7月17日
父	ムハンマド・シャー
母	マリク・ジャハーン（後のマフディ・ウリヤ）
妻	アニス・ウッダウラー（第一妃），アミーナ・アクダス，シュコー・アッスルターナ（ファトフ・アリー・シャーの孫娘），ジャイラン，ハーヌム・バシーなど，添い遂げた妻や別れた妻をふくめて数百人。
息子	ムイヌッディーン，ムザッファルッディーン，アミール・カシム，マスード・カシム，スルタン・フサイン
娘	不明
即位	1848年10月21日
没年	1896年5月1日，テヘランのアブドゥル・アーザム廟で暗殺される。
埋葬地	アブドゥル・アーザム廟のとなりの墓廟。

ナースィルッディーン・シャー

「昨日のシャーの来訪は，みごとな成功を収めました。シャーの聡明さは疑うべくもありませんが，わたしはすぐれて威厳をお持ちの方だと思いました。食事をされる様子も，その他のお振る舞いも申し分なく，（略）シャーはイギリスですべてに満足され，（略）ロンドン市民を熱狂させました」

ヴィクトリア女王から娘のプロイセン皇太子妃に宛てた
1873年6月21日付の書簡

　ナースィルッディーン・シャーは，ロシアの使節から父の死を知らされたとき，地方長官として任地のタブリーズにいた。1848年9月13日，彼はみずから王を宣言し，賢明にもテヘラ

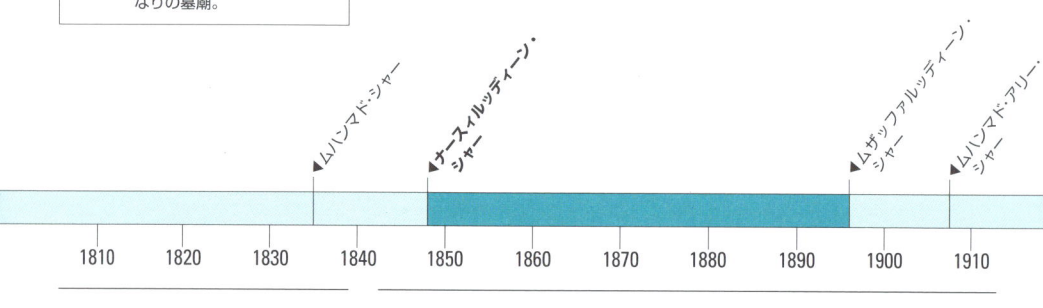

▲ムハンマド・シャー　▲ナースィルッディーン・シャー　▲ムザッファルッディーン・シャー　▲ムハンマド・アリー・シャー

1810　1820　1830　1840　1850　1860　1870　1880　1890　1900　1910

334

ンに向かうまえに大規模な軍の編制にとりかかったが，これは
イギリスの援助があったからこそできたことだった。ナースィ
ルッディーンは有能なアミーレ・カビールを総司令官とし，大
軍を率いてテヘランに入ると，1848年10月21日に即位式を挙
行した。

　アミーレ・カビールはまもなく，軍総司令官の地位に加え，
宰相を兼務することになり，近代化計画に着手した。西欧式の
軍事教練の導入をはかり，軍の強化を行なうとともに，中央政
府の再編や効率化を進めた。イランでは初の新聞を発行し，西
欧式の中学校（ダールル・フォヌーン）もはじめて創設した。
さらに工業の近代化にも着手しようとしたが，交通基盤の不備
と，技術力のある労働者を欠いていたために頓挫した。

　アミーレ・カビールは，広い分野にわたって不正行為の摘発
に手腕をふるったため，廷臣からウラマーにいたるまで，多く
の手ごわい敵をつくった。宮廷でもっとも影響力をもっていた
のは，皇太后のマリク・ジャハーンだったが，彼女の抵抗をや
わらげるため，ナースィルッディーンは妹をアミーレに嫁がせ
た。それでも，アミーレへの敵意は増すばかりだった。1851年，
シャーはアミーレ・カビールをカーシャーンに追放し，その翌
年には皇太后の母の圧力に屈して，彼を殺害させた。刺客たち
は風呂に入っていたアミーレ・カビールの口にタオルを押しこ
み，静脈を切断した。

ヨーロッパへの門戸開放

　ナースィルッディーンの統治時代の大きな特徴は，ヨーロッ
パ人およびヨーロッパの製品がイラン国内で目立ってきたこと，
そしてウラマーの影響力がしだいに増してきたことだった。ヨ
ーロッパ人はイラン経済のさまざまな分野を発展させるために，
イラン側に譲歩を求めた。その結果，ヨーロッパ製品，とりわ
けイギリスとロシアの製品がイランの市場を席巻し，バザール
の商人や職人の暮らしを奪うようになった。

　こうした社会経済の混乱は，反対勢力の活動に拍車をかける
ことになった。このときウラマーが反対勢力を牽引したのには，

第4章　サファヴィー朝、アフシャール朝、ザンド朝、カージャール朝

〔右頁〕ヨーロッパ風の椅子に座ったこの肖像は、1857年のバフラム・キルマンシャーヒの作品。ナースィルッディーン自身もまた、生涯を通じて絵を描くのが趣味だった。

潜在的な要素があった。というのも、イスラームの信者は、隠れイマームの意志をだれよりも理解していると見なされる、学識のもっとも高いウラマーに従うべきだと主張する宗派が広く支持を集めたこと、寄進や宗教税によって、彼らの経済基盤が強まったこと、ウラマーが教育や司法に大きな役割をはたしてきたこと、商人や職人の社会と密接な関係を持っていたことなどである。

しかし、イランの門戸開放は順調に進んだわけではなかった。アミーレ・カビール亡きあと、宰相となったミールザー・アーガー・ヌーリは前任者が進めた改革を逆行させ、イギリスとの外交関係を断絶した。1856年から57年にかけて、ヘラートの支配権をめぐる戦いで、カージャール朝はイギリスに敗北し、イギリスと講和を結んだものの、アフリカ人奴隷の輸入廃止に追いこまれるとともに、ヘラートに関するすべての権益の放棄

マリク・ジャハーン（マフディ・ウリヤ）

ナースィルッディーンの母マリク・ジャハーンは、息子の統治初期の政策に、大きな影響をあたえた人物だった。押しの強い性格と巧みな政治的手腕で後宮（ハーレム）を牛耳るとともに、息子を思いどおりに動かそうとし、それが宰相との権力争いを引き起こした。ナースィルッディーンが王位についたとき、彼女はイギリスと画策して、当時の宰相アカシを罷免させようとした。マリク・ジャハーンが次の宰相アミーレ・カビールに反対する勢力を結集すると、アミーレ・カビールもそれに対抗してマリク・ジャハーンの乱脈ぶりに非難を展開したといわれる。

マリク・ジャハーン自身は息子に次のように書き送っている。
「皇太后という立場にありながら、わたしほど無力な者はいません。（略）これはミルーザー・タキ・ハーン〔アミーレ・カビール〕のために、わたしがマスーマ廟〔コムにある第8代イマームの姉妹の聖廟〕で立てた誓いです。アミーレ・カビールがわたしをいじめないようにしてください。神の御前ではわたしは罪深き者です。それでも神はわたしに大きな恵みをくださる。今度の件でもそうです。神はこれほどきびしく、母と息子を引き離しておかれることはないでしょう」

約20年にわたって、マリク・ジャハーンはイギリスの使節と緊密な関係を維持したが、晩年になると、その影響力は衰えていった。マリク・ジャハーンは1873年にこの世を去った。

↑マリク・ジャハーン（マフディ・ウリヤ）はナースィルッディーンの後宮を支配し、大きな影響力をふるった。「カージャール朝の上流階級に見られる母権家族」を体現した人物と言われている。

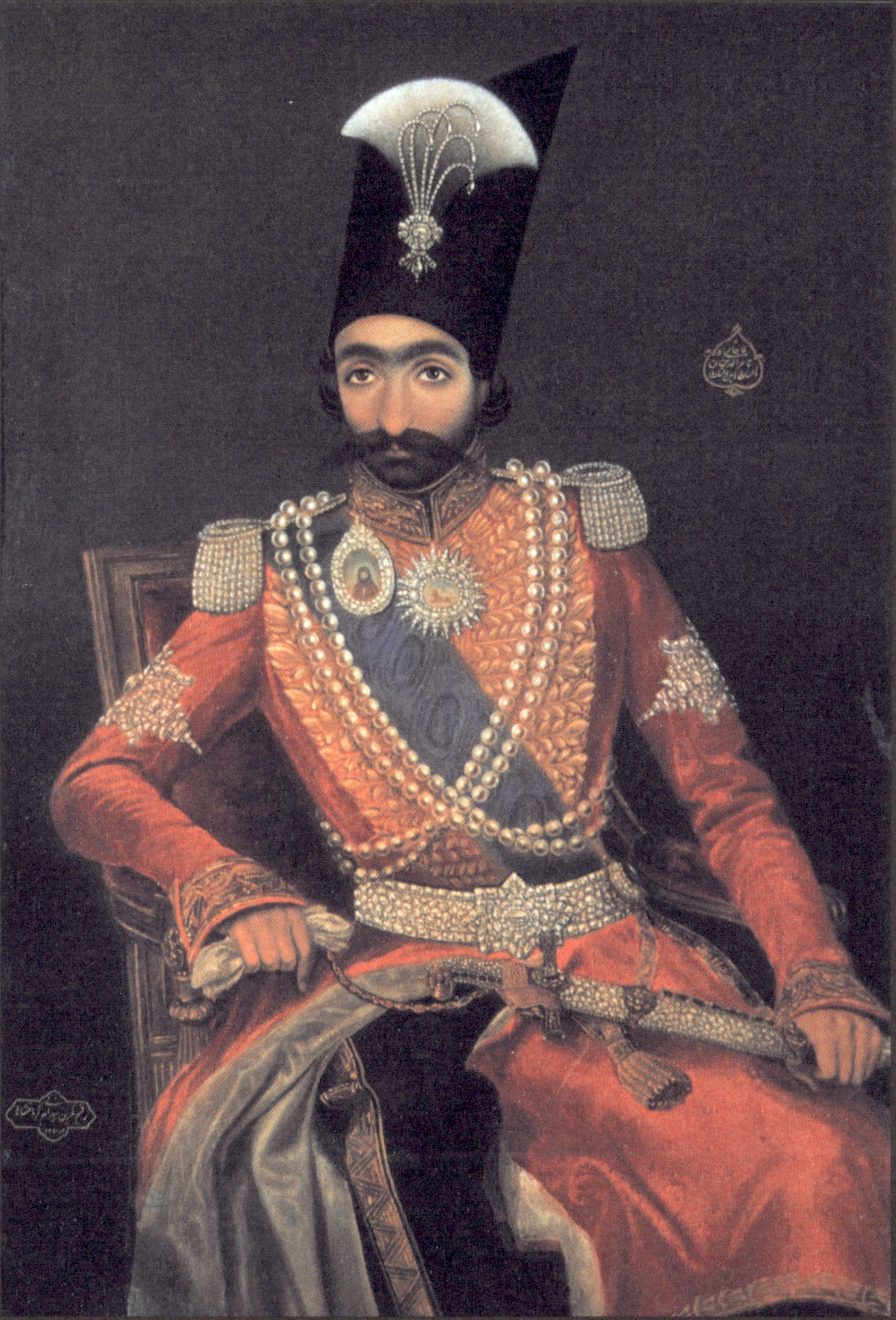

を余儀なくされた。ヌーリは解任され、シャーがみずから官僚の指揮にあたり、ウラマーの助言のもとに行政を担当することになった。この体制はうまく機能しなかった。

とはいえ、反対にあって遅れはしたが、電信という新しい技術が導入され、中央政府の強化に貢献した。その導入を促したのは、インドのイギリス総督府だった。イギリスは1857年にインドで勃発したセポイの反乱（インド人兵士を主体とする反英暴動）を契機に、本国との迅速な連絡体制が必要になっていた。最初の免許があたえられたのは1860年で、まもなくイランに通信網が張りめぐらされることになった。こうして国内の主要都市が通信によって、首都のテヘランやその彼方にある世界と結ばれたのである。

1860年代にナースィルッディーンは、インドとオスマン帝国の宮廷に派遣され対外交渉を担当していたミールザー・フサイン・ハーンの大きな影響をうけて、改革への構想をねりあげていった。ミールザー・フサイン・ハーンは平和外交のため、シャーとして初の外国訪問を行なうことを提案した。ナースィルッディーンはイラクを訪れ、近代化がすすむ現状を目の当たりにすると、帰国後まもない1871年に、これまで成果をあげることができなかったウラマーを顧問とする王の直接政治を終わらせ、ミールザー・フサイン・ハーンを首相に任命した。それと同時に内閣が設けられ、首相の統括のもとに週に一度、閣議が開かれた。

シャーが改革計画の後ろ盾となり、軍の近代化や不正行為の一掃が進められていった。経済発展に必要な資本を調達するため、ナースィルッディーンはイギリスに援助を求めた。1872年にロンドンで、イランの閣僚とイギリスの上院議員ロイター（国際通信社ロイターの創始者）との協議が行なわれた。このときイラン側の大きな譲歩によって、ロイターはイランにおける鉄道の敷設権だけでなく、工場や鉱山、灌漑施設、近代交通機関の開発に対する独占的な利権を勝ちとることになった。

カージャール朝

ナースィルッディーンのヨーロッパ訪問

　1873年にナースィルッディーンはヨーロッパへ出発した。これが3度におよんだヨーロッパ訪問のうちの最初の訪問で，改革を推進するための視察が目的だった。だが，この旅は最初からつまずいた。訪問先のロシアで面目を失うことなく，後宮（ハーレム）を維持するのがあまりにもむずかしかったため，シャーは後宮の女性たちを帰国させたのである。帰国した女性のなかには寵妃のアニス・ウッダウラーもふくまれており，彼女はそのことでミールザー・フサイン・ハーンを激しく非難した。

　ナースィルッディーンはこの旅行中に日誌を書き，それがイラン国民のために『テヘラン・ガゼット』紙に掲載された。この新聞にはそれ以前にも，彼がイラクやカスピ海沿岸地方を旅したときの日誌が掲載されていた。その日誌を見れば，ナースィルッディーンがヨーロッパの自然やヨーロッパの人びとの生活に寄せたあくなき好奇心が手にとるようにわかる。彼はイギリスの先進性と国力を認める一方で，リバプールの極度の貧困にも目を向けていた。女性にも目が利いたシャーは，ロンドンの女性のことをこう書いている。「ここには最高の美人がいる。女たちや男たちの表情は，気高さ，上品さ，重々しさ，穏やかさに輝いている」

⇩ナースィルッディーンの治世の後半に，後宮の頂点に立ったアニス・ウッダウラーは，その政治的影響力の大きさでマリク・ジャハーンに匹敵したと考えられる。農民の出身であることから，民衆を代弁する急先鋒とされていて，シャーがある小姓にひどく執着したことなどの乱行を責めたといわれる。

　1891年のタバコ・ボイコット運動の最中にも，シャーに反抗して後宮での喫煙を禁じたといわれている。

　この写真は，次のようにのべているアッバース・アマナントの見方を裏づけているようだ。「シャーの美的センスは，その妻たちの好みや服装を見るかぎり，後宮の内部までおよんでいなかった」

　しかし，1873年に帰国したときには，彼のヨーロッパに対する熱い思いに共感する者はひとりとしていなかった。それどころか，ウラマーたちは不快感をあらわにした。ロイターへの譲歩に反対する声も大きくなった。シャーはロイターとの約束を反古にせざるをえず，首相ミールザー・フサインを解任した。

　1873年以降，アミーヌッスルタンという同じ称号をもつ父と息子が台頭してきた。キリスト教からの改宗者の子として生まれた大アミーヌッスルタンは，低い身分から身をおこし，貨幣鋳造所や税関，そして宮廷で実権を握るようになった。その父が1883年に死ぬと，称号と

339

地位を継いだ息子が首相に任命された。小アミーヌッスルタンは自分の支持層を固めながら、国内外のあらゆる勢力を満足させる方策を知っていた。彼は強大な権力をつかんだ。そして、シャーとともに、利権争いをしていたロシアとイギリスのあいだで巧みにバランスをとる政策を展開し、領土の保全をはかった。ヨーロッパ帝国主義の全盛期にあって、この首相はなかなかうまく立ち回ったといえるだろう。

反体制勢力の台頭

1888年以降、アミーヌッスルタンは数々の譲歩を重ねるようになった。イギリスの圧力に屈して認めたフージスターンのカルン川における外国船通行権、イギリスによるペルシア帝国銀行の開設、ロシア人を保護するためのロシア銀行への補償などである。1889年にナースィルッディーンはいくつかの譲歩条項に署名をして、ヨーロッパから帰国した。そのうちのひとつである宝くじの発行については、宗教上の立場からウラマーに反対されて撤回せざるをえなかった。このような譲歩にともなって、ヨーロッパの実業家、外交官、宣教師の姿が多く見られるようになり、ヨーロッパ人のための学校や診療所が建てられるようになった。

1890年にはタバコの生産、販売、輸出に関する独占権がイギリスの会社にあたえられた。だがこの譲歩は、とりわけ深刻な影響が懸念された。そのときすでに国内の多くの土地所有者や商人、商店主たちが、タバコの取引で利益を得ていたからである。1891年の春、やはり大きな反対運動がまきおこった。ウラマーと商人が協力し、反対運動の連携に通信設備を活用したため、イランの主要都市が残らず反対運動に参加した。1891年12月には全国規模のタバコ・ボイコット運動に発展し、アニス・ウッダウラーの主導でシャーの妻たちまで禁煙を守った。1892年の初頭、シャーはこの譲歩を撤回したが、結果的に多額の賠償金が発生し、イランに初の対外債務をもたらすことになった。

こうした反体制の動きには、すくなくとも2つの流れがあっ

カージャール朝

⇧ナースィルッディーン・シャーは、2度にわたってイギリスを訪問した。この絵は1873年にヴィクトリア女王の出迎えをうけるシャーを描いたもの。ロンドンの社交界を訪れたシャーは、好意的な印象で受け入れられた。ヴィクトリア女王は娘のプロイセン皇太子妃に、次のように書き送っている。

「昨日のシャーの来訪は、みごとな成功を収めました。シャーの聡明さは疑うべくもありませんが、わたしは優れて威厳をお持ちの方だと思いました。食事をされる様子も、その他のお振る舞いも申し分なく、(略) シャーはイギリスですべてに満足され、(略) ロンドン市民を熱狂させました。グラッドストーン首相はシャーを歓迎する下院議員たちを着席させるのに苦労したほどでした」

た。ひとつは、西欧化路線にそったイランの改革が迅速に行なわれていないと感じていた世俗の知識人。もうひとつは、ヨーロッパ人のイラン進出がもたらした社会と経済、文化の混乱に、強い憤りを感じていたウラマーと商人たちだった。相反するこの2つの流れが、ボイコット運動で合流し、1979年のイラン革命にむけた抵抗運動の源流となった。

タバコ・ボイコット運動で主要な役割を演じた人物は、サイイド・ジャマールッディーン・アル・アフガーニーだった。彼はイラン人でありながら、スンナ派からも広く共感を得るためにアフガンの名前を名のり、ヨーロッパ、とくにイギリス帝国主義に対抗するイスラームの闘士として頭角を現すと、イラン国内だけでなく、エジプト、インド、イスタンブールでも活躍した。ナースィルッディーンは1891年にサイイドを国外に追放したが、それでも彼はロンドンでイランの反体制運動を継続し、1892年にオスマン帝国のスルタン、アブドゥル・ハミードⅡ世に招かれてからは、イスタンブールを拠点に戦い続けた。彼は1895年に、弟子のひとりで、イランで投獄されていたミールザー・レザー・ケルマーニに対し、シャーの暗殺を指示した。

そして1896年5月1日、シャーが50年にわたる統治に感謝を捧げるため、アブドゥル・アーザムの聖廟を訪れたとき、暗殺計画が決行され、成功した。遺体は馬車に座ったかっこうで、テヘランに運ばれた。途中、アミーヌッスルタンが遺体の腕を振り動かし、シャーがまだ生きているかのように見せかけたという。

ムザッファルッディーン・シャー
即位1896〜1907年

ムハンマド・アリー・シャー
即位1907〜09年

アフマド・シャー
即位1909〜25年

ムザッファルッディーン・シャー	
生年	1853年3月25日
父	ナースィルッディーン・シャー
母	シュコー・アッスルターナ
妻	ウンム・アッハカーン(アミーレ・カビールの娘)、ほかに数人。
息子	ムハンマド・アリー・シャーのほか5人
娘	12人
即位	1896年6月3日
没年	1907年1月
埋葬地	不明

ムザッファルッディーン・シャー

「シャー自身はまったく無知、無学で、歴史にも政治にも通じておらず、思慮深さにも判断力にも洞察力にも欠けていた。政府の建物やその他重要な施設が公然と競売にかけられ、王の署名はその信用を完全に失った。このシャーにはまた、ムハッラムの葬送の行列やタズィーヤ(受難劇)を、敬虔な気持ちで眺める一面もあった。射撃には通じていて、猫をこよなく愛した。父親とはちがい、暴力や流血や残虐行為を嫌っていた」

ニザーム・アル・イスラーム『ペルシアの覚醒の歴史』

　ナースィルッディーンの息子ムザッファルッディーンは、政治についてあまり積極性がなく、その治世の大半にわたって慢性的な病に苦しんでいた。彼の健康上の理由から、3度のヨーロッパ訪問はきわめて費用のかかるものとなった。だが彼は即位後しばらくは、アミーヌッスルタンを解任し、改革に積極的

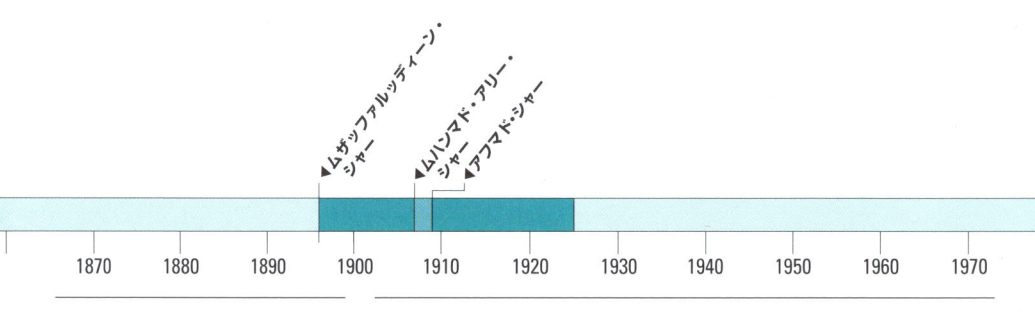

カージャール朝

↑ムザッファルッディーン・シャーと、その後ろにいるアミーヌッダウラ首相。サニ・フマーユーンの作品。ヨーロッパ風の服装と、ほとんど写真のような絵のできばえは、19世紀のカージャール朝の指導層がたどってきた長い文化的道のりを感じさせる。ムザッファルッディーン・シャーは、1906年にこのアミーヌッダウラを解任し、イラン初のマジリス（議会）と憲法への道を開いた。

なアミーヌッダウラを首相に任命するなど、順調なすべりだしを見せている。

アミーヌッダウラは法律や財政、教育の改革に努め、ベルギー人を招いて税関の管理にあたらせた。だが、既得権益の擁護者から抵抗をうけ、1898年にイギリスからの借款に失敗すると解任され、アミーヌッスルタンが首相の座に返り咲いた。アミーヌッスルタンはベルギー人に税関だけでなく、国家の財政全般にわたって管理をまかせた。その結果、政府の収入が増加し、また譲歩とひきかえにロシアから2度の借款を得たが、これは同時にロシアに占領されるのではないかとの恐怖も生むことになった。

1900年代のはじめには、反体制側が勢いを増し、各都市の商人や職人、ウラマーがその主力になった。革命をめざす組織が次々と形成された。アミーヌッスルタンは1903年にアミーヌッダウラの巻き返しにあって失脚した。反対勢力は日露戦争（1904〜05年）において、日本がロシアに勝利したことで勢いを得た。この戦いは近代史上初となる、アジア人の西欧に対する勝利だったからである。

そして1905年12月には、のちに「立憲革命」と呼ばれることになる運動がはじまった。きっかけは、テヘラン市長が砂糖価格の引き下げに応じなかった商人を罰したことだった。この騒動が一連の大抗議運動に発展し、1906年にはアミーヌッダウラが解任され、同年8月、シャーはマジリス（議会）の開会を認めた。マジリスはベルギー立憲君主国の憲法を基本にした憲法草案の作成を委員会に委嘱した。そしてこの年の12月、ムザッファルッディーン・シャーは憲法草案に署名し、翌1907年の1月、その生涯を終えた。

ムハンマド・アリー・シャー

「新たに即位したこのシャーが憲法を嫌い，議会に猜疑心と反感をもっていたのは無理からぬことだった。彼は歴代の王たちと同じように，無責任な専制支配を行ないたいと考えていたので，みずからの権力を制約する憲法など歓迎するはずもなかった。だがその制約こそが，国民議会が最初からもくろんでいたことだったのである」

E.G.ブラウン

⇧ムハンマド・アリー・シャーは1906年12月，憲法に署名はしたが，ロシアと共謀してそれを破棄しようとした。だが結局は，立憲主義者たちに国を追われ，ロシアに亡命した。

⇩1800年以降，イランの発展は，イギリスとロシアの経済的野心と戦略的敵対関係に翻弄され続けた。そうした状況のなか，1907年にはイギリス・ロシア協商が締結され，イランは両国の支配地域に分割された。

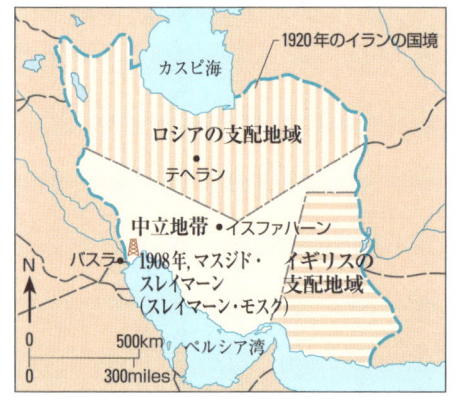

亡きシャーの息子ムハンマド・アリーも，1906年12月，憲法に署名した。彼は戴冠式に，まるであてつけのように議会の代議員を招かなかったものの，その場で憲法を支持することを誓った。しかしムハンマド・アリーは，立憲運動に否定的だったロシアに親近感をもっていただけでなく，みずからも可能なかぎり王権をとりもどそうと決意していた。そして憲法研究のために外国に行っていたアミーヌッスルタンを首相として召還した。

しかし，8月31日，アミーヌッスルタンは議会から出てきたところを，アゼルバイジャンからやってきた革命分子によって暗殺された。これと同じ日に，イギリスとロシアはそれぞれの利権を確立するために，イランを両国の支配地域に分割する協約に署名した。ロシアはイラン北部とイスファハーン以北の中部地域，イギリスはイラン南東部を支配地域とすることになり，南西部は中立地帯とされた。

1907年から1908年にかけて，議会は税制，教育，法律に関する改革案を通過させた。1908年6月，暗殺を免れたムハンマド・アリーは，ロシアの士官が指揮するコサック師団の支援をうけてクーデターをおこした。このコサック師団は1879年にナースィルッディーン・シャーが創設したものだった。ムハンマド・アリーは議会を閉鎖し，立憲運動の指導者たちを処刑した。その後ムハンマド・アリーは，一時的に国政の実権を握り，反体制派が掌握している都市はタブリーズだけ

ムハンマド・アリー・シャー	
生年	1896年6月21日
父	ムザッファルッディーン・シャー
母	ウンム・アル・ハカーン
妻	ジャハーン・ハーヌム(ナースィルッディーンの息子カムランの娘)、ほかに数人。
息子	アフマド、ほかに5人
娘	4人
即位	1907年1月19日
没年	1925年4月5日、サン・レモで死亡
埋葬地	確証はないが、現在のモルドヴァとする説がある。

になった。

しかし1909年7月には、北西部のタブリーズで活動していた社会主義者やイスラーム戦士と、イスファハーン以南で活動していたバフティアリ部族が軍を編成して、テヘランへ進軍を開始した。そのためムハンマド・アリーは、ロシアに保護をもとめて逃亡した。そのため、彼の幼い息子アフマドが王に擁立され、はじめはカージャール家の王子アズドゥル・ムルクが、その後にオックスフォード大学で学んだナースィルル・ムルクが摂政として、王の補佐を行なうことになった。

アフマド・シャー

「幼いシャーは、イランの政治にまったく関心をもたず、国政すべてを大臣たちに任せたままで満足していた。その情熱は蓄財にそがれ、即位して以来の資産は[1918年には]100万ポンドに達していたといわれる」

デニス・ライト

⇧アフマド・シャーがカージャール朝最後のシャーに即位したとき、彼はまだ11歳であり、結局その治世の大半は、国政を大臣たちに任せたままに終わった。1925年にレザー・シャーが議会を説得し、カージャール朝を廃した。

立憲政治が復活すると、選出された議員たちによって二大政党が組織された。ひとつは急進的な非宗教民族自決主義を標ぼうする民主派の政党、もうひとつはウラマーや地主の利益を代弁する穏健派の政党だった。1910年までにはこれらの政党が分裂し、暗殺が横行して治安が乱れ、中央政府は権限を行使することができなくなった。その後、1920年代半ばにレザー・ハーン(レザー・シャー・パフラヴィー)が台頭するまで、このような混乱状態が続くことになる。

1911年に政府は、モーガン・シュスターをリーダーとするアメリカの顧問団を招聘して、財政の中央集権化と再建に着手した。これに対しロシアは、自国の支配地域で許可なく任命したイランの外交官を通じて異を唱え、シュスターの解任を要求する最後通告を突きつけた。

このとき劇的な事件が起こった。立憲運動によって政治活動に参加するようになっていたイランの女性たちが、チャドルの

アフマド・シャー	
生年	1898年1月20日
父	ムハンマド・アリー・シャー
母	ジャハーン・ハーヌム
妻	身分の低い妻が数人いた。
息子	1人
即位	1909年7月21日
没年	1930年2月21日、パリ郊外のヌイイで死亡。
埋葬地	不明

下に銃をかまえて議会を襲撃し、ロシアの最後通告を拒否するよう要求したのだ。最後通告は拒否された。しかし、ロシア軍がテヘランに進攻してくると、摂政のナースィルル・ムルクは議会の解散以外に方法はないと判断し、ロシアの最後通告を受けいれて、シュスターを解任した。その後はイギリスとロシアの力を背景に、保守派による内閣が実権を掌握した。1906年にイラン南西部で発見された石油によって、1914年にはイギリスの利権が拡大した。

1914年7月にアフマドは摂政を廃し、みずから統治をはじめたが、あまりにも無力であり、イラン全土が外国の軍隊に蹂躙された時代に対応することは、とてもできなかった。1915年から17年にかけて、ロシア軍はテヘラン郊外に進攻すると、自国の経済を潤すためにイラン北部の利権を奪いつくし、アゼルバイジャンの利権をめぐってオスマン帝国と争った。時を同じくして、イギリスは南ペルシア小銃隊を組織し、イラン南部の利権を確保した。さらにロシアと秘密協定を結び、イギリスはロシアのダーダネルス海峡における利権を認め、逆にロシアはイギリスのイラン南西部の石油埋蔵地域の利権を認めることが定められた。ドイツはイランの民族自決主義者や各地の部族を扇動して、事態を悪化させた。

1911年に起こった女性による議会襲撃事件

モーガン・シュスターはイランでの体験をつづった『抑圧されるペルシア』のなかで、1911年に女性たちがロシアの最後通告に抗議して議会を襲ったときの様子を、次のように書いている。

「ペルシアの女性たちが解決をあたえた。壁に囲まれ中庭から、後宮のなかから、決意に頰を紅潮させた300人の女性が行進してきた。みんな黒一色のローブをまとい、白いベールで顔をおおっていた。女たちの多くはローブのすその下か、ひだのついた袖の下に銃をかまえていた。まっすぐ議会まで行進し集合すると、議長に全員なかに入れるよう要求した。(略)

議長は代表者だけをなかに入れることを認めた。議長の接見の間で女性たちは議長と対決した。議長や議員たちに自分たちの決意のほどを見せつけるために、ペルシアの母や妻や娘たちは銃を出して威嚇すると、ベールを払いのけ、訴えた。議員たちがペルシア民族および国家の自由と尊厳を維持する義務をないがしろにするなら、自分の夫や息子を殺し、自分たちも屍になると」

⇧1941年の一時期，イギリスはレザー・シャー・パフラヴィーを追放して，アフマド・シャーの甥を擁立し，カージャール朝を復活させようともくろんでいた。彼は当時，デイヴィッド・ドラモンドという名で商船の船員をしていた。しかし，当時の外務大臣アンソニー・イーデンと政治家のリーオ・アメリーが，この若い王子と昼食をとったあと，イギリスはその計画を断念した。

1918年，第一次世界大戦の休戦とともに，ロシアとトルコはイランの領土から去り，親イギリス政権がウスク・ウッダウラのもとに成立した。このころイランは未曾有の飢饉に襲われ，多数の死者をだしている。1919年8月9日，ウスク・ウッダウラとイギリスの外相カーゾン卿は，イギリス・イラン協定を結び，イランは事実上，イギリスの保護国になった。アフマド・シャーは協定を支持した見返りとして年金の支給を要求した。ウスク・ウッダウラほか2人の大臣が協定締結にはたした役割に対して，それぞれ13万ポンドの報酬をうけとった。しかし，大規模な抗議運動がおきてシャーはウスク・ウッダウラの更迭に追いこまれ，この協定は有名無実と化してしまった。

こうした状況のもと，イラン国民はしだいに強力な中央政府を求めるようになっていった。この国民の願いは，1921年2月，叶えられることになる。コサック師団の指揮官になったばかりのレザー・ハーンと，親イギリス派のジャーナリスト，ズィーヤ・ウッディーン・タバタバイがクーデターを起こしたのである。イギリス側はアフマド・ハーンに結果を受けいれるよう促し，レザーは軍総司令官に，ズィーヤは首相に就任した。

数カ月のうちに，レザーはズィーヤを追放し，強力な中央政府の構築にのりだした。1923年10月にはみずから首相になり，25年に議会を説得してカージャール朝を廃し，26年4月25日にはレザー・シャー・パフラヴィー（パーレビ）として王位についた。アハマド・シャーはそのしばらくまえに国外に脱出し，1930年2月，パリ郊外のヌイイでその生涯を閉じた。

監修者あとがき

　本書のタイトルは『ムガル皇帝歴代誌』であるが,「ムガル皇帝」の意味は,16世紀,北インドに成立した「ムガル帝国」の皇帝だけをさしているのではない。「はじめに」にあるように,かなり広い意味にとり,「ムガル（モンゴル人）の影響をうけて成立したイスラーム諸王朝」の皇帝をさしている。

　13世紀から20世紀までのかなり長い期間,インド,イラン,中央アジアの各地にはさまざまなイスラームの王朝が成立した。本書では,この期間の,多くのイスラーム王朝を取り上げ,それぞれの皇帝の歴代をまとめている。

　日本での概説書では,これほど長い時代にわたって,広く,イスラームの諸王朝を取り上げ,概括した本は存在しなかったから,読者にとって,大変参考になると思う。従来,日本の読者にとって,あまりなじみない王朝も本書では取り上げられているので,そうした王朝も,歴史上存在した重要な王朝として,本書によって読者はしっかりと確認しておく必要があるであろう。

　とくに,近年,中央アジアや,イランでさまざまな事件が起こるたび,こうした地方の情勢が問題として取り上げられる。しかし,それら地域の歴史に関しては常識としてほとんどなにも持ち合わせていない人たちが,時として,何らかの意見を述べる場合があるが,発言の前にまずはこうした歴代誌を取り上げてみるべきであろう。その意味で,これまでの概説書で十分に触れられてこなかったこうした歴代誌は大きな意義がある。

　また,何よりも,本書の最大の特徴は,王朝の文化にふれている点である。各王朝の時代の絵画資料,遺跡の写真が豊富に掲載されていることは本書を読む上での最大の楽しみであり,これは大いに参考になる資料である。

小名康之

INDEX

あ

『アーイーニ・アクバリー』　16・197
アーガー・ハーン　25・333
アーガー・ムハンマド・カージャール
　　　270・318・319・321・324−328
アーサド・ハーン　321
アーサフ・ハーン　206・214・216
アーザム　237・246・248
アーディル・シャー　317・318・327
アーラーム・シャー　106・108・110・112
アーラムギール2世　256・259・262
『アーラムギール2世伝』　257
アーラム・ハーン　156
アイーシャ　174
アイトキーン　117
アイユーブ朝　23・27
アウグスティノ修道会　290
アウラングゼーブ　7・9・16・18・164・
　　　165・204・217・226−246・248・
　　　250・252・263・316・318
アカシ　333・336
アク・コユンル（白羊朝）　79・92−95・
　　　98・273・274
アクバル　6・16・19・107・160・164・176・
　　　180−205・207・208・211・212・214・
　　　220・224・225・227・237−239・
　　　241・245・263・269
アクバル2世　164・265−267
『アクバル・ナーマ』　7・16・19・176・
　　　197・199・224
アザム・フマーユーン　156
アシュラーフ　309・310
アショーカ王　146・185
アズィーム　244・249
アスカリー　179・180・183
アズドゥル・ムルク　345
アターベク　54・56
アッバース3世　310・313

アッバース朝　6・21・23−26・111・112・
　　　140・145・290・304
アッバース・ミールザー（シャー・スレ
　　　イマーンの息子）　306・307
アッバース・ミールザー（ファトフ・ア
　　　リー・シャーの息子）　330・331
アッフィーフ　142−146
アトガ・ハーン　189
アドハム・ハーン　189
アニス・ウッダウラー　339・340
アノン　255・257
アバカ　20・22・27−33・36
アブー・イナーン　17
アブー・サイード（イル・ハーン国）
　　　20・43・48・50−52
アブー・サイード（ティムール朝）
　　　20・78・85・91−95・98・104・166
アブー・バクル　148
アフシャール朝　7・254・270・271・
　　　310・311
アブドゥッラー・ハーン（ブハラ・ハー
　　　ン国）　191・192
アブドゥッラー・ハーン（サイイド兄
　　　弟）　249−253・330
アブドゥッラー・ミールザー　20・85・
　　　91
アブドゥッラー・アンサリ　83・104
アブドゥル・ハミード2世　341
アブドゥル・ラティーフ　85・87・90・91
アフマド・アブダーリー　7・254−256・
　　　258・264・319
アフマド・シャー（グジャラート・スル
　　　タン朝）　159・160
アフマド・シャー（ムガル帝国）
　　　164・247・254−256・262・270・271
アフマド・シャー（カージャール朝）
　　　342・345−347
『アフマド・シャー伝』　255

アフマドナガル王国　218
アフマド・ビン・アラブシャー
　　　61・76・77
アフマド・ヤサヴィー　72
アフマド・ヤディガル　161
アブル・ハイル・ハーン　91
アブル・ファズル　7・16・19・176・178・
　　　182・187・189・194・197−199・
　　　201・205
アブル・ファトフ　321
アホム王国　219・240
アマシヤ条約　278・287
アミール・タラガイ　62
アミーヌッスルタン（小）
　　　340・342−344
アミーヌッスルタン（大）　339
アミーヌッダウラ　343
アミール・チョバン　48・50−52
アミール・フサイン　63
アミーレ・カビール　335・336
アラー・ウッダウラ　82・83・87・91
アラー・ウッディーン（最初の「奴隷」
　　　王朝）　106・111・117・118
アラー・ウッディーン（サイイド朝）
　　　150・152
アラー・ウッディーン・ジュワイニー
　　　17
アラー・ウッディーン2世　158
アラー・ウッディーン・フサイン・
　　　シャー　158・159
アラー・ウッディーン・ムハンマド
　　　106・125・127−131・135・149・
　　　150・152
アラーハーバード条約　260
アラカン王国　232・241
アランゴア　7・8・73・87・176
アーラムギール1世　231
アーラムギール2世　164
アリー・クリー・ハーン→アーディル・

349

シャーを見よ	ヴィジャヤナガル王国 158	ガーリブ 267・268
アリー・マルダーン 321	ウィリアム・ルブルック 23	カイクバード 106・120・123・124
アリー・ムラード 324	ウスク・ウッダウラ 347	カイドゥ 29
アリク・ブケ 27	ウズベク・ハーン国 91	ガイハトゥ 20・27・32・35－37・53
アルグン 20・29・32－36・41・44・47・55	ウスマーン 50	カイ・ホスロー 123
アルバクフ 58	ウズン・ハサン 92－95・98・273	ガウハーナーラー 226
アルパ・ケウン 52	ウデプーリ 233・246	ガウハール・シャド 78・79・82・87・
イェスゲイ 10	『ウパニシャッド』 227	91・94
イエズス(修道会) 16・190・193・194・	ウマイヤ朝 107	ガズナ朝 30・49・107・171
197・201・204・208・227	ウマル・シャイフ 96	カビール 163
イギリス・イラン協定 347	ウラマー(学者) 16・68・70・90・98・	カラ・ウスマーン 92・93
イギリス・イラン条約 18	193・194・237・240・276・277・291・	カラ・コユンル(黒羊朝) 55・80・
イスカンダル・スルタン 82	292・303・304・309・330・333・335・	92－94
イスマーイール3世 310・321・323	336・338－341・343・345	カリーム・ハーン・ザンド 270・271・
イスマーイール派 18・23－25・	ウルグ・ベグ 20・21・73・80・84－91・	310・320・325・327
109・333	224	『カルメル修道会年代記』 17・298・
イスラーム・シャー 181	永楽帝 83	300・306・307・310－312・317・
イスラーム神秘主義→スーフィーを見	エドワード1世 34	318・320
よ	オゴタイ 63	カルメル修道会 16・17
イスラーム・ハーン 153・154	オゴタイ・ハーン国 45	ガンジャ条約 313
イティマードゥッダウラ 213・214	オスマン帝国 66・68・73・81・206・274・	キトブカ・ノヤン 27
イナーヤト・ハーン 224・226	275・278・280・282・283・285－287・	キプチャク・ハーン国 12・26－29・
イブラーヒーム・スルタン 80・84	290・299－301・310・312－316・	36・57・63－66・73・80・91・93
イブラーヒーム・ベグ 170	323・333・338・341	ギャースッディーン(マールワー・ス
イブラーヒーム・ローディー 106・	オルジェイトゥ 20・30・40・43－49・	ルタン朝) 160
153・161－163・168・173・179・264	56・129	ギャースッディーン・アザム・シャー
イブン・ジュザイイ 17		158
イブン・タイミーヤ 136・137	**か**	ギャースッディーン・トゥグルク
イブン・テグリビルディ 48・51		129・132・133・135・143
イブン・バットゥータ 16・50・51・116・	カーカティーヤ朝 130	ギャースッディーン・トゥグルク2世
118・133・135－137	カージャール朝 6・7・16・18・270・271・	148
イマーム・クリー・ハーン 299	324・326－328・331・333・336・343・	ギャースッディーン・バルバン
イマーム・レザー 78	345・347	17・106・118・124・126
イルトゥトゥミシュ 112－114・117・	ガーズィー・ウッディーン 255－260	『9‐19世紀のモンゴル史』 43
120・146	ガーズィー・マリク→ギャースッ	グジャラート・スルタン朝 159・160
イル・ハーン国 6－8・12・13・16・17・	ディーン・トゥグルクを見よ	クトゥブッディーン・アイバク
20－24・26・28－30・33・34・36・38・	カーディー(裁判官) 68	106－110・112・119・146・147
40－42・45・49・52－59・62・66・	カーナルの戦い 316	クトゥブッディーン・シーラーズ 34
92・129・140・283	カーヌワの戦い 169	クトゥブッディーン・ムバーラク・シャー
『イル・ハーン天文表』 25	カーフィー・カーン 232	106・125・130－132
インジュー朝 56	カーム・バクシュ 233・246・248	クビライ 12・22・27－29・34・36
インド法 263	カームラーン 179・180・183・185・187	グラム・カーディル 261－263

クリルタイ	23・35・44	
『グルジア年代記』	28	
グルバダン・ベーグム	16・17・170・174・175・180・182・194	
グレゴリウス10世	31	
クレメンス8世	17	
グワーリオール王国	156	
元朝	29・36・37	
後宮→ハーレムを見よ		
『コーラン』	44・45・57・59・73・83・84・118・132・137・144・222・223・231・236・246・285・293・306	
ゴールコンダ朝	242	
ゴール朝	107−110・171	

さ

サーディク・ハーン	322	
サーミー	84	
サアドゥッダウラー	34	
サイイド（予言者ムハンマドの子孫の尊称）	68・89・140	
サイイド・アフマド・ハーン	266	
サイイド・シャリフ・アル・ジュールジャーニー	59	
サイイド朝	106・107・150・151	
サイイド・ムハンマド（スレイマーン2世）	319	
ザイヌル・アービディーン（ムザッファル朝）	58・60	
ザイヌル・アービディーン（カシュミールのスルタン朝）	160	
ザイヌル・ハク	246	
ザキ・ハーン	324	
ササン朝	329	
サティー・ベグ	52	
サドルッディーン・ザンジャーニー	36・40・44	
サファヴィー教	273・274・276	
サファヴィー朝	6−8・13・17・28・73・93・100・169・170・178・180・198・205・211・214・219・224・254・270−279・281−284・286・287・289−294・296−298・300・302−304・306−310・312・314・318・321・323・324・327・329	
『ザファル・ナーマ』	62・63・68・75・84	
サフィー・ウッディーン	273・276・286	
サフダル・ジャング	255・256	
サムーガルの戦い	230	
サム・ミールザー	279	
サライ・ムルク・ハーヌム	71	
サラディン（サラーフッディーン）	23	
サリーマ・ベーグム	201・202・204	
サリーム皇子→ジャハーンギールを見よ		
サルー・タキ	300・301	
サングラム・シャー	162	
ザンド朝	270・271・320・322−324	
シーア派	8・13・18・25・26・47・78・182・271・273・274・276・278・279・285・291・292・299・301・303・307・314・315・323・333	
シーク教	238・239・248・251・253・261	
シヴァージー	241・242	
ジェームズ1世	203・208	
シェール・ハーン（シャー）	179−181・183・196	
シカンダル・ローディー	106・153・155−161	
シハーブッディーン	131	
シピフル	228・230・232・233	
シャー・アーラム	18・164・257・259−265	
シャー・アッバース（1世）	6・17・211・224・270・271・280・281・284−301	
シャー・アッバース2世	270・298・300−304	
シャー・イスマーイール（1世）	8・270・272−277・283	
シャー・イスマーイール2世	270・272・280・281	
シャー・サフィー1世	270・298−300	
シャー・ジャハーン	6・9・13・18・164・165・204・210・214−216・218−223・225−229・231・234−236・238・241・245・266	
シャー・シュジャー	226・228・229・231・232	
シャー・スルタン・フサイン	270・306・308−310	
シャー・スレイマーン	270・298・303−307	
シャー・タフマースプ	100・170・178・180−183・270・272・276−280・282・283・287・289	
シャーディー・ハーン	131	
シャーディ・ムルク	77	
シャー・トゥルカーン	114・115	
『シャー・ナーマ（王書）』	30・55・79・279・282・283	
シャーヒ・シュジャー	20・54・57−60	
シャー・マフムード	58・59	
シャー・マンスール	59・60	
『ジャーミ・イ・アッバーシー』	291	
シャー・ミールザー（シャムスッディーン）	160	
シャーリー兄弟	16	
シャー・ルフ（ティムール朝）	20・76−84・87・91・92・94・98・104・150・151・224	
シャー・ルフ（アフシャール朝）	270・311・317−319・327	
ジャイナ教	119・194・241	
シャイバーニー朝	100・211・274・275・286・290	
シャイバーン朝	73	
シャイフ・アフマド・シルヒンディー	211	
シャイフ・アフマド・ヤサヴィー	71	
シャイフ・ウアイス	55	
シャイフ・ハサン・クチュク（小シャイフ・ハサン）	52・53	
シャイフ・ハサン・ブズルグ	52・55

ジャウンプル朝	159
ジャハーナーラー	9・221・226−228・234・235
『ジャハーンギール回想録』	184
ジャハーンギール	16・164・184・188・192・194・200−208・210−216・218・219・224−226・241・284
ジャハーン・シャー	81・92−94
ジャハーンダール・シャー	164・247−249・256
ジャハーン・ティムール	53・55
ジャファル派	314・315・317・323
ジャファル・ハーン	324・325
シャフリヤール	215・216
ジャムシード・ギヤースッディーン・アル・カーシー	88
シャムスィー朝	114
シャムスッディーン・イブラーヒーム	159
シャムスッディーン・イリヤース	158
シャムスッディーン・イルトゥトゥミシュ	106・110・111
シャムスッディーン・ニザーミー	56
ジャムの戦い	278
ジャラーイル朝	53−55・57・58・65・79・92・283
シャラーフッディーン・ムザッファル	56
シャラーフッディーン・ヤズディー	62・63
ジャラール	161・162
ジャラールッディーン・フィールーズ	106・124−128
シャルキー王朝	154
シャルダン・ジャン	16
シャンバージー	242
『集史』	47・49
十字軍	23・26・31
ジュージャーニー	108・111・114−117
シュジャー・ウッダウラ	264
シュスター	345・346
ジュナイド	55
ジュワイニー	16・18・22−24・49
ジョチ	64
ジョン・マルコム	16・18・321・326・328・330
シルヒンディ	150
ズィーヤ・ウッディーン・タバタバイ	347
ズィナトゥンニサー	246
ズィナト・マハル	268・269
スーフィー（スーフィズム、イスラーム神秘主義）	8・16・70・71・83・90・91・95・98・146・163・188・193・208・211・227・228・246・258・289・307・323・332・333
スール朝	178・181・183・185・186・196
スルターナバードの戦い	331
スルタン・アフマド	55
スルタン・アメフト１世	208
スルタン・アリー	274
スルタン・イマードッディーン・アフマド	58
スルタン・シェブリ	60
スルタン・ジャラールッディーン・ムハンマド	158
スルタン朝	108・129・134・138・141・145・147−149・152・154・157・192・219
スルタン・ナースィル	51
スルタン・フサイン・バイカラ	20・21・75・96・98−100・102−104
スルタン・マフムード（ガズナ朝）	30・49・107・171
スルタン・ラズィーヤ	106・111・114−116
スレイマーン（イル・ハーン国傀儡王）	53
スレイマーン（ダーラー・シュコーの息子）	228・233
スレイマーン１世（オスマン帝国）	278・280
スンナ派	26・182・228・246・276・285・307・314・315・323・341
ゼーブンニサーン	239
『世界征服者の歴史』	18
セポイの反乱	338
セルジューク朝	40・292
ゾロアスター教	194

た

タージ・ウッディーン・ヤルドーズ	110・112
タージ・マハル	6・202・222・223・225・234
タージェッディーン・アリー・シャー	44・48
ダーニヤール	201
ダーラー・シュコー	217・226−235
『ターリヒ・アルフィー』	199
『ターリーヒ・フィールーズ・シャーヒー』	17
ダーワル・バフシュ	216
『大旅行記』	17
ダウラト・ハーン・ローディー（トゥグルク朝末期）	149
ダウラト・ハーン・ローディー（パンジャーブ総督）	162・168
ダウラト・シャー	91・92・98
タキ・ハーン	316
タジルー・ハーヌム	277
タタール・ハーン	143
タバコ・ボイコット運動	339−341
タフマースプ２世	310・312・313
『タフマースプのシャー・ナーマ』	100
チャールズ１世	206
チャガタイ・ハーン（トゥグルク・ティムール）	63
チャガタイ・ハーン国	12・29・30・45・60・62−64・66・68・74・94
チャルディラーンの戦い	275
『チンギス・ナーマ』	199
チンギス・ハーン	6−8・10−12・21−24・27・45・48・49・52・63・64・66・73・89・112・127・166

	167・176・199・277	ジャール朝） 270・334－336・
ディーニ・イラーヒー（神の宗教）		338・342・344
	194・212	ナースィルッディーン・トゥースィー
ティムール 6・7・13・20・21・30・55・		23・25・88
60・77・80・81・83・84・87・89・92・		ナースィルッディーン・ヌスラト・
93・95・96・147・149・151・154・		シャー 159
158・159・166・176・188・199・		ナースィルッディーン・ムハンマド（デ
224・241・247・250・266・282		リー・スルタン朝） 112
ティムール・タシュ 51・52		ナースィルッディーン・ムハンマド
ティムール朝 6・13・20・21・30・55・61・		（フィールーズ・シャーの息子） 148
62・64・78・81－84・92－94・98・		『ナースィルの倫理学』 25
102・103・150・151・165・176・		ナースィルル・ムルク 345・346
187・199・283・309		ナーディル・クリー・ベグ→ナーディ
『ティムール・ナーマ』 199		ル・シャーを見よ
ディラワル・ハーン・ゴール 160		ナーディル・シャー 7・252－254・270・
テーグ・バハードゥル 238・239		271・310・321・323・327・328
テグデル（アフマド） 20・32－34		ナウルーズ 40・50
テムジン→チンギス・ハーンを見よ		ナガルコート公国 147
デリー・スルタン朝 6・7・9・10・13・		ナジーブ・ハーン 258・260・261・264
36・73・107・111・113・136・142・153・		ナワーブ・ジャウド・ハーン 255
154・158－160・163・165・167・188・221		ニザーム・シャーヒー 218
『デリー・ブック』 267		ニザーム・ハーン→シカンダル・ロー
デルヴィーシュ（修行僧） 90・99		ディーを見よ
ドゥッラーニー朝 7・255		ニザームル・ムルク 253
『トゥーティー・ナーマ』 198		ニザム王朝 253
『東方見聞録』 33		日露戦争 343
トゥグルク朝 16・106・107・118・133・		ヌール・ジャハーン 9・206・212－217・
140・149・158		226
トゥルイ 52		ヌスラト・シャー 148
トガ・ティムール 52		ネストリウス派 27・29・32・34
トクタ 36		
トクタミシュ 65・66・69		**は**
トダル・マル 191・196		
トルコマンチャイ条約 330		『バーキー詩集』 299
		バーキール・マジュリシー 307
な		ハージャ・シャー・マンスール 196
		『パードシャー・ナーマ』 13・219・
ナースィルッディーン（最初の「奴隷」		224・236
王朝） 106・111・117－119		ハーニ・ジャハーン 145・147
ナースィルッディーン・カバーチャ		ハーニ・ジャハーン2世 148
110・112・113		パーニーパットの戦い 168・169・173・
ナースィルッディーン・シャー（カー		187・264・275

ハーフィー・ハーン		247－252
ハーフィズ		57－59・158
バーブル		16・17・96・99・100・
103・104・157・163－176・178・179・		
183・190・199・213・223・259・		
264・269・274・275		
『バーブル・ナーマ』		166・169・176・
		199・282
パーリ・ハーン・ハーヌム		281
パールシー教		194
ハーレム（後宮）		24・35・114・201・
204・214・221・251－253・255・262・		
279・281・297・301・304・305・307・		
309・331・336・339		
ハーン・ジャハーン・ローディー		
		218・219
バイスンクル		78・79・82・84・89
ハイダル		273・274
バイドゥ		20・32・35－37・40・52
ハイトン1世		27
バイバルス		31
バイラム・ハーン		183・186・187・199・
		201・264
ハキーム		190・191
バグダード・ハトゥン		50・52
バクティアリ同盟		321
ハサン・ガング（スルタン・アラー・ウッ		
ディーン1世）		140・141・158
バダウニー		200
ハッジー・バルラス		62・63
ハッジ・イブラーヒーム		326
ハッジ・サルサリ		140
バディー・ウッザマーン		104
ハディース		137
バドゥルッディーン・スンカル		117
バハードゥル・シャー（グジャラート		
のスルタン朝）		159・160・179
バハードゥル・シャー1世		164・165・
		247－249・252
バハードゥル・シャー2世		164・265・
		267－269
バハール・ハーン・ローニー		179

353

バフマニー・スルタン朝	140・141・158	
バフラヴィー朝	271	
バフラム・ミールザー	277・279・282	
バフロール・ローディー	106・152－156・181	
ハミーダ・ベーグム	17・180・182・187・200・204	
『ハムサ』	55	
『ハムザ・ナーマ』	198	
バヤジード1世	66・73	
ハラージュ	40	
ハラウィ	152	
バラニー	16・17・118・120－132・136・137・139・141	
バラク	29・30	
ハリール・スルタン	20・76・77	
バルヴィーズ	215・216	
ハルジー朝	16・106・107・125	
バルバク	155	
ハルバンダ→オルジェイトゥを見よ		
ハワース、ヘンリー・H	28・43	
ピール・ムハンマド	72・76	
東インド会社	18・59・244・259・263・268・291・302	
ビザンツ帝国	29・66・73	
ヒズル・ハーン（アラー・ウッディーンの息子）	131	
ヒズル・ハーン	106・149－151	
ビダル・バフト	262・263	
ビヒザード	96・99・100・103・279・283	
ヒンダール	179・180・182・187	
ヒンドゥー王国	158	
ヒンドゥー教	8・68・70・119・126・129・130・132・138・145・146・148・151・158・186・190・191・193・194・211・212・220・227・235・238・241・242・244・258・261・268	
ファズル・アッラーフ・シーラーズィ	196	
『ファターワーイェ・アラームギーリ』	238	
『ファターワーイェ・ジャハーンダーリー』	17	
ファズルフ・シヤル	164・247－252	
ファトフ・アリー・シャー	270・326－330・331	
フィールーズ・シャー・トゥグルク	9・16・17・106・133・142－149・156	
フィリシュタ	150・153・155・161・166	
フィリップ4世	34・45	
フーシャン・シャー	160	
ブーワ	173・174	
フサイン・アリー・ハーン	249－252	
フサイン・クリー・ハーン	328	
フスロー	202・205・215・216	
フッラム→シャー・ジャハーンを見よ		
ブハラ・ハーン国	191・300	
フマーユーン	17・159・160・164・170・172・173・175・176・178－183・186・198・200・251・258・259・268・277	
『フマーユーン・ナーマ』	17	
フラグ	6・12・17・18・20－29・32・43・52・55・140	
フランチェスコ会	23	
ブルハーヌル・ムルク	253	
『フワージャ・ケルマーンのハムサ』	55	
ヘームー（ラージャ・ヴィクラマーディティヤ）	186・187	
ベルケ	26－29	
『ペルシア紀行』	292	
『ペルシア史』	18	
ホージャ・ジャハーン	17・143・144	
ホージャ・ジャハーン（スルタン・アッシャルキー）	154・159	
ホーンダミール	90・102	
『ホスローとシーリーン』	55	
ホスロー・ハーン	132	
ホノリウス4世	34	
ボヘマンドー1世	27	
ホラズム・シャー朝	11・64・66・112	

ま

マーハム・アナガ	187・189
『マジマウル・バフライン』	227
マジリス（議会）	343
マスマ	174
マヌッチ、ニコラオ	16・18・225・227・228・233・234・245
『マハーバーラタ』	16・197・198
マハーバト・ハーン	215・216
マハジー・シンディア	261・263
マハム	174－176
マフディ・ウリヤ	281
マフムード（サファヴィー朝末期）	308－310
マフムード・シャー	66・67・73・143・148・149
マフムード・シャー（マールワーのスルタン朝）	160
マフムード・シャー2世	159
マフムード・ベガルハ	159
マフムード・ローディー	168・170・175・181
マムルーク朝	23・27・29・31－34・36・40・45・48・50－52・55・66・140・290
マラータ王国	242
マラータ同盟	263・264
マリーン朝	17
マリカ・イ・ザマーニー	261・263
マリカイ・ジャハーン	127
マリク・イクティヤールッディーン・アイトキーン	116
マリク・カーフール	130・131
マリク・シャーディー	132
マリク・ジャハーン	335・336・339
マリク・ニザームッディーン	123・124
マリヤム・ベーグム	307
マルコ・ポーロ	33
ミーラーンシャー	77・91・98
ミール・アリー・シール・ナヴァーイー	99・100・102・103
ミールザー・アーガー・ヌーリ	

		336・338
ミールザー・ナジャフ・ハーン		261・262
ミールザー・ハイダル・ドゥグラト		160
ミールザー・フサイン・ハーン		338・339
ミール・サイード・バラカ		71
ミール・ワイス		308
ミカエル8世パレオロゴス		28・29
ミフルン・ニサー→ヌール・ジャハーンを見よ		
明朝		66・81・83
ムアッザム→バハードゥル・シャーを見よ		
ムイズッディーン（ゴール朝）		109
ムイズッディーン・バヘラム・シャー		106・111・116・117
ムーサー		52
『ムガル帝国史』		18・204
ムザッファル		21
ムザッファル朝		20・21・54−56・59・60・65
ムザッファルッディーン・シャー		270・342・343
ムザッファル・ハーン（グジャラートのスルタン朝）		159
ムザッファル・フサイン		104
ムスタースィム		25
ムバーラク・シャー		106・150・151
ムバーラク・シャー（ジャウンプルのスルタン朝）		159
ムバーリスッディーン・ムハンマド		20・21・54・56・57
ムハンマド（イル・ハーン国末期）		52
ムハンマド（バルバンの息子）		121−123
ムハンマド（預言者）		8・25・39・73・74・89・118・137・140・146・150・171・285・290
ムハンマド・アリー・シャー		342・344・345
ムハンマド・ガザン		20・21・27・35・36・38−43・47・49・50
ムハンマド・サーディク・ハーン		324
ムハンマド・シャー（ムガル帝国後期）		164・247・252−255・258・261・312・316
ムハンマド・シャー（カージャール朝）		270・326・331−333
ムハンマド・シャー3世（バフマニー・スルタン朝）		158
ムハンマド・シャイバーニー		103・104・274
ムハンマド・ジュキ		83
ムハンマド・スルタン		72
ムハンマド2世		158
ムハンマド・バーキール		297・298
ムハンマド・ハサン		321
ムハンマド・ビン・カーシム		107
ムハンマド・ビン・トゥグルク		16・17・36・106・107・133−145・149・158・243
ムハンマド・ビン・ファリード		106・150−152
ムハンマド・ホダーバンデ		270・272・281・284・285
ムハンマド・ミールザー→ムハンマド・シャーを見よ		
ムムターズ・マハル		214・222・225・226・227・234・235
ムラード（アクバルの息子）		192・201
ムラード・バフシュ		226・228・229・230・233
ムルシド・クーリー・ハーン（ムガル帝国後期）		244・245・253
ムルシド・クーリー・ハーン（キジルバシ）		281・285・286
メッカ		79・188・194・218・294・315
メトルカフ、トーマス		265・267
メルヴの戦い		274
モンケ		12・23・27・52
モンゴル帝国		12・42・49・165・187・199

や

ヤーダヴァ朝	127・130
ヤクートゥル・ムスタースィム	44・45
ヤズディー	64・68・70・84・149
ヤディガル・ムハンマド	94・98
ヤヒヤー	57・58・60
ユダヤ教	301・307・323
『抑圧されるペルシア』	346
ヨハネス22世	51

ら・わ

ラーイ・スルヤン	190
ラージャ	233
ラーナー・サンガ	168・175
ラウシャナーラー	221・226・228・233
ラシード・ウッディーン	16・33・39・40・43・44・47−49・56
『ラズム・ナーマ』	198
ラナディル	233
リヨン公会議	31
ルイ9世	23
ルクヌッディーン（ハルジー朝）	127
ルクヌッディーン・フィールーズ・シャー1世	106・115・117
ルクヌッディーン・フルシャー	24
レイク、ジェラルド	263
レザー・アッバースィー	289・303
レザー・クリー	317・318
レザー・ハーン（レザー・シャー・パフラヴィー）	271・345・347
ロイター	338・339
ロージャーキー朝	277
ロディー朝	106・107・153・156・157・162・168・170・179・181
ロー、トーマス	16・203・206−208・211・212・217
ロトフ・アリー	325

Illustration Credits

a = 上, c = 中 / b = 下 / l = 左 / r = 右

1 Jade. India, 1637-38. 4.5 x 3.8 (1¾ x 1½). Kuwait National Museum, LNS 120 J; 2 Bichitr, c. 1630, Padshahnama, f.50b. The Royal Collection, photo 2006, Her Majesty Queen Elizabeth II; **5a-b** Miniature painting said to represent Timur (detail), c. 1380; Akbar Hands his Imperial Crown to Shah Jahan (detail). Bichitr, 1631, Minto Album. Gouache on paper, 29.7 x 20.5 ($11\frac{11}{16}$ x $8\frac{1}{16}$). The Trustees of the Chester Beatty Library, Dublin, Ms. 7 no. 19; Muhammad Shah (detail). Style of Chitarman. Mughal, c. 1720-30. British Library, London, Add. Or. 2769; Nasir al-Din Shah Seated on a European Chair (detail). Bahram Kirmanshahi, Tehran, 1857. Oil on copper, 36 x 25.5 ($14\frac{3}{16}$ x $10\frac{1}{16}$). Musée du Louvre, Paris, Section Islamique, MAO 776; **6** 221 x 87 (87 x 34¼). The State Hermitage Museum, St Petersburg, Inv. No. IR-1594; **7** Attributed to Bhawani Das, c. 1707-12. Watercolour and gold on paper. The Nasser D. Khalili Collection of Islamic Art, photos The Nour Foundation, MSS 874; **10** National Palace Museum, Taiwan, Republic of China; **11** ML Design; **14～15** Padshahnama, f.112b, by Murar, c. 1635; f.123a by unknown artist, c. 1640. The Royal Collection, photo 2006, Her Majesty Queen Elizabeth II; **19** Akbarnama, c. 1605. The Trustees of the Chester Beatty Library, Dublin. In.03 f.176 v; **21** Persian drawing of Hulagu drinking (detail). The Trustees of the British Museum, London, 1920, 09170130; Gur-e Mir Mausoleum, Samarkand; Ulugh Beg with Ladies of his Harem and Retainers (detail), 1425-50. Colour and gold on paper, 31.7 x 24.1(12½x 9½). Freer Gallery of Art, Smithsonian Institution, Washington DC, Purchase, F1946.26; Sultan-Husain Baiqara (detail). Attributed to Bihzad, Iran or Central Asia, c. 1500-25. Ink and gold on paper, 34.3 x 32.7 (13½ x 12⅞). Arthur M. Sackler Museum Harvard University Art Museums, Gift of John Goelet, 1958.59; **22** The Trustees of the British Museum, London, 1920, 0917-0130; **24** Hulagu 's Siege of Baghdad. From a Persian miniature. Bibliotheque Nationale, Paris, Ms. Perisan Suppl. 1113 f. 180v; **25** From the Majmu'ah on mathematics and astronomy, Central Library, Tehran University, Ms No. 1346; **26** ML Design; **29** Abaqa and his Son Arghun. From a Persian miniature. Bibliothèque Nationale, Paris, Ms, Persan Suppl, 1113 f. 198v; **30l** Drazen Tomic; **30r** Detail from Firdawsi's Book of Kings, Shiraz, 1370. Library of the Topkapi Saray Museum, Istanbul. H.1511, f. 203v; **32** Detail from a Persian miniature. Bibliothèque Nationale, Paris, Ms. Persan Suppl. 1113 f. 198v; **34** Archives Nationale de France, Paris; **37** From a Persian miniature. Bibliothèque Nationale, Paris, Ms. Persan Suppl. 1113 f. 208; **39** From a Persian miniature. Bibliothèque Nationale, Paris, Ms. Persan Suppl. 1113 f. 227v; **41** From the Manafi' al-Hayawan of Ibn Bakhtishu. Maragha, c. 1297-1300. 34 x 24.4 (13 ⅜ x 9⅝). pierpont Morgan Library, New York, M.500 f, 11r. Photo Pierpont Morgan Library/Art Resource/Scala, Florence; **42** From a Persian miniature. Bibliothèque Nationale, Paris, Ms. Persan Suppl. 1113 f. 245v; **44** Page from 30-volume manuscript of Quran. Baghdad, 1306-13. Topkapi Palace Museum, Istanbul, Ms E.H.234 f. 10r; **46a** Photo Corbis; **46c** Drazen Tomic; **46b** Photo Corbis; **47** Photo Sonia Halliday Photo Library; **49** Rashid al-Din, Tabriz, c. 1315, Jami'al-tawarikh. Edinburgh University Library, Ms Arab 20; **55a** Folio from collection of Persian language poems by Sultan Ahmad Jalayir, left incomplete in 1402. Freer Gallery of Art, Smithsonian Institution, Washington DC, Purchase 32.35; **55b** Junaid, illustration to Humay and Humayun, by Khwaju Kirmani; calligraphy by Mir 'Ali of Tabriz; second school of Baghdad, 1396. British Library, London, Add. 18 113. f. 26v; **56** Photo Alex Starkey; **59** British Library, London, J. 60, 2; **61** Gur-e Mir Mausoleum, Samarkand; **62** Zafarnama of Sharaf al-Din Yazdi. Shiraz, 1436. ff. 317b-318a. Opaque watercolour, ink and gold on paper, 35.6 x 24.8 (14 x 9¾). Private Collection, England; **63** Zafarnama of Sharaf al-Din Yazdi. Shiraz 1436. Opaque watercolour, ink and gold on paper, 35.5 x 23.8 (14 x 9⅜). Hashem Khosrovani Collection, T/128; **65** ML Design; **68** Zafarnama of Sharaf al-Din Yazdi. Shiraz 1436. Opaque watercolour, ink and gold on paper, 28.3 x 16.8 (11⅛ x 6⅝). Arthur M. Sackler Museum, Harvard University Art Museums, Bequest of the estate of Abby Aldrich Rockefeller, 1960. 198; **69** From a Collection of Epics. Shiraz (?), 1397-98. f. 213b. Opaque watercolour, ink and gold on paper, 25.8 x 16.8 (10⅛x 6⅝). British Library, London, Or. 2780; **71** Bronze, 158 x 243 (62¼ x 95⅝). State Hermitage, St Petersburg, SA- 15930. Photograph courtesy Museum Associates/ LACMA; **72** Photo Sonia Halliday Photo Library; **73** Photograph courtesy Museum Associates/LACMA; **74** Photo Werner Forman Archive; **74-75** Photo Robert Harding Picture Library; **75l** Sharaf al-Din Yazdi's Zafarnama. John Work Garrett Collection, Milton S. Eisenhower Library, John Hopkins University, Baltimore (f. 359b), **75r** Photo Axiom; **78a** Jade, 2.7 x 2.1 (1 x ⅞). State Hermitage Museum, St Petersburg, SA-3650; **78l** From Arthur Upham Pope and Phyllis Ackerman (eds), A Survey of Persian Art from Prehistoric Times to the Present, Oxford University Press, London, 1939; **78r** Photo Hans C. Seherr-Thoss; **79a** Detail from Kalila wa Dimna of Nizam al-Din Abul Maali Nasr Allah, Herat, October 1429, ff. 1b-2a. Opaque watercolour, ink and gold on paper, 28.7 x 19.7 (11¼ x 7¾) Topkapi Saray Library, Istanbul, R.I022; **79b** Shahnama, Herat, 1430, Gulistan Palace Library, Tehran, Ms 61; **83** Photograph courtesy Museum Associates/ LACMA; **86** Colour and gold on paper, 31.7 x 24.1 (12½ x 9½). Freer Gallery of Art, Smithsonian Institution, Washington DC, Purchase, F1946.26; **88bl** Ulugh Beg Observatory, Samarqand, c. 1420; **88ar** Ulugh Beg Museum, Samarqand; **88cr** Drazen Tomic, after sketch of the Samarqand Observatory. Ulugh Beg Museum, Samarqand; **89** Made by Muhammad ibn Ja'far ibn Umar al-Asturlabi, known as Hilal. Iran, 1430-31 . Brass engraved and inlaid with silver, diameter 10.5 (4⅛). The Trustees of the British Museum, London, 96.3.23; **90** Opaque watercolour and gold on silk, 21.6 x 30.2 (8½ x 11⅞). Metropolitan Museum of Art, New York, bequest of Cora Timken Burnett, 1957, 57.51.24; **91** Opaque watercolour and ink on paper, 26 x 14 (10¼ x 5½). Staatsbibliothek Preussischer Kulturbesitz, Berlin, Orientabteilung, Diez album, f. 73.S.9, l; **72** ML Design; **93** Opaque watercolour and gold on paper, 25.4 x 33.7 (10 x 13¼). Cleveland Museum of Art, purchase from the J. H. Wade Fund, 82.63; **97** Iran or Central Asia, c. 1500-25. Ink and gold on paper, 34.3 x 32.7 (13½ x 12⅞). Arthur M. Saclcler Museum; Harvard University Art Museums, Gift of John Goelet 1958.59; **99** Opaque waterçolour, ink and gold on paper, 16 x 7 (6¼ x 2¾) Mashhad, Imam Riza Shrine Library; **100a** Tabriz, Iran, c. 1525. Istanbul University Library, F, 1422, f. 32r; **100b & 101** Mystical Tipsiness in the Garden of Sultan Husain Mirza Baiqara (details). Frontispiece by Master Mirak and his disciple Bihzad, to the Bustan ('Orchard') by the poet Sa'di, Herat, 1488-89. National Egyptian Library, Cairo. Adab Farsi 908, f.1v.-2r; **105** Photo Josephine Powell; **107** The Trustees of the British Museum, London, BMC 10; **113** ML Design; **115** The Trustees of the British Museum, London, 1911, 0709. 1952; **119a** ML Design; **119b** Photo Josephine Powell; **124** & **130** Photo Thalia Kennedy; **134** ML Design; **135** Photo Thalia Kennedy; **137** Photo Ebba Koch; **139** Photo Thalia Kennedy; **147** Archaeological Survey of India, courtesy Elizabeth Schotten Merklinger; **150** The Trustees of the British Museum, London, 1911, 0709.0049; **152** The Trustees of the British Museum, London,, 1888, 1208.676; **151** The Trustees of the British Museum, London, 1922, 0424.4008; **153** The Trustees of the British Museum, London, 1911, 0709.2274; **154** From R. Nath, Monuments of Delhi, Ambika Publications, New Delhi, 1979; **156** The Trustees of the British Museum, London, BMC 498; **157** Photo George Mott; **159** ML Design; **160** Photo Axiom; **161** The Trustees of the British Museum, London, 1853, 0301.744; **165** Timur Handing the Imperial Crown to Babur (detail). Govardhan, c. 1630. Gouache and gold on paper, 29.3 x 20.2 ($11\frac{9}{16}$ x $7\frac{15}{16}$). Victoria & Albert Museum, London, IM 8-1925; Shah Jahan (detail). Bichitr, c. 1631. 22.1 x 13.4 ($8\frac{11}{16}$ x 5¼). Minto Album, Victoria & Albert Museum, London, IM 17-1925; Awrangzeb (detail), Mughal School, c. 1710. Bibliothèque Nationale, Paris, Od.51, f. 8; Emperor Bahadur Shah (detail), 1844, from Reminiscences of Imperial Dehlie, known as the 'Delhie Book' compiled by Sir Thomas Metcalfe for his daughters; **166** The Emperor Babur. The Trustees of the British Museum, London, 1921, 1011.0.3; **167** ML Design; **169** The Battle of Panipat, Baburnama. Courtesy National Museum, New Delhi; **171** Bishndas, c. 1590, Baburnama. Gouache and gold on paper, 26.5 x 16.8 ($10\frac{7}{16}$ x 6⅝). Victoria & Albert

Museum, London, IM 27 1913; **176** Farrukh Beg, 1589, Baburnama, Opaque watercolour, ink and gold on paper, mounted within borders, 41 x 26.3 (16⅛ x 10⅜). Arthur M. Sackler Gallery, Smithsonian Institution, Washington DC, Purchase Smithsonian Unrestricted Trust Funds, Smithsonian Collectidns Acquisition Program, and Dr Arthur M. Sackler, S1986.231 ; **177** Govardhan, c. 1630. Gouache and gold on paper, 29.3 x 20.2 (11 9/16 x 7 15/16). Victoria & Albert Museum, London, IM 8-1925; **178** Detail of previous; **181** Photo J. D. Beglar, c. 1870. Archaeological Survey of India, Indian Museum; **182** Photo Christina Gascoigne; **184** Akbar Hands his Imperial Crown to Shah Jahan (detail). Bichitr, 1631 . Gouache on paper, 29.7 x 20.5 (11⅝ x 8 1/16). Minto Album. The Trustees of the Chester Beatty Library, Dublin. Ms.7 no. 19; **185** 17th century, Akbarnama. Bodleian Library, Oxford, Ms Ouseley. Add. I71, f. 13v; **187** From Peter Mundy's Journal, 1632. Bodleian Library, Oxford, Ms Rawl. A315, f. 40v; **188a** Photo Robert Harding Picture Library; **188c** ML Design; **188b** Photo Thalia Kennedy; **191** Miskina, Sarwan and portraits by Madhav, c. 1590-95. 32.9 x 19.8 (12 15/16 x 7 13/16). Victoria & Albert Museum, London, IS 2-1896 114/117; **193** Narsingh, c. 1605, Akbarnama. The Trustees of the Chester Beatty Library, Dublin. In. 03, f. 263v; **197** From a treatise by Fathallah Shirazi, in M. A. Alvi & A. Rahman, Fathallah Shirazi, New Delhi 1968, fig. 2; **198l** from the Akhlaq-i-Nasiri of Nasir ud-Din Tusi, c. 1590-95. Gouache on paper, 21 x 10.5 (8¼ x 4⅛). Prince Sadruddin Aga Khan Collection. Ms.39 f. 196a; **198r** Kesav the Elder and Nar Singh, c. 1590-95. 31.5 x 18.4 (12⅜ x 7¼). Victoria & Albert Museum, London, I. S. 2-1896 110/117; **199** Khem Karan, c. 1590-95, Akbarnama. 32.9 x 20.9 (12 15/16 x 8¼). Victoria & Albert Museum, London, I. S. 2-1896, 73/11; **200** British Library, London, Add. Or. 1039; **202** Photo Sonia Halliday Photo Library; **203** Bichitr, c. 1635, Minto Album. Gouche on paper, 20.5 x 12.7 (8 1/16 x 5). The Trustees of the Chester Beatty Library, Dublin. Ms.7 no.5; **204** Nadir az-Zaman (Abu'l Hasan) and Hashim, c. 1614. Gouache on paper, 18.3 x 11.6 (7 3/16 x 4 9/16). Musée Guimet, Paris. No. 3676B; **206**after Michiel Jansz. van Miereveldt, c. 1640. Oil on panel, 72.4 x 59.7 (28½ x 23½). National Portrait Gallery, London; **207** The Trustees of the British Museum, London; **208l** Lahore, c. 1598, Large Clive Album. Gouache and gold on paper, 19.4 x 11.3 (7⅝ x 4 7/16). Victoria & Albert Museum, London, IS 133-1964, f. 79b; **208r** Copy of 17th-century original ascribed to Mansur, 29.9 x 11.3 (11¾ x 4 7/16). Victoria & Albert Museum, London, IM 122- 1921 . Bequeathed by Lady Wantage; **209** Bichitr, c. 1615-18, page from the Saint Petersburg Album. Gouache on paper, 25.3 x 18. 1 (9 15/16 x 7⅛). Freer Gallery of Art, Smithsonian Institution, Washington, DC, Inv. 42.15B; **212** Ascribed to Govardhan, Lahore or Agra, i. 1616-20, Jahangirnama. Gouache on paper, 32.4 x 19.3 (12¾ x 7⅝). Musée Guimet, Paris, no. 7171; **213a** Photo Thalia Kennedy; **213l** Abu'l Hasan, Jahangir Album. Rampur Raza Library, India; **213r** Attributed to Govardhan, c. 1615-20. Opaque watercolour, gold and ink on paper, 18.7 x 11.6 (7⅜ x 4 9/16). Los Angeles County Museum of Art, From the Nasli and Alice Heeramaneck Collection, Museum Associates Purchase. Photograph courtesy Museum Associates/LACMA, M.83. 1 .6; **214** The Trustees of the British Museum, S13 C56.24; **215** Attributed to Hashim, c. 1620. The Trustees of the British Museum, London; **216** Photo John Warburton-Lee Photography; **217** Bichitr, c, 1631, Minto Album. 22.1 x 13.4 (8 11/16 x 5¼). Victoria & Albert Museum, London. IM 17-1925; **219** Abid, c. 1633, Padshahnama, f. 94b. Image 31.8 x 20 (12⅛ x 7⅞). The Royal Collection, photo 2006, Her Majesty Queen Elizabeth II ; **220** British Library, London; **221** British Library, London, Add. OR. 948; **222** & **223a** Photo Corbis; **223c** & **223b** Photo akg-images, London; **227** Mughal School, c. 1660-70. British Library, London, J.64, 28; **229** Bichitr, c, 1630, Padshahnama, f.50b (detail). 30.8 x 21. 1 (12⅛ x 8 5/16). The Royal Collection, photo 2006, Her Majesty Queen Elizabeth II ; **230** Attributed to Payag, c. 1658. Grey-black ink, opaque watercolour, gold and metallic silver paint over white wash on off-white paper, 28.5 x 38.5 (11¼ x 15 3/16). Courtesy of the Arthur M. Sackler Museum, Harvard University Art Museums, Gift of Stuart Cary Welch, Jr.,1999. 298; **231** Mughal School, c. 1710. Bibliothèque Nationale, Paris, Od. 51 , f. 8; **236** Unknown artist, c. 1635, Padshahnama, f. 134A. 24.6 x 40.3 (9 11/16 x 15⅞). The Royal Collection, photo 2006, Her Majesty Queen Elizabeth II ; **238** Photo Robert Harding Picture Library **242** The Trustees of The British Museum, London, 1974, 0617.0. 11. 12; **246** c. 1700. British Library, London (detail). Photo Scala. Florence; **248** c. 1710. British Library, London, J. 24, 4; **250** Mughal school, c. 1712-19. British Library, London, J. 2, 3; **252** British Library, London, J 66, 1; **255** Mughal School, c. 1750. British Library, London, J. 24, 2; **259** Mihr Chand, Allahabad, c. 1765. 24.7 x 18.1 (9¾ x 7⅛). Museum für Islamische Kunst. Berlin, Polier Album, I.4594, f. 32r. Photo bpk / Museum für Islamische Kunst, SMB / Georg Niedermeiser; **264** British Library, London, J.66, 3; **265** Ghulam Murtaza Khan, c. 1810. Gouache with gold on card. British Library, London, Add. Or. 342; **267** From Reminiscences of Imperial Dehlie, known as the 'Delhie Book' compiled by Sir Thomas Metcalfe for his daughters; **269** Photo P. H. Egerton; **271** Bishn Das. The Trustees of the British Museum, London, 1920 0917, 0.13. 2 (detail); possibly Muhammad Riza Hindi. Isfahan, c. 1740 (detail). Oil on canvas, 162.7 x 102 (64 1/16 x 40⅛). Given to the Victoria & Albert Museum, London, by G. F. Welsford. I.M. 20-1919; attributed to Muhammad Sadiq, Shiraz, after 1779 (detail). Oil and metal leaf on canvas, 129.5 x 276.8 (51 x 109). Collection Mrs Eskandar Aryeh; **272** Photo Alex Starkey; **274** ML Design; **275** Steel inlaid with gold. Topkapi Saray Museum, Istanbul, no. 2/ 1842; **276** Photo Dr Sheila Canby; **277** Photo Alex Starkey; **279** Rock crystal, 3.1 x 2.4 (1¼ x 1 5/16). Nasser D. Khalili Collection of Islamic Art, TLS 2714; **280** Lampas, 120.7 x 97.3 (47½ x 38 5/16). Metropolitan Museum of Art, New York, Purchase, Joseph Pulitzer Bequest, 1952, no. 52.20.12; **282a** c. 1530-40. 25.3 x 16.7 (9 15/16 x 6 9/16). Topkapi Saray Museum, Istanbul, H. 2154, f. 138b; **282b** Shahnama, c. 1530, attributed to Qadimi, f. 171b. Tehran Museum of Contemporary Art, Iran; **283** Tabriz, 1539-43, Khamseh of Nizami, ascribed to Mir Sayyid 'Ali. Opaque watercolour, gold and ink on paper, 32 x 18.2 (12⅝ x 7 3/16). British Library, London, Or. 2265 f. 157b; **284** Bishn Das (detail). Mughal School. The Trustees of the British Museum, London, 1920, 0917, 0. 13. 2; **286** Hasham Khosorovani Collection, Geneva; **288** Gouache on card, 19.3 x 9.2 (7⅝ x 3⅝). Topkapi Saray Museum, Istanbul, H.2155, f. 19b; **289l** 1634. Watercolour, gold and ink on paper, 14.6 x 19.2 (5½ x 7 9/16). Detroit Institute of Arts/Bridgeman Art Library, London; **289r** Riza' Abbasi. The Trustees of the British Museum, London, 1920, 0917 0. 298.3; **293a** ML Design; **293c** from Cornelius de Bruin, Travels, 1737; **293b** Photo Roger Wood; **294al** ML Design; **294cr** from Cornelius de Bruin, Travels, 1737; **294b** Photo Thalia Kennedy; **295a** & **295b** Photo Werner Forman Archive; **298** From A. Olearius, Relation du voyage, 1727; **299** From a Diwan of Baqi, 1636. Opaque watercolour, gold and ink on paper, page 28.2 x 17 (11⅛ x 6 11/16). British Library, London, Add. 7922, f. 2r; **301** Victoria & Albert Museum, London; **302** Photo Alex Starkey; **303** Mir Afzal Tuni, Iran, c. 1640. 11.7 x 15.9 (4½ x 6¼). The Trustees of the British Museum, London; **305** Ali Quli Jabbadar, Isfahan, c. 1660s-70s, f. 98a. Opaque watercolour, silver and gold on paper, 28.2 x 42.1 (11 1/16 x 16⅝). The Saint Petersburg Branch of the Institute of Oriental Studies, Russian Academy of Sciences, E14; **306** Muhammad Ali son of Muhammad Zaman, Isfahan, 1721 (detail). The Trustees of the British Museum, London, 1920 0917 0.299; **309** from Pascal Coste, Monuments Modernes de la Perse, Paris 1867, pl. xviii; **311** (detail) & **314** possibly Muhmmad 'Ali ibn' Abd al-Bayg ibn 'Ali Quli Jabbadar. Isfahan, mid-18th century. Opaque watercolour and gold on paper, 22.5 x 16.7 (8⅝ x 6⅝). Museum of Fine Arts, Boston. Francis Barlett Donation of 1912 and Picture Fund 14.646; **315** ML Design; **319** Photo Bridgeman Art Library, London; **320** Muhammad Sadiq, Shiraz, c. 1770-79. Watercolour wash drawing, 24 x 11 (9 7/16 x 4 5/16). Musée du Louvre, Paris, Section Islamique, MAO 796; **322** Attributed to Muhammad Sadiq, Shiraz, after 1779. Oil and metal leaf on canvas, 129.5 x 276.8 (51 x 109). Collection Mrs Eskandar Aryeh; **323** Attributed to Muhammad Sadiq, Shiraz, c. 1770-80. Oil on canvas, 149.8 x 96.5 (59 x 38). Collection Mrs Eskandar Aryeh; **325** Muhammad Sadiq, Shiraz, c. 1779. Oil on canvas, 147.3 x 88.9 (58 x 35). Collection Mrs Eskandar Aryeh; **326** British Library, Add. Or. 24903; **327** Attributed to Mihr 'Ali. Tehran, c. 1800-06. Oil on canvas, 227.5 x 131 (88 11/16 x 51⅛). Musée du Louvre, Paris, Section Islamique, on loan from the Musée National de Versailles, MV 638; **331** Artist unknown, Iran, c. 1815-16. Oil on canvas, 230 x 395 (90 9/16 x 155½). State Hermitage Museum, St Petersburg, VR-1122; **332** Muhammad Hasan Afshar. Tehran or Tabriz, 1835-36. Oil on canvas, 154 x 104 (60⅝ x 41). Musée du Louvre, Paris, Section Islamique, on loan from The Musée National de Versailles, MV 6700; **334** Mme. Labat. Thornton, Images, 18, pl. 23; **336** late 1860s photograph. I. Afshar, Ganjina-yi 'Aksha-yi Ilan, Tehran, 1992; **337** Bahram Kirmanshahi, Tehran, 1857. Oil on copper, 36 x 25.5 (14 3/16 x 10 1/16). Musée du Louvre, Paris, Section Islamique, MAO 776; **339** Photo by Nasir al-Din Shah, 1871; **341** The Graphic, Vol. VIII, no. 187, 28 June 1873, p. 604; **343** Sani Humayun. Tehran, early 20th century. Oil on ca.nvas, 125 x 80 (49¼ x 31½). Private Collection; **347** Sub-Lieutenant David Drummond RNVR, alias Prince Hamid Mirza Qajar.

参考文献

『ティムール帝国支配層の研究』 川口琢司著（2007年　北海道大学出版会）
ケンブリッジ版世界各国史『インドの歴史』　バーバラ・D・メトカーフ，トーマス・R・メトカーフ著　河野肇訳（2006年　創土社）
『インドの「奴隷王朝」中世イスラム王権の成立』　荒松雄著（未来社　2006年）
『中央ユーラシアを知る事典』　小松久男，梅村坦，宇山智彦，帯谷知可，堀川徹編（2005年　平凡社）
新版世界各国史7『南アジア史』辛島昇編（2004年　山川出版社）
東洋史研究叢刊之六十一『ムガル朝インド史の研究』近藤治著（京都大学学術出版会　2003年）
『中世インドのイスラム遺蹟─探査の記録』荒松雄著（岩波書店　2003年）
新版世界各国史9『西アジア史』永田雄三編（2002年　山川出版社）
イスラーム文化叢書3　『ムガル帝国の興亡』アンドレ・クロー著　岩永博監修／杉村裕史訳（法政大学出版局　2001年）
『中世インドの歴史』　サティーシュ・チャンドラ著　小名康之・長島弘訳（1999年　山川出版社）
世界の歴史14『ムガル帝国から英領インドへ』佐藤正哲／中里成章／水島司著（1998年　中央公論社）
世界の歴史15　『成熟のイスラーム社会』永田雄三／羽田正著（中央公論社　1998年）
世界の歴史8　『イスラーム世界の興隆』佐藤次高著（中央公論社　1997年）
ユネスコ世界遺産5『インド亜大陸』監修ユネスコ世界遺産センター（1997年　講談社）
世界の歴史9『大モンゴルの時代』杉山正明／北川誠一著（1997年　中央公論社）
世界の歴史20『近代イスラームの挑戦』山内昌之著（1996年　中央公論社）
『イスラム都市研究──歴史と展望』羽田正　三浦徹編（1991年　東京大学出版会）
『イギリス東インド会社』ブライアン・ガードナー著　浜本正夫訳（1990年　リブロポート）
オリエント選書2『ペルシアの詩人たち』黒柳恒男著（1980年　東京新聞出版局）世
『東洋史辞典』京大東洋史辞典編纂会編（東京創元社　1980年）
『コーラン』上・中・下　井筒俊彦訳（岩波文庫　1957年）

〔著者〕**フランシス・ロビンソン**

フランシス・ロビンソンは，ワシントン大学客員教授，パリ社会科学高等研究院教授，オックスフォード・イスラーム研究センター客員研究員，イギリス・アイルランド王立アジア協会会長を歴任し，現在はロンドン大学ロイヤル・ハロウェイ・カレッジ，南アジア史教授。『The Ulama of Farangi Mahall and Islamic Culture in South Asia（ファランギ・マハルのウラマーと南アジアのイスラーム文化）』（2002年）『Islam and Muslim History in South Asia（南アジアのイスラーム教およびイスラーム教徒の歴史）』（2000年）など著作や論文を多数著し，『The Cambridge Illustrated History of the Islamic World』（1996年）の編纂者でもある。

〔監修者〕**小名康之**（おなやすゆき）

1945年生まれ。東京大学大学院人文科学研究科博士課程単位取得退学。専攻はムガル帝国史。現在，青山学院大学文学部教授。著書に『ムガル帝国時代のインド社会』、訳書に『中世インドの歴史』（共に山川出版社）などがある。

〔翻訳者〕**月森左知**（つきもりさち）

1948年生まれ。福岡県立福岡女子大学家政学部卒業。主な訳書に『絶滅のクレーター』『ユートピアの思想史的省察』（新評論）、『図説世界の歴史』（第2・5・9巻）『ローマ教皇歴代誌』『旧約聖書の王歴代誌』『ロシア皇帝歴代誌』『中国皇帝歴代誌』『図説マヤ文字事典』『ローマ・カトリック教会の歴史』（創元社）など多数。

CHRONICLE OF THE MUGHAL EMPERORS by FRANCIS ROBINSON
Published by arrangement with Thames and Hudson, London
through Tuttle-Mori Agency, Inc., Tokyo
© 2007 Thames and Hudson Ltd, London
Text © Francis Robinson 2007

ムガル皇帝歴代誌

インド，イラン，中央アジアのイスラーム諸王国の興亡
（1206－1925年）

2009年5月10日第1版第1刷発行

著者────フランシス・ロビンソン
監修者───小名康之
訳者────月森左知
装幀────山本卓美（マーカークラブ）
発行者───矢部敬一
発行所───株式会社 創元社

本　社✥大阪市中央区淡路町4-3-6　TEL(06)6231-9010㈹
FAX(06)6233-3111
URL　✥http://www.sogensha.co.jp/
東京支店✥東京都新宿区神楽坂4-3 煉瓦塔ビル　TEL(03)3269-1051㈹
印刷────株式会社 太洋社

©2009, Printed in Japan ISBN978-4-422-21520-4

「歴代誌」シリーズ ●好評既刊●

A5判上製／定価 各 3465円〜3780円（税込）
図版約300点（カラー約100点）

ローマ皇帝歴代誌　全80人の皇帝を完全収録
青柳正規[監修]　クリス・スカー[著]

初代皇帝アウグストゥスから、西ローマ帝国最後の皇帝ロムルス・アウグストゥルスまで、全80人の皇帝の生涯を、彼ら自身の彫像を含む約300点の図版で紹介。巨大帝国の繁栄と衰退をたどる。

古代エジプト ファラオ歴代誌　185人のファラオを完全収録
吉村作治[監修]　ピーター・クレイトン[著]

ギザのピラミッドの建設者・クフ王や、異端とそしられ、記録から消された悲劇のツタンカーメン王、さらに、他では読めない「無名」のファラオまで、その生涯で語りおろす古代エジプト3000年史。

ローマ教皇歴代誌　263人の教皇を完全収録
高橋正男[監修]　P.G.マックスウェル-スチュアート[著]

聖ペトロからヨハネス・パウルス2世まで、ローマ教皇263人の個性的かつ人間的な素顔を紹介。キリスト教世界のみならず、政治や文化の領域にも多大な影響を与え続けたローマ教皇の物語。

中国皇帝歴代誌　157人の皇帝を完全収録
稲畑耕一朗[監修]　アン・パールダン[著]

中国皇帝は地上と天の仲介者として、広大な領土と膨大な数の人民を支配し、神にも等しい尊敬をうけてきた。秦の始皇帝から悲劇の満州皇帝溥儀まで、2200年の長大な文明史を読み解く。

旧約聖書の王歴代誌　「聖書の民」の王を完全収録
高橋正男[監修]　ジョン・ロジャーソン[著]

民族の祖アブラハムから、民衆を率いて紅海を渡ったモーセ、王国に繁栄をもたらしたダビデやソロモンなど、古代イスラエル民族の指導者たちを徹底検証。旧約聖書に隠された歴史を明らかにする。

ロシア皇帝歴代誌　26人の皇帝を完全収録
栗生沢猛夫[監修]　デビッド・ウォーンズ[著]

モンゴル人の支配に終止符を打ち、ロシア帝国の礎を築いたイワン3世から日露戦争に敗れ惨殺されたニコライ2世まで、真に世界史を理解するために欠かせない、大帝国450年の攻防史。

古代マヤ王歴代誌　165人の王を完全収録
中村誠一[監修]　サイモン・マーティン／ニコライ・グルーベ[著]

近年急速に進んだマヤ文字の解読によって、「マヤ文明の謎」がいまや解明されつつある。11のマヤ王朝の命運を、気鋭の研究者が最新の資料を駆使して再現した。マヤの歴史学に新しい地平を開く、画期的なマヤ王朝史。

古代ローマ歴代誌　7人の王と共和政期の指導者たち
青柳正規[監修]　フィリップ・マティザック[著]

国家誕生から、共和政崩壊までの700年間の歴史を、7人の王と共和政期の指導者たちのドラマチックな生涯とともに徹底検証。イタリア半島の弱小国家ローマは、いかにして奇跡的発展をなしとげたのか。

古代エジプト女王・王妃歴代誌　183人の女王・王妃を完全収録
吉村作治[監修]　ジョイス・ティルディスレイ[著]

王朝時代を通じて「王の妻」や「王の娘」は王以外の王家の男性たちにくらべても、はるかに重要な役割をはたした。なぜ彼女たちは政治・宗教で異例に高い地位を築けたのか？王家の女性たちの姿を明らかにした画期的な1冊。